KB055450

한국 국토 공간구조의 형성과 변화

The Spatial Structure Formations and Changes in Korea

임형백 지음

한울
아카데미

이 도서의 국립중앙도서관 출판시도서목록(CIP)은 서지정보유통지원시스템 홈페이지(http://seoji.
nl.go.kr)와 국가자료공동목록시스템(http://www.nl.go.kr/kolisnet)에서 이용하실 수 있습니다.(CIP
제어번호: CIP2013016186)

차례

| 표 차례 |

| 그림 차례 |

CONTENTS__한국 국토 공간구조의 형성과 변화

책을 내며

이 책은 저자가 근무하는 성결대학교의 지원을 받아, 2011년 미국 USC (University of Southern California)에서 보낸 연구년의 성과물이다. 고백하건대 이 책은 미완성의 저서이다. 저자의 능력 부족, 게으름, 잡무 등의 이유로 애초에 계획했던 것보다 출판이 6개월 넘게 지체되었고, 그런데도 원래 목적한 것을 다 담아내지 못했다. 다만 평소에 관심을 가지고 발표했던 내용과 틈틈이 모아왔던 자료를 정리하여 하나의 책으로 묶는 데 만족해야만 했다. 그 덕분에 연구실에 잔뜩 쌓여 있던 자료들을 모두 정리할 수 있었다. 이제야 좀 연구실 같아 보인다. 부족한 부분은 앞으로 저자에게 남겨진 숙제이다.

이 책은 '한국 국토 공간구조의 형성과 변화'를 다양한 측면에서 고찰하는 것을 목적으로 하며, 크게 세 부분으로 나뉜다. 먼저 제1부는 한국 국토 공간구조의 형성을 여러 측면에서 다루고 있으며, 제1장 공간구조의 이해, 제2장 한국인의 의식구조와 공간, 제3장 한국의 경제개발 정책, 제4장 한국의 농촌 개발 정책, 제5장 국토종합계획으로 구성되어 있다. 제2부는 최근의 국토 공간 정책을 고찰하고 있는데, 제6장 참여정부의 국가균형발전 정책, 제7장 이명박 정부의 지역발전 정책, 제8장 인구의 변화로 구성되어 있다. 끝으로 제3부는 미래의 국토 공간구조를 모색하고 있으며, 제9장 북한 공간구조의 형성과 전망, 제10장 한반도의 통일, 제11장 동북아시아의 공간구조 변화와 한반도, 제12장 결론으로 구성되어 있다.

앞서 말했듯이 이 책은 내용 면에서 미완성이다. 저자에게도 아이디어 정리 수준에 불과하지만, 이제는 한국의 국토 공간에 대해 새로운 고민을 할 때라고 생각한다. 공간이라는 것은 편리해야 할 뿐만 아니라 쾌적해야 한다. 이런 관점에서 볼 때 그동안 대형 국책 사업과 대규모 택지 개발을 통한 주택 공급에 치중한 결과, 한국 국토의 공간구조는 바람직하지 않은 부분이 상당하다.

조선이 한양으로 천도한 것이 1394년이니, 수도 서울의 역사는 600년을 넘었다. 600년이 넘는 역사를 가지고 인구 1,000만 명이 사는 대한민국의 심장이다. 600년 이상의 역사를 가진 수도는 거의 없다. 그렇지만 머릿속에 떠오르는 꼭 가보고 싶은 곳, 꼭 걸어보고 싶은 곳은 많지 않다.

이제는 지금까지 해왔던 대규모 토목공사와 택지 개발, 신도시 건설을 통한 주택 공급 등의 양적인 성장 개념에서 탈피해야 한다. 통일 이후의 북한이라는 공간과 동북아시아의 공간 변화도 고려할 때가 되었다. 남한의 성공 경험뿐만 아니라 실패 경험도 북한 개발에는 중요한 교훈이다. 또 통일 이후 한국의 경제성장과 동북아시아의 공간 변화는 '공간 혁명'이라 부를 만할 것이다.

따라서 공간을 고정된 공간으로 만들어서는 안 된다. 고정된 공간은 죽은 공간이다. 살아 있는 공간, 즉 '구성적 공간(constructive space)'이어야 한다. 공간은 '자기 강화적 메커니즘(mechanism)'을 가지고 있기 때문에, 한번 잘못 만들어지면 다시 만들기가 처음 새로 만들 때보다 어렵다. 저자는 이것을 '공간의 역습(counter-attack of space)'이라고 표현했다. 따라서 처음 만들 때 제대로 된 공간을 만들어야 한다.

동시에 한반도를 기준으로 세계를 바라보지 말고, 세계를 기준으로 한반도를 바라보며, 세계 속에서 경쟁력 있는 공간을 만들어가야 할 것이다. 이러한 경쟁력 있는 공간을 창출하여 세계 무대에서 경제적 영토를 확장해야 할 것이다. 따라서 앞으로 공간은 개인의 재산 증식을 위한 개발보다는 국가 경쟁력 제고를 위한 개발에 초점을 맞추어야 하며, 후세에 물려줄 공동의 자산으로 인식하고 접근해야 한다.

저자의 좁은 시야를 벗어나 무리하기까지 한 이런 시도를 할 수 있었던 것은, 많은 분들의 도움이 있었기에 가능했다. 성결대학교 임경수 학장님(전 한국도시행정학회 회장), 가천대학교 소진광 부총장님(전 한국지방자치학회 회장)과 같은 분들과 15년 이상 같은 학회에서 활동하고 공동 연구를 한 경험 덕분이었다.

한편 이 책의 내용 중에는 학술대회에서 발표가 거부되고 논문 심사에서도 탈락한 것들이 있다. 전공 분야가 다른데도 이러한 내용을 학술대회와 학회지에 발표하여 검증할 수 있도록 해주신 성결대학교 라휘문 교수님에게 감사의 말씀을 드린다. 그리고 책을 쓰는 동안 여러 가지로 신경을 써주고 격려해준 한국광해관리공단의 최흥규 박사에게도 감사드린다.

저자는 서울대학교 토종이라서 미국과는 연고가 없다. 저자가 미국에서 연구년을 보낼 수 있도록 도와주신 서울대학교 이성우 교수님에게 깊이 감사드린다. 또 교환교수 자리를 마련해준 미국 USC의 제임스 무어(James E. Moore) 교수님에게도 깊이 감사드린다. 두 분의 도움이 없었다면 이 책은 출간되지 못했을 것이다. (저자는 여러 번 빠졌지만) 매주 열리는 세미나를 주관한 제임스 무어 교수님과 함께 참여하면서 학문적 지평을 넓혀준 피터 고든(Peter Gordon) 교수와 해리 리처드슨(Harry W. Richardson) 교수에게도 고마운 마음을 전한다.

미국에 있는 동안 세미나실에서, 그리고 세미나실을 벗어나서도 영어에 서툰 선배를 보살피느라 고생을 많이 한 류성호 박사, 민성희 박사, 박지영 교수, 조중구 박사과정, 전은하 박사과정, 안용진 박사과정, 김미영 박사과정에게도 감사의 인사를 전한다. 특히 류성호 박사·한송희 부부에게는 폐를 많이 끼쳐, 감사하다는 말과 함께 미안하다는 말도 하고 싶다. 하지만 후배들이 이렇게 꼼꼼히 챙겨주다 보니 연구년 동안 저자는 영어가 늘지 않고 오히려 우리말이 늘었다.

이성우 교수님과 제임스 무어 교수님에게 다시 한 번 깊이 감사드린다. 끝으로 책이 출판될 수 있도록 지루한 시간을 기다려주고 꼼꼼히 챙겨준 도서출판 한울 관계자 여러분에게도 감사의 말을 남긴다.

2013년 8월

임형백

제1부
과거 한국 국토 공간구조의 형성

The Spatial Structure Formations in Korea's Past

1

공간구조의 이해

The Understandings of Spatial Structure

1. 도시·지역계획의 이해

도시·지역계획(urban and regional planning)은 지역(region)을 인간이 정주하기에 편리하고 쾌적한 공간으로 만드는 것을 연구하는 분야이다. 일반적으로 사회과학에서는 인구를 기준으로 지역을 농촌(rural)과 도시(urban)로 구분하기 때문에, 도시는 지역에 포함되는 개념이다. 따라서 계획 분야에서 지역을 다룬다면 지역계획이라고 부르는 것이 타당하다. 하지만 현실에서는 대다수 나라에서 지역계획이 도시계획에 치중되는 현상이 있으므로, 지역계획보다 도시·지역계획이란 명칭이 더 많이 사용된다. 그래서 현재 이 분야에서 보편적인 명칭은 도시·지역계획 또는 도시·지역과학(urban and regional information and sciences)이다.

자연과학에서 지역은 물리적이고 평면적인 공간이지만, 도시·지역계획에서 지역은 자연과학의 지역 개념에 인간이 만들어놓은 다양한 구조물과 제도, 문화, 철학 등이 가미된 3차원의 입체 공간이다. 그래서 사회과학과 자연과학을 아우르는 종합 응용과학의 성격을 가지며, 어느 한 전공이 도시·지역계획의 모든 영역을 담당할 수는 없다. 도시·지역계획의 세부 계획에 대해서는 학자마다 구분이 다르나, 인구계획, 산업계획, 주택계획, 환경계획, 재정계획, 교통계획, 도시기반시설계획, 조경계획, 녹지계획, 농촌계획 등이 포함될 수 있다. 또 새로운 분야가 생겨나기도 하는데, 한국에서는 경관계획이 이에 해당된다.

한편 미국에서 도시·지역계획은 흔히 말하는 명문 대학교의 대학원 과정에 주로 개설되어 있고, 학부 과정은 USC, UC 버클리(University of California, Berkeley), MIT(Massachusetts Institute of Technology), 이렇게 세 대학교에만 개설되어 있으며 주립대학교에는 없다. 이런 미국의 체제를 모방하여 1970년대에 서울대학교 환경대학원이 설립되었고, 환경계획학 전공과 환경조경학 전공이 개설되었다.

한국은 미국과 달리 여러 대학교의 학부 과정에도 학과가 개설되었다. 미국의 경우 계획학(planning)이란 학위가 존재하나, 한국에는 계획학이란 학위가 없다. 그래서 기존에는 학교나 학과의 사정에 따라 다양한 학위가 수여되었지만, 현재는 주로 경제학이나 행정학 학위를 수여한다. 서울대학교의 경우 학부에는 농업생명과학대학의 지역정보학과가 이에 해당되고 경제학 학위를 수여하며, 대학원의 경우 환경대학원이 여기에 해당되고 행정학 학위와 조경학 학위를 수여한다.

이와 같은 학문 분야는 1960~1970년대 한국에 들어올 당시 '지역사회개발(community development)'이란 명칭으로 도입되었다. 영어의 'community'라는 단어를 '지역사회'로 번역하여 도입한 결과이다. 이후 한국이 급속한 경제성장과 사회 발전을 이루면서 학문의 성격도 사회 변화에 따라 변했다. 또 대학교에 따라 학과 명칭도 지역개발, 도시·지역계획, 지역정보학, 도시행정, 도시공학, 부동산 등 다양한 형태로 변화되었다.

2. 공간의 개념

이 책에서는 '지역'이라는 개념과 더불어 '공간(space)'이라는 개념이 자주 등장하는데, 여기서 공간은 물리적 공간이기보다는 사회적 공간이다. 공간은 자신의 이익을 극대화하려는 인간의 행동에 큰 영향을 받을 뿐만 아니라 정책에 의해서도 많이 영향을 받는다. 따라서 공간에는 시장과 정부가 큰 영향을 미친다. 결국 공간은 경제적인 것이자 정치적인 것이다. 또 공간은 살아 움직인다. 공간에서는 끊임없이 변화가 일어난다. 다만 우리가 인식하지 못하고 있을 뿐이다.

하지만 그동안은 이러한 입체적인 '공간'보다는 평면적인 '지역'에 대한 접근이 주류를 이루어왔다. 지역계획도 실제로는 도시계획에 치중되었고, 도시계획 중에서도 물리적 시설의 효율적 배치에 중점을 두는 도시설계가 주류를 이루어왔다.

도시설계는 경제적 관점, 사회적 관점, 공학적 관점, 생태학적 관점, 형태학적 관점 등으로 다양하게 바라볼 수 있다(대한국토·도시계획학회, 2007: 245~250). 그러나 실제로는 공학적 관점이 주를 이루었으며, 환경에 대한 관심이 늘면서 공학적 관점에 생태학적 관점이 추가되었다고 할 수 있다.

일반적으로 도시설계의 집행 과정은 유기적 방법(organic approach)과 구성적 방법(compositional approach)으로 구분해볼 수 있다(Newman, 1973: 59). 유기적 방법은 건물과 건물, 건물과 도시 전체 요소가 구성하는 조직 논리를 강조하는 방식으로, 건물 개개의 특성이나 효과보다는 도시 집합체를 이루는 요소로서 건물의 기능과 장소적 효과를 중요시한다. 구성적 방법은 땅과 건물이 연결되어 고려되기보다는 건물 구성의 독자적인 논리가 우세한 오브제(objet) 지향적이며, 단순화하는 유형학적 접근 방식으로서 부분에서 전체적인 틀로 진행해간다(Broadbent, 1990: 87~108).

〈표 1-1〉 형태학적 계획 기법의 비교

시각 구분	학자	유형 1	유형 2
도시 공간 구조 모델	고슬링 (D. Gosling, 1990)	· 자연적 모델 · 카밀로 지테(Camillo Sitte)	· 유토피아 모델(근대 건축 운동)
도시 형태 부여	메도스 (P. Meadows, 1983)	· 자연주의적 시각(naturalistic vision) · 개념적(conceptual)	· 건설적 시각(construction view) · 형태학적(morphological)
환경설계 기법	뉴먼 (O. Newman, 1973)	· 유기적 방법	· 구성적 방법
역사적 전통 (환경설계)	브로드벤트 (G. Broadbent, 1990)	· 경험주의(empiricism)	· 합리주의(rationalism)
일반적 개발 형태	-	· 가로망식	· 단지식
도시 구조 위계	Team X	· 상부 구조	· 하부 구조
특성		· 전체 틀에서 부분으로, 또는 틀과 부분 균형 · 소프트웨어 중시 · 조직적·맥락적	· 유형학적 부분에서 전체로 · 하드웨어 중시 · 형태적

자료: 대한국토·도시계획학회(2007: 251).

3. 공간구조의 개념

영미 계통의 지역개발 이론(지역학)에서 지역은 그 무대의 중심으로부터 배제되어왔다(고어, 1997: 18). 지역학은 지역과학 또는 지역경제로 번역되기도 한다(김의준, 2006: 526). 영미 지역개발 이론은 지역과학이라는 이름으로 불리면서 1954년에 미국에서 새로운 학문 분야로 떠오르게 되었다. 지역과학, 지역경제학, 이론지리학의 중요한 특성 중 하나는 이들 학문이 모두 지역보다는 공간에 더 많은 관심을 기울이고 있다는 점이다. 지역과학과 지역경제학은 '객관적인' 과학적 지식의 체계로서뿐만 아니라 계획 수립을 위한 기술적 기초를 제공하는 지식의 체계로서도 발전되었다. 그리고 새로운 지리학 구축을 시도한 많은 이론가들도 이와 비슷하게 자신들의 분석이 객관적이고 현대 생활의 실제적인 이슈에 관련된 것임을 확실하게 하는 데 관심을 갖는다(고어, 1997: 18).

영미 지역개발 이론은 '공간 분리주의 주제'[1]에 집착하는데, 이는 실증주의나 도구주의 과학 지식을 구축하려는 노력과 연계되어 있다. 다시 말해 영미 지역개발 이론에서 과학적 지식의 개념은 '공간'을 고립시키는 시도가 이루어지는 틀이었으며, 지식은 합리적 계획 활동에 사용될 수 있을 것이라는 가정 위에서 구축되었다(Fay, 1975; 고어, 1997: 18~37). 즉, 기존의 전통적인 학문에서 독자적으로 발전된 공간 이론, 방법 등을 하나의 틀로 묶어 공간의 생성, 발전과 쇠퇴, 서로 다른 공간과의 연계 및 분리, 경제·행정·환경·지리·인구 등 공간을 구성하는 인자들의 변동을 연구한다. 따라서 지역학은 학문의 체계상 지리학, 도시·지역계획학, 지역개발학, 도시공학, 행정학, 경제학, 농업경제 및 응용경제학, 건축학, 토목공학, 사회학 등의 세부 전문 분야와 직접적으로 연계되기 때문에 학제 간(interdisciplinary) 연구의 성격이 매우 강하다(김의준, 2006: 526~527). 이러한 경향에 대해 프리드먼(J. Friedmann)과 알론소(W. Alonso)는 "지역개발의 문제는 공간조직(spatial organization)의 어떤 문제로 격하될지도 모른다"라고 지적했다(Friedmann and Alonso, 1964).

그러나 지역 이론가들이 사용하는 개발에 관한 가정들을 확인하는 것은 아주 단순한 반면에, 이 분야에서 공간이라는 개념을 정의하는 것은 중요

---

1 공간 분석을 통해 검토된 사상(事象)의 속성으로서, 그리고 독립된 현상으로서 공간을 확인하고 분리하고 평가하는 것이 가능하다는 인식을 말한다(Sack, 1974: 1).

한 문제들을 야기한다. 가장 기본적인 주장은 '공간'이 무엇이냐에 대해, 그리고 지역개발에 대한 설명에서 공간이 받아들여지는 방법에 혼란이 있다는 것이다(고어, 1997: 219).

지역과학과 이론지리학이 형성되던 시기에는 자신들을 사회물리학자라고 부르는 미국 사회과학자 소집단에서 영감을 받았다(Zipf, 1949; Stewart, 1950; Stewart and Warntz, 1958). 이론지리학은 1950년대 미국에서 전통적 지리학 내에서 새로운 방향으로 진화된 것이다. 이 새로운 경향은 지리학 본질의 기존 정의에 대한 일종의 안티테제(antithesis)였다(Sack, 1974). 이들은 먼저 하나의 과학으로서 인문지리학을 촉진시키고 다음으로 공간 변수나 공간체계(spatial system)에 초점을 맞춤으로써 기존의 전통지리학에서 자신들을 구분하려고 했다(Johnston, 1979).

페루(F. Perroux)는 이런 공간 개념에 근거한 분석이 진부하다고 비판하면서, 경제학자들이 지구 표면 위의 지리적 입지라는 일상적 관념 내에서 공간을 생산하는 대신에, 추상적인 관계로 이루어진 구조로서 공간을 고찰해야 한다고 제안했다(Perroux, 1950). 프리드먼과 일론소(Friedmann and Alonso, 1964)는 "거시경제학의 수리구조는 지역적 고려의 기하학적 구조로 변형이 필요하고, 그것에 의해 더욱 강력한 것이 된다"라고 주장했다. 베리(B. J. L. Berry)는 분석의 기초를 물리학자들의 상대 공간 개념에 두었다(Berry, 1968).

색(R. D. Sack)은 공간에 대해 사회과학적 사고로 접근했으며, 사회과학자들이 물리학에서 공간 개념을 채택할 때 어떤 공간에 대한 견해, 즉 그들의 설명 범위를 넘는 특성을 받아들이고 있다고 주장했다(Sack, 1980). 색은 사회과학자들이 상대 공간 개념을 정립하고 이를 활용할 필요가 있다는 관점을 제시하면서 "공간, 물질, 시간은 개념적으로 분리될 수 있지만, 서술과 설명에서는 연결될 수밖에 없다"라고 했다. 그런데 문제는 어떻게 이러한 연결이 이루어질 수 있는가에 있다. 경제 공간의 논의는 지역 이론가들이 공간을 상대적으로 다루려고 했다는 것을 설명한다. 그러나 불행하게도 물리학의 상대 개념 적용을 통해 이것을 설명하려는 시도는 혼란으로 끝나고 말았다. 그 결과로 지역개발 이론가들은 사회적 상호작용에 대한 어떠한 통합된 요소로서 공간을 개념화하는 데 실패했다. 그럼에도 불구하고 그들은 불완전한 상대 공간 개념으로 연구를 했다.

그런데 그것은 물리학자들의 상대 공간 개념과는 다른 해석으로 수정된 본질적으로는 공간의 절대 개념이었다. 이러한 공간의 혼성적 개념은 기본적으로 페루가 아주 강하게 반대한 '그릇'으로 보는 관점이다. 공간은 도시와 산업 같은 어떤 사물을 포함하는 입지 '매트릭스'로 다루어지고 있다. 이러한 관점에서 개발의 공간적 발생을 언급하는 것이 가능했다. 그런데 개발은 '변화 과정'이거나 어떠한 '메커니즘'과 연결된 일련의 사건으로 정의된다. 개발의 공간적 발생을 말할 때 지역 분석가들은 '공간에서'라는 일련의 사건이 일어나는 장소를 언급한다. 그러므로 공간은 과정으로부터 분리되는 것이다. 사건이 일어나는 공간적 환경은 뉴턴 학파의 물리학에서처럼 사건에 미치는 영향으로부터 무관하다고 간주되지 않는다. 거리 관계는 사회적으로 정의되고, 공간적 환경의 특성은 인간 활동에 의해 끊임없이 변화된다. 그러나 불완전한 상대 공간 개념으로 어떠한 특정 시간에 형성된 환경의 특성을 정의할 수 있다고 가정한다(고어, 1997: 226).

'공간구조(spatial structure)' 또는 '공간체계'라는 용어는 때때로 이런 추상 작용을 언급하기 위해 사용된다. 본질적으로 이 관용구들이 기술하려는 것은 지표면 위에서의 인간 활동 배열에 대한 순간적 단편이다. 경제개발의 공간구조는 물리적·활동적 패턴이라는 두 가지 측면을 갖는다고 주장한 프리드먼과 알론소(Friedmann and Alonso, 1964: 9)의 경우가 이러한 의미의 것이다. 전자는 인간의 정주체계, 생산 설비, 교통로와 토지 이용에 대한 공간적 배열을 일컫는 것이고, 후자는 이러한 물리적 요소들을 연결하는

〈표 1-2〉 지리학에서의 공간 연구

지리학 명칭	전통지리학 (지역지리학)	이론·계량 지리학 (공간 분석)	행동 지리학	인간주의 지리학	구조화 이론*	공간의 생산	포스트모던** 지리학
공간 개념	· 지역 · 장소***	기하학 공간	지각 공간	살수있는공간	로컬	· 사회 공간 · 건조 환경	· 표상 공간 · 심상 지리
주체와 구조	· 환경결정론 · 가능론	공간결정론	지각 주체	주체	이중성	변증법적	변증법적
방법론	실증주의	논리실증주의	행동주의	· 실존주의 · 현상학****	포스트 구조주의	마르크스 주의	· 마르크스주의 · 미셀 푸코

* 구조화 이론은 사회 변화에서 인간 행동의 동기·목적·의식보다 사회구조의 중요성을 강조하는 구조주의(structuralism)와, 인간의 미시적인 행위에 초점을 맞추면서 사회적 관계와 사회적 힘을 강조하는 기능주의(functionalism)의 단선적인 사회관을 비판한다. 구조화 이론은 사회구조가 사회적 실천의 매개체이면서 동시에 결과라는 이중성을 가지고 있다고 주장한다. 즉, 구조화 이론은 행위에 의해 구조가 계속해서 재조직되고 규칙과 자원으로 개념화되는 구조의 이중성을 지적함으로써 구조와 행위의 통합을 시도하는 것이다. 이는 공간에 대한 인본주의적이고 행태적인 접근 방법이라고 볼 수 있다.
** 포스트모더니즘(postmodernism)은 원래 1960~1970년대에 미국을 중심으로 문학 및 예술 전반에 걸쳐 일어난 문화 운동으로, 모더니즘과 상반되는 특징을 갖는 작품이나 작가 또는 취향, 태도 등을 지칭하기 위해 사용되었다. 한편 1960년대 프랑스에서는 레비스트로스(C. Lévi-Strauss)에 의해 구조주의가 등장했으며, 뒤이어 1968년 이후 구조주의의 몰역사성과 결정론적인 성격을 비판하면서 포스트 구조주의(post-structuralism)가 등장했다. 포스트 구조주의는 사회적 실천의 요소를 이론 내에 도입하려고 했고, 구조주의와는 달리 인간 주체나 개별적인 자아에 대해 깊은 회의를 가지고 있었다. 합리적 이성을 소유한 인간의 주체성이 후기 자본주의 사회에 이르러 거의 소멸되었다는 회의주의를 바탕으로, 데카르트(René Descartes) 이래 근대 철학의 토대였던 '주체', '진리' 등을 비판 또는 해체(deconstruction)하면서 거대 서사(grand narrative)를 부정했다. 이들은 데리다(J. Derrida)나 리오타르(J. F. Lyotard)처럼 구조주의 자체를 극복하고 탈피하려는 입장, 그리고 푸코(M. Foucault)나 들뢰즈(G. Deleuze)처럼 구조의 역동성을 강조하는 입장 등 차이가 있다. 이후 리오타르가 더 나아가 포스트모더니즘이란 용어를 적극적으로 사용하면서 일반화되었다. 그 후 전 세계적으로 확장된 일련의 흐름을 포스트모더니즘으로 통칭하며, 이들 철학이 기초하는 니체(F. Nietzsche), 하이데거(M. Heidegger), 비트겐슈타인(L. Wittgenstein) 등도 포스트모더니스트로 분류되기도 한다. 리오타르와 보드리야르(J. Baudrillard)는 포스트 구조주의의 내부에서 포스트모더니즘으로 명시적으로 이동한 철학자이다. 이런 이유로 흔히 포스트 구조주의는 철학적 포스트모더니즘으로 분류되기도 한다. 그러나 프랑스에서 출발한 포스트 구조주의는 엄밀하게 말하면 포스트모더니즘과 동일한 것이 아니며, 프랑스 포스트 구조주의자들의 대부분은 자신들이 포스트모더니스트로 불리는 것을 거부한다(임형백·이성우, 2004: 86~87).
*** 지리학계에서는 흔히 모더니즘을 대변하는 개념인 '공간(space)'에 대비하여 포스트모더니즘을 상징하는 용어로 '장소(place)'를 거론한다. 장소 역시 인간에 의해 의미가 부여된 지표의 일부를 뜻하는 지리학의 학술 용어이다. 그리고 인간에 의해 장소에 부여된 의미를 통해 장소가 갖게 되는 성격을 '장소성'이라고 한다(전종한, 2005: 268, 275).
**** 현상학(phenomenology)이라는 용어는 독일의 철학자 람베르트(J. H. Lambert)가 1764년 『신기관(Neues Organon)』이라는 저서에서 처음 사용했다. 원래 람베르트는 '본체(本體)의 본질을 연구하는 본체학과 구별하여 본체의 현상을 연구하는 학문'을 현상학이라고 했다. 이후 칸트(I. Kant), 헤겔(G. W. F. Hegel) 등 많은 철학자들에 의해 다른 의미로 사용되어왔다. 그러나 일반적으로는 후설(E. Husserl)을 중심으로 한 이른바 '현상학파(Phanomenologrsche Schule)'라고 불리는 학자들의 철학을 가리킨다.
자료: 노자와 히데키(2010: 234).

'커뮤니케이션'과 자본, 노동, 상품의 흐름으로 이루어진다(고어, 1997: 227).

지리학은 균질한 공간을 출발점으로 한 후 정치·경제·사회가 혼잡할 때 여기에 어떻게 공간적 불균질성이 발생하는지를 설명하는 것을 과제로 삼고 있다. 발터 크리스탈러(W. Christaller)의 중심지 이론(central-place theory)은 이러한 해명을 체계적으로 행한 선구로서 현재까지 경제지리학의 기초 이론 중 하나이다(미즈오카 후지오, 2010: 239). 이러한 이유로 공간에 대한 연구가 지리학에서 많이 수행되었다.

기든스(A. Giddens, 1998)의 구조화[2] 이론(structuration theory)은 사회라는 개념이 제약(constraint)이라는 개념과 연결되어 있는 전통적 사회 이론의 도식을 파괴한다. 사실 구조적 사회학의 주장자들은 제약을 사회현상의 명확한 특성으로 간주하고 있다. 그러나 기든스는 구조화 이론에서 사회과학의 기본적 연구 영역은 개별 행위자의 경험이나 어떤 사회적 총체가 아니라, 시간과 공간을 가로질러 구조화된 사회적 관행이며(1998: 45), 가능성(enabling)과 제약성(constraining) 모두가 사회체계의 구조적 속성이라는 점을 분명히 한다(1998: 235~236). 결국 구조화 이론은 자유롭고 능력 있는 인간 주체의 중요성을 인식하지만, 동시에 인간 행동의 매개물이자 산물인 구조들의 생산과 재생산을 고찰하려고 한다(임형백·이성우, 2004: 213).

임형백(2009b, 2010a)은 공간구조[3]를 물리적 공간을 기초로 한 3차원의 입체 공간에 인구 이동, 자본 유입, 기술 개발, 아이디어 창출, 혁신 등의 기능적 상관성(또는 동태적 연관성)을 가진 일련의 과정을 거쳐 형성된 유형·무형의 가변적 구조로 생각했다.

---

2 구조의 이중성으로 인해 시간과 공간을 가로질러 사회적 관계가 구조화되는 것을 말한다(임형백·이성우, 2004: 213).
3 본문에서는 문맥에 따라 국토 공간구조, 지역 공간구조, 도시 공간구조로 세분화되어 사용되기도 한다.

〈표 1-3〉 '생활의 장'의 계층과 구성

	인적 관계		물적 기반
	자연 발생적	인위적	
제1계층	가족(가정)	세대	주택(사유재산)
제2계층	근린(커뮤니티*)	주민 조직	공공시설(공유재산)
제3계층	지역 유역권	시·도, 시·군·구(행정조직)	자연환경(공존재산)

* 로버트 오언(Robert Owen)은 커뮤니티 운동의 효시라고 불린 '뉴 하모니(New Harmony)'라는 운동을
전개했다(노춘희·김일태, 2000: 50~51).
자료: 牛鳴正(1983), 노춘희·김일태(2000: 68) 재인용.

김인(1986: 55)은 "인간은 지리 공간상에서 삶을 영위하며 활동을 한다. 모름지기 그 모든 현상들은 지리 공간상의 특정한 위치에서 전개되며, 특정 방향으로 이동과 분화가 이루어지고, 그 영향은 지리 공간상에서 특수한 지역을 형성한다"라고 말했다. 김인(1986)은 지역의 공간구조를 기하학의 점·선·면이라는 세 가지 요소의 구성 관계에 비유하고 있다. 즉, 인간의 주거지나 취락과 같은 결절(結節) 형태의 점 패턴, 인간의 흐름과 상호작용을 위한 통신과 교통망상의 선 패턴, 그리고 인간 활동의 영향권을 구성하는 면 패턴은 바로 기하학적 공간구조와 같다고 보는 것이다.

이전의 공간구조는 대부분 도시와 관련되어 연구되었다. 김왕배(2000: 20)는 "도시는 주어진 것이 아니라 시간과 공간을 따라 끊임없이 인간의 실천에 의해 생성되는 역동적 공간이다. 사회 이론가들은 도시의 형태 그 자체가 아니라 도시 공간이 형성되는 사회적 과정과 삶의 경험에 주목한다"라고 했다. 노춘희·김일태(2000: 68)는 도시 공간구조를 '각종 도시 기능들의 입지 및 상호작용의 장'이라고 볼 수 있고, 미시적 수준에서는 '시민 생활의 장'이라고 할 수 있다고 했다. 또 도시 공간구조는 인간관계와 물적 기반이 결합된 세 개의 계층을 형성하게 된다(牛鳴正, 1983).

공간구조 연구는 공간 위에 자리 잡고 있는 사물과 현상의 분포를 구조

적으로 파악하는 것이다. 사물과 현상의 공간적 분포는 땅을 이용하거나 땅에서 영향을 받는 사람의 선택이 낳은 산물이다. 공간적 선택은 무엇보다 공간상의 움직임, 곧 '공간 과정(spatial process)'을 함의한다(김형국, 1997: 13).

한편 공간구조 연구는 공간 발전을 지향한다. 공간 발전은 기능이 전문화된 장소 사이를 오가는 능률적이고 상보적(相補的)인 움직임을 통해 국토 발전이 의미 있게 실현된다고 파악한다. 그러한 점에서 국토 발전을 직접적으로 연구하는 지역계획 연구(regional development, regional planning, regional policy)의 지식체계에서 중요한 역할을 맡고 있다(김형국, 1997: 16).

소자(E. W. Soja)는 공간성(spatiality)에 대해 사회적 산물로서의 공간이 사회관계로부터 떨어져 이해될 수 없고, 이론화될 수도 없다고 했다(Soja, 1985: 92). 이를 역으로 해석하면 사회 이론은 공간적 차원을 포함해야 한다는 것을 의미한다고 볼 수 있다. 물론 사회적 공간은 물리적이고 인지적인 공간에서 분리될 수 없다. 삶은 결코 물리적인 거리(자연적인 공간적 거리)로부터 자유로울 수 없다. 그러므로 공간은 사회 행위의 중매자이며, 사회 행위에 의해 발생하는 결과물이다. 모든 공간이 사회적으로 생성된 것은 아니지만, 모든 공간성은 사회적으로 생성된 것이다.

고어(Charles Gore)는 공간구조나 공간체계보다 공간조직이라는 용어가 더 많은 것을 함축하고 있다고 보았다(고어, 1997: 22~23). 보통 전자들의 경우 단지 지표상에 나타나는 현상들의 물리적 배치나 이동 패턴에 관계되어 사용된다. 그러나 공간조직에서는 현상을 어떤 목적을 달성하기 위해 분포된 것이라고 본다.

또 고어(1997: 301)는 지역계획 활동을 전략적 국가 개입의 일부분으로 보고, 일반적으로 지역계획은 국가 영토 내의 인구 및 인간 활동, 그리고 물리적 하부 구조 등의 공간적 배분을 명시적으로 변화시키기 위한 개입을 포함하는 것으로 이해했다. 따라서 어떤 목적을 달성하기 위해 지리적 공간에 현상이 배분된 형식, 즉 공간조직은 지역계획의 중심적 초석이 된다. 그러나 이 용어를 지역과학자나 이론지리학자에 의해 사용되어온 의미로 이해해서는 안 된다. 사회의 공간조직을 하나의 과학으로 구축하려는 그들의 시도는 개념적으로 비합리적인 가정에 기초하고 있었다. 즉, 사회체계는 '욕구(needs)'를 가지고 있고, 공간 분포는 어떤 보이지 않는 손에 의해서 이러한 욕구를 충족시키기 위해 설계된 것이라는 것과, 경제학에서 가정하는 합리적인 행동 주체로서의 인간[4]처럼 인간 행동을 지나치게 단순화하는 가정이 그것이다. 만약에 이러한 방식으로 공간조직이 적용된다면, '공간조직'이라는 것은 결국 피할 수 없이 빈약한 사회 이론으로 끝날 것이다. 그러나 국가의 이론화라는 맥락에서 보면 이 용어는 매우 가치가 있다. 국가 개입의 전략적 분야는 인구 및 인간 활동의 공간적 분포를 변화시키기 위해 의도적으로 고안된 수단을 포함하기 때문이다.

4. 공간구조의 형성

공간구조 형성의 출발점은 인구 이동이다. 그런데 인구 이동의 종류와

---

4 경제학 연구 방법론의 공통적 특성은 대체로 방법론적 개체주의(methodological individualism), 합리주의, 실증주의이다. 이때 행위자로서의 개인은 자신의 선호(preference)와 차이를 명확히 인식하고, 완벽한 정보를 가진 상태에서 완벽하게 합리적인 행동을 하는 행위 주체로 가정된다. 그러나 인간 행위는 계량화가 불가능한 질적 변수를 포함하며 가변성이 존재한다. 행위자 자신도 자신의 선호를 분명히 계산할 수 없고, 선호가 무엇인지를 명백히 인식할 수 없는 경우가 있다. 또 경제학은 '세테리스 파리부스[ceteris paribus(=other things being equal)]'라는 가정에 기초하고 있다(임형백, 2004: 136). 하지만 경제학은 지속적인 발전을 이루었는데, 주된 방법론 논쟁이 진행되던 시점에서 자본주의 경제가 시간적·공간적으로 팽창기에 있었기 때문이다(싱, 1986: 11).

〈표 1-4〉 인구 이동의 종류와 특성

이동의 역학	이동의 힘	이동의 성격	이동의 유형	
			보수적	창조적
자연과 사람	생태적 압출	원시적	배회, 방랑	땅으로부터 탈출
국가와 사람	인구 이동 정책	강제, 강권	옮겨놓기, 탈출	노예무역, 날품팔이
사람과 규범	높은 열망	자의	집단	선구자
집단적 형태	사회적 기세	대량	정주	도시화

자료: Peterson(1958: 266), 김형국(1997: 66) 재인용.

특성이 각각 다르기 때문에 결과적으로 다른 공간구조를 형성하게 된다.

지리적 공간상에서는 필연적으로 사람, 물자, 자본, 정보 등의 흐름이 나타난다. 왜냐하면 지리적 공간상의 어떠한 지역에서도 인간 생활에 필요한 가용 자원을 모두 사급할 수 없으며, 이들 자원의 분포 상태가 공간적으로 불균등하고 불연속적이기 때문이다. 따라서 지역 간에 흐름의 수요가 내재하는 한 공간적 상호작용은 필연적으로 나타난다고 볼 수 있다(김인, 1986: 121). 인구 이동에 대한 지역 연구의 특별한 관심은 이동이 지역발전에 미치는 효과에 관한 것이다. 지역발전의 효과를 살펴보려면 반드시 지역이란 장소에 미치는 효과와 지역 위에 살고 있는 주민에 대한 효과를 함께 고찰해야 한다(김형국, 1997: 89).

지리 공간상의 불균등한 인구 분포 패턴은 여러 요인들의 영향을 받아 나타난 결과라고 볼 수 있다. 인구 분포는 계속 변하는 동적 과정이며, 인구 분포에 영향을 미치는 인과관계도 시간과 공간에 따라 다르게 나타난다. 일반적으로 인구 분포에 영향을 미치는 주요인은 크게 자연적 요인과 사회적 요인으로 나누어 생각해볼 수 있다.

첫째, 자연적 요인에는 기후, 지형, 토양, 자원 등이 해당된다. 한국은 오랜 세월 동안 농업이 산업의 주를 이루어왔으므로 농업 생산의 바탕인 농경지의 분포가 인구 분포에 가장 큰 영향을 주었다. 농경지의 분포는 지형, 기후, 토양 등에 따라 결정된다. 그러므로 서부와 남부 평야 지대는 인구가 많이 모여 있고, 농사를 짓기 어려운 태백 산지와 개마고원 등 동북부 산악 지대는 인구가 매우 적었다.

두 번째는 사회적 요인이다. 자연적 요인만으로 인구의 지역적 분포를 완전히 설명할 수는 없다. 때로는 인종, 종교, 문화, 그리고 정치·경제·사회체제와 같은 사회적 요인들에 의해 인구 분포 패턴이 결정되며, 이러한 요인들 간의 상호작용 효과와 인간의 선택적 행동에 따라 오늘날의 불균등한 인구 분포 패턴이 형성된 것이라고 볼 수 있다.

특히 산업혁명과 더불어 나타난 과학기술의 발달은 인간 거주에 불리한 환경을 어느 정도 유리한 쪽으로 개조하는 데 기여했다. 따라서 산업혁명 이전까지 인구 분포에 영향을 미쳐온 자연환경적 요인들의 중요성은 시간이 경과하면서 점차 약화되고, 그 대신 기술혁신과 경제발전 등 사회적 요인들이 인구 분포에 더 큰 영향을 미치게 되었다. 특히 경제발전에 따라 나타난 고용구조의 변화는 인구가 도시로 집중되는 현상을 초래했고, 그 결과로 인구의 재분포 현상이 나타나게 되었다.

산업이 발달한 나라일수록 사회적 요인의 영향을 많이 받으며, 국토 개발 사업이 인구 분포에 영향을 준다. 한국에서도 근대산업이 성장하면서 어업과 해상 교통이 발달하자, 이에 따라 해안 지방에 인구가 집중되었다. 또 공업화와 도시화가 빠른 속도로 이루어지고 산악 지대의 광산이 개발되면서 도시와 광산 지역에도 많은 인구가 모여들었다. 특히 1960년대 이후 서울, 부산 등 대도시의 인구 집중이 두드러졌으며 울산, 구미, 창원, 여천 등에 지은 공업단지에도 인구가 집중하여 새로운 분포 상황을 보인다.

리(E. S. Lee)는 인구 이동의 의사결정에 영향을 미치는 인자를 네 가지로 분류했다(Lee, 1970). 즉, 인구 배출(push) 지역의 긍정적·부정적 인자, 인구 흡

<표 1-5> 인구 이동의 배출·흡인·장애·개인적 인자

구분	인자
배출 인자	농촌 빈곤, 낮은 임금, 실업, 교육·문화·보건 시설 등의 부재, 인종적·정치적·종교적 억압, 기근, 홍수와 같은 자연재해, 타 지역 및 거주자의 친근감 등
흡인 인자	저렴한 농지 가격, 고용 기회의 증대, 높은 임금 수준, 학교·병원·위락 시설 등의 확충, 쾌적한 환경, 미지에 대한 두려움 등
장애 인자	이동 비용, 심리적 비용(가족, 친구, 지역사회와의 분리에서 오는 불안감), 이주 규제법, 노동 허가 규제법 등
개인적 인자	성, 연령, 건강 상태, 혼인 상태, 교육 수준, 자녀 수 등

자료: Lee(1970: 290~291), Knapp et al.(1989: 80).

<표 1-6> 울먼의 공간 요소

공간 요소	의미
지역 간의 상호 보완성 (complementarity)	· 한 상품에 대해 지역 간의 수요·공급 관계가 존재하게 되어 발생하는 흐름이다. · 이론상 흐름을 발생하게 하는 원천으로, 공간 흐름의 필요조건이다.
수송 가능성 (transferability)	· 지역 간에 상품을 이동시키는 데 필요한 비용으로 나타낸 공간 개념이다. · 상품의 종류에 따라 다르며 이동 비용에 좌우된다. · 이론적으로 공간상의 흐름 발생의 충분조건이다.
간섭 기회 (intervening opportunity)*	· 두 지역 간에 보완성이 내재하고 수송 가능성이 충분하다 하더라도 두 지역 사이에 제3의 보완성의 입지가 내재할 경우, 이 입지점들은 두 지역 간 흐름의 발생량을 견제하는 요소로 작용한다. · 즉, 간섭 기회는 공간의 흐름을 견제하는 요소가 되는 입지를 말한다. · 이론적으로 간섭 기회는 흐름의 발생을 견제하는 조건이다.

* 원래 사회학자 스토퍼(S. A. Stouffer, 1940)가 제시한 개념으로, 두 도시 간의 인구 이동은 두 도시의 거리에 좌우되기보다는 두 도시 사이에 있는 다른 도시들, 즉 인구 이동을 견제하는 간섭 기회의 수(두 도시 사이에 입지해 있는 도시 수)에 의해 좌우될 수 있다는 것이다.
자료: Ullman(1957), 김인(1986: 121) 참고·재작성.

인(pull) 지역의 긍정적·부정적 인자, 배출·흡인 지역 사이에 개재하는 장애 인자, 그리고 개인적 인자가 그것이다(한주성, 2007: 352).

울먼(E. L. Ullman)은 상품 이동에 관한 흐름의 발생 조건을 설명하면서 공간상의 지역 간 흐름 이론(interregion flow theory)을 제시했다(Ullman, 1957). 그는 흐름 이론을 구성하는 공간 요소로 상품 유통의 3대 조건을 전제했다. 울먼은 상품 유통에 국한시켜 3자의 개념을 설명하고 있지만, 상품 이외의 모든 공간 이동 현상에도 일반적 설명이 가능하다는 점에서 3자의 개념이 의미하는 공간적 시사점은 매우 크다(김인, 1986: 122).

프리드먼은 경제발전과 도시 체계를 결합하여 중심부·주변부 지역 모형 (center-periphery regional model)과 분극적 개발의 일반 모형(general theory of polarized development)을 만듦으로써, 기존의 공간구조와 관련된 제반 이론들을 종합했다(Friedmann, 1972, 1978).[5] 중심부·주변부 지역 모형은 다렌도르프(R. G. Dahrendorf, 1959)의 권위·종속(authority-dependency)의 갈등 이론을 공간체계에 수용하여, 쇄신의 발생과 채택의 가능성이 높은 선도적 도시와 그 인접 지역은 국가·도시 체계의 중심부에 해당하는 지역으로서 외곽 지역을 지배하고 외곽 지역은 중심부 지역에 종속된다는 갈등 관계의 '공간적 지배체계'를 개념화한 것이다(김인, 1986: 271).

이 모형에서 중심부 지역은 의사결정의 실질적 권한을 소유함으로써 주변부 지역에 대해 권위를 유지하고, 중심부 지역의 엘리트 집단은 다음과 같은 여섯 개의 피드백 효과에 의해 자체적으로 권위를 강화하게 된다. 즉, ① 자원의 이전(분극 효과), ② 높은 혁신율 유지(정보 효과), ③ 변화의 분위기(심리적 효과), ④ 발전 지향적 가치 및 태도 유지(근대화 효과), ⑤ 높은 상호 연관성(연계 효과), ⑥ 경제의 수익 증대(생산 효과)가 그것이다. 이렇게 하여 주변부 지역에 대한 중심부 지역의 지배력이 더욱 강화되면 그 과정에서 갈등이 야기되며, 이 같은 갈등은 기존의 공간 질서에 대한 도전으로

---

5 프리드먼은 발전의 목표 지향적 견지에서 국가 발전과 도시의 역할을 조명하고, 더 나아가 국가 발전의 공간조직에 관한 일반 이론을 종합적으로 정리했다(김인, 1986: 270~271).

<표 1-7> 경제발전 단계와 공간조직

경제발전 단계		공간조직
제1단계	공업화 이전 단계	비계층의 독립된 지방 중심지
제2단계	초기 공업화 단계	강력한 단일 중심 지역
제3단계	공업화의 성숙 단계	국가적 단일 중심 지역과 외곽 지역의 준중심 지역
제4단계	탈공업화 단계	기능적으로 상호 의존적인 지역체계

자료: 김인(1986: 272).

나타난다. 그리고 이러한 도전의 결과는 압제(suppression), 중화(neutralization), 유착(cooptation), 대체(replacement) 중 하나로 귀착된다. 그러나 시간의 경과와 함께 종국적으로는 쇄신의 확산으로 주변부 지역이 발전하게 되어, 중심부·주변부 지역 간의 격차와 갈등은 완화되는 방향으로 나아간다. 이와 같은 견지에서 프리드먼은 적정한 시기에 적정한 개발 정책을 펼쳐 지역발전을 추구한다는 긍정적 견해를 표명한다. 그리고 그는 중심·주변 체계의 공간조직에 관한 형성·변화·발전 과정을 국가의 경제발전 단계 상황과 결부시켜 설명한다(김인, 1986: 271~272).

혁신의 공간 전파(spatial diffusion of innovations)는 사회적·경제적 발달이라는 광범위한 주제와 관련하여 주목을 받았다. 이 이론의 중요한 고리(link)는 혁신 전파와 경제적 파워 분배(distribution of economic power)의 관계이다(Friedmann, 1975: 277). 이후 프리드먼(Friedmann, 1973: 65~84)은 공간구조 분석에 대한 이론적 틀을 제시하면서, 지리적 공간상에서의 흐름과 이들 흐름이 만들어내는 지역 공간구조를 다음의 <표 1-8>과 같이 네 가지로 분류했다.

특정 지역이 경쟁력을 가지려면 그 지역이 타 지역에 비해 입지상에서 누리는 상대적 이익, 즉 선발 이익(initial advantage)을 가져야 한다. 그리고 특정 지역이 선발 이익을 가지도록 하기 위해서는 도시 건설의 초기 단계에

〈표 1-8〉 공간 흐름과 지역 공간구조

공간 흐름	지역 공간구조
인구 이동	정주 패턴
투자	경제활동의 입지 패턴
혁신의 채택 · 특히 기업가적(entrepreneurial) 혁신을 가리킨다. · 기업 내에서 혁신을 채택한 분야는 다른 분야에 대한 영향력이 증가한다. · 혁신을 채택한 기업은 그렇지 못한 기업을 도태시키고 시장 점유율을 높인다.	권력의 공간구조 · 이러한 기업가적 혁신이 축적된 도시는 경제가 발전하고 인구가 증가한다. · 또 도시는 이 같은 혁신을 받아들이지 못한 도시 체계의 다른 부분에 대한 위계적(hierarchical) 통제를 강화함으로써 합병된다(consolidation). · 도시는 사회에 공간적으로 통합된 하부 시스템(spatially integrated subsystem)으로 간주된다. · 혁신이 집중된 도시는 더욱 커다란 혁신을 가져오고, 이를 통해 국가 내의 다른 지역을 넘어 때로는 외국에까지 통제를 강화한다.
혁신의 확산 · 기업 이외의 분야로의 혁신 확산에 대한 자료는 부족하다. · 다만 혁신을 받아들이는 단위(unit)의 가장 두드러진 특징에 따라 소비자 혁신과 기업가 혁신으로 분류할 수 있다.	사회적·문화적 공간 패턴 · 소비자 혁신은 주로 수요 측면과 관련된 것으로, 상품(product) 혁신과 문화(cultural) 혁신으로 나눌 수 있다. · 기업가 혁신은 주로 공급 측면과 관련된 것으로, 조직(organizational) 혁신과 기술(technical) 혁신으로 나눌 수 있다.

자료: Friedmann(1973, 1975) 참고.

서 교통망과 같은 인프라(infrastructure)를 구축하는 공공 부문의 투자가 이루어져야 한다. 하지만 더 중요한 것은 이후에 이루어지는 유입 인구의 질과 이들에 의한 혁신이다.

마찬가지로 도시 성장은 최초의 외부적 충격에 의한 연관 산업의 성장과 그로 인한 각종 승수 효과(multiplier effect)에 의해 이루어진다. 즉, 도시 지역에서는 어떤 충격이 지역경제에 파급 효과(spread effect)를 가져와 성장이 이루어지게 된다(Friedmann, 1966: 22~24). 도시 성장은 시간의 흐름에 따라 자연 발생적으로 이루어지기도 하지만, 그 이상의 지속적인 성장을 가능하게 하는 것은 선발적 자극(initial stimuli) 또는 선발적 타격(initial trigger)이다(Lloyd and Dicken, 1972: 163).

공간에서 확산되는 지식은 새로운 지식을 말하고, 새로운 지식이란 인간의 창조적 활동, 곧 혁신을 뜻한다. 따라서 혁신의 공간 확산은 공간 발전의 가능성이다. 혁신은 여러 학문 분야에서 오랜 관심사였다. 경제·사회 발전은 근본적으로 인간의 창조적 활동으로 이루어진다는 사실 때문이다. 특히 경제학은 혁신을 가장 체계적으로 다룬 학문이다. 하지만 혁신이 공간상에서 발생하여 전파·채택되는 과정에 대한 연구는 지역발전론의 일천성(日淺性)에도 원인이 있어 지난 1960년대 초반 이후에야 시작되었다. 먼저 계량지리학자와 도시지리학자들이 경험적 사례를 토대로 이론의 정립화를 시작했고, 개발 연대이던 1960년대에 비로소 지역개발 문제와 관련하여 혁신의 공간 확산이 지닌 지역발전상의 의의가 활발하게 논의되었다(김형국, 1997: 97~98).

혁신 확산율은 거리가 멀어짐에 따라 줄어드는바, 거리체감함수(distance decay function)에 의해 정의된다(Morrill, 1968). 그러나 최근 인터넷과 IT의 발달이 이러한 거리체감함수의 효용성을 감소시키고 있다.

예를 들어 농촌과 도시라는 두 공간을 비교해보자. 인간은 합리적 선택을 한다. 따라서 자신의 노동을 제공하고 그 대가로 더 나은 보상을 받을 수 있는 선택을 한다. 이 경우 도시는 농촌과 비교하여 더 나은 직업 선택의 기회와 문화적 혜택이 존재하는 공간이다. 이 같은 공간적 이질성(spatial heterogeneity)이 존재하는 상황에서 도시에는 우수한 인력이 모여들고 자본의 투자가 이루어진다. 우수한 자본을 보유한 도시는 의사결정에서 우위를 점하게 된다. 그리고 신기술 개발, 새로운 아이디어 등의 혁신이 일어나며, 이것이 도시의 경제적 부를 증가시키고, 이를 주변으로 전파하게 된다. 반면 농촌에는 정반대의 현상이 나타난다. 즉, 농업이라는 산업의 경쟁력 약화는 농촌이라는 공간의 경쟁력 약화로 이어지고, 이는 우수한 인구가 농촌에서 도시로 유출되는 현상을 유발하여, 결과적으로 농촌과 도시의 격차를 더욱 크게 만들 것이다(임형백, 2005a: 204). 그래서 시장 실패(market failure)가 있는 곳에는 정부가 개입해야 한다.

그러나 이러한 농촌과 도시의 격차 심화, 즉 지역 간의 불균형발전은 결과적으로는 지극히 부정적인 현상이지만, 동시에 개인의 합리적 선택과 시장 합리성이 추구되는 시장경제 체제에서는 지극히 자연스러운 현상이기도 하다는 점을 직시해야 한다. 전 세계적으로 농업의 경쟁력 약화, 인구의 도시 집중, 농촌과 도시의 불균등한 발전은 일반적인 현상이다. 다만 이러한 현상이 장기적으로는 바람직하지 않기 때문에 시장의 힘을 크게 훼손하지 않는 범위 내에서 계획(또는 정부의 개입이나 정책)을 통해 완화시키려는 것뿐이다(임형백, 2005a: 204).

따라서 정부의 개입은 세심한 주의를 요한다. 시장 실패가 있는 곳에는 정부가 더 개입해야 하고, 정부 실패(government failure)가 있는 곳에는 시장적 요소를 더 들여놓아야 한다. 즉, 지역 간의 불균형성장을 완화하기 위해 정부가 개입하는 것은 바람직하나, 정부의 개입은 시장 질서를 왜곡시키는 시장 실패적 시각에 기초한 공적 자금 투입이 되어서는 안 된다. 다시 말해 정부의 개입은 그 지역의 경쟁력을 강화시키는 방향으로 진행되어야 하는 것이다. "시장이 자연스럽게 잘 작동할 수 있도록 '내버려두는 것'이 가장 바람직하다"(Hayek, 1960)는 하이에크(F. A. Hayek)의 주장까지는 아니더라도, 적어도 그가 수용한 '경쟁을 촉진하기 위한 계획'(Hayek, 1944)이어야 한다(임형백·이종만, 2007: 49).

5. 공간 경쟁력

임형백(2005a)은 다음의 <그림 1-1>과 같이 공간을 중심으로 계획을 물리적 계획, 사회계획, 경제계획으로 삼분하고 있고, '지역'은 농촌과 도시를 포함하는 평면적 개념으로, '공간'은 지역이라는 물리적 공간을 기초로한 3차원의 입체 공간으로 보고 있다(임형백, 2009b, 2009c, 2011d). 즉, 자연과학적(일반적으로 물리적)이고 하드웨어적인 성격과 사회과학적이고 소프트웨어적인 성격이 결합된 입체적 공간으로 바라보는 것이다.

공간에 대한 수요는 소득 증가, 거주자의 기호 변화 등에 따라 변한다. 일반적으로 직업적 요인(고용 기회, 기대 소득)이 어떤 공간에 대한 수요를 높이는 가장 큰 원인이다. 한국은 교육 환경도 커다란 요인으로 작용한다. 또 소득이 늘어나면서 여가, 문화, 녹지 공간에 대한 수요가 증가하는 것도 일반적인 현상이다.

공간에 대한 개인 또는 집단의 이러한 수요에 가장 적합한 여건을 갖춘 공간이 가장 수요가 높은 공간, 즉 경쟁력 있는 공간이 된다. 경제학적으로 합리적인 개인은 자신의 이익을 극대화하기 위해 이주한다. 합리적인 개인에게 이주(주거지 구매)는 제품 구매와 동일한 논리가 적용된다. 따라서 (소비자가 선호하는) 경쟁력 있는 제품에 구매자가 모여들듯이, (거주자가 선호하는) 경쟁력 있는 공간(또는 지역)에 거주자가 모여든다. 즉, 경쟁력 있는 공간에 인구가 유입되는 것이다(임형백, 2011d).

임형백(2011d)은 '공간 경쟁력(spatial competitiveness)'이라는 개념을 만들고, 이 공간 경쟁력을 보여주는 지표로 '인구 유입'과 '주간인구지수'[6]를 사용

---

6 지역 상주인구 대비 낮 시간 해당 지역에 머물고 있거나 상주하는 인구의 비율을 의미한다.

〈그림 1-1〉 계획의 개념에서 바라본 공간의 차원

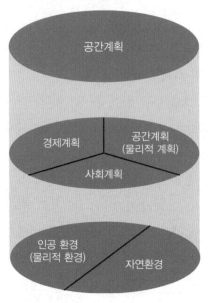

주: 계획의 세 가지 차원은 동일한 농촌이라는 공간에 대한 접근 방법의 다양한 차이를 표현한 것일 뿐,
　　서로 간에 상위 또는 하위 개념이 존재하는 것은 아니다.
자료: 임형백(2005a: 203).

하고 있다. 그런데 이러한 공간에 대한 수요는 가변적이다. 앞서 말했듯이
공간에 대한 수요는 소득의 변화에 따라 변한다. 단적으로 소득이 증가할
수록 공간에 대한 개인의 수요는 증가한다. 각 가구도 좀 더 넓은 주택을
소유하기를 원하고, 개인도 자신의 독립된 공간을 갖기를 원한다. 아울러
녹지와 여가 공간에 대한 수요도 증가한다. 따라서 인구 증가가 없더라도
소득이 늘어나면 공간에 대한 수요가 증가하고 주택에 대한 수요도 증가
한다.

　서울 강남의 경우에도 지금은 교통 체증과 같은 문제가 발생하지만 강
남에 도시계획이 이루어질 당시에는 적합한 물리적 환경을 가지고 있었다.
그러나 소득 증가와 경제성장에 따라 강남의 물리적 환경이 더 이상 적합

하지 않게 된 것이다. 따라서 잘못된 계획, 난개발 등으로 형성된 공간에는 사회적·경제적 환경에 따라 공간이 변화하는 데 오히려 방해가 되는 '공간의 역습'이 발생한다.

참여정부의 국가균형발전 정책에도 불구하고 최근 5년간 수도권 인구 집중 현상은 더 심해졌다. 이는 정부가 정책적인 노력을 펼쳤는데도 국가의 균형발전이 이루어지지 않고 있다는 것을 의미한다. 즉, 참여정부의 국가균형발전은 현재에 이르러서도 물리적 기반 조성 이외의 실질적 효과를 거두지 못하고 있음을 보여준다.[7]

실제로 참여정부의 국가균형발전 정책과 이명박 정부의 지역발전 정책의 추진 속에서도 인구의 지방 분산은 이루어지지 않았고, 오히려 수도권으로 인구가 집중되었다. 이는 수도권이 여전히 공간으로서 경쟁력을 가지고 있다는 것을 의미하며, 지방이 공간 경쟁력을 갖추지 못하고 있음을 보여준다. 지방이 공간 경쟁력을 갖추지 못하기 때문에 지방으로 인구가 이동하지 않는 것이다.

적어도 현재까지는 국가균형발전이 물리적 기반 조성과 정치적 구호를 벗어나지 못하고 있다고 볼 수 있다. 물리적 기반 조성이 공간 경쟁력으로 직결되는 것이 아니므로, 물리적 기반 조성만으로는 인구 유입을 담보할 수 없다. 이는 각 자치단체 정치인들이 공공기관 유치, 물리적 기반 조성, 인구 유입에 대한 정치적 홍보와 개인의 치적에 그치지 말고, 공간 경쟁력

---

7 단, 5년 전 거주지를 기준으로 수도권에서 충청남도로의 전출이 17만 3,000명으로 가장 높으나(통계청, 2011), 행정중심복합도시의 본격적인 입주가 아직 시작되지 않아 이러한 충청남도로의 인구 이동의 인과관계를 설명하기는 어렵다. 더구나 충북 오송보건의료행정타운의 경우 이주가 예상되었던 인구가 오송이 아닌 정주 환경이 양호한 인근 지역으로 이주하는 바람에, 예상했던 인구 증가가 일어나지 않는 현상이 발생했다.

〈표 1-9〉 2005년을 기준으로 본 2011년 인구 이동 결과

지역	수도권	서울	경기도	부산	대구	울산
순유입 인구	20만 명	-	55만 7,000명	-	-	-
순유출 인구	-	38만 4,000명	-	13만 7,000명	7만 9,000명	1만 6,000명

자료: 통계청(2011).

〈그림 1-2〉 5년 전 거주지 기준 수도권의 유입·유출 인구(2010년)

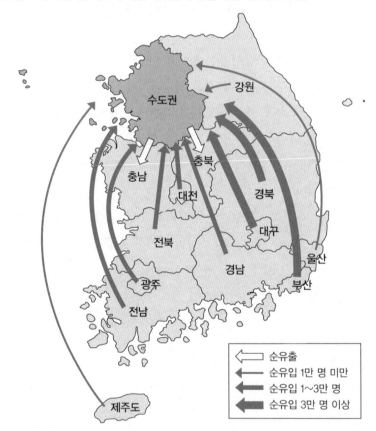

자료: 통계청(2011: 17).

〈그림 1-3〉 시·군·구별 거주자 출생지 비율(2010년)

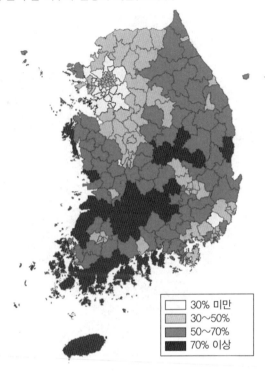

30% 미만
30~50%
50~70%
70% 이상

자료: 통계청(2011: 6).

을 높이고 이를 통해 실질적으로 국가균형발전을 가져올 정책 수단(policy means)을 제시해야 한다는 것을 의미한다.

최근 5년 동안 수도권의 인구 집중 현상은 더욱 심해졌다. 전국 모든 시·도 가운데 수도권에서 순유입 인구가 제일 많았다. 수도권으로 유입되는 인구가 가장 많다는 것은 지금도 여전히 수도권의 공간 경쟁력이 가장 높다는 것을 뜻한다. 반면 수도권의 높은 순유입 인구는 수도권의 거주자 출생지 비율을 낮춘다.

특히 경기도의 경우, 서울보다 오히려 순유입 인구의 비율이 높다. 이는 경기도로의 순유입 인구 중 상당수가 서울로 이주할 계획이었으나, 경제

〈그림 1-4〉 서울로 통근·통학하는 비율(2010년)

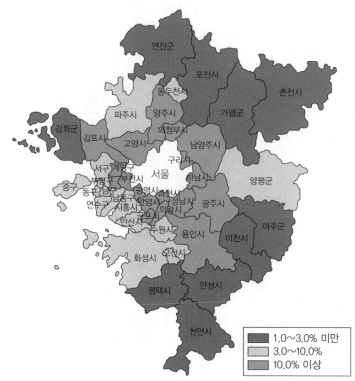

자료: 통계청(2011: 31).

적 여건 때문에 차선책으로 경기도로 이주했을 개연성을 보여준다. 즉, 지방에서 서울로 이주하지 못하는 인구가 경기도를 중간 경유지 또는 대체지로 이용하거나, 노령화 등의 이유로 서울에서 경기도로 이주한 인구가 경기도의 인구 증가에서 커다란 부분을 차지할 것이다. 따라서 높은 부동산 가격과 생활비 때문에, 상대적으로 경제력이 있는 인구 또는 상대적으로 젊은 고학력의 인구가 서울에서 가까운 거리에 위치하게 된다. 그리고 이러한 인구는 정주권과 생활권이 일치하지 않는 현상을 보이는 경우가 많다. <그림 1-4>를 보면, 서울을 중심으로 서울과 가까운 지방자치단체일

<그림 1-5> 1년 전 거주지 기준 전입·전출 인구(2010년)

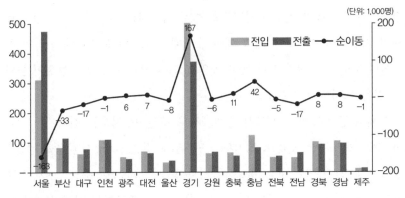

자료: 통계청(2011: 12).

<그림 1-6> 상주인구 및 주간인구지수 분포

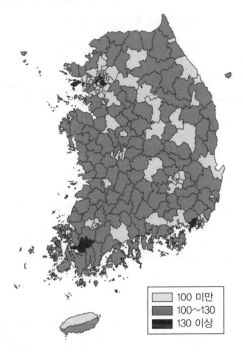

자료: 통계청(2011: 46).

수록 서울로 통근·통학하는 인구의 비율이 높다는 것을 알 수 있다. 이는 경기도로의 순유입 인구가 경기도를 중간 경유지로 선택했을 가능성과 현재의 거주지인 경기도에 대한 애착이 상대적으로 약해 미래에 여건이 허락한다면 공간 경쟁력이 더 높은 지역(즉, 서울)으로 이주할 가능성이 높다는 것을 의미한다(임형백, 2011d).

실제로 통계청(2011)의 조사 결과에서도 주간인구지수는 전국에서 서울이 108.6으로 가장 높았고, 경기도가 92.7로 가장 낮았다. 서울 종로는 215, 강남은 182, 서초는 140이며, 특히 서울 중구는 348.1로 주간인구가 상주인구의 3.5배에 달했다. 이는 경기도에서 서울로 통근하는 사람이 많은 탓에, 서울이 낮 시간에 인구가 가장 많은 도시인 반면 경기도는 낮 시간에 인구가 가장 적은 지역이라는 점을 보여준다.[8] 그리고 경기도가 서울에 비해 공간 경쟁력이 낮고 서울의 대체 공간으로 이용되고 있다는 것을 의미한다. 즉, 경기도에 거주하는 주민의 약 10%는 서울에 거주하고 싶지만 여건이 허락하지 않아 경기도에 살고 있으면서, 직장이나 학업 등 주된 생활은 서울에서 하고 있는 것이다. 따라서 이들 경기도 주민 10%의 경제활동 결과도 주로 서울에 귀속된다고 볼 수 있다. 사실 이러한 '직·주 불일치'는 출퇴근 시 교통 체증의 주된 이유이다.

또 거시적으로 보면 '수도권→ 지방'의 순서로 위계적 공간 경쟁력을 가지지만, 수도권을 다시 미시적으로 살펴보면 '서울→ 경기도→ 지방'의 순서로 위계적 공간 경쟁력을 가지고 있다(임형백, 2011d: 190). 즉, 경기도는 수도권 대 지방이라는 구도에서는 수도권이라는 우위를 가지지만, 수

---

8 한국 국민의 93.1%는 단일 교통수단을 이용하고, 평균 통근·통학 시간은 38.7분이다. 이용 교통수단별 평균 소요 시간은 승용차 32.2분, 시내버스 37.3분, 전철·지하철 61분, 고속 시외버스 84.5분이다(통계청, 2011).

도권 내에서 서울 대 경기도라는 구도에서는 열세를 보인다. 특히 서울과 경기도의 상대적 공간 경쟁력 격차와 서울과의 지리적 근접성 때문에 경기도의 주간인구지수는 오히려 지방보다 낮다.

2
한국인의 의식구조와 공간

The Korean's Consciousness and Space

1. 공간 감지

식민지 해방은 비록 남한의 한정된 영토에서나마 국민국가(nation-state)가 형성되는 계기가 되었다. 국민국가의 국민 형성(nation-building)은 통치 영역 안의 모든 단위 장소 사이에 정치적·경제적·사회적·문화적 측면에서 유기적이고 상보적인 연계가 이루어지는 공간 통합(spatial integration)을 지향한다(김형국, 1997: iii).

공간 감지(spatial perception)는 개인이 주변 환경에 대해 시각, 청각, 촉각 등 오감적 접촉의 결과로 얻게 된 단편적 지식이다. '느낌으로 터득한' 이 지식들은 과학적 기준에서 보면 반드시 정확하지는 않다. 어느 정도 정확할 뿐이다. 하지만 공간 감지는 사람의 삶, 특히 공간적 측면을 이해하는 데 대단히 중요한 고리이다. 공간의 선택이나 공간상의 움직임에 지대한 영향을 미치기 때문이다. 이를테면 농촌의 젊은이는 서울에 대한 동경심과 서울 생활에 대한 높은 기대를 갖기 일쑤지만, 이 기대감이 현실화될 수 있다는 객관적인 정황이 꼭 존재하는 것은 아니다. 하지만 막연한 기대감

에도 불구하고 농촌의 젊은이들은 인구 이동을 결행하고 있다(김형국, 1997: ch.12).[1]

이는 공간 감지가 행동으로 연결된 경우이다. 전통 시대에 한국인이 지닌 지리 지식은 오늘의 기준에서 보면 과학적이지 않은 일상 언어에서 무의식적으로 사용하는 지칭적 감지의 수준에 불과했다고 해도 과언이 아니다. 과학이 극도로 발달된 오늘날에도 사람들은 공간을 감지로 파악하기 일쑤다. 그런데 장소 또는 지역에 대한 사람의 감지가 비록 개인적인 것일지라도 다른 사람들과 공감대를 얻게 되면 집단화하기 마련이다. 집단화된 지칭적 감지는 장소의 이미지로 나타난다. 이런 지칭적 감지는 우선 대단히 추상적이기 쉽다. 한편 평가적 공간 감지는 어떤 공간에 대한 무의식적인 평가를 의미한다. 한국의 평가적 공간 감지 가운데 대표적인 것은 서울 우위성이다. 서울은 상위에 자리한 중심이자 중앙이며, 지방은 하위에 있는 변방 또는 외딴곳으로 여기는 것이다. 이는 역사적으로 사회 가치의 지역적 분포를 총괄하는 정치권력이 서울에 자리를 잡아왔던 데서 유래한다(김형국, 1997: ch.12).[2]

동양에서 주나라와 그 계승자인 한나라와 당나라는 존속 기간과 그 철저함에서 비교할 상대를 찾을 수가 없는 중앙집권적 통치 양식을 고안해냈다(Chang, 1963). 고대 중국의 도시계획에 대한 사상은 중국사 초기의 많

---

1 한 지역에서 다른 지역으로 이주하는 사람은 이주를 통해 자신의 효용(utility)을 극대화하려고 하며, 자신에게 가장 유리한 서비스(government service)를 제공하는 지역으로 이주한다(Tiebout, 1956). 그러나 실제로는 도시에 충분한 고용이 없는 상황에서도 기대 소득에 의해 인구는 농촌에서 도시로 계속 이동하게 된다(Todaro, 2000).

2 한편 1890년대 개성 지방을 여행했던 선교사의 관찰에 따르면, 개성 사람들은 20세기 초까지 서울로 가는 것을 하경(下京)이라 했다. 옛 왕도에 대한 애착심 때문인 것으로 보인다. 이에 대해서는 언더우드(2008) 참조.

은 저서를 통해 알 수 있다. 이러한 저서 중 도시계획 실천에 비교적 많은 영향을 미친 것들로는 『주례(周禮)』, 『관자(管子)』, 『주역(周易)』, 『상군서(商君書)』, 『노자(老子)』, 『홍범(洪範)』 등이 있으며, 풍수학도 도시계획에 뚜렷한 영향을 미쳤다(김종범, 2000: 259).

고대 중국에서 도시계획이 발달할 수 있었던 것은 풍부한 도시계획 이론과 실천이 있었기 때문이다. 즉, 다양한 철학 사상과 학문의 체계가 일찍부터 발달했고, 정치와 경제의 변화가 컸으며, 자연환경도 매우 다양했고, 계획적인 도시 건설에 대한 노력이 있었기 때문이다(김종범, 2000: 257).

『고공기(考工記)』[3]에는 궁성이 반드시 도성의 중심부에 있어야 한다는 점이 명확히 지적된 바 없고, 중축선(中軸線)의 설치에 관한 것도 전혀 거론되지 않았다. 그러나 동양 사상에 따라 황제의 최고 지위를 나타내기 위해 궁성을 대체로 중심에 두고, 이곳의 남쪽 중부로부터 밖으로 뻗은 대로를 축으로 다른 건축물을 엄격한 등급에 따라 배치했는데, 이러한 『주례』의 기본 사상이 도시계획에 영향을 끼쳤다(김종범, 2000: 260). 도시가 갖는 상대적인 중요성의 변동은 대개는 통치하는 군주가 자리하는 곳이 어디인지에 달려 있었다(Schinz, 1989).

이와 유사하게 1394년에 조선의 수도로 건설된 한양은 이후 약 500년 동안, 한국 사학자 두 사람의 표현에 따르자면 '목가적인 중국식 수도'로 이바지했다. 한양은 전형적인 중국식 모델을 따라 성벽으로 둘러싸이고 왕실 관료들이 지배하는 행정의 중심지로 설계되었다(코트킨, 2007: 59).

특히 조선 태종 때에 이르러 이루어진 중앙집권적 체제의 완료는 수도

---

3 춘추 말기 제국의 공예관서로, 총 30개 업종의 기술 규칙을 기록한 책이다. 그중 '장인(匠人)'은 '공목지공(攻木之工)'의 다섯 번째에 속하는 내용으로서 성곽, 왕궁, 도로, 종묘 등 도성 계획에 관한 내용을 포함하고 있다(中國大百科全書建築/園林/城市規劃編輯委員會, 1990: 284).

서울의 위상을 더욱 높였다. 귀족들이 사병을 거느릴 수 없게 되면서 왕의 권한은 한층 강화되었고, 정부는 지방까지 관리를 파견하여 지방의 호족들을 대신해 백성을 직접 통치했다. 또 유교는 군사부일체(君師父一體)로 표현되는 충효(忠孝)를 강조함으로써, 간접적으로 가부장적 권위와 왕의 권위를 강화했다. 이는 왕이 거주하는 서울의 위상까지 높였다.[4]

이러한 무의식적인 사고방식은 한국인의 잠재의식에도 내재되어 있다. 서울을 기준점으로 서울보다 북쪽에 있는 지역에서도 서울에 갈 때 흔히 "서울로 올라간다"라고 표현한다. 이는 서울이 가지는 상징적 위상을 나타내는데, "말은 나면 제주도로 보내고 사람은 나면 서울로 보내라"라는 속담도 동일한 맥락이다.

2. 유교의 영향

일연(一然)의 『삼국유사(三國遺事)』에 따르면, 기원전 2333년에 고조선이 건국되었다. 그래서 우리 한국인은 스스로를 단군의 자손이라 믿고 단일 민족[5]이라고 여기면서 5000년에 가까운 역사를 공유하고 있다.

이미 7세기에 이르러 한국은 지리적 범주나 인종, 언어 및 기초적 문화

---

4 부르주아지(bourgeoisie)도 프랑스어로 성(城)을 의미하는 'bourg'라는 단어에서 유래했다. 근대 자본주의가 발전하면서 부를 축적한 계급은 성안에 거주하고 그렇지 못한 계급은 성 밖에 거주하면서 부르주아지라는 명칭이 생긴 것이다.
5 단군신화에서 가장 중요시되는 것은 '한국인은 모두 같은 단군의 자손'이라는 사실이다. 그러나 일본에서는 천황가의 사람 이외에는 자신이 천조대신(天照大神, 일본의 단군격)의 후손이라고 말하는 사람이 아무도 없다(김용운, 1987: 60). 일본의 고문서를 보면, 일본은 정복자들이 원주민을 무자비하게 전원 학살했다(김용운, 1987: 79).

에서 오늘날의 한국과 본질적으로 동일한 나라가 되었고, 그 후 한국인들은 줄곧 정치적 연속성에 대한 강렬한 감각을 갖고 있었다. 전 세계의 현존하는 국가들 중에서 통일된 정치적 실체로서 한국보다 분명하게 긴 역사를 가진 나라는 중국밖에 없다. 한국인들은 보통 중국의 종주권을 인정했고 정치적·사회적 제도의 모형을 중국의 그것에서 찾았으나, 독립적 자아에 대한 뚜렷한 의식을 잃은 적은 한 번도 없었다(Fairbank et al., 1990).

한국에는 신분제도가 없다. 우리보다 역사가 짧은 유럽이나 미국도 신분제를 가지고 있고, 일본도 왕족을 유지하고 있다. 한국은 일제강점기와 6·25 전쟁 등 격동의 현대사를 겪는 과정에서 신분제도가 해체되었다. 이러한 신분제의 해체는 근대화 과정에서 한국이 역동적으로 성장하는 데 중요한 요소로 작용했다. 반면 그럼에도 불구하고 유교적 가치체계는 한국인의 의식구조 속에 깊이 남아 있다. 이러한 상황에서 교육은 전통적인 신분제도를 대체할 가장 확실한 신분 상승 수단으로 인식되었으며, 지식 습득뿐만 아니라 다양한 혜택을 얻을 수 있게 하는 수단이었다. 따라서 한국에서는 직업 못지않게 우수한 교육 환경이 중요한 인구 흡인 요인으로 작용했다.

3. 부동산: 경제성장의 왜곡된 자화상

한국에서 주택 마련은 대다수 국민들의 꿈이었다. 주택은 주거 수단을 넘어서 재테크 수단이었고, 나아가 신분의 상징이기까지 했다. 많은 사람들이 명품 아파트를 갈망하고 거기에 거주함으로써 신분 상승을 꿈꾸었으며, 부유층과 상류층을 혼동했다. 이런 이유로 한국에서는 아파트가 고급 주거 수단으로 자리 잡는 특이한 현상이 발생했다.

한국과 달리 미국에서는 자가용을 소유할 수 없는 계층이 대중교통을 이용하기 때문에 전철과 같은 대중교통이 건설되는 것을 주민들이 반대하고, (여러 세대가 한 건물에 거주하는) 아파트는 고급 주거 수단이 아닌 저소득층의 주거 수단이다.

나아가 한국에서 아파트는 부의 외형적 표시로 작동했다(Lett, 1998). 사실 한국에서도 1970년대 초반까지는 아파트가 좋은 이미지를 가지고 있지 않았다. 그러나 권위주의 정부는 인구 증가를 관리하고 봉급생활자들을 경제발전에 헌신하도록 하기 위해 아파트의 가격통제와 대량 공급을 추진했다. 권위주의 정부는 중간계급을 대단지 아파트로 결집시키고, 이들에게 주택 소유와 소득 증대라는 혜택을 줌으로써 정치적 지지를 획득할 수 있었다(줄레조, 2007).

한국 사회가 압축적인 성장 과정에서 여러 차례 위기를 맞이했는데도 사회주의 혁명을 선택하지 않은 것은 노동자계급을 대상으로 아파트 공급이라는 물량 공세를 펼친 주택 정책이 주효했기 때문이다(전상인, 2009). 한국처럼 정부가 앞장서서 아파트라는 주거 형태를 보급하고, 전통과 단절된 주거 공간을 만든 경우는 많지 않다.

서울시의 강남 3구를 예로 들어보자. 서울시와 서울역사박물관에 따르면 지금의 강남은 당초에는 서울에 포함되지 않았다. 1960년대 중반까지만 해도 서울(강북 지역)에서 한강을 건널 수 있는 다리는 한강인도교와 광진교밖에 없었기 때문에 강남은 지리적·문화적으로 단절되어 있었다. 당시 강남은 서울 근교 지역으로 분류되었으며, 논과 채소밭, 과수원이 많았다.

서울시의 면적은 605.25km^{2}이다. 이 중 강북이 297.82km^{2}로 49.2%를 차지하고, 강남이 307.43km^{2}로 50.8%를 차지한다. 어원만으로 보자면 강남은 한강의 이남을 뜻한다. 그러나 부동산 시장에서 의미하는 강남은 강남구, 서초구, 송파구의 강남 3구를 일컫는다. 강남은 질투의 대상이면서도 망국적 부동산 투기의 진원지이다.

앞서 말한 바와 같이 1960년대 중반까지만 해도 강남은 미개발된 서울 근교 지역에 불과했다. 1970년대 이전까지도 오늘의 강남구와 서초구 일대는 '영등포의 동쪽'이라는 뜻으로 '영동(永東)'이라 불렸다. 당시만 해도 강남은 자체 지명도 없이 인접 지역과의 지리적 관계 속에서 이름이 결정될 정도로 미개발 지역이었다. 과거에 강남은 서울이라는 공간에서 독자적으로 의미를 가질 만한 공간이 아니었던 것이다. 이후 '영동'이라는 지명은 차츰 '강남'으로 대체되었다.

한편 서울 인구는 6·25 전쟁 직후 124만여 명에서 1960년에는 244만여 명으로 늘어났다. 이후 산업화와 도시화가 빠르게 진행되면서 1965년에는 347만 명으로 증가했다. 이처럼 급속한 산업화로 강북 지역이 과밀화되자, 서울 인구를 수용할 가까운 장소가 필요했다. 이에 정부는 1966년 '남서울계획', '새서울백지계획' 등 강남 개발계획을 연이어 발표했고, 1968년에 이르러 강남 개발이 본격화되었다. '영동 지구 구획정리사업'에 따라 격자형 도로를 건설하고, 공원, 학교 용지, 주택 용지 등으로 토지의 용도가 정해지면서 한남대교, 경부고속도로 개통과 함께 속도가 붙었다.

현재는 강남이 심한 교통 체증을 겪고 있지만, 강남이 만들어질 당시에는 지금처럼 지독한 교통 체증이 생길 만큼 차량이 증가할 것이라고 상상하지 못했다. 제1차 국토종합개발계획이 시작된 1972년 한국의 1인당 국민소득은 319달러에 불과했다. 당시 한국은 국내총생산(gross domestic product, 이하 GDP)이 겨우 106억 달러였고, 이때에 이르러서야 한국(남한)의 경제 규모가 북한을 따라잡기 시작했다. 1973년 제2차 경제개발계획으로 중화학공업이 본격화되면서 해외와 기술제휴를 맺고 생산한 자동차가 출시되기 시작했다. 1975년에 국산 고유 모델인 포니가 출시되었고 1980년대 중반에 이르러서야 차량 등록 대수가 100만 대를 넘었다는 점을 고려하면 이해가

간다. 2012년 6월, 한국의 차량 등록 대수는 1,866만 대를 넘어섰다.

1917년에 준공된 한강대교, 1965년에 놓인 제2한강교(양화대교)에 이어 1969년 제3한강교(한남대교)가 개통되면서 사람들은 강남에 주목하기 시작했다. 이어 1970년 7월 경부고속도로까지 개통되면서 강남의 접근성은 향상되었고, 이때부터 강남 개발은 가속도가 붙었다.

또 서울시는 1972년 4월 '특정시설제한구역'을 설정하여 강북을 억제하고 강남 개발을 촉진했다. 서울시의 시책에 따라 강북에서는 백화점, 도매시장, 공장 등의 신설이 금지되었으며 건물의 신축, 개축, 증축도 허가를 내주지 않았다. 강북의 중구 다동, 무교동 일대의 유흥업소들이 규제가 없고 취득세를 감면해주는 강남으로 옮겨가기 시작했다.

'영동 지구 구획정리사업'에 따라 여의도 면적(8.4km², 250만 평)의 10배가 넘는 개발 가능지(빈터)가 탄생했다. 정부는 빈 공간을 채우기 위해 강북 지역의 추가 개발을 억제하고 강남 개발을 촉진했다. 공무원 아파트를 짓고, 학교, 고속버스 터미널, 공공기관을 이전하고, 민간 업체들에 세금 감면을 비롯한 다양한 혜택을 제공했다. 1975년에는 지금의 강남고속버스 터미널 부지가 결정되었다. 강남고속버스터미널은 당시 회사별로 따로 운영되던 강북의 버스 터미널을 1977년 한곳에 모은 것이다. 1979년에는 명칭도 서울고속버스터미널로 변경되었다.

1970년대에 강북 대 강남의 인구 비율은 2 대 1 정도였고, 지하철이 개통된 첫해인 1974년 지하철의 수송 분담률도 1.1%에 불과했다. 하지만 정부는 강남으로의 이주를 촉진하기 위해, 당초 도심을 관통할 지하철 2호선 노선을 강남 순환선으로 변경했다. 1984년에 개통된 강남 순환선(2호선) 덕분에 업무 시설과 문화 시설이 강남에 속속 입주하여 지금의 테헤란로와 삼성동, 서초동 일대의 오피스 타운이 만들어졌다. 드디어 강남과 강북의 인구 비율도 비슷해졌다.

주거 기능에 자족 기능이 추가되면서 인구도 기하급수적으로 늘어났다. 1975년 강남구 신설 당시 32만 명이었던 인구는 1987년 서울 종로구, 중구, 용산구 인구 77만 명보다 많은 82만 명으로 늘었다. 이에 따라 1988년 강남구는 강남구와 서초구로 분구되었다. 현재 강남역의 하루 이용객은 12만 명이고, 순환선 2호선은 하루 평균 200만 명을 수송한다. 단일 노선으로는 세계 최대의 수송 능력과 실적이다.

압구정동의 명칭은 세조 때의 권신 한명회(韓明澮)가 세운 압구정(狎鷗亭)이라는 정자의 이름에서 유래되었다. 1968~1972년 현대건설은 유적지에 인접한 한강 백사장을 매립하고 이렇게 해서 생긴 48,072평 중 40,003평 위에 1975년부터 1977년까지 압구정동 현대아파트 23동 1,562가구를 건설했다. 당시의 현대아파트는 배나무 과수원을 배경으로 한 백사장에 서 있었다. 한편 개인 주택만으로는 서울 인구를 수용할 수 없다고 판단한 서울시가 1975년 아파트만 지을 수 있는 아파트 지구를 지정함에 따라 지금의 압구정동, 반포동, 청담동, 도곡동 아파트촌이 생겨났다.

1980년에 들어서는 대규모 공사장이었던 강남에 새로운 문화가 뿌리내리기 시작한다. 일확천금을 노린 투자자들이 강남에 몰리고 땅값 상승으로 벼락부자들이 생기면서, 강남으로 이전한 유흥업소를 비롯해 고급 식당, 호텔, 고급 상가 등이 번창했다.

경기고, 서울고, 휘문고 등 명문고를 1976년부터 1988년까지 순차적으로 강남구와 서초구로 이전해 '강남 8학군'을 형성했다. 강남 8학군이 명문 학군으로 부각되면서 아파트 값도 상승했다. 이 때문에 부동산 가격 상승으로 부를 획득한 강남은 명예와 권력까지 획득할 수 있는 곳이 되었다. 부동산 가격 상승이 한국인의 새로운 공간 감지에서 서울을 강남으로 축소시켜놓은 것이다. 오늘날 강남의 부동산 가격이 높아진 이유 중 하나는 좋은 교육 환경이다. 지금도 더 나은 교육 환경을 찾아 경기도와 강북에서 강남으로 인구가 이동하고 있는데, 특히 자녀의 중·고등학교 연령기에 이주하는 경우가 많다.

이처럼 망국적 부동산 투기는 1970년대 강남에서 시작되었다. 당시의 말죽거리(현재의 양재동)는 3.3m²(평)당 땅값이 100~200원이었으나, 1년도 안 되어 2,000~3,000원으로 급상승했다. 노동연구원과 한국감정원에 따르면, 1970~1980년대 실질임금은 두 배 올랐으나, 전국의 땅값은 15배 올랐고, 강남의 땅값은 200배나 올랐다. '강남공화국', '강남특별시'라는 냉소적인 용어까지 생겨났다. 이처럼 노동의 대가보다 부동산 가격 상승으로 인한 시세 차액이 더 큰 부를 가져다주는 현상은, 대다수 국민의 근로 의욕을 감퇴시켰고 나아가 건전한 가치관의 형성을 방해했다. 전국적인 부동산 투기 열풍은 국민들의 도덕심도 마비시켰다. 많은 사람들은 부동산 투기가 나쁘다고 하면서도 부동산 가격 상승을 기대하고 부동산을 구입하는 모순된 행태를 보였다.

1994년 삼성그룹은 서울 강남구 도곡동에 위치한 3만 3,691m²(1만 193평)의 땅을 서울시로부터 매입했다. 102층짜리 초고층 건물을 지어 본사로 사용하기 위해서였다. 삼성은 그 이듬해부터 사옥 건립 추진에 돌입했으나, 이 계획은 3년 만에 난관에 부딪히고 말았다. 1997년 말 외환 위기로 국가가 부도 상황에 빠졌고, 삼성그룹도 경영 위기에 직면했기 때문이다. 결국 막대한 자금이 투입되는 사옥 건립을 포기하고 주상복합 아파트를 지어서 분양하여 유동성(현금)을 확보하는 방향으로 계획을 바꾸었다. 그리하여 삼성물산이 42층에서 69층까지 구성된 일곱 개의 초고층 아파트 단지를 건설했다.

마침내 63빌딩보다 높은 아파트가 탄생하게 된 것이다. 이런 우여곡절을 겪으면서 탄생한 주상복합 아파트 '타워팰리스'는 공동주택의 진화를 보여줌과 동시에 주거 양극화와 폐쇄적 공동체의 창조를 보여주었다. 주택이 주거 수단을 넘어 재테크 수단이자 신분의 상징이기까지 한 한국에서 타워팰리스는 이런 사회적 병리 현상의 절정판이었다(임형백, 2011.8.22). 결국 부유층은 증가했지만 '가진 자의 도덕적 의무(noblesse oblige)'를 갖춘 상류층의 성장은 찾아보기 힘들었다.

김대중 정부 시절인 2000년 1월에 경기도 안산·시흥시의 시화산업단지 933만m²가 그린벨트로 지정된 지 29년 만에 해제되었다. 이후 급등하던 수도권 집값 문제를 해결하기 위해 등장한 것이 그린벨트를 해제해 그곳에 저렴한 아파트를 짓는 방식이었다.

참여정부 역시 수도권 그린벨트를 풀어 국민임대주택단지를 짓기 시작했다. 그러면서도 강남을 분산시키겠다던 참여정부는 오히려 강남과 인접한 판교를 개발하는 모순된 정책을 추진했다. 결국 강남 부동산을 잡겠다던 참여정부의 판교 개발이 오히려 '로또'로 불리면서 부동산 투기를 조장했다. 참여정부는 집권 기간에 부동산 가격을 잡으려고 했지만, 부동산 가격은 도리어 상승했다. 이러한 부동산 가격은 2007년을 정점으로 하락하여 오늘에 이르고 있다.

이명박 정부는 2009년 본격적으로 그린벨트를 해제하고 보금자리주택지구로 지정했다. 2001년 1월 이후 10년 사이에 전체 그린벨트의 약 1/4인 1,471km²가 해제되었다. 이명박 정부는 경제 회복을 전면에 내세우면서 부동산 경기도 되살리려고 했다. 하지만 이명박 정부 기간에 부동산 경기는 침체를 벗어나지 못했다.

3

한국의 경제개발 정책

|

The Economic Development Policy of Korea

1. 국가 계획의 기원

저개발국의 경제개발 문제는 오래전부터 있었다. 특히 제2차 세계대전 후에 시대적 문제로 부각되면서 실천적·이론적으로 세계의 커다란 주목을 받았고, 선진국은 적극적으로 이 문제와 대결하게 되었다. 1951년에 간행된 유엔(United Nations: UN)의 『저개발국 개발을 위한 제 방안(Measures for the Economic Development of Underdeveloped Countries)』은 제2차 세계대전 후의 저개발국 개발 이론(저개발국의 경제개발 이론) 또는 후진국 경제론의 본격적인 출발을 알렸다고 볼 수 있다(변형윤, 1983: 103). 이 밖에도 1951~1954년에 발간된 주요 저서로는 모리스 돕(Maurice Dobb)의 『경제발전의 약간의 측면(Aspects of Economic Development)』(1951), 제이컵 바이너(Jacob Viner)의 『국제무역과 경제발전(International Trade and Economic Development)』(1953), 허버트 프랑켈(S. Herbert Frankel)의 『저개발 사회의 경제적 충격(The Economic Impact on Underdeveloped Societies)』(1953), 래그나 넉시(Ragnar Nurkse)의 『저개발 제국의 자본 형성의 문제(Problems of Capital Formation in Underdeveloped Countries)』(1953)

등이 있다. 이 가운데 경제개발 이론에서 하나의 쟁점을 이룬 것은 넉시의 책이다(변형윤, 1983: 104).

이 기본적인 책들을 중심으로 이 기간에 종래의 전통적인 견해와는 다른 새로운 견해가 형성되었다고 할 수 있다. 종래의 전통적인 견해는 사기업과 시장·가격기구를 중심으로 생각한다. 전통적인 견해는 경제발전의 연속성, 경제발전의 결정적인 제약 요인으로서 자본량을 강조하고, 농업의 발전 가능성을 낙관한다. 또 19세기의 영국과 신대륙형의 영국 식민지(미국, 오스트레일리아 등) 경험을 기본적인 것으로 생각하고, 경제발전을 문제로 할 때 외생적 여건과 내생적 여건을 구별해, 내생적 여건 중에서 전략적 변수를 자본량으로 하는 등의 일반적 경향을 갖는다(변형윤, 1983: 104).

이에 반해 새로운 견해는 사기업 외에 정부도 중시하고, 시장·가격기구로는 불충분하므로 정부의 계획·통제기구가 필요하다고 생각한다. 새로운 견해는 경제발전의 비연속성, 경제발전의 결정적인 제약 요인으로서 조직력을 강조하고, 농업의 발전 가능성을 낮게 평가한다. 또 19세기의 영국과 신대륙형의 식민지 경험은 20세기의 저개발국에 그대로 맞지 않는 특수한 경우라는 점을 강조하고, 경제발전을 문제로 할 때 외생적 여건과 내생적 여건의 구별을 기본적으로 재검토하여 좀 더 폭넓은 경제학적 체계를 구상하는 일반적 경향을 갖는다(변형윤, 1983: 104).

1955~1960년에는 이러한 새로운 견해가 더욱 성숙해졌다고 할 수 있는데, 이 기간에 출간된 주요 책으로는 아서 루이스(Arthur Lewis)의 『경제성장의 이론(The Theory of Economic Growth)』(1955), 군나르 뮈르달(Gunnar Myrdal)의 『경제 이론과 저개발 지역(Economic Theory and Underdeveloped Regions)』(1957), 폴 바란(Paul A. Baran)의 『성장의 정치경제학(The Political Economy of Growth)』(1957), 알베르트 허쉬만(Albert O. Hirschman)의 『경제발전의 전략(The Strategy of Economic Development)』(1958), 월트 로스토(Walt W. Rostow)의 『경제성장의

〈표 3-1〉 지역개발계획 이론의 역사적 변화(하향식 개발)

구분	학자	쟁점
자본가 발전	슘페터(J. A. Schumpeter, 1934) 케인스(J. M. Keynes, 1936) 클라크(C. Clark, 1938) 쿠즈네츠(S. Kuznets, 1941)	· 혁신 · 정부 개입 · 총량적 성장 · 국가 성장
근대화	UN Report(1951) 쿠즈네츠(1954) 루이스(1955)	· 산업화 · 성장과 불평등 · 근대(현대)와 전통
공간과 입지	노스(D. C. North, 1955) 프리드먼(1955) 아이자드(W. Isard, 1956)	· 수출 기지 · 도시 체계 · 지역 연구
성장극	페루(1955) 뮈르달(1957) 허쉬만(1958)	· 성장극 · 역류와 파급 · 분극과 누적
불균형성장	부드빌(J. R. Boudeville, 1961) 로스토(1961) 로드윈(L. Rodwin, 1963) 윌리엄슨(J. G. Williamson, 1965) 프리드먼(1966)	· 산업단지 · 경제성장 단계 · 집중된 분산화 · 수렴과 분산 · 중심과 주변
긍정적인 불균형성장	베리(1972) 엘 세이크스(S. El Shakhs, 1972) 라수엔(J. R. Lasuen, 1973) 메라(K. Mera, 1978)	· 계층적 확산 · 최고(종주) · 확산 모형 · 인구 집중

자료: Stöhr and Taylor(1981), 미래도시연구회(2009: 183).

제 단계(The Stages of Economic Growth: A Non-Communist Manifesto)』(1960) 등이 있다(변형윤, 1983: 104).

현대적 의미의 경제계획을 처음으로 수립·집행한 경험으로 간주할 수 있는 것은 제2차 세계대전 이전 소련이 1929년에 수립한 제1차 5개년 계획이다. 인도, 필리핀 등에서도 이를 시도했지만 국내외 사정으로 추진되지 못했으며, 결국 제2차 세계대전 이전까지 소련을 제외한 각국에서는 경제개발에 대한 관심의 여부와 관계없이 체계적인 계획을 수립·집행하지 못했다. 그러나 많은 나라에서 제2차 세계대전 기간에 사용했던 통제경제의 경험을 통해 비록 전쟁이라는 특수한 상황에서 발생했지만 국민들이 공통의 목표를 향해 단결했을 경우에는 대규모의 의도된 경제통제, 즉 경제계획이 성공할 수 있다는 인식을 갖게 되었다. 제2차 세계대전 이후의 경제개발계획은 목표의 성격으로 보아 크게 두 가지로 나눌 수 있는데, 첫 번째는 전쟁의 파괴에서 경제를 재건하기 위한 것이며, 두 번째는 식민지 및 저개발 상태에서 벗어나 자립적이고 발전된 경제를 수립하기 위한 것이다. 한편 정치적인 영향력 면에서 분류해보면, 미국, 영국 등의 경제원조를 바탕으로 시장경제의 재건을 목표로 한 것과 소련의 영향 아래에서 사회주의 경제계획을 수립한 것으로 대별할 수 있다(강광하, 2000: 6).

2. 한국의 경제개발계획

1) 경제개발계획 이전 시기

일제강점기에 일본은 저임금 노동력을 조선인으로 충당했지만, 고급 기술에 대해서는 조선인의 접근을 봉쇄했다. 해방 당시(1944년 기준) 기술자의 80%는 일본인이었고, 특히 핵심 공업인 화학·금속 부문에서는 조선인 기술자 수의 비율이 10%를 약간 넘는 정도에 불과했다(조선은행 조사부, 1948: 100).

1960년(4·19 이전)까지의 경제 정책은 그때그때 야기되는 단기적인 경제 문제에 단편적이고 즉흥적으로 대처한 것이었으며, 경제개발이라는 장기적인 관점에서 종합적이고 통일적으로 다루어지지는 않았다. 비록 농지개혁과 같은 제도적 개혁이 행해졌고, 가격·금융·무역·유통 등에 관한 광범위한 통제가 존재하기는 했어도 자유당 정부가 의도적으로 추구한 경제

정책의 원칙은 자유방임(laissez-faire)의 원칙이었다. 물론 이 원칙이 어떤 경제 이론에 근거를 둔 것은 아니었다. 어떻든 자유당 정부는 이러한 자유방임의 원칙에 의거하면서 인플레이션 수습, 경제 안정, 민족자본의 형성 또는 축적이라는 커다란 과제를 해결하기 위한 물적 기초를 귀속재산과 미국 원조 물자에 두고 있었다. 그러나 귀속재산의 불하는 경제원칙에 따라 행해졌다기보다는 정치권력의 자의적인 배려에 의해 이루어졌으며 특혜적인 성격을 띠고 있었다(변형윤, 1983: 77).

우리나라 경제개발계획의 효시는 네이선 자문단(Robert R. Nathan Associates)이 작성한 『한국경제재건계획(An Economic Programme for Korean Reconstruction)』이라고 할 수 있다(김신복, 2010: 469). 한국전쟁 중이던 1952년 12월 15일에 중간 보고서가 제출되었고, 휴전이 발표된 후인 1954년 3월에 최종 보고서가 발간되었다. 로버트 네이선(Robert R. Nathan), 엘 왈린스키(L. J. Walinsky), 게르하르트 콤(Gerhard Colm) 등 유수한 경제학자들로 구성된 네이선 자문단은 보고서 작성을 위해 3년(1952~1954) 동안 수차례에 걸쳐 한국을 방문했다. 자문단은 이런 종합적 계획을 작성하게 된 목적으로 첫째, 재건계획의 각 부문 간에 균형을 기하며, 둘째, 외국 정부의 대한(對韓) 원조 필요성과 타당한 용도를 제시하고, 셋째, 경제 재건을 위한 노력의 성과를 측정할 수 있는 기준을 제공하며, 넷째, 최소한의 외국 원조로 최단 시일 내에 최대한의 부흥을 이룩하는 데 있다고 밝혔다(Robert R. Nathan Associates, 1954).

그러나 네이선 자문단의 『한국경제재건계획』은 정치적인 이유 때문에 한국 정부에 의해 채택·실천되지 않았고, 미국으로부터 만족할 만한 지원도 받지 못했다. 그 당시 유엔한국재건단(United Nations Korean Reconstruction Agency: UNKRA)이 한국 정부와 사전 협의 없이 네이선 자문단을 단독으로 구성했기 때문에 이승만 대통령에게서 호의적인 반응을 받지 못했다는 설이 유력하다. 한편 미국 정부는 한국 경제의 부흥을 위한 별도의 계획, 즉

타스카 보고서(Taska Report)를 갖고 있었기 때문에 네이선 보고서에 대해 별로 주의를 기울이지 않았다(김신복, 2010: 470).

1950년대 면방직 중심의 경공업이 미약하게 발달한 상황에서 자유당 정부는 경제개발 3개년 계획을 작성했다. 경제개발 3개년 계획은 1958년을 기준 연도로 하여 3년(1960~1962) 동안의 경제지표와 개발 사업들을 제시한 것이다. 이 계획은 보유하고 있는 인적·물적 자원을 효율적으로 활용하여 외국 원조에 대한 한국 경제의 의존도를 줄이고 가능한 한 빨리 자립을 이룩하는 데 목적이 있었다. 하지만 경제개발 3개년 계획은 4·19 혁명으로 자유당 정권이 붕괴되면서 집행으로 연결되지 못했다. 4월 혁명 당시 최종 계획서가 인쇄 중이었다고 한다. 그러나 이 3개년 계획은 정부가 경제개발 이론에 의거하여 계량적 기획 방식을 도입·적용한 최초의 시도로, 한국 관료들이 장기 경제 기획에 관한 지식과 경험을 축적하게 하는 데 크게 기여했다. 또 계획 수립에 필요한 통계나 투입-산출표(input-output tables) 등 관련 정보의 수집과 작성을 체계화하는 계기가 되었다(김신복, 2010: 476).

4·19 혁명 이후 과도정부를 거쳐 1960년 8월에 출범한 민주당 정부는 경제 제일주의라는 기본 정책을 내세웠다. 같은 해 11월에 장면 국무총리는 1961~1965년을 계획 기간으로 하는 새로운 5개년 계획을 작성하도록 산업개발위원회에 지시했다(김신복, 2010: 479). 계획 수립 과정에서 현황 분석은 자유당 정권하에서 작성된 경제개발 3개년 계획의 자료를 기초로 했다. 그러나 개발 전략은 3개년 계획처럼 균형성장이 아니라 주요 핵심 부문에 중점을 둔 불균형성장을 채택했다(Economic Planning Board, 1961: 32~58).

이 5개년 계획은 과거의 계획보다 정부의 직접적인 투자를 확대하도록 되어 있었다. 민주당 정부는 이른바 혼합경제(mixed economy) 체제를 정책의 기저로 삼았는데, 이는 정부의 강력한 참여와 지도를 가미한 자본주의 경제체제를 의미했다. 민주당의 5개년 계획은 과거의 계획들에 비해 훨씬 더

〈표 3-2〉 경제개발 5개년 계획과 국토종합개발계획의 시기 대비

경제개발 5개년 계획	비고	국토종합개발계획	비고
제1차 경제개발 5개년 계획 (1962~1966)	불균형성장론	-	-
제2차 경제개발 5개년 계획 (1967~1971)		-	-
제3차 경제개발 5개년 계획 (1972~1976)		제1차 국토종합개발계획 (1972~1981)	단핵 구조의 성장거점 전략
제4차 경제개발 5개년 계획 (1977~1981)			
제5차 경제사회발전 5개년 계획 (1982~1986)	· 경제사회발전 5개년 계 획으로 명칭 변경 · '개발'에서 '발전'으로 용어 변경	제2차 국토종합개발계획 (1982~1991)	다핵 구조의 성장거점 전략
제6차 경제사회발전 5개년 계획 (1987~1991)			
제7차 경제사회발전 5개년 계획 (1992~1996)	김영삼 정부의 '신경제 5개년 계획(1993~1997)' 과 겹쳐 추진됨에 따라, 경제개발 5개년 계획은 1996년에 사실상 종료	제3차 국토종합개발계획 (1992~1999)	수도권의 성장 억제 및 지역경제권 육성에 의 한 국토 균형발전 추구
		제4차 국토종합계획 (2000~2020)	· 개방형 통합 국토축 형성 · 10대 광역경제권 육성 · '개발' 개념의 쇠퇴

종합적인 성격을 띠었다. 경제개발과 관련하여 금융·재정·경영 분야의 관리 기술을 증진할 것과 행정 역량 및 정부 구조를 개선하는 문제까지 다루었으며, 국토 건설 분야에 대해 큰 비중을 부여했다. 민주당 정부는 마지막 단계에서 계획 기간을 1962~1966년으로 1년 늦추기로 하고 1960년을 기준 연도, 1961년을 준비 연도로 정했다(김신복, 2010: 479).

그러나 5·16 쿠데타 때문에 이 계획은 최종 인쇄 단계에서 폐기되었다. 비록 집행으로 이어지지는 못했지만, 이 계획은 뒤이어 군사정부가 채택한

'제1차 경제개발 5개년 계획'의 개발 철학과 기획 방법뿐만 아니라 부문별 구체안에 직접적인 영향을 미쳤다. 특히 민주당의 5개년 계획은 '요소 공격 접근법'이라는 불균형성장 전략과 함께 자본 중심의 성장 모형을 채택했다는 점에서 후속하는 계획들에 대해 중요한 지침이 되었다. 1960년대에 한국은 노동생산성에 관한 자료가 미비했을 뿐만 아니라 실업이 만연해 있는 실정이었다. 따라서 경제성장의 가장 큰 제약 조건이 자본 축적의 부족에 있다고 보고 해로드-도마(Harrod-Domar) 방식의 성장 모형을 이용했던 것이다(김신복, 2010: 480).

2) 제1차 경제개발 5개년 계획(1962~1966)

(1) 불균형성장론의 채택

각 국가의 발전 과정에서 투자가 경제발전에 미치는 효과는 상당히 크지만, 부족한 자본 때문에 후진국에서는 농업과 공업을 비롯한 각 산업 부문 사이에서 투자의 우선순위 문제가 매우 중요하다. 그런데 이러한 투자를 배분할 때 경제의 각 부문이 균형적으로 성장하도록 투자를 배분하는 것이 효과적인지, 아니면 개별 부문별로 과부족을 허용하고 특정 부문이 앞장서서 성장하도록 하는 것이 효과적인지 하는 문제를 놓고 균형성장론과 불균형성장론이 대립한다(김인철, 2001: 111).

1950년대에 학자들 간에 균형발전과 불균형발전의 장단점에 대한 찬반 논란이 계속되었다. 이들 학자 중에서 불균형발전의 개념을 가장 뚜렷하고 분명하게 제시한 사람은 사이먼 쿠즈네츠, 아서 루이스, 프랑수아 페루,[1] 군나르 뮈르달, 알베르트 허쉬만 등이었다(미래도시연구회, 2009: 175).

---

1 1955년 성장극(growth pôle)이란 용어를 처음으로 사용했다.

〈표 3-3〉 균형성장론과 불균형성장론

	균형성장론	불균형성장론
목표	후진국에서 빈곤의 악순환 단절	효율적인 투자 순위 결정을 통한 경제성장
관점	모든 산업의 균형성장을 통한 상호 보완적 수요 창출로, 시장 규모를 확대시켜 빈곤의 악순환 단절 가능	희소한 자원을 전후방 연관 효과(linkage effect)가 큰 산업에 집중적으로 투자하여, 연관 효과를 통한 경제성장 가능
접근 방법	· 자본 축적의 수요 측면에서 접근 · 수요 측면의 낮은 투자 요인을 해결하려 한다.	· 후진국의 약점은 올바른 정책 결정 능력의 부족 · 연관 효과가 큰 부문을 집중적으로 성장시켜, 결국 다른 부문도 그 혜택을 받아 성장하도록 한다.
대표적 학자	· 투자 재원을 모든 산업에 동시에 투입함으로써 시장 확대 문제를 해결할 수 있다(넉시). · 공급은 스스로 수요를 창출한다(Say's law).	· 시장의 공급과 수요의 불일치가 경제성장의 촉진제이며, 따라서 일부러 이들 간의 과부족을 조성하는 것이 다른 연관 산업을 발전시키는 요인이 된다(허쉬만).
적용 가능 국가	· 내수 의존국 · 자원이 풍부한 국가 · 시장 기능이 원활한 국가	· 자원이 빈약한 국가 · 시장 기능이 원활하지 않은 국가 · 수출에 의한 판로 개척이 용이한 국가
단점	· 자본의 공급이 무한대로 탄력적이라고 가정함으로써 자본의 수요 측면에서 발생하는 문제점만을 해결하는 것을 목표로 했다. · 그러나 현실적으로 후진국에서는 자본 공급의 문제가 더 심각했다. · 각 산업의 제품마다 수요의 소득탄력성이 다르다는 점을 간과했다.	

자료: 김인철(2001: ch.10) 참고·보완.

성장거점 전략(growth center strategy)은 1960년대에 널리 주창되어 채택되었던 것이며, 성장 정책이 풍미하던 시대에 가속적인 공업화를 목표로 했다(Appalraju and Safier, 1976: 156). 성장거점에 대한 일치된 견해는 없으나, 통상적으로 성장거점을 도시로 받아들여, 도시(성장거점)에 적정한 산업을 입지시키는 것으로 이해되었다.

불균형발전이란 먼저 성장 잠재력이 비교적 높은 산업이나 지역에 투자를 집중하고 이들 산업이나 지역의 발전을 우선 추구하며, 그 후 시간이 지나면서 이들 산업이나 지역의 발전이 주변 산업이나 주변 지역으로 확산되게 하여 결국에는 전체가 발전하도록 만드는 것을 의미한다. 여기서 성장 잠재력이 높은 산업은 대개 기간산업이 되고, 성장 잠재력이 높은 지역은 주로 중심 도시가 된다(미래도시연구회, 2009: 169~170).

'불균형성장 전략'이 계획적 개발의 최상 수단이라고 주장한 허쉬만은 개발도상국들의 정부가 소수 선도 산업 부문에 대대적인 투자를 하여 부문 병목을 신중히 조장해야 한다고 강조했다(Hirschman, 1958). 허쉬만은 개발도상국이 경제적 문제를 크게 겪는 것은 자원의 부족 때문이 아니라 오히려 생산과 잠재력의 요인들이 숨어 있어 발굴되지 않기 때문이라고 지적했다. 또 생산과 잠재력의 요인들이 분산되어 있고 활용이 극히 저조하기 때문이라고 보았다(고어, 1997: 124).

1960년대의 세계적인 성장 구호는 분배 문제를 관심의 바깥으로 밀어내기에 충분할 만큼 강력했다. 이리하여 간혹 사회 문제로 제기되거나 저개발국의 현실적 문제로 지적되었을 뿐, 분배는 결코 중심 문제로 나루어지지 않았다. 심지어 분배 문제는 주류 경제학의 대상이 아니라는 경향조차 있었다(변형윤, 1983: 160; Myrdal, 1957).

그러나 1970년대에 들어 이러한 접근이 많은 라틴아메리카 국가(Conroy, 1973)와 인도(Misra et al., 1974) 등에서 거부되었다. 몇몇 이론가들은 성장거점 전략이 추구되었던 곳에서 그러한 정책들이 실패했다는 점을 주장하기 시작했다. 이 같은 주장을 뒷받침하는 중요한 실증은 계획가들에 의해 성장극 또는 성장 중심지로 취급되었던 중심 도시의 인접 지역에 대한 개발 파급 효과의 강도와 범위를 조사한 연구에서 나왔다(고어, 1997: 151).

한 나라의 도시 체계의 구조적 성격은 그 나라의 경제발전 수준과 밀접한 관계가 있다(Berry, 1961, 1971). 인구통계학적 연구 결과에 따르면, 1850년 이전에는 현저하게 도시화된 국가가 거의 없었고, 1900년에 이르러서야 비로소 영국이 유일한 도시화 국가로 등장했다(노춘희·김일태, 2000: 49). 엘세이크스는 한 나라의 도시 체계상에 나타나는 종주 도시[2] 지수(index of primate urban)를 측정하고 종주 도시 지수와 국가의 경제발전 수준의 상관관계를 비교·분석하여, 저개발국에서는 종주 도시 지수가 낮아 도시 체계의 과대도시 분포 현상을 거의 볼 수 없으나, 경제가 도약 단계에 들어서면 종주 도시 지수가 올라가고, 경제발전 성숙 단계에서는 다시 종주 도시 지수가 낮아져 도시 규모 분포가 균등화된다고 말했다(El Shakhs, 1965).

산업화 이전의 한국 '도시'는 현대의 종주 도시 개념으로는 파악할 수 없다. 그러나 현대 한국의 도시적 발전 현상은 분명히 경제발전과 밀접한 관계를 맺고 있다. 1960년대와 1970년대에 걸쳐 지속된 경제개발의 주요 전략은 우선 낙후한 국가의 기간산업을 육성하여 경제 기반을 다지고 국가 경제의 총량적 생산을 제고하는 것이었다. 이와 같은 주요 정책 지향은 소득이나 경제적 부의 분배에 초점을 둔 것이 아니라 '선성장·후분배'라는 개념하에서 설정한 것이었다. 그 결과, 경제적 능률성과 회전성이 빠른 제조업 부문의 성장에 주력하는 정책을 펴게 되었다. 이렇게 하여 공간적 차원으로 나타난 경제개발 정책은 우선 대도시에 기존하는 도시 기반 시설을 최대한 활용하는 방향으로 전개되었다(김인, 1986: 249).

(2) 박정희 군사정부의 경제개발

넉시(Nurkse, 1953)는 후진국이 공업화를 추진하는 데 가장 큰 장애물은 국내시장의 협소성이라고 보았다. 그는 흔히 말하는 빈곤의 악순환(vicious circle of poverty)에 동의하면서, 후진국은 빈곤하기 때문에 빈곤한 것이라고

---

2 '종주 도시'라는 용어는 제퍼슨(M. Jefferson, 1939)이 처음으로 사용했다.

<표 3-4> 빈곤의 악순환 경로

	경로
자본 공급 측면	저축 능력 부족 → 저소득 → 저생산성 → 자본 부족 → 저축 능력 부족
자본 수요 측면	낮은 투자 유인 → 구매력 부족 → 저소득 → 저생산성 → 자본 부족 → 낮은 투자 유인

자료: 이재율(2011: 75).

지적했다.

실질소득 수준이 낮은 것은 생산성이 낮기 때문이고, 저생산성의 원인은 자본 부족에 있다. 또 자본이 부족한 것은 저축 능력의 부족 때문이다. 이와 같이 자본 공급 면에서 악순환이 발생한다. 자본 수요 측면을 보면, 투자 유인이 낮은 것은 구매력 부족 때문이며, 구매력이 부족한 것은 소득 수준이 낮기 때문이다. 그리고 소득수준이 낮은 것은 저생산성 때문이고, 저생산성의 원인은 자본 부족에 있으며, 자본이 부족한 것은 투자 유인이 낮기 때문이다. 이처럼 자본 수요 면에서도 악순환이 작용하는 것이다. 이런 악순환의 과정은 <표 3-4>와 같이 인과관계에 따라 정리할 수 있다(이재율, 2011: 74~75).

이러한 빈곤의 악순환은 영구적일까? 넉시(Nurkse, 1953)는 빈곤의 악순환에서 탈출할 수 있는 길을 제시한다. 그는 저개발국에는 기술적 불연속성(technical discontinuities)이 존재한다고 보았는데, 그것은 평균생산비를 줄일 수 있는 효율적인 기업 규모를 달성하려면 투자 비용이 한꺼번에 상당히 많이 필요하다는 뜻이다(이재율, 2011: 75).

당시 넉시의 주장은 큰 호응을 얻었고, 한국도 외국에서 차관을 도입해 경제개발을 시작했다. 결과적으로 경제개발 5개년 계획을 실천에 옮긴 것은 1961년 5·16 군사 쿠데타 이후의 일이다. 박정희 대통령은 1963년 12월에 취임하여 1979년 10월 26일 김재규에게 피살될 때까지 약 16년간을 집권했다.

'개발 연대의 시발과 제도적 기반 정비'를 계획 기조로 삼은 제1차 경제개발 5개년 계획은 '주요 애로 부문의 타개'라는 이념하에서 사회간접자본 투자, 기초산업 육성, 소비재 수입 대체를 개발 전략으로, 그리고 전력·비료·섬유·시멘트를 주요 성장 산업으로 정했다. 또 재원 조달에서는 내자를 최대한으로 동원하고 부족분을 외자도입으로 충당하기로 되어 있었다. 그러나 1962년의 통화개혁 실패, 부정 축재 환수를 통한 자본 동원의 부진 등과 1965년의 한일 회담 타결을 계기로 한 일본으로부터의 차관 도입 개시는 자연히 이 기간 중의 재원 조달을 외자 의존형으로 만들지 않을 수 없었다(변형윤, 1983: 79).

민족경제론을 주장한 변형윤(1983: 31)은 "계획의 슬로건으로 '자립경제'가 계획 초기부터 주장되었지만, '고도성장→ 외향적 공업화→ 수출 드라이브'의 논리에 입각한 계획이 수립·추진됨으로써 애초부터 계획의 주체성은 기본적으로 제약되었고, 자립적 경제구조의 확립과는 상당한 거리가 존재하며 대외 의존도가 높아지는 결과를 초래하였다"라고 주장했다.[3]

이 기간에 베트남 파병이 시작되었다. 1964년 9월 11일 1차 파병을 시작으로 1973년까지 총 31만 2,853명의 병력이 파견되었다. 대한민국 정부는 베트남전 참전의 대가로 미국 정부로부터 경제원조 자금을 지원받았다. 이것은 경부고속도로 건설 비용으로 일부 충당되었고, 새마을운동과 같은

---

3 변형윤은 농업 인구를 늘려야 한다는 주장뿐만 아니라 공장자동화 반대, 국제무역 반대, 아시아의 네 마리 용의 경제개발 성공을 인정할 수 없다는 주장을 했다. 그는 시장경제에 반대한다고 명시적으로 주장하지는 않지만, 산업발전 자체를 부정적으로 보고 있고, 자본주의 자체에 대한 거부감을 가지고 있다. 그의 주장은 다분히 감성적이며, 이를 경제 논리보다는 경제학이란 용어를 동원해서 포장하고 있다(정규재, 2001).

경제발전을 위한 '시드 머니(seed money)'로 활용되었다.

군사 쿠데타로 권력을 장악한 박정희 정권은 경제개발계획을 강력히 추진했다(핫토리 타미오, 2006). 당시 경제를 이끌어간 자는 정부, 아니면 계획을 강력하게 추진하려 했던 관료들이었다(Vogel, 1993).

1960년대 경제개발 기조는 수출·외자 주도의 개발이었다. 그 구체적 내용을 요약하면 ① 성장 지상주의, ② 정부 주도 및 계획 목표 달성 우선주의, ③ 수출 제일주의, ④ 외자 우대주의, ⑤ 정부 지원에 의한 독과점적·경제력 집중적 기업 성장·육성주의, ⑥ 산업 간·소득 계층 간의 각종 격차 및 물가, 공해 등의 문제에 대한 경시주의 등이다. 이를 한마디로 말하면, 정부 주도 아래 외자 기업을 중심으로 한 외연적·불균형적 성장 지상주의였다고 할 수 있다(전철환·박경, 1986: 30).

3) 제2차 경제개발 5개년 계획(1967~1971)

제2차 경제개발 5개년 계획을 작성하는 과정에서는 외국인 전문가의 참여가 많았다. 당시(1965~1966)에는 USAID(United States Agency for International Development) 지원에 의한 고문도 있었는데, USAID에서는 이르마 아델만(Irma Adelman)을 초청하는 동시에 케네스 노턴(Kenneth Norton), 데이비드 콜(David Cole) 등 자체 직원들의 참여를 통해서 적극적으로 지원했다. 이들 외국인 전문가는 계획 지침 작성에서부터 시작해서 계획서가 완료될 때까지 광범위하게 참여했다. 따라서 제2차 경제개발 5개년 계획은 한미 합동 작업의 결과라고 해도 좋을 정도였다(김광석, 1981).

제2차 경제개발 5개년 계획 작성에는 경제기획원의 주관하에 구성된 각 산업별 분과 작업회(industry committee)가 중요한 역할을 담당했다. 관계 부처 및 국책 금융기관의 직원과 민간인 전문가로 구성된 이 작업회는 각 사업 계획안의 경제성과 타당성을 검토했다. 또한 작성된 계획안들은 7차에 걸친 '경제계획자문위원회'와 31차에 걸친 '제2차 계획작성합동회의'의 종합적인 조정을 거쳐 확정되었다(김신복, 2010: 483). 제2차 경제개발 5개년 계획은 계획 작성 기구 및 시행 기구의 정비 강화와 계획의 시행화를 강조했으며, 계획에 필요한 연구를 위해 경제 연구 기관의 설립을 제안했다(김신복, 2010: 484).

1967년부터 시작된 제2차 경제개발 5개년 계획은 '고도성장 실현과 공업화'를 계획 기조로 삼았으며, '대외 지향적 공업화(경제의 개방체제화)'라는 이념하에서 소비재 수출 증대, 소비재 및 중간재 수입 대체, 사회간접자본의 확충을 개발 전략으로 정했다. 또 합성섬유, 석유화학, 전기기구를 주요 성장 산업으로 삼았다. 수출은 소비재를 주로 한 것이나, 공업화는 중간재 수입 대체의 공업화를 포함하고 있었다. 그런가 하면 중소기업 육성이 중점 시책 중 하나이기도 했지만, 그 실효는 적었다. 제2차 경제개발 5개년 계획은 계획 기간 중인 1971년에 경제 불황이 시작되었는데도 고도성장을 실현시켰다. 그래서 1972년부터 시작된 제3차 경제개발 5개년 계획에서도 고도성장이 그대로 추구되었다(변형윤, 1983: 80).

4) 제3차 경제개발 5개년 계획(1972~1976)

'산업구조의 고도화와 안정적 균형성장'을 계획 기조로 삼은 제3차 경제개발 5개년 계획은 '성장·안정·균형'이라는 이념 아래 농어촌 경제의 개발, 중화학공업의 건설, 중간재 및 시설재 수출 실현을 개발 전략으로 정했으며, 철강, 수송용 기계, 가정용 전기기구, 조선을 주요 성장 산업으로 삼았다(변형윤, 1983: 80).

제3차 계획기인 1970년대 초의 경제 상황은 한마디로 '불황'이었다(한상진, 1986: 168). 1차 석유파동(1973.10)이 국내 경제에 확산되기 시작한 1974년 2월부터 경기는 하강 국면에 빠져들었으며, 제2차 세계대전 이후 세계경제 질서의 양축을 이루었던 IMF(International Monetary Fund)와 GATT(General Agreement on Tariffs and Trade) 체제가 붕괴하면서 자유무역주의가 퇴조했다. 이런 점에서 1970년대의 세계경제는 경제적 민족주의와 보호무역주의 현상이 두드러진 시기였다고 말할 수 있다(전철환·박경, 1986: 46).

이때 박정희는 경제발전에 더욱 가속도를 내었다. 한편 이 시기의 제4공화국은 1972년 10월 유신체제(維新體制)로 성립되었다. 그래서 비판론자들은 이 시기 박정희 정권의 경제발전은 유신체제에 대한 정당성을 부여하기 위한 수단이었다고 비판한다.

1970년대 초의 한국 사회는 무엇보다 노동인구의 급속한 증가와 도시화의 진전으로 특징지을 수 있다. 1960~1970년에 도시인구의 연평균 증가율은 5.6%나 되었다. 고용구조 면에서도 피고용자의 비율은 1960년에 22%였으나 1970년에는 39%로 증가했다. 또 계층 이동에 관한 조사 결과들은 1960년대를 통해 방대한 농민층이 도시로 유입되어 근로 계층을 형성했다는 사실을 보여준다(한상진, 1986: 166).

농촌에서 직장을 구하지 못한 농민은 도시로 모여드는데, 경제가 발전하면 공업 부문에서도 잉여노동력이 바닥을 드러내게 된다. 공업 부문에서 완전고용이 달성되는 시점을 '루이스 전환점(Lewisian turning point)'이라 부른다. 루이스 전환점을 지나면 노동 수요가 공급을 초과해 노동력 부족 사태에 직면하여 임금이 상승하게 된다. 루이스 전환점은 한 나라의 경제성장 및 공업화 수준을 측정하는 중요한 분기점이다(사토 마사루, 2012: 59).

1960년대 수출 제일주의의 성과는 저임금의 노동 집약적인 가공 제품으로 특화하여 국제 경쟁력을 확보한 데에 있다. 그러나 이 개발 전략도 경제성장에 수반된 인플레이션의 영향과 상대적 기술 인력의 부족으로 인한 임금 부상(wage drift) 과정에서 다른 개발도상국의 추격을 받아 국제 경쟁력을 상실해가고 있었다. 더구나 선진국의 실업률 상승으로 보호 장벽이 높아지면서 노동 집약적 비교 우위(comparative advantage)만을 가지고는 지속적인 수출 증대를 꾀하기 어려워졌다. 따라서 정부는 1973년 중화학공업 건설계획을 수립·추진하여, 국내적으로는 자립적 공업화를 강화하고, 대외적으로는 수출 경쟁력을 증대시키려 했다(전철환·박경, 1986: 49).

5) 제4차 경제개발 5개년 계획(1977~1981)

1970년대 말에 양질의 노동력 공급이 한계를 드러내기 시작했고, 중동 건설 '붐'과 중화학공업화의 적극적인 추진으로 1976년경부터 실질임금이 매년 크게 상승하기 시작했다. 그러던 중 1980년대에 접어들면서 대학 졸업자의 과잉 공급과 상대적인 실질임금의 정체 현상 등은 노동 공급 면에서 다시 성장 잠재력을 제고시키고 있었다. 따라서 이때에 이르러서는 노동력을 어떻게 활력화하여 성장력을 배양할 수 있느냐 하는 고용의 문제로 전환되었다(전철환·박경, 1986: 55).

1962년에 비해 1981년의 경제 규모는 경상 GNP(gross national product) 달러로 26배 증가했지만, 외자도입 규모는 1차 계획기 3억 달러에서 4차 계획기 137억 달러(경상)로 무려 45배나 증가했다. 이러한 외자도입액의 급증은 외자가 외자를 불러들이게 만드는 현상을 불러왔다(전철환·박경, 1986: 26).

1960년대의 발전 과정이 비교적 순탄하게 이루어졌다고 한다면, 1970년대에는 이것의 단순한 연속만이 아닌 질적인 체질 개선이 필요하게 되었다. 한국이 1960년대의 고도성장 과정을 통해 배태한 미해결의 여러 가지 문제, 예컨대 산업구조의 심화, 시장 기능의 활성화, 기업 재무구조의 개선, 국민 참여의 확대, 노사 관계의 합리화, 사회 갈등의 해소 등과 같은 중요

<표 3-5> 경제개발 5개년 계획의 기본 목표, 개발 전략, 주요 성장 산업

	1차(1962~1966)	2차(1967~1971)	3차(1972~1976)	4차(1977~1981)
기본 목표	개발 연대의 시발과 제도적 기반 정비	고도성장 실현과 공업화	산업구조의 고도화와 안정적 균형성장	착실한 성장과 사회개발
개발 전략	주요 애로 부문의 타개 · 사회간접자본 투자 · 기초산업 육성 · 소비재 수입 대체	대외 지향적 공업화 (경제의 개방체제화) · 소비재 수출 증대 · 소비재 및 중간재 수입 대체 · 사회간접자본의 확충	성장, 안정, 균형 · 농어촌 경제의 개발 · 중화학공업의 건설 · 중간재 및 시설재 수출 실현	성장, 능률, 형평의 조화 · 경제의 자립구조 강화 · 기술 및 숙련노동 집약적 공업 개발 · 능률과 기술혁신으로 국제 경쟁력 강화 · 시설재 수출 확대
주요 성장 산업	전력, 비료, 섬유, 시멘트	합성섬유, 석유화학, 전기기기	철강, 수송용 기계, 가정용 전자기기, 조선	철강, 산업용 기계, 전자기기 및 부품, 조선

자료: 경제기획원(1976.6).

한 문제들을 해결해가기 위해서는 새로운 체제 운영의 논리가 필요하게 되었다(한상진, 1986: 170).

1981년에 끝날 제4차 5개년 계획 목표의 조기 달성을 위해 과도한 경기 과열이 1977~1979년에 일어났다. 이 때문에 물가 상승의 압력이 가중되었을 뿐만 아니라 자금과 판로의 제약으로 중화학공업화 정책은 1979년부터 명백한 한계에 부딪히게 되었다. 1979년 12월 중의 제조업 부문 가동률은 78.7%에 불과했는데, 기계류는 60.1%, 비철금속은 69.6%, 전기기계는 69.4%, 운송 장비는 35.3%였다. 창원기계공단 같은 경우는 평균 가동률이 50% 미만으로 떨어졌다. 또 중복·과열 투자 때문에 중화학공업화를 위한 자금 조달에도 중대한 차질이 빚어졌다(한상진, 1986: 180).

한편 후발 국가들의 급속한 경제성장을 '압축형 발전'이라 부른 학자는 와타나베 도시오(渡辺利夫)이다. 와타나베 도시오는 1982년에 출판된 『현대 한국 경제 분석(現代韓國經濟分析)』에서 한국의 경제성장 과정을 개발경제학의 입장에서 높이 평가했다. 그는 특히 호프만 비율(Hoffmann ratio)의 감소에 주목했다. 호프만 비율의 감소란 '경공업 생산액 / 중화학공업 생산액'이 공업화 과정 속에서 감소하는 경향을 말한다. 와타나베 도시오는 한국의 호프만 비율의 변화 속도가 선발(선진) 국가들의 경험에 비해 3~4배에 달한다고 하면서 그것을 압축형 산업발전이라 했다(渡辺利夫, 1982: 201).

6) 제5차 경제사회발전 5개년 계획(1982~1986)

제5차 계획은 이전까지의 계획에 비해 하나의 큰 차이를 보이는데, 그것은 경제계획의 이름이 '경제사회발전 5개년 계획'으로 바뀌었다는 것이다. 이전까지는 '경제개발 5개년 계획'으로 '사회'라는 말이 들어 있지 않았으며, '발전'이 아니고 '개발'이라는 용어를 썼다. 이것은 단순한 명칭 변경만이 아니라 계획의 내용이 바뀌기 시작했다는 점에서 주목할 만하다. 즉, 후진적 경제를 탈피하기 위해 성장 위주의 경제개발에만 노력을 집중하는 것이 아니라 경제개발을 추진하는 과정에서 파생된 사회의 전반적인 문제에도 관심을 갖고, 경제성장뿐만 아니라 이러한 문제점들을 해결하기 위해 노력한다는 의미에서 경제개발이 아닌 경제사회발전에 관한 계획이 되었던 것이다. 다시 말해 경제에 치중한 '개발'에서 벗어나 사회 전반의 '발전'을 목표로 삼기 시작했다는 것이다. 따라서 외형상 큰 차이가 없어 보이지만, 계획이 의도하는 바는 상당한 변화를 보여주는 것이었다(강광하, 2000: 87).

7) 제6차 경제사회발전 5개년 계획(1987~1991)

적어도 1997년 아시아 경제 위기가 발생할 때까지 한국과 타이완은 수출 성장률이나 액수 또는 경제성장률이 매우 비슷했다. 그러나 무역과 경상수지 등에서 한국은 1986~1989년의 4년간을 제외하고 변함없이 적자였다(핫토리 타미오, 2006: 249).

8) 제7차 경제사회발전 5개년 계획(1992~1996)

1992년 3월에 제7차 경제사회발전 5개년 계획이 발표되었지만, 이 7차 계획은 1992년 12월 대통령 선거에서 김영삼 대통령이 당선되면서 1993년 '신경제 5개년 계획(1993~1997)'으로 대체되어 집행되었다. 김영삼 대통령은 그의 참모들이 만든 '신경제'를 기본으로 하여 1993년 대통령 취임 이후 새로운 경제계획을 수립하게 함으로써 제7차 경제사회발전 5개년 계획을 사실상 사문화했다.

물론 신경제 5개년 계획의 상당 부분이 제7차 경제사회발전 5개년 계획과 유사하지만, 이 두 계획은 그 출발점이 다르다. 7차 계획이 6차 계획의 연장선상에서 만들어진 것인데 비해, 신경제계획은 6차 계획까지의 성과를 비판적으로 평가하고 여기에서 벗어나 민간의 참여와 창의를 유발하는 새로운 경제를 건설하기 위해 그때까지의 관행과 제도 중 적합하지 않은 것을 혁파하자는 것이라는 점에서 계획의 수립 이유가 다르다. 즉, 그때까지의 계획이 시장 보완적 계획으로서 경제성장을 위한 프로그램의 종합이라면, 신경제계획은 계획이 가져다준 시장경제 질서의 왜곡을 제거하고 시장경제를 구축하기 위한 개혁 프로그램의 집결이다. 따라서 내용상의 유사성에도 불구하고 신경제계획의 수립 목적 자체는 그동안의 경제개발계획이 초래한 여러 가지 부작용과 왜곡을 축소하고 제거하기 위한 데 있다(강광하, 2000: 115).

〈표 3-6〉 경제개발계획 및 실적 추이

	단위	1차 계획		2차 계획		3차 계획		4차 계획		5차 계획***		6차 계획***	
		계획	실적	계획	실적	계획	실적	계획	실적	계획	실적	계획	실적
경제성장률	연평균 (%)	7.1	7.8	7.0	9.6	8.6	9.2	9.2	5.8	7.6	9.8	7.3	10.0
실업률	연평균 (%)	8.5	7.6	6.1	5.0	4.2	4.1	4.0	4.1	4.2	4.0	3.7	3.6
GNP 디플레이터 상승률	연평균 (%)	-	19.7	-	14.9	-	21.4	8.8	20.0	10.8	4.6	3.5	6.3
소비자 물가 상승률	연평균 (%)	-	19.7	-	15.0	-	15.9	-	18.6	-	3.6	-	6.8
총통화 증가율*	연평균 (%)	-	30.6	-	47.2	-	31.1	24.5	24.7	22.0	17.4	-	19.2
상품 수출 증가율**	연평균 (%)	28.0	38.6	17.1	33.8	22.7	32.7	16.0	11.1	11.4	10.5	10.0	16.4
상품 수입 증가율**	연평균 (%)	8.7	18.7	6.5	25.8	13.7	12.6	12.0	10.5	8.4	4.1	11.0	21.0
경상수지 합계	억달러	0	-3	-14	-27	-31	-49	-19	-152	-220	-19	250	181

* 평균 잔액 기준
** 통관 기준
*** 수정계획이 아닌 원계획임.
자료: 강광하(2000: 44).

3. 경제성장의 영향

전(前) 산업 시대의 교통수단은 도보와 우마차를 중심으로 인력과 축력을 이용한 교통이 주종을 이루었다. 인력과 축력을 이용한 교통 속도는 시간당 4km에 불과했기 때문에 공간 극복에 한계가 있었고, 따라서 도시 내부의 접근도는 매우 낮았다. 개인 교통수단에 의존해야 하고 공간 극복이 불리한 여건 속에서 당시 도시 주민들의 이동은 가능한 한 최단 거리를 택해 목적지에 도달하려는 통행 행태가 지배적이었다. 결과적으로 전근대 도

〈표 3-7〉 도시화·산업화·근대화 개념 비교

개념	특징	내용
도시화	인구·지역성	· 인구 집중 · 도시 사회구조의 확산 · 도시 문화와 생활양식의 확산
산업화	기술·산업구조	· 기술의 발전 · 직업의 전문화 · 산업체계 확대
근대화	합리성	· 개인 가치체계의 변화 · 제반 사회제도의 변화

자료: 노춘희·김일태(2000: 19).

시는 직장과 주거지가 미분화된 상태에서 도시 전체가 하나의 주거 기능을 가졌고, 그 모양이 둥글었다. 또 규모 면에서는 도심 반경 2km 권역의 매우 압축적인(compact) 도시 공간구조를 반영하는 것이 전근대 도시의 일반적인 특징이다(김인, 1986: 92).[4]

도시화란 오늘날 산업사회에서 볼 수 있는 특징으로서 '인구와 산업이 도시로 집중되는 과정과 그 결과'라고 할 수 있는데, 이 때문에 도시화는 산업화 또는 근대화와 같은 의미로 쓰이기도 한다(노춘희·김일태, 2000: 19). 도시는 다양한 사회적 실천을 통해 생성된 생활 세계의 공간이다. 사람들이 일정한 장소에 집중하면서 잉여를 집적시키고, 정치·법률·문화 등의 제도와 규범을 형성한 사회적 공간으로서 도시는 농촌과 대비되는 삶의 장소인 것이다. 서구 근대 도시의 출현은 사회 분업의 공간적 표현이었고, 그 안에서의 삶의 경험이 곧 '근대성'이었다. 근대성의 산실인 도시는 더욱 역동적이고 스펙터클한, '전이성(轉移性)·유동성(流動性)·우연성'이 그 특징인 근대적 경험이 지배적인 곳이었다. 그뿐만 아니라 범죄, 혼잡과 경쟁,

---

4 교통수단 발달에 따른 도시의 공간조직 변화에 대해서는 김인(1986: ch.4) 참조.

〈그림 3-1〉근대화론의 도시화 지향 구조

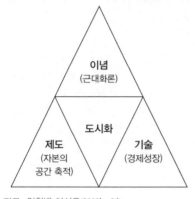

자료: 임형백·이성우(2003b: 54).

생태 환경 파괴, 소외 등 사회적 병리와 교란 현상이 치열하게 전개되는 곳이 도시 공간이었다(김왕배, 2000: 18~19).

임형백·이성우(2003b)는 근대화론이 이념·제도·기술 측면에서 도시화를 지향하는 구조를 가지고 있다고 보았다. 또 많은 학자들은 근대화를 도시화와 동일시하기도 한다. 도시화는 거친 자연의 제약 속에서 살아가던 유목민적 삶을 청산하고 인간이 가지는 지적 능력을 활용해 인위적인 군집 생활을 하게 된 것을 뜻했다. 따라서 도시의 생성은 곧 문명화(civilization)를 의미했다(조명래, 2002: 32).

공간적으로 볼 때 도시는 귀족이 거주하는 정치·문화의 중심지이며, 농촌은 다수의 노예가 생산을 담당하는 곳이었다. 귀족이 노예를 지배하면서 주변과의 연계를 결여한 폐쇄적인 도시가 생산 면에서는 농촌에 기생했으므로, 농촌은 도시에 형식적·정치적으로 종속된 상태에서 도시를 유지하기 위한 공급지로 간주되었다. 이런 과정에서 도시는 농촌에 대해 우월적 지위도 확립했다(임형백·이성우, 2004: 64~65).

홀 외(Hall et al., 1973)가 지적했듯이 신기술(neotechnic)[5] 시대(1880~1950)의 기술 발달이 공업과 도시 성장에 미친 영향은 지대하다. 신기술 시대의 도시 발달 특징을 한마디로 말한다면, 도심으로의 고용 집중과 도시 외곽으

---

5 루이스 멈퍼드(Lewis Mumford)가 사용한 개념으로, 신기술의 개발이 특징이었던 19세기 후반부터 제2차 세계대전까지의 시기를 가리킨다.

〈표 3-8〉 근대화와 도시화를 동일시하는 주장들

학자	시각
막스 베버(M. Weber, 1958)	근대 (산업)사회의 출현과 성장은 전통적인 공동체적 사회관계에서 근대 합리적인 결사적 사회관계로의 변화 그 자체이다.
에밀 뒤르켐(E. Durkheim, 1964)	도시는 유기적 연대(organic solidarity)가 구현되는 장이다.
스콧 래시(S. Lash, 1992)	"근대성은 도시다"라는 말이 나올 정도로, 근대성은 도시를 통해 왔고, 도시에서 구체화되었으며, 도시를 통해 변화해왔다.
로저 프리랜드·제임스 보덴 (R. Friedland and J. Borden, 1994)	근대성은 시간을 통해 등장했지만, 더 중요하게는 공간을 통해 형성되고 완성되었다. 그 공간은 다름 아닌 도시를 지칭한다.
게오르크 지멜(G. Simmel, 1994)	대도시 특유의 정신적 삶이 '근대성(modernity)'이다. 메트로폴리스가 근대성을 가장 잘 반영한다.

자료: 임형백·이성우(2003a: 50).

〈표 3-9〉 농촌과 도시에 대한 시기별 인식

시기		농촌	도시	도시화
고대	서로마 붕괴 이전	· 도시에 종속된 생산 공간 · 비문명화된 지역 · 추상적 개념(도시 이외의 지역)	· 문명의 상징 · 정치적·문화적 중심지 · 추상적 개념	· 문명화
	서로마 붕괴 이후	· 공동체 · 보호되어야 할 공간 · 구체적 개념	· 문명의 상징	· 공동체의 파괴
중세		· 충만하지 못한 공간 · 미발전된 공간 · 쾌적한 공간	· 영혼 공간(성스러운 도시의 추구) · 혼잡한 공간	· 신의 권위의 현세적 표현
근세		· 쾌적한 공간 · 아름다운 공간 · 전근대적 공간	· 혼잡한 공간 · 현세적 권위의 상징 · 근대적·물질적 공간	· 근대화 · 산업화
현대	마르크스주의	· 산업화의 배후 기지 · 자본 축적의 기능 공간	· 자본주의 생성과 발전의 터전 · 자본의 축적 양식	· 자본의 공간 확장
	모더니즘	· 전근대적 공간	· 근대적·합리적 공간 · 근대화의 상징	· 근대화 · 합리화
	포스트 모더니즘	· 공동체(미셸 푸코) · 억압된 타자(장 프랑수아 리오타르) · 과잉 실재(장 보드리야르) · 차별과 감수성의 공간	· 감시와 억압의 공간(미셸 푸코)	· 자본의 공간 확장 · 후기 자본주의 논리

자료: 임형백·이성우(2004: 93).

로의 인구 분산, 즉 도시 성장의 메커니즘이 집중과 분산의 양립 과정이었다는 것이다. 이것은 구기술(paleotechnic)[6] 시대(1700~1900)의 도시 성장 메커니즘이 고용과 인구의 양면에서 오직 집중 과정이었다는 점과는 크게 다르다. 산업도시 발달의 또 하나의 특기할 현상은 세계대전 이후 20세기 후반의 도시 발달 양상이다. 이른바 후기 산업사회, 즉 탈공업사회로 이행되면서 도시 산업의 구조가 기존의 2차 산업에서 3차 산업으로 그 비중이 높아졌다. 특히 신기술 시대가 기술 집약적 산업을 선도하면서 소위 3·4차 산업 부문과 관련한 전문직·연구직·관리사무직 등이 기존의 일반 직업 구성과는 달리 도시 경제에 더 중요하고도 높은 비중을 차지하는 요소가 된 것이다(김인, 1991: 51).

---

6 루이스 멈퍼드가 사용한 개념으로, 대략 1700~1900년을 가리키며 기술을 이용한 자연 정복과 이익 추구에 치중하던 시기이다.

4

한국의 농촌 개발 정책

The Rural Development Policy of Korea

1. 한국 농촌 개발의 이해

한국에서 농촌의 개발은 1958년에 시행된 지역사회 개발 사업(community development program)에서 시작되었다고 해도 과언이 아니다. 한국의 지역사회 개발 사업은 마을을 기본 단위로 하여 마을의 주민 조직을 육성하고 마을의 부존자원을 최대한 이용하여 마을의 농업 생산 확대, 소득 증대, 생활개선, 의식 개혁 등을 목표로 추진되었다(최양부·정기환, 1984).

오늘날 세계적으로 통용되고 있는 '지역개발'이란 말은 1920년대 이후 사용되기 시작했다(Mackaye, 1928: 43). 그러나 각 나라가 지닌 지역의 문제가 다르듯이, 지역개발의 개념도 국가마다 꼭 같지는 않으며 접근 방법 또한 다르다.

영국의 경우 도시 개발과 농촌 개발을 하나의 공간적 개발 단위로 봐야 한다는 뜻에서 도시와 농촌의 개발(town and country development)을 합하여 지역개발과 동일시하는 경향이 있다. 프랑스는 지역개발이란 말 대신 국토의 관리(aménagement du territore)라는 표현을 쓰고 있으며, 독일의 경우 공간 질서(raumordnung)라고 쓰고 있다. 미국에서도 지역개발이라는 표현보다 주(州) 개발, 주제간(州際間, interstate) 개발 또는 대도시 지역개발이란 표현이 더 일반화되어 있다. 일본의 경우 1930년에는 영국의 도시와 농촌 개발 개념을 그대로 받아들여 시정촌(市町村)[1] 개발이라는 용어를 쓰다가 1940년에 들어와 국토 개발이란 표현을 더 많이 쓰기도 했으나, 전후 1950년대부터 지역개발이란 용어가 일반화되었다(대한국토·도시계획학회, 2009: 29).

한국도 처음에는 일본의 영향을 받아 국토 개발, 국토계획이란 용어를 썼다(대한국토·도시계획학회, 2009: 29). 이후 1960년대 초에 와서 지역사회 개발과 지역개발이란 표현을 쓰기 시작했고, 오늘에 이르러서는 지역개발과 지역계획이라는 용어가 많이 사용되고 있다. 한편 현실에서는 도시 개발이 큰 비중을 차지하면서, 지역계획보다는 도시·지역계획이라는 명칭이 더 많이 사용되기도 한다.

한국전쟁 이후 식량 자급과 농촌의 근대화는 한국이 당면한 문제 중 하나였다. 한국은 물적 자원뿐만 아니라 인적 자원도 절대적으로 부족했고, 당시에는 기능을 갖춘 도시도 존재하지 않았다. 따라서 한국은 초창기부터 자연스럽게 농업의 생산성 증대와 농촌 주민을 대상으로 한 농촌 개발에 중점을 둘 수밖에 없었다.

특히 1970년에는 당시 박정희 대통령의 지시로 새마을운동이 시작되었다. 1972년 1인당 GNP는 319달러에 불과했다. '근면, 자조, 협동'을 기본 정신으로 한 새마을운동은 이것의 실천을 통해 국가 발전을 꾀하려 했다.

---

1 일본의 지방자치제도는 광역적 자치단체인 도도부현(都道府縣)과 기초적 자치단체인 시정촌이 존재하는 2층제 구조이다. 시정촌은 한국으로 치면 기초자치단체인 시·군·구에 해당하는 단위이다. 일본은 메이지(明治) 시대부터 시정촌 합병을 추진했으며, 그 숫자는 2004년 3,218개에서 2010년 1,742개(785市, 770町, 187村)로 줄었다.

1971년부터 전국적으로 확대된 이 운동은 생활 태도 혁신과 환경 개선 및 소득 증대를 통한 낙후된 농촌의 근대화를 취지로 하여 이루어졌다는 면에서 한국의 독특한 농촌 개발로 볼 수 있다. 결국 한국은 생산성 증대, 소득 증대, 생활개선, 의식 개혁에 큰 비중을 두고 농촌을 개발하게 되었다.

그러나 1970년대 이후 농촌과 도시의 격차가 심화되고, 마을 중심의 농촌 개발에 한계가 드러나기 시작했다. 더구나 1980년대 후반에 와서는 미국으로부터 농산물 수입 개방 압력이 가중되었다. 특히 한국이 만성적인 경상수지 적자에서 벗어나 1986년부터 경상수지가 흑자로 전환되자, 이를 배경으로 수입 개방 압력이 가중된 것이다. 1988년에 개최된 한미 통상협상에서 1989년부터 1991년까지 3년간의 수입자유화 예시계획을 발표하면서 243개 농산물 수입이 개방되었다. 1990년 이후 농업의 경쟁력 상실과 농산물 수입 개방 속에서 한국은 기존의 농촌 개발에서 탈피하여 농업의 다원적 기능에 주목하는 새로운 농촌 개발로 방향을 전환하고 있다.

농업의 다원적 기능은 EU(European Union)에서 1980년대에 강조되기 시작하여, 1980년대 중반 이후에는 정책적 지원 수단이 강화되었다. 여기에서 '어메니티(amenity)'라는 농업의 다원적 기능 중에서 '경관 및 문화적 전통 유지' 기능을 농촌이라는 공간의 활성화와 연계시킨 것이다. 즉, 어메니티에 대한 보조금 지급이 농업 생산량 자체를 증가시키지는 않고 유럽 농가의 소득만 보전함으로써 유럽 농촌 지역의 활성화에 기여한다는 점을 강조한 것이다. 이는 EU의 공동 농업 정책이 농촌 정책으로 전환된 것을 의미하며, 농업이라는 산업보다 농촌이라는 공간에 주목하기 시작한 것이다 (임형백, 2012e: 13).

한국은 EU의 여러 나라와 농산물 수입국이라는 동일한 입장을 가지고 있어, 농업의 다원적 기능을 WTO(World Trade Organization)의 예외 규정을 인정받기 위한 정책 수단으로 받아들였다. 왜냐하면 한국은 농업 상황과

〈표 4-1〉 한국 농촌 개발의 시기별 구분과 특징

시기	특징
제1기 (1958~1969)	지역계획의 도입과 제도화 · 1958년 시범 마을을 대상으로 지역사회 개발 사업 시작 · 농지개혁 · 농업 증산 5개년 계획(1953~1957) · 미국의 잉여농산물 도입(1950년대 후반부터 1960년대 초반까지) · 1962년 건설부 신설: 지역개발 및 계획의 도입과 제도화
제2기 (1970~1980)	전국적 국토계획제도 도입 · 제1차 국토종합개발계획(1972~1981) · 농촌을 포함하는 도·군 단위를 대상으로 건설 종합계획을 수립할 수 있는 근 거 마련 · 1970년 새마을운동 시작 · 도농 간 소득 격차 · 1975년 쌀 자급 달성
제3기 (1981~1989)	지역계획적 농촌계획의 태동과 형성 · 농촌 개발에 대한 본격적인 방법론적 전환 제기 · 지방 정주 생활권 개발론, 종합적 농촌 개발론, 농촌 중심권 개발론 제시 · 성장거점 전략에 근거한 단핵 구조의 국토 공간 형성에서 탈피 · 1985년 농촌 지역 종합 개발이 군 지역 종합 개발계획으로 정부 정책화
제4기 (1990년 이후)	농촌계획의 제도화 · 1990년 농어촌발전특별조치법의 시·군 농어촌발전계획 수립 규정 · 정주권 개발의 제도화: 농어촌발전특별조치법 · 오지 개발의 제도화: 오지개발촉진법 농업의 다원적 기능 강조

주: 시기 구분은 윤원근(1999)을 참조했다.
자료: 임형백·이성우(2004: 396).

농촌 개발의 전개 과정이 EU와 유사한 면이 많다고 판단했기 때문이다. 이러한 이유로 특히 1990년 이후 한국의 농촌 개발과 농업 정책은 많은 것을 EU에서 차용하고 있다. 그러나 한국에서 농업의 다원적 기능은 시기적으로 EU보다 10여 년 정도 뒤처지는 것이었으며, 정책 수단의 효과성 측면에서는 아직도 미흡한 것이 사실이다. 이후 한국의 농촌 정책은 참여정부 시절에 국가균형발전과 연계되었다. 하지만 그 후에는 참여정부와 정치철학이 전혀 다른 이명박 정부가 들어서면서 혼란을 맞기도 했다.

이 장에서는 한국의 농촌 개발을 제1기(1958~1969), 제2기(1970~1980), 제
3기(1981~1989), 제4기(1990~2002), 참여정부 시기, 이명박 정부 시기로 구
분했다(참여정부와 이명박 정부의 농촌 정책이 한국의 제4기와 큰 차이점을 보이
지 않아, 이를 따로 제5기, 제6기로 명명하지는 않았다). 한국의 농촌 개발은 개
발계획의 특징에 따라 앞의 <표 4-1>과 같이 구분해볼 수 있다. 제1기에
는 지역개발계획이 도입·제도화되었고, 제2기에는 국토계획제도가 전국적
으로 도입되었다. 이어서 제3기에는 지역계획적 농촌계획이 태동했으며,
제4기에는 농촌계획이 제도화되었다.

2. 한국의 농촌 개발 제1기(1958~1969)

1) 지역사회 개발의 도입

일찍이 영국은 아프리카 식민지 개척을 위해 지역사회 개발을 발전시켰
고, 미국은 후진국에 전파시켰다. 유엔에서 채택되기 이전에는 미국의 포
드 재단이 적극적으로 이 사업을 후진국에 전파시킨 바 있다(김영모, 2003:
13). 이후 1950년대 후반에 유엔과 미국의 국제원조처(International Cooperation
Administration: ICA)가 지역사회 개발 사업을 추진했다(송미령 외, 2008: 14).

한국의 경우, 1955년 한미합동경제조정관실(Office of Economic Coordinator:
OEC)에 근무하던 루시 애덤스(Lucy W. Adams) 지역사회국장이 한국전쟁으
로 피폐해진 한국의 농촌 재건을 위해 유엔과 국제원조처가 채택하고 있
는 지역사회 개발 사업을 도입할 것을 권장했고, 이에 따라 지역사회 개발
사업이 1958년에 국가적 사업으로 채택되었다.

한편 제2차 세계대전 종전 이후 많은 신생국의 출현과 함께 경제발전에

〈표 4-2〉 지역사회 개발의 내용

내용	비고
지역사회 개발 요원 육성	· 대학 교육을 이수한 자 중에서 인력을 선발하여, 교육 후 농촌에 배치 · 지도력 배양, 주민 조직론, 토론법, 영농 기술 등을 교육
자조 사업 추진	· 주민들의 노력 및 마을이 지닌 자본과 기술로 추진할 수 있는 사업 추진 · 각종 학습 단체를 조직 및 지도 · 농경지 개간, 마을 도로와 소규모 교량 건설, 소규모 제방과 수리 시설 설치, 마을 회관을 비롯한 공동 이용 시설 건설, 농사 기술 개량을 위한 학습포 설치, 공동 생산 활동, 퇴비 증산 등
보조 사업 추진	· 주민들이 수립한 지역사회 개발 사업 중 자신들의 자본과 노력만으로는 추진하기 어려워 정부나 기타 기관에서 재정적·기술적 지원을 받아 추진하는 사업 · 지역사회 개발 사업이 농촌진흥 사업과 통합되기 이전인 1961년까지 지역사회 개발 보조 사업은 818개 시범 부락에 총 1,271건이 추진
농촌진흥 시범 지역 지도	· 부락 지도원이 주재하던 1개의 시범 부락을 1963년부터는 6~7개 부락으로 확대하여 농촌진흥 시범 지역으로 지정하고 종합적인 농촌진흥 사업을 추진 · 1963년부터는 주재 지도 방식이 폐지되고, 지역 분담 지도 방식을 통해 전국의 농촌 지도소에 배치된 농촌 지도사가 시범 지역을 분담하여 지역사회 개발 사업을 비롯한 지도 사업을 종합적으로 추진* · 1965년에는 733개의 농촌진흥 시범 지역을 전국으로 확대

* 농촌 지도의 경우 영어로 'cooperative extension work'라 하며, 'extension'을 가장 먼저 사용한 나라는 영국이다. 영국의 캠브리지 대학교와 옥스퍼드 대학교가 정규 학생이 아닌 일반 시민을 상대로 공개강좌를 개설했는데, 이러한 교육을 'university extension education'이라 명명했다. 이러한 활동이 미국으로 전파되어 미국 주립대학교에서도 실시되었으며, 주로 농민을 대상으로 교육한 데서 본격적으로 출발하게 되었다(최민호, 1998: 9). 이후 미국의 농촌 지도가 한국에도 도입되어, 농업기술 전파를 통한 농촌 개발에 이용되어오고 있다.

자료: 농촌진흥청(1978), 농림부(1999) 참고.

대한 관심이 고조되었다. 당시 선진국 학자들에게 후진국의 경제발전 문제를 분석하는 데 영향을 미친 것은 크게 두 가지이다. 첫째, 1948~1952년 미국의 '마셜 플랜(Marshall Plan, 정식 명칭은 European Recovery Program)'에 의해 전후 유럽이 단기간에 부흥됨으로써, 후진국에도 자본만 지원하면 경제발전을 이룩할 수 있을 것이라는 단순한 생각을 갖게 되었다. 둘째는 선진국의 역사적 경험에 비추어볼 때 후진국들도 선진국이 밟았던 단계를 그대로 따르면서 발전해갈 것이라는 생각이었다(정창영, 2000: 21; Todaro, 2000: 78).

이와 같은 이유로 1950년대에서 1960년대 초까지 성장단계론(linear-stages theory of development)이 경제성장 이론의 주류를 이루었고, 유엔을 비롯한 국제기구에서도 개발도상국의 빈곤 타파와 근대적 농촌 개발을 위해 지역사회 개발 사업을 추진했다. 따라서 제2차 세계대전 이후 미국의 정부 관계 기관, 주립 농업시험장 등에서 농촌사회학자들에 의해 이루어진 연구 결과가 한국에 급속히 전파되었다. 에버렛 로저스(Rogers, 1960)의 연구는 이러한 기술의 전파 과정을 다룬 대표적인 연구로 볼 수 있다.

한국에서는 1958년에 시범 마을을 대상으로 지역사회 개발 사업이 시작되었다. 따라서 박정희 정부 이전에 이미 한국에서도 지역사회 개발 사업이 존재하고 있었다(임형백·조중구, 2004: 26). 그러나 가시적인 성과를 내지 못했기 때문에 주목을 받지는 못했다.

이 시기는 해방 이후 주곡이 절대적으로 부족한 상태에서 식량 생산이 농촌 개발의 과제이던 때였다. 광복 이후부터 6·25 전란 회복기까지 미국의 식량 원조로 위기를 극복했고, 1950년대 후반부터 1960년대 초반까지는 미국의 잉여농산물을 도입해 국내 식량 가격을 안정시켰다(김병택, 2002: 35~36). 또 식량 증산을 위해 농지개혁이 단행되었고, 농업 증산 5개년 계획(1953~1957)이 수립되었다(윤원근, 1999: 13).

2) 재건국민운동

1961년 5·16 쿠데타 이후 박정희 대통령은 재건국민운동을 대대적으로 추진했다. 당시 박정희 대통령에게 경제성장은 국민의 지지를 통한 정치적 정당성 획득뿐만 아니라, 북한의 침략에서 남한의 안보를 보장하기 위한 보루이기도 했다. 경제성장을 통해 군사적 우위를 확보하여 전쟁을 억제할 전략적 우위를 점하려고 한 것이다. 그러나 재건국민운동은 국민의 계몽적 수준에 머물렀을 뿐 경제성장의 효과를 내지는 못했다.

1961년 쿠데타로 집권한 박정희 정부는 농업용수 개발, 경지정리, 개간, 간척을 농정의 주요 사업으로 시행했다. 이러한 노력의 결과, 한국의 연평균 쌀 생산량은 1953~1955년 214만 톤에서 1961~1965년 350만 톤으로 증가했다. 1958년 시범 마을을 대상으로 한 농촌 개발이 본격적으로 추진되었고(박서호, 2004: 205), 1962년 건설부가 신설된 이후 지역개발 및 계획이 도입되고 제도화되었다(최상철, 2004: 32).

노먼 롱(Norman Long)에 따르면, 농촌 개발은 국가·지역 발전 이론 및 전략과 맥을 같이하는 것으로, 농촌 지도, 지역사회 개발 같은 '개량 접근'과 오지 개혁, 재정착 계획 같은 '개혁 접근'으로 나뉜다(Long, 1977: 177~210). 한국의 농촌 개발은 개혁 접근보다는 개량 접근적 성격을 취해왔다.

한편 제2차 세계대전 이후 농업 생산에 대한 지원은 EU의 농촌 개발에서도 핵심 전략이었다. 한국과 마찬가지로 이 시기에 EU는 농산물 수입국이었다. 따라서 기계화, 과학적 영농 기법 도입, 농장 규모 확대 등을 통해 농업 생산성을 향상시켜 농업도 다른 산업에 못지않은 소득과 경쟁력을 확보하도록 만드는 것이 목표였다. 이처럼 생산성 향상을 통해 농업 문제를 해결하려는 것을 농업 확장주의(agricultural expansionism)라고 한다. 따라서 EU는 농업 확장주의에 집착하면서 최저가 보장을 통한 가격 지지와 농업구조의 근대화에 우선순위를 두었다. EU에서는 1962년부터 유럽농업지도보증기금(European Agricultural Guidance and Guarantee Fund: EAGGF)의 지원에 의해 시작된 공동 농업 정책이 지금까지도 가격 지지 및 농업구조 근대화를 주요 대상으로 하면서 중앙 설계주의적 방식으로 추진되어오고 있다. 1988년 개혁까지 유럽농업지도보증기금 중에서 가격 지지 및 수출 보조를 위한 지원 분야(보증 부문)가 전체 재정의 약 95%를 차지했고, 농업구조 조정을 위한 지원(지도 부문)은 5% 정도에 불과했다(박경, 2003: 92).

식량 자급을 달성하지 못한 한국은 EU와 동일하게 농업 확장주의를 추구했다. 그 당시만 해도 농업은 기간산업이었고, 정책의 중심은 생산성 향상을 통한 식량 자급의 달성이었다. 따라서 농업 정책과 농촌 정책이 구분되지 않았고, 정책도 단순했다.

그러나 한국은 1960년대 이후 도시를 중심으로 한 공업 위주의 성장 정책을 추진해왔다. 이 과정에서 유발되는 도시 문제를 해결하기 위해 도시계획은 지속적으로 변천하면서 발전되어왔으나, 농촌 개발을 대상으로 하는 농촌계획은 관심 대상에서 제외되었다(윤원근, 2003: 13). 농업 정책에서는 생산성 향상을 추구했지만, 농촌 정책은 소홀히 다루어진 것이다.

3. 한국의 제2기(1970~1980)

그러나 경제개발과 소득 증대로 쌀 소비가 늘어나면서 쌀의 자급자족은 역부족이었다. 이때 당시 허문회 서울대학교 교수는 1960년대 후반 필리핀의 국제미작연구소(International Rice Research Institute: IRRI)에서 개발한 인디카(indica) 쌀의 다수확 신품종(IR 계통)을 접하게 되었다. 이후 농업과학자들이 참여한 팀을 구성해 신품종 개발에 나섰고, 1971년 IR 계통 벼와 자포니카(japonica) 계통 벼를 교잡한 다수확 신품종인 '통일벼'를 개발하는 데 성공했다. 통일벼는 병에 대한 저항력이 강하고 일반 품종보다 생산량이 40% 정도 많았다. 이후 통일벼 보급으로 한국의 ha당 쌀 수확량은 1972년 3.34톤에서 1977년 4.94톤으로 증가했고, 이 과정에서 1975년 쌀 자급을 달성했다.

1970년대 한국의 쌀 생산 급증은 '아시아 녹색혁명'[2]의 대표적 성공 사례로 꼽힌다. 이후 한국은 통일벼 개발로 축적된 벼 육종 기술을 바탕으로

<표 4-3> 농가 및 도시 근로자 가계소득   (단위: 1,000원, %)

구분	호당 소득			1인당 소득		
	농가(A)	도시(B)	A/B	농가(C)	도시(D)	C/D
1965년	112	113	99.1	18	19.5	92.3
1970년	256	292	87.7	44	53.3	82.6

주: 명목소득 자료이다.
자료: 김병택(2002: 40).

수확량이 더 많으면서도 맛이 좋은 신품종을 잇달아 개발했다. 하지만 통일
벼는 수확량은 많지만 맛이 다소 떨어지는 단점 때문에 1992년에 사라졌다.
  또 1970년에 박정희 대통령의 지시로 새마을운동이 시작되었다. 새마을
운동은 처음에는 농촌을 대상으로 했으나, 박정희 정부도 예상하지 못한
성공적인 촉발(triggering) 메커니즘으로 작동하면서 도시와 직장에까지 확
산되었다. 이를 통해 새마을운동은 성공적인 개발 동원 체제(developmental
mobilization regime)가 되었을 뿐만 아니라, 종속 이론(dependency theory)과 달리
실천 수단까지 제시했다. 그러나 1970년대에 이르러 한편으로는 농촌과
도시의 소득 격차가 심화되기 시작했다. 1965년과 1970년을 비교하여 나
타내면 <표 4-3>과 같다.
  따라서 이 시기에는 형평성의 관점에서 도농 간 소득 격차 또는 농가 계
층 간 소득 격차를 줄이는 데 농정의 초점이 맞추어졌다(김병택, 2002: 63).
겨우 쌀의 식량 자급이 이루어지는 단계에서 벌써 도시와 농촌 간의 소득
격차가 발생하기 시작한 것이다. 동시에 인구의 대규모 이촌향도 현상이

2 제3세계를 주 대상으로 하여 전 세계적으로 전개된 녹색혁명은 크게 두 가지 유
   형으로 나뉜다. 제1유형은 '멕시코를 모델로 한 녹색혁명'으로서 주로 라틴아메
   리카와 아프리카 지역을 대상으로 한 모델이고, 제2유형은 '필리핀을 모델로 한
   녹색혁명'으로서 아시아 지역이 주 대상이 된 모델이다(西川潤, 1993).

나타나면서 도시와 농촌 간의 불균형발전도 심화되기 시작했다. 도시와 농촌 간의 이러한 급속한 격차 발생은 서구 국가에서는 찾아보기 힘든 현상이었다.

한편 새마을운동은 서구식의 지역사회 개발에 대한 비판에서 나타났다고 볼 수 있다(김영모, 2003: 13~14). 이 시기의 새마을운동은 1958~1969년의 농촌 개발과는 다른 성격을 내포하고 있다. 즉, 1960년대의 경제개발 정책에 따른 도시와 농촌 간의 상대적 발전 격차를 시정하고, 내수 시장을 활성화하여 경기 침체의 위기를 타개하며, 농촌 인력을 농촌 부문에 고용시켜 실업의 압력을 둔화시키려는 의미를 담고 있다(윤원근, 1999: 14).

새마을운동은 농촌 근대화를 취지로 한 정부 주도의 하향식 개발 운동이었다. 당시의 도농 간 소득 격차는 농촌에 자각 분위기를 조성하기도 했다. 이 과정에서 새마을운동은 근면·자조·협동을 정신적 기조로 설정하고, 우수한 지도자의 헌신적 봉사를 기초로 하여 정부가 적극적으로 지원하는 방식을 택하게 되었다. 당시 한국은 재원이 부족하고 인적 자본이 갖추어지지 않은 상황이었기에, 정부 주도의 하향식 개발 운동은 대안이 없는 선택이었다(임형백, 2011a: 115). 왕인근(1995: 460)은 새마을운동을 '미시적 통합 농촌 개발(micro integrated rural development: MIRD) 계획'이라고 보았다.

1970년대부터는 새마을운동을 중심으로 농어촌의 기초 생활환경 정비에 주력했다. 이 시기까지 농어촌의 개발 사업은 중앙정부 주도의 하향식 사업이라는 한계가 지적되기도 했지만, 생산 기반 조성과 생활환경 개선 등 농어촌의 물리적 개발 사업 이상으로 주민 조직과 지도자 육성이 강조되었다. 또한 비록 강제성에 기초한 것이었다고는 해도 주민들의 참여가 꽤 활발했다. 그러나 지역 특성이나 지역의 책임과 역량보다는 전국 일률적인 내용으로 효율성을 증진시키는 방식이 더 중시되었다(송미령 외, 2010: 45). 이때부터 농어촌 중심지 개발 정책이 추진되어 현재에 이르고 있다.

〈표 4-4〉 농어촌 중심지 개발 정책의 추진 현황

		도읍 가꾸기 (1972~1976)	소도읍 가꾸기 (1977~1989)	소도읍 개발 (1990~2001)	소도읍 육성 (2003~2012)	거점 면 소재지 마을 종합 개발 (2007~2017)
목표		거점생활권형성	지역개발의 거점, 준도시 기능 향상	행정·경제·사회·문화 등 지역 중심 기능 강화, 지역경제 활성화, 주민 복지 증대	경제적·사회적·문화적 거점 기능을 갖춘 중추 소도시 육성, 특성화·전문화 통합읍 지역 경쟁력 제고와 지역 경제 활성화, 농어촌의 거점 지역 육성 및 지역 간 균형 발전	면 소재지의 중심 기능 정비와 정주 서비스 기능 확충
대상	대상	1,505개 도읍 (읍·면 소재지)	1,443개 소도읍 (읍·면 소재지)	1,443개 소도읍 (읍·면 소재지)	194개 읍 지역	거점 면 소재지 (중심 마을) 200개 우선 대상
	실적	397개 도읍	844개 소도읍	533개 소도읍	2009년까지 98개 읍	시범 사업 8개소
중점 사업		환경 정비 사업	환경 정비 사업, 생산·유통 시설	도시 기반 시설 (도로, 상하수도), 생산·유통 시설, 환경 정비 사업	지역 특화 산업 및 유통 시설 현대화, 도시 인프라 확충, 관광 활성화 사업	생활 편익, 문화·복지, 경관 개선, 상권 활성화 등

자료: 김정연·권오혁(2002), 송미령 외(2010: 116) 재인용.

새마을운동은 1969년의 3선 개헌, 1971년의 대통령 선거와 비상사태 선포, 그리고 1972년의 유신헌법 통과와 같은 권위주의 정권의 형성 과정에서 진행되었다. 이처럼 새마을운동의 본격적인 전개가 유신체제와 더불어 진행되었다는 점은 특기할 만하다.

농촌 개발 사업으로 출발한 새마을운동은 농민들의 적극적인 참여로 기대 이상의 성과를 거두었다. 이러한 기대 이상의 성과는 새마을운동의 영역도 확장시켰다. 우선 공간적 측면에서는, 농촌 이외의 도시 지역으로까지 확산되었다. 사업의 성격적 측면에서는, 농촌 개발 사업을 넘어 공장, 도시, 직장 등 사회 전체의 근대화 운동으로 확산되었다. 또 정치적으로는,

물량적인 건설 사업을 넘어 위기에 처한 박정희 정권에게 정치적 정당성을 부여했다. 즉, 정치적으로 점차 국민적 저항에 부닥치는 상황에서 새마을운동은 농민과 서민 대중의 지지를 기반으로 유신체제를 지속시키기 위한 정치적 돌파구로 작용했다(임형백, 2011a: 116).

서구의 근대화는 시민계급이 추진했다. 이 시민계급은 주로 도시의 상공업자를 의미하는데, 이들은 이른바 시민혁명을 통해 도시화와 근대화를 이룩한 주역이다. 새마을운동은 1970년대 초에 농촌 자조 운동으로 시작했을 때만 해도 지역사회 개발 운동의 성격이 강했으나, 그 개념이 점차 발전하여 조국 근대화와 사회 개혁 운동으로 변했다(김영모, 2003: 112, 135).

개발독재라는 비판도 있지만, 정치적 의미와 관계없이 새마을운동은 박정희의 조국 근대화 정신의 소산이었고, 나아가 1970년대의 경이적인 경제발전의 정신적인 힘이 되었다고 할 수 있다. 비록 의도한 것은 아니지만, 경제성장과 더불어 정신 계몽을 강조한 새마을운동은 소득 증대에 집중하는 서구적 개발 모델과는 차별화된 한국적 개발 모델이었던 것이다. 이런 정신 계몽은 교육, 인적 자본 형성으로 이어지면서 소득 증대 이외의 조국 근대화로 이어졌다.

모더니즘은 공간의 합리화를 통해 주거뿐만 아니라 사회 문제까지 해결할 수 있다는 인식을 가지고 있었다(임형백, 2009c: 48~49).[3] 당시 박정희 정부도 한국의 전통 사회를 전근대적 사회로 인식한 반면, 서구를 근대화된 사회로 인식했다. 나아가 서구의 주거 공간이 서구의 합리주의를 반영한

---

3 그러나 근대화된 삶에 대한 주민의 염원, 정부의 신도시 개발 외에 민간 개발업자의 과도한 경쟁, 전 국민적인 부동산 투기 열풍이라는 부작용도 작용했다. 이는 아파트가 주된 주거 수단으로 자리 잡는 기현상으로 이어졌다. 임형백(2009c: 49)에 의하면, 2008년 전국의 아파트 가구율은 47.3%였고, 서울시는 50.3%, 강남구는 75.8%였다.

다고 보았다. 따라서 박정희 정부에서 주거 공간의 개선은 전근대적 사회 문제의 개선과 동일선상에 있었다. 이 때문에 농촌의 접근성이 향상되고 합리적 공간이 형성되었지만, 한편에서는 한국의 전통적인 농촌 경관이 파괴되었다.

원래 새마을운동은 '하향식 개발'로 출발했으나, 국민적인 참여가 이루어지면서 '상향식 개발'의 효과도 동시에 가져왔다. 새마을운동은 그 유래를 찾아보기 힘든 전 국민적인 동참이 있었고, 개발 운동을 넘어 사회 전반의 근대화 운동으로 확산되었다. 그러나 이 과정에서 한국 농촌의 전통 공간은 전근대적인 공간으로 인식된 반면, 아파트로 상징되는 서구화된 공간은 근대적 공간으로 인식되기도 했다.

새마을운동이 추진되면서 주름지고 접혀 있던 공간들이 펴지기 시작했다. 농로는 쭉 뻗은 신작로가 되었고, 마을로 들어가는 골목길은 차가 다닐 수 있는 아스팔트 길로 변했다. 그리고 농촌에는 개발의 이름으로 신도시가 건설되었다. 신작로가 만들어지고 대도시 주변 농촌에 새로운 도시가 건설되면서 곡선은 배제되고 직선은 개발이나 발전의 상징이 되었다. 새마을운동을 통해 농촌을 직선화하는 과정에서 우리의 전통 공간이 갖고 있었던 질서는 사라졌다(박승규, 2009: 65~66).

한편 EU의 경우 공동 농업 정책이 수립된 이후 농산물 최대 수입국이던 EU 국가들의 식량 생산이 급격히 증가하여 1970년대에 자급을 달성했다. 1974년 파리 회의(Paris Summit)에서 지역 격차 문제를 본격적으로 다루기 시작했고, 이 결과로 1975년에 유럽지역개발기금(European Regional Development Fund: ERDF)이 설립되었다. 이 기금은 공업 쇠퇴 지역과 낙후 지역의 개발에 사용되었다. 또 1970년대 이후 필요에 따라 공동 농업 정책에 환경 보조금, 직불제, 조건 불리 지역 지원 등의 다양한 수단을 도입했기 때문에 여러 정책이 복잡하게 중첩되어 있다.

오늘날 EU의 농촌 정책은 구조기금(EU Structural Fund) 정책과 통합된 형태로 되어 있고, 그 정책 수단과 추진체계도 매우 복잡하기 때문에 내용을 체계적으로 파악하기가 쉽지 않다. 더구나 각국별로 운영 실태가 매우 다르다(Commission of European Communities, 1997). 현재 EU 농촌 개발 정책의 구조는 크게 보면 공동 농업 정책의 농촌 개발 수단과 EU 구조기금하의 지역 정책이 결합된 형태로 되어 있다(박경, 2003: 98).

한국은 이 시기에 전국적으로 국토계획제도가 도입되었다. 1972년 제1차 국토종합개발계획(1972~1981)이 만들어졌고, 농촌 지역을 포함하는 도·군 단위를 대상으로 건설 종합계획을 수립할 수 있는 근거가 마련되었다. 그러나 이를 기초로 실제의 지역계획이 수립되지는 못했다(윤원근, 1999: 14).

4. 한국의 제3기(1981~1989)

1) 농산물 시장 개방과 농업의 다원적 기능의 등장

농촌 개발의 접근 방법에 대해서는 총량적인 국가 성장을 희생시키지 않고도 지역 소득이 비슷해질 것이라고 주장하는 시장경제 원리의 신봉자들과, 시장 기능은 불균형적이고 지역 간 소득 격차는 자동적으로 완화될 수 없다는 근거 아래 더 높은 차원의 균형을 빨리 이룩하기 위해서는 더욱 근본적인 개입이 필요하다고 주장하는 계획가들 사이에 논쟁이 있어왔다. 지금까지 많은 제3세계 국가들은 두 가지 주요 사실을 바탕으로 성장거점 개발 방식을 채택했는데, 첫째는 현대적 기술에 의한 산업화 이익이 농촌 지역으로 분산될 수 있다는 것이며, 둘째는 성장거점 전략을 통한 국가 통합이 지역의 저개발 문제를 해결할 수 있다는 것이다(Lo and Salih, 1978).

한국 농촌은 계획가들의 주장이 더 타당하다는 것을 입증했다. 동시에 성장거점 전략의 실패도 입증했다. 즉, 도시라는 성장거점이 주변의 농촌에 파급 효과(spread effects)와 누적 효과(trickling down effects)를 주기보다는 역류 효과(backwash effects)와 분극 효과(polarizing effects)를 더 강하게 준 것이다.

1975년 이후 쌀 자급자족을 달성한 뒤에도 한국의 농업 정책은 농업의 생산성을 추구하는 정책을 벗어나지 못했다. 농업인도, 정부도 국내외의 변화하는 상황에 적극적으로 대처하지 못했고, 임시방편적인 정책이 남발되었다. 농산물 수입 개방에 대비하여 이를 공론화하고 적극적으로 대처할 시간이 있었는데도, 농업인은 감정적으로 대응했고 정부는 책임 회피에 급급했다. 이후 1980년대 후반 미국의 농산물 수입 개방 압력이 가중되었고, 1988년에 개최된 한미 통상협상에서 1989년부터 1991년까지 3년간의 수입자유화 예시계획을 발표하면서 243개 농산물 수입이 개방되었다.

이에 따라 농업 확장주의의 수정과 농촌의 공간적 측면에서의 접근이 필요하게 되었다. 그러나 이후에도 관행적으로 농업 확장주의를 추구한 한국은 수입 개방에 대한 농민들의 비판을 보조금을 지급하면서 무마했다. 이는 한국 농업의 자생력과 경쟁력의 쇠퇴로 이어졌다.

한편 EU에서도 1980년대 이후로 거의 모든 농산물의 자급률이 100%를 상회하게 되었지만(사공 용, 2002: 64), 농업 확장주의의 흐름은 1980년대 초반까지 지속되었다. 그러나 농산물의 과잉 공급과 이로 인한 가격 하락 때문에 제2차 세계대전 이후 서유럽 국가들을 비롯한 많은 나라들이 추진해왔던 농업 생산 증대 일변도의 농업 개발 정책을 수정하지 않을 수 없었다. 특히 케언스 그룹(Cairns Group)[4]은 농산물 무역의 자유화와 각 국가들이

---

4 주요 농산물 수출국을 가리킨다. 1986년 첫 회의가 개최된 오스트레일리아의 지명을 따서 명명되었다. 미국, 캐나다, 오스트레일리아, 뉴질랜드, 우루과이, 콜롬

농업 생산에 영향을 주는 각종 대농민 지원 정책의 축소·철폐를 주장했고, 이에 따라 EU는 가격 지지나 농산물 수출 보조 같은 강력한 시장 개입 정책을 더 이상 실시하기가 어렵게 되었다. 특히 농산물 보조금 지급은 케언스 그룹과 EU의 이해가 직접 충돌하는 부분이었다. 하지만 EU에서 농업·농촌에 대한 투자와 지원을 단기간 내에 중단한다는 것은 불가능했다. 특히 EU 최대의 농업국이자 소농이 농민의 대부분을 구성하고 있는 프랑스에서는 더욱 그러했다. 이제 농촌은 농산물의 공급지로서 농민만의 폐쇄적 공간으로 남을 수 없었다. 즉, 농촌이 신자유주의적 교역 질서 속에서 새로운 자원 발굴을 통해 보전해야 할 공통의 공간이 된 것이다. 이러한 상황에서 보조금과 같이 시장 질서에 영향을 주지 않아야 한다는 제약을 피하면서 동시에 지속적으로 농업과 농촌을 유지하기 위한 정책적 수단 개발의 필요성이 대두되었다(임형백, 2002: 238).

이런 이유로 EU에서도 1980년대부터 농촌 지역 정책의 중요성이 인식되기 시작했다. 이전까지 공동 농업 정책은 주로 시장 개입 정책이 중심이었고, 농업 발전과 농촌 발전을 동일시하여 본격적인 농촌 개발 정책은 추진하지 않았다. 그러나 1980년대 이후 농촌에 대한 사회적 요구의 변화, 농촌 지역의 인구와 사회학적 구성의 변화, 우루과이 라운드(Uruguay Round: UR) 농업 협상과 농산물 시장의 개방, 공동 농업 정책의 과도한 재정 지출과 시장 개입주의에 대한 대내외 비판을 배경으로 농업 정책보다 넓은 시야에서 농촌 정책을 도입하지 않고는 농촌 지역의 활력을 유지할 수 없다는 논의가 활발하게 전개되었다. EU는 1980년대 후반 농업의 다원적 기능의 중요성을 강조하기 시작했다.

비아, 코스타리카, 과테말라, 아르헨티나, 브라질, 파라과이, 칠레, 볼리비아, 필리핀, 태국, 인도네시아, 피지, 남아프리카공화국 등이 회원국으로 가입해 있다.

2) 농촌계획의 태동과 정주 생활권 개념

이 시기에 들어 지역계획적 농촌계획이 태동했다. 이즈음부터 한국은 성장거점 전략에 근거한 단핵 구조의 국토 공간 형성에서 탈피하기 시작했다 (임형백·이성우, 2004: 401). 한국에서 농촌 개발에 대한 방법론의 전환이 필요하다는 논의가 본격적으로 시작된 때는 1981년이다(최양부, 1987). 제2차 국토종합개발계획(1982~1991)에서는 지역 생활권 개념이 도입되었고, 수정계획에서는 종래의 성장거점 전략에 근거한 단핵 구조의 국토 공간 형성에서 탈피해 지역성을 강조하고 지방의 정주성을 제고시키기 위해 정주 생활권(human settlement area) 개념이 도입되었다(윤원근, 1999: 15).

인간의 정주체계(settlement hierarchy)를 형성하는 데는 두 가지 힘이 작용하는데, 바로 통합력(unification force)과 분산력(diversification force)이 그것이다 (Zipf, 1949). 지상에서 인구의 경제활동이 분포되어 있는 모양을 정주 패턴 (settlement pattern)이라 부르고, 그 분포가 어떤 규칙성을 가진 체계를 이룰 때 정주체계라고 한다(황명찬, 1985).

통합력이란 경제주체인 소비자에게 발생하는 교통비를 최소화시키기 위해 정주체계를 공간적으로 소수의 체계로 묶어주는 힘을 말한다. 이러한 힘으로 인해 제품들의 공급 지점이 소수의 공간에 집중된다면, 소비자는 제품 구입을 위해 지불하는 교통비를 절감할 수 있고 이 덕분에 편익을 누리게 된다. 왜냐하면 제품들의 공급 지점이 분산되어 있으면, 소비자는 각 제품들을 구입하기 위해 매번 이동해야 하고, 결과적으로 소비자가 지출해야 하는 교통비가 증가하기 때문이다. 따라서 소비자가 제품들을 한 곳에서 구입하게 하는 통합력은 분명 정주체계 형성의 기본적인 힘이라 할 수 있다. 정주체계의 두 번째 힘은 분산력이다. 분산력에 의해 제품들의 공급 지점을 공간적으로 분산시킬 때도 소비자의 편익은 높아진다. 다

〈표 4-5〉 독시아디스의 인간 정주사회 단계

공간 단위 구분	인구수
인간(man)	1명
방(room)	2명
주거(dwelling)	4명
주거군(dwelling group)	40명
소근린(small neighborhood)	250명
근린(neighborhood)	1,500명
소도시(small town)	9,000명
도시(town)	5만 명
대도시(large city)	30만 명
메트로폴리스(metropolis)	200만 명
연담도시(conurbation)	1,400만 명
메갈로폴리스(megalopolis)	1억 명
도시화 지역(urban region)	7억 명
도시화 대륙(urbanized continent)	50억 명
세계도시(ecumenopolis)	300억 명

자료: 대한국토·도시계획학회(2003), 김홍배(2011: 114) 재인용.

시 말해 제품과 서비스를 제공하는 곳이 소수의 공간에만 모여 있으면 비효율이 발생하게 된다. 왜냐하면 전국에서 소비자들이 제품을 구입하기 위해 지불하는 교통비가 크게 증가하기 때문이다. 따라서 분산력을 통해 제품 공급 지점이 공간적으로 분산되고, 이를 통해 소비자들은 교통비 절감의 편익을 누리게 되는 것이다. 이와 같이 정주체계는 통합력과 분산력에 의해 형성된 결과라고 할 수 있으며, 공간적으로는 도시 및 지역, 그리고 국토의 공간체계라고 할 수 있다(김홍배, 2011: 115).

독시아디스(C. A. Doxiadis)는 정주 환경의 공간 단위를 인구수를 기준으로 15단계로 구분했다(Doxiadis, 1968). 독시아디스는 인간 정주사회 이론을 전개한 건축가이자 도시계획가이다. '에키스틱스(Ekistics)'는 그리스어로 집

(home)과 정주(settling down, settlement)를 뜻하는데, 독시아디스가 1942년 아테네 공대 강의에서 처음으로 사용했다. 그 뒤 1968년 그의 저서 『에키스틱스』에서 공식적으로 등장했으며, 여기서 독시아디스는 에키스틱스를 '인간 정주의 과학'으로 정의했다. 그에 따르면, 인간 정주사회의 요소는 인간, 사회, 기능, 자연, 셸(shell)의 다섯 가지로 이루어지며, 이것들이 조화로운 상호 관계를 만들어내야 한다. 그러나 그의 인간 정주사회 이론은 아직까지 구체적인 계획 내용이 보이지 않는 미완성의 이론이다.

일반적으로 말하는 정주 환경의 공간적 범위는 매우 다양하다. 연구자들의 목적에 따라 정주 환경의 공간 범위가 개인에서부터 자연 취락, 대도시 또는 세계도시까지 포함되기 때문이다(김홍배, 2011: 114). 1980년대에 정립된 정주 생활권은 "하나의 중심지가 최소 거리 내에서 갖는 자체의 생활권, 하나의 중심지를 생활의 중심으로 하는 모든 주민의 1일 생활권"으로 정의되었으며,[5] 다음의 <표 4-6>과 같이 도시 정주 생활권과 농촌 정주 생활권으로 구분된다(최양부 외, 1985).

이후 지금까지 이루어진 마을 중심의 개발론에 대한 비판이 제기되었고, 새로운 대안적 개발 방식으로 지방 정주 생활권 개발론, 종합적 농촌 개발론, 농촌 중심권 개발론이 제시되었다(최양부·이정환, 1987). 이는 농촌과 도시의 격차가 심화되면서 소득 격차를 넘어 국토의 불균형개발 단계에 이르렀고 과잉 도시화를 비롯한 사회적 추가 비용이 요구되기 시작했기 때

---

5 ① 주민의 생활 패턴, 시장 이용권, 통학권, 각종 생활 편익 시설 이용권 등의 생활 기준, ② 지역 내 주요 생산물이나 자원의 분포 특성을 분석하여 동질적 성격이 강한 동질 생활권 기준, ③ 지형, 지세, 수계 등 자연환경 조건, ④ 개발의 효율성 기준, ⑤ 현행 행정구역의 기준 등을 바탕으로, 당시 보편적 교통수단인 버스를 이용했을 때 대략 1시간권이 거주지와 중심지 간의 바람직한 거리임을 감안해 중심지에서 반경 16km에 이르는 영역이 정주 생활권이라고 보았다(송미령 외, 2008: 21).

〈표 4-6〉 도시 정주 생활권과 농촌 정주 생활권

구분	내용
도시 정주 생활권	중심 도시가 배후지에 의존하지 않고 독자적 성장을 할 수 있으며 배후지를 지배하고 있는 정주 생활권(인구가 10만 명 이상 되는 중심 도시를 갖는 정주 생활권)
농촌 정주 생활권	중심 도시의 성격과 기능이 그 배후지인 농촌에 경제적·사회적·문화적으로 의존하는 농촌성이 강한 정주 생활권(인구가 10만 명 이하인 중심 도시를 갖는 정주 생활권)

자료: 송미령(2008: 21).

문이다. 이런 이유로 1980년대에 들어서면서 한국의 농촌 개발은 농업 소득 보전을 목표로 하는 농촌 개발 방식으로 바뀌었다. 1985년에는 농촌 지역 종합 개발이 군 지역 종합 개발계획으로 정책화되었다.

그러나 농촌 개발 방식의 기본적인 접근은 농공 단지 개발이나 농어촌 정주권 개발과 같이 중앙정부에 의한 하향적 개발 방식이었다. 즉, 실천적 계획의 근간은 내부적 수요를 반영하기 위한 것이었으나, 실제 접근 방식은 농촌 지역을 개발할 때 자치단체 및 주민 참여가 배제된 중앙정부에 의한 하향적 개발의 시각에서 나온 것이었다(이성우·권오상·이호철, 2003: 11).

5. 한국의 제4기(1990~2002)[6]

1) 농어촌 구조 개선 사업의 시행

제4기는 농촌계획이 제도화됨과 동시에 새로운 전환기를 맞은 시기라

6 이 시기부터 농산물 시장이 개방되기 시작했다.

고 볼 수 있다. 농촌 지역에 대한 여러 가지 계획이 제도화되었다. 1990년에 제정된 농어촌발전특별조치법에는 시·군 농어촌 발전계획을 수립하는 규정이 포함되었다. 이 계획은 농림수산업의 구조 개선과 농업의 국제 경쟁력 강화를 위한 산업 정책적 수단을 담은 산업계획이라는 특성도 지니고 있다. 그리고 농어촌발전특별조치법(농림부, 1990)과 오지개발촉진법(행정자치부, 1988)에 의해 면 단위를 대상으로 하여 정주권 개발과 오지 개발이 제도화되었다(윤원근, 1999: 16~17).

그러나 우루과이 라운드 협상으로 쌀 시장이 개방되고, 이에 따라 문민정부가 1993년 '신농정 5개년 계획'을 발표하면서 졸속으로 시행한 '농어촌 구조 개선 사업'은 오히려 농촌의 상황을 더 악화시켰다. 한국은 1989년 농어촌발전특별조치법을 제정하면서 본격적인 농업구조 개선 정책을 시행해왔다. 농업구조 개선 정책은 농산물 시장 개방을 전제로 하여 경쟁력 있는 농업의 육성을 목표로 하고, 그 방법은 농지 유동화를 통한 개별 경영의 규모 확대에 두었다. 즉, 농가 유형별로 선별적인 정책(영세농의 탈농 유도와 전업적 상층농의 규모 확대)을 실시하여, 농지 제도의 개선에 의해 농지의 유동화를 촉진하고 농지 소유의 상한선을 확대하며, 농업 진흥 지역을 지정해 농업 생산 투자를 집중한다는 것이다. 핵심 과제는 농산물 수입 개방에 대응한 농업구조 조정으로, 상품 생산을 지향하는 전업농을 육성하기 위해 영농 규모를 확대시키고 기술혁신으로 생산력을 높여 국제 경쟁력을 강화시키는 것이었다. 이후 10년 동안 82조 원이라는 막대한 예산이 농촌에 투자되었다.[7] 그러나 농어촌 구조 개선 사업은 실패한 것으로 평가

---

7 1992년부터 2002년까지 농업 투자·융자 규모는 약 82조 원이었고, 농민들이 부담하는 자부담과 지방비 지원을 빼면 순수 국고 지원은 62조 원 수준이었다(농림부 정학수 농업정책국장, ≪동아일보≫, 2003.11.12; 최세균 한국농촌경제연구원 연구위원, ≪동아일보≫, 2004.2.17).

된다. 농어촌 구조 개선 사업이 처음부터 충분한 사전 고려 없이 소득 보전과 물리적 계획에 집중한 반면, 사회적 계획은 제대로 고려하지 않았기 때문이다.

2) 농업의 다원적 기능의 강조

박경(2003)은 WTO 협상 이후 농산물 시장 개방에 대한 한국 내의 입장을 ① 자유화론자(market liberaliser), ② 보호주의자(protectionist), ③ 농업과 농촌의 다원적 기능에 주목하는 입장, 이렇게 세 가지로 구분했다. 여기서 ③은 농촌을 생산의 장이 아니라 사회적·문화적 가치를 창출하는 공간으로 새롭게 보는 입장으로, 이 경우 농업·농촌 정책은 단순히 농업을 유지·보전하거나 농업 경쟁력을 강화하는 데 목표를 두는 것이 아니라, 농촌이 지니는 새로운 가치를 보전하고 유지하는 것에 목적을 두게 되며, 이것은 농정의 이념과 방향이 생산주의적 농업 정책에서 지속 가능한 농촌 발전 정책으로 전환한다는 것을 의미한다고 보았다.

이는 보호무역주의의 틀 안에서 생산주의적 농업 정책에 집착하던 한국이 이 시기에 들어 심각한 위기에 직면했다는 것을 의미한다. 나아가 기존의 개량적 농촌 개발로는 농촌 문제를 해결할 수 없다는 것을 시사한다.

한국도 1990년대 중반 이후에 농업·농촌의 다원적 기능에 주목하여 생산주의적 농업 정책에서 지속 가능한 농촌 발전 정책으로 농정의 방향 전환을 도모했다. 문민정부의 농어촌발전위원회 보고서 『농정개혁의 과제와 방향』(1994년 6월)이나 국민의 정부의 '농업·농촌기본법'(1992년 2월 제정)은 모두 새로운 농정의 방향으로서 농업의 다원적 기능을 강조하고 있다(박경, 2003: 87~88).

사회적으로도 주 5일제 근무제 도입, 도시 퇴직자 증가, 농외소득 개발의 필요성 증가로 농업의 다원적 기능이 주목을 받게 되었고, 농촌의 내생적 발전[8]이 강조되었다. 그러나 실제로는 이러한 것들이 정책에 심도 있게 반영되지 못했다. 대부분의 경우 녹색 관광 또는 농촌 관광이라는 이름 아래 외부의 자금을 투입한 이벤트적 성격을 띠었다. 농협중앙회의 팜스테이 마을과 주말농장, 강원도의 새농어촌건설운동, 행정자치부의 아름마을 가꾸기사업, 환경부의 자연생태우수마을, 농림부의 녹색농촌체험시범마을 사업, 농촌진흥청의 농촌전통테마마을육성사업 등 차별성이 별로 없는 비슷한 성격의 사업이 중복·시행되고 있는 것이다.

일례로 산림청은 1997년부터 2011년까지 매년 300~400억 원씩 총 3,364억 원을 투입해 전국에 산촌생태마을 270곳을 조성했다. 관광객을 끌어들여 산촌 주민들의 소득을 높인다는 명목이었다. 그러나 2012년 2~3월 국민권익위원회가 비교적 최근에 건립된 전국 16개 생태마을을 대상으로 표본조

---

8 최근 농촌 활성화와 관련해서 사용되는 내생적 발전은 경제학에서 말하는 내생적 성장론(endogenous theory of economic development)과 구별되어야 한다. 경제학에서는 1980년대와 1990년대 초의 제3세계의 부채 위기, 한 국가 내에서 일어나는 경제성장의 불균형, 해외 자본 유입의 저조, 선진국으로의 자본 유출(capital flight)이 신고전학파 성장 이론에 대한 비판과 새로운 이론의 필요성을 제기했다고 본다. 그 뒤 1980년대 중반 이후 로머(Romer, 1986), 루카스(Lucas, 1988) 등을 중심으로 하여 경제의 내적 요인에 의해 지속적인 성장이 가능하다는 이론들이 발표되었다. 로머(1986)와 루카스(1988)의 성장 모형은 애로(Arrow, 1962), 우자와(Uzawa, 1965)의 모형을 발전시킨 것으로, 새로운 기술 진보 이론을 도입한 것으로 볼 수는 없으나, 인적 자본을 포함한 광의의 자본에 대해서는 지식의 파급 효과와 외부 효과로 인해 반드시 한계생산 체감의 법칙이 작용하지 않아 지속적 성장이 이루어질 수 있다는 내생적 성장론의 기초를 이루었다. 이러한 이론을 균제 상태의 경제성장률은 외생적으로 주어진 기술 진보에 의해 결정된다는 이론과 구별하여 내생적 성장론이라 부른다. 내생적 성장론은 경제성장 이론에 속하며, 1980년대 후반 이후 소수의 신고전파 경제학자와 제도학파(Institutional School) 경제학자에 의해 주도되었다(임형백·이성우, 2004: 407).

<표 4-7> 농업의 다원적 기능에 대한 정부 개입이 정당화될 수 있는 조건

조건	의미
시장 실패	농업의 다원적 기능에 대한 가치 평가가 시장에서 이루어지지 않고 있어야 한다. 즉, 시장을 통해 농업의 다원적 기능을 공급하는 것이 불가능한 시장 실패가 일어나야 한다. 다시 말해, 농업의 다원적 기능이라는 비시장재에 대해 사회에서 정당한 대가를 지불하도록 하기 위해 정부가 개입하는 것이다.
결합 생산성	농업의 다원적 기능이 농산물과 결합되어 있어야 한다. 즉, 농업의 다원적 기능의 보존에 농업 생산이 전제되어야 한다. 다시 말해, 농산물 무역자유화가 농산물 수입국의 농업 생산 활동을 위축시키고, 이로 인해 농업 생산 활동에서 부수적으로 창출되는 농업의 다원적 기능이 축소될 것이기 때문에, 농업 생산 활동이 아니라 이러한 농업의 다원적 기능을 유지하기 위해 정부가 개입하는 것이다.
거래 비용	농민(생산자) 또는 민간이 자발적인 상호 교섭에 의해 농업의 다원적 기능을 거래하거나 다원적 기능의 거래를 위한 시장을 창출하는 데 소용되는 비용이 정부가 다원적 기능의 공급 증대를 위해 직접 시장에 개입하는 경우보다 더 커야 한다. 다시 말해, 농업의 다원적 기능이 거래될 때 좀 더 경제적이고 효율적인 시장을 만들기 위해 정부가 개입하는 것이다.

자료: 임형백·이성우(2004: 524).

사를 한 결과, 10곳(62%)은 관광객 유치에 실패해 사실상 적자를 내고 있었고, 6곳(37%)은 적자를 감당하지 못해 펜션과 부대시설을 방치하고 있는 것으로 드러났다(≪조선일보≫, 2012.5.11).

주의해야 할 것은 시장 실패가 정부의 개입을 무조건 정당화하는 것은 아니라는 점이다(김경환·서승환, 2002: 54).[9] 농업의 다원적 기능에 대한 정부 개입이 정당화되려면, 시장 실패 외에도 결합 생산성(jointness)과 거래 비용 (transaction cost)에서도 정당성이 확보되어야 한다. 결합 생산성은 농산물이라는 시장재와 농업의 다원적 기능이라는 비시장재가 농업 생산과 결합되어 있어야 한다는 것을 의미한다.[10] 즉, 농업의 다원적 기능 보존에 농업

---

9 울프(Wolf Jr., 1988)는 '정부 실패'라는 논리로 시장 경쟁의 효율성을 옹호한다.

생산이 전제되어야 한다. 또 거래 비용 면에서는, 농민(생산자) 또는 민간이 자발적인 상호 교섭에 의해 농업의 다원적 기능을 거래하거나 농업의 다원적 기능의 거래를 위한 새로운 시장을 창출하는 데 소용되는 비용이 정부가 농업의 다원적 기능의 공급 증대를 위해 직접 시장에 개입하는 경우보다 더 커야 한다. 즉, 정부의 직접 시장 개입이 좀 더 적은 비용으로 가능하다는 것이 입증되어야 한다.[11]

이러한 정부의 시장 개입의 정당성을 확보한 후 시행 단계부터 ① 농업의 다원적 기능에 대한 개념을 명확히 규정하고, ② 실증적인 연구를 통해 가치를 추정하며, ③ 가능한 한 자본을 투입하지 않거나 적은 자본을 투입하고, 그 대신 현지 자원을 이용하며, ④ 어떤 정책이 가져올 사회적 효과를 제대로 예측해야 한다. 이를 통해 농업의 다원적 기능의 가치를 시장가치화함으로써 시장 실패적 시각에 기초한 공적 자금 투입식의 정책에서 탈피해야 한다. 그렇게 해서 농촌을 식량 공급 이상의 기능을 하는 공간으로 바꾸고, 농업이라는 산업의 쇠퇴에 따라 농촌을 포기할 것이 아니라, 농촌이라는 공간의 적정한 유지가 장기적으로는 사회적 추가 비용을 감소시킨다는 점을 입증해야 한다.

무엇보다 더 이상 농촌이 농산물 생산만을 가지고는 유지되지 않는다는 점을 인식하고 WTO의 보조금 지급 예외 규정을 인정받기 위해, '시장가

---

10 결합 생산성에 관해서는 Lau(1972) 참조.

11 거래 비용은 경제학적 용어로서 다양한 의미를 지닌다. 즉, 경제적 자원을 배분하는 데 수반되는 모든 비용(OECD, 2001), 인간 행위의 상호작용에 수반되는 모든 비용(Challen, 2000, 2001), 어떤 계약을 사전에 유도하는 비용과 맺어진 계약을 사후에 감독·실행하도록 하는 데 소요되는 비용(Matthews, 1986), 경제체제 내의 행위에 대해 작용하는 일종의 마찰(friction)과 같은 것(Williamson, 1985), 생산에서 요소 투입을 통합·조정하는 비용(Alchian and Demsetz, 1972), 경제체제 자체를 운영하는 모든 비용(Arrow, 1969) 등 여러 의미로 사용된다.

치화되지 않은 농업의 다원적 기능을 시장가치화'하는 것이 이러한 정책의 근본 목적이다. 즉, 아직 시장에서 거래되지 않는 농촌의 자원을 시장에서 거래되도록 함으로써, 농업 생산 이외의 방법으로 농가의 소득 증대와 농촌의 활성화에 기여할 수 있도록 하는 것이다.

그럼에도 불구하고 1990년대에도 농정의 중심은 여전히 농업 생산력 증대에 있었다(박진도, 2002). 농업의 다원적 기능의 종류와 이것의 활성화를 위해 어떤 정책이 추진되어야 하는지도 심도 있게 논의되지 못했다. 농업의 다원적 기능이란 우리나라에서 종종 이야기되는 것처럼 단순히 농외소득 증대나 환경 농업, 그린 투어리즘 등만을 의미하는 것이 아니다. 더구나 물적 기반 정비 사업의 단순한 부문적 개편이나 한두 가지 새로운 농촌개발 사업의 도입을 의미하는 것도 아니다(박경, 2003: 88). 결과적으로 한국의 농촌계획은 이론적으로나 실천적으로 아직 개선의 여지가 많은 것이 사실이다. 윤원근(2003: 3)은 "현재 한국의 농촌계획이 이론과 실제의 면에서 심각한 위기에 직면하고 있다"라고까지 평가했다.

3) 농촌 어메니티의 등장

농산물 수입국들에서는 농업의 다원적 기능을 보장하고 보호하기 위해 농업에 대한 국내 보조금 지급이 정당하다는 점을 강조하면서 정책 수단으로 활용했으며, 그것의 구체적인 수단으로 직접 지불제(direct payment)가 시행되었다. 그러나 이와 반대로 농산물 수출국들은 농업의 다원적 기능이 농업 생산과 결합되어 있는가에 대한 의문을 제기할 뿐만 아니라 그러한 기능을 농업 생산과 결합하는 것은 비효율적이며 무역을 왜곡하는 것이라고 반대하고 있다. 이러한 상황에서 농업의 다원적 기능을 좀 더 명확히 하고, 정책적으로 실행이 가능하도록 만들며, 국제시장에서 논리적으로 수용될 수 있는 개념으로 발전시킬 필요가 부각되었다. OECD 농업 정책이 시장 정책에서 후퇴하여 사회구조 정책과 지역 정책을 통한 농촌 개발 정책으로 바뀌게 되었고, 이 과정에서 농촌 어메니티에 대한 구체적 개념이 정립되었으며 농촌 개발에 응용하기 위해 다양한 시도가 이루어졌다(박호균, 2001).

농업의 다원적 기능의 종류에 대해서는 국제기구나 개별 국가에 따라 입장이 다르고, 더구나 농업의 다원적 기능을 농산물 무역과 연계할 때는 국가 간의 직접적인 이해관계까지 결부되어 국가마다 입장이 다르다. 그러나 농업의 다원적 기능 중 '문화적 전통 유지 기능'[12]은 대부분의 OECD 국가에서 그 가치의 중요성을 공유하고 있어서 WTO 내의 다자간 협상에서 가장 이견이 적은 부분이다.[13] 한편 농촌 어메니티는 농업의 다원적 기능과는 다른 것이지만, 농업의 다원적 기능 중 '문화적 전통 유지 기능'과 영역적으로 유사하며, 농촌 경관도 이 범주에 해당한다.

이런 상황에서 OECD 국가들 중에서 농업의 다원적 기능을 강조해오던 유럽 국가들이 농촌 어메니티라는 개념을 발전시켰다(OECD, 1995a, 1999a, 2001). 이후 OECD에서는 농업 환경의 국제적 변화 속에서 농촌의 자연적·사회적·문화적 유산을 보호하고 그 질을 유지하는 것이 농촌 공간에 대한

---

12 1971년 미국 앨라배마 주의 유타 카운티(Eutaw County)에서는 개발업자가 농가 주택단지를 짓기 위해 요청한 자금을 FmHA(Farmers Home Administration)에서 어메니티가 부족하다는 이유로 거절한 사례도 있다(Housing Assistance Council, 1994: 87).

13 경관과 관련한 보조금 지급은 WTO의 '허용보조(Green Box)'에 해당된다. 허용 보조는 무역 왜곡이나 생산에 미치는 영향이 없거나 있더라도 미미해야 한다는 요건을 충족해야 한다. 따라서 경관에 대한 보조금 지급은 농업 생산량 자체를 증가시키지는 않고, 경관 보전에 대한 보조금 지급을 통해서 농가의 소득만 보전한다는 방법으로 접근하면 쉽게 인정받을 수 있다.

<표 4-8> 농업의 다원적 기능과 농촌 어메니티의 차이점 (1)

구분	농업의 다원적 기능	농촌 어메니티
개념 태동	· 수세적(소극적) 개념 · 1980년대 후반~1990년대 일반화 · 국제 농업 시장 개방에 대응, 농산품의 '비교역적 기능'에서 출발* · 개발도상국이 선호하는 논리	· 공세적(적극적) 개념 · 2000년대 이후 농촌에 개념 도입 · 산업혁명 이후 도시 공중위생 및 보건 환경의 질의 개선에서 출발 · 선진국의 논리
경제적 측면	· 외부 경제로서 비시장가치재로 존재 · 산업화 접근이 개념상 불가능 · 급속한 농촌 경제 붕괴 방지를 위한 목적의 외향적 논리 · 가치 파생의 제약 · 기존 농촌 산업의 존치 논리 · 직접 지불제의 배경 논리	· 내부 경제화를 통해 비시장가치재와 시장가치재 동시 논리 · 산업, 상품, 시장 논리 접근 가능 · 농촌 내부의 신성장 동력원 개발 논리 · 계속적인 파생 가치 유도 · 새로운 대안 경제권 구상 논리 · 내생적 지역개발 논리
정책적 측면	· 정부의 농촌 투자를 위한 도시민 설득 논리 · 공익적 측면 강조 · 보전 중심의 접근 · 사회적 자본의 확충을 강조	· 자생적 발전을 도모하는 농촌 내부의 논리 · 공익의 바탕 위에 사익과도 공존 · 보전과 개발의 조화 추구 · 사회자본과 경제자본의 동시 결합
대상	· 환경 중심적 시각: 자연·역사·문화·환경, 농촌 공동체, 경관	· 인간과 환경의 공존 시각 유지: 자연·역사·문화·환경, 농촌 공동체, 정주성, 심미성, 생물학적 요구(안전성, 건강성 등)

* 비교역적 기능(Non Trade Concerns: NTCs)과 다원적 기능의 차이점은, 비교역적 기능이 원칙적으로 농업 부문에 한정되지 않는 비교역적 내용 전체를 망라하는 개념인 데 반해, 다원적 기능은 농업을 중심으로 농업의 비교역적 기능을 강조하는 개념이라는 데 있다. 논리적으로는 다원적 기능이 비교역적 기능에 포함되는 개념이라 할 수 있지만, 현실적으로는 WTO 무역 협상에서 공식적으로 사용하는 개념이 비교역적 기능이고, 농업의 다양한 역할을 강조하기 위해 OECD 농업위원회와 FAO(Food and Agricultural Organization) 등에서 개발한 개념이 농업의 다원적 기능이다(오세익 외, 2001: 5).
자료: 조순재 외(2004: 44).

개발 정책의 주요 목표가 되어야 한다고 인식하며(OECD, 1993), 1990년대 이후 농촌에 산재하는 정주 패턴, 생물종 다양성, 역사적 건축물, 농촌 공동체 등의 자원을 농촌 어메니티로 분류하고, 이를 농촌 개발 정책의 대상으로 삼았다(OECD, 1998).

한편 한국에서는 '농업의 다원적 기능'과 '(농촌) 어메니티'의 관계가 이론적으로 정립되어 있지 않다. 각 정부 기관과 자치단체에서 이론적 고찰

〈표 4-9〉 농업의 다원적 기능과 농촌 어메니티의 차이점 (2)

구분	농업의 다원적 기능	농촌 어메니티
개념 태동	· 1980년대 후반~1990년대 일반화 · 국제 농업 시장 개방에 대응, 농산품의 비교역적기능에서 출발	· 2000년대 이후 농촌에 개념 도입 · 산업혁명 이후 도시 공중위생 및 보건 환경의 질의 개선에서 출발
경제적 측면	· 외부 경제로서 비시장가치재로 존재 · 기존 농촌 산업의 존치 논리 · 직접 지불제의 배경 논리	· 비시장가치재와 시장가치재 · 산업, 상품, 시장 논리 접근 가능 · 농촌 내부의 신성장동력원 개발의 논리 · 계속적인 파생 가치 유도 · 내생적 지역개발 논리
대상	· 환경 중심적 시각	· 인간과 환경의 공존 시각 유지

자료: 유상오 외(2007: 16).

보다는 정책 실행에 집중했고, 이 과정에서 '농업의 다원적 기능'은 '(농촌) 어메니티'와 구분되지 않고 사용되었다. 또 '(농촌) 어메니티'는 '농촌다움' 으로 많이 사용되어 '농촌성(rurality)'과도 혼용되는 양상을 보이기도 했으며, 때로는 '농업의 다원적 기능'도 '농촌의 다원적 기능'이라는 용어로 대체되어 사용되기도 했다.

농촌진흥청 농촌자원개발연구소에서는 농업의 다원적 기능과 농촌 어메니티를 <표 4-8>과 같이 구분했다. 그런가 하면 유상오 외(2007)는 농업의 다원적 기능과 농촌 어메니티를 <표 4-9>와 같이 구분하기도 했다. 그런데 <표 4-8>과 <표 4-9>의 비교와 분류는 박호균(2001)이 지적한 대로 농업의 다원적 기능의 개념과 이것에서 농촌 어메니티가 파생된 맥락을 제대로 이해하지 못하고, 실행 사업에 맞추어 농촌 어메니티의 의의를 과대 포장하고 있다.

농업의 다원적 기능이라고 불리든 농촌 어메니티라고 불리든 간에, 이를 이용하여 농촌 경제를 활성화시키기 위해서는 외부성의 내재화(internalizing an externality)를 고려해야 한다. 어메니티는 긍정적인 외부성에 해당된다.

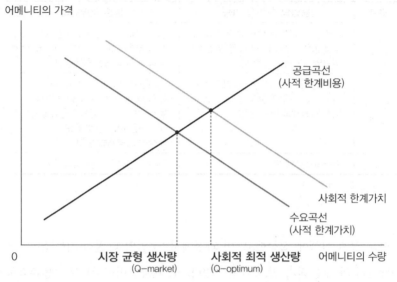

어메니티의 가격

공급곡선
(사적 한계비용)

사회적 한계가치

수요곡선
(사적 한계가치)

0   시장 균형 생산량   사회적 최적 생산량   어메니티의 수량
          (Q-market)   (Q-optimum)

자료: 임형백(2012e: 17).

예를 들어 농촌 어메니티(아름다운 경관 등)는 관광객에게 볼거리라는 효용을 제공하지만, 관광객은 이에 대해 비용을 지불하지 않는다. 따라서 이 경우에 어메니티의 사회적 생산량은 <그림 4-1>과 같이 바람직한 생산량(Q-optimum)보다 적은 시장 균형 생산량(Q-market)의 수준에 머물게 된다.

OECD(1999b)도 농촌 어메니티를 외부성이 강한, 시장 실패 영역에 존재하는 지역 공공재(local public goods)로 파악하고 시장 실패로 인한 자원 배분의 비적정성(non-optimal) 문제를 내부화를 통해 해결하는 방안을 모색하고 있다. 문제는 어메니티가 소비자에게는 효용을 주지만 생산자(보유자)에게는 경제적 이익을 가져다주지 못한다는 점이다. 농촌 공간의 여러 가지 잠재적 가치들(어메니티) 중에서 일부를 선택적으로 현실화하는 작업이 필요한 것이다. 농촌 어메니티에 대한 시장 메커니즘을 통한 보상체계가 결여될 경우 어메니티는 지속적으로 생산되기 어렵다. 따라서 어메니티에 대한 수요와 공급을 고려하여 적정 수준에서의 가격 결정이 필요하다(임형백, 2002).

즉, 이러한 외부 효과를 가격체계(또는 시장) 내로 내재화[14]함으로써(시장 내에서 거래되게 함으로써), 시장 실패를 바로잡을 필요가 있다.[15] 외부 효과의 내재화를 통해 농촌의 소득 증대에 기여함으로써 농촌 활성화를 이룰 뿐만 아니라 어메니티의 시장 균형 생산량을 증가시켜 사회적 최적 수준(Q-optimum)에 이르게 하는 것이다.

농촌 어메니티가 가지는 목표는, '경관 및 문화적 전통 유지 기능'에 해당하는 농촌 어메니티를 이용하여 WTO의 예외 규정 적용을 받아, ① 농촌 어메니티 보존에 보조금을 지급하고, ② 이를 통해 농촌 어메니티의 외부 효과를 내재화함으로써 농가 소득을 보전하는 것이다. 그리고 국가 재정의 한계와 같은 원인 때문에 ①보다는 ②가 농가 소득 보전에서 큰 비중을 차지할 수 있도록 해야 한다. 그러나 한국은 농촌 어메니티에 공적 자금을 투입하여 물리적 개선을 하고 미학성을 추구하는 데 치중했다.

농촌 어메니티는 농업의 다원적 기능보다는 작지만 좀 더 정책 지향적인 구체적 개념으로 보는 것이 타당하다. 그리고 농촌 어메니티의 핵심은 다음의 두 가지이다. 첫째, 농업의 다원적 기능이라는 논리를 통해 WTO의 예외적 규정을 인정받아 농촌을 보호하는 것이고, 둘째, 농업의 다원적 기능이라는 (외부 효과를 가진) 비시장재의 시장가치화를 통해 농촌 경제를 활성화하는 것이다.

---

14 사람들의 유인 구조를 바꾸어 자신들의 행동이 초래하는 외부 효과를 의사결정에 감안하도록 만드는 과정을 말한다(맨큐, 2005: 236).
15 이렇게 시장 실패를 바로잡기 위해, 즉 개인적 최적 수준과 사회적 최적 수준의 균형을 맞추기 위해 사용하는 보조금을 피구 보조금(Pigouvian subsidy)이라 하고, 동일한 목적을 위해 부과하는 조세를 피구세(Pigouvian tax)라고 부른다.

〈그림 4-2〉 어메니티를 활용한 관광 상품화 프로세스

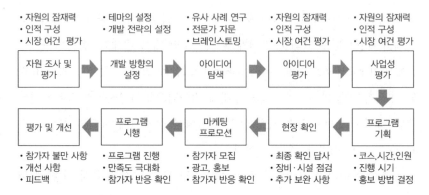

자료: 김현호·오은주(2007: 124).

〈표 4-10〉 어메니티의 성격과 산포에 따른 조합

어메니티의 성격	어메니티의 산포(dispersion)
거의 자연 그대로인 어메니티	어메니티가 한곳에 집중되어 있는 형태
자연과 인간의 상호작용에 의한 어메니티	
인간이 만들어낸 어메니티	어메니티가 여러 곳에 분산되어 있는 형태

자료: 임형백(2012e: 18).

  농촌 관광의 경우, 농촌 어메니티를 상품화하여 어메니티의 공급을 확대하기 위해서는 일반적으로 <그림 4-2>와 같은 과정이 필요하다. 그러나 앞에서 언급했듯이 농촌 관광은 가장 손쉽게 접근할 수 있지만 안정적인 방법은 아니다. 또 어메니티 공급 확대 정책 도구는 다음의 <표 4-12>에서 나타나듯이 다양하다. 농촌 어메니티의 종류, 지역 여건 등을 고려해 적합한 방법을 선택해야 한다. 일반적으로 어메니티는 공공재적 성격을 가지고, 긍정적 외부 효과가 존재한다. 따라서 외부 효과의 내부화가 필요하다. 그러나 어메니티는 그 종류가 다양하고, 어메니티의 성격과 산포도가 다르다. 그래서 모든 어메니티에 외부 효과의 내부화를 적용할 수 없으

정책 유형		정책 목표 및 주 대상	비고
대분류	소분류	정책 목표 및 주 대상	비고
시장 또는 대리인(agents)을 통해 어메니티 공급자와 수혜자 간의 직접적인 조정을 자극하기 위해 디자인된 정책	상업적 가치 향상 지원 (Support for enhancing an amenity's commercial value)	· 정책 목표: 어메니티의 공급자와 수혜자 간의 거래 촉진 · 정책 대상: 사적 재화의 성격을 가진 어메니티를 주 대상으로 하여, 시장 형성 또는 시장 형성 지원	· 어메니티 직접 이용 (direct enjoyment) 시장 형성 · 어메니티 관련 상품 시장 형성 · 소유권의 상품화 · 어메니티 관련 기업 지원
	집합행동에 의한 지원 (Support for collection action)	· 정책 목표: 어메니티의 수요와 공급을 조정할 목적으로, 대리인 그룹을 촉진하거나 지원 · 정책 대상: 어메니티의 유지를 위한 집합행동, 또는 공급자와 수요자에 의한 현금 가치화를 대상	· 자발적 규제 · 협약체계 · 네트워킹
개인이 어메니티의 공급을 늘리거나 유지하는 것을 장려하기 위해, 경제학의 기본 원칙(ground rules)을 변화시키기 위해 디자인된 정책	규제 정책 (Regulations)	· 정책 목표: 소유권 및 이용권을 명확히 하여, 현금 가치화를 촉진하고 더 이상의 질적 저하를 방지 · 정책 대상: 재산권이 개인에게 속하는 경우에는 시장 형성 촉진, 재산권이 사회에 속하는 경우에는 개인의 소유를 제한	· 개인의 소유권 제한 · 개인의 이용권 제한 · 공공성이 강한 어메니티 보전 · 토지 유보 · 보상 수단
	재정적 유인 정책 (Financial incentives)	· 정책 목표: 어메니티 공급자에 대한 세금 혜택과 보상을 통해 비용의 내재화에 초점 · 정책 대상: 어메니티가 공공재적 성격을 가지고 외부성이 발생하는 경우, 정부가 시장을 대신하여 공급자에게 금융 인센티브 제공	· 직접 지불: 보조금 · 어메니티 보전 비용 지원 · 개인의 재산권 침해 보전 · 관련 활동 지원

자료: OECD(1999b: 34~35) 요약·정리.

며, 어메니티에 따라 적절한 형태의 정책을 선택해야 한다.

　OECD 국가의 두 가지 주요 어메니티 정책 유형을 나타내면 <표 4-11>과 같다. <표 4-11>의 소분류에서 '상업적 가치 향상 지원'은 시장가치화에 해당되고, '재정적 유인 정책'은 외부 효과의 내부화에 해당된다. '규제

<표 4-12> 어메니티의 공급을 늘리는 정책 도구

정책 도구	내용
의도하지 않은 역효과를 가져오는 정책의 축소 (reducing policy disincentives)	· 집약적(intensive) 영농을 유도하는 정책의 축소 · (경작지 확대 등을 초래하는) 농업 생산물에 대한 가격 보조 제한
생산물 정의와 표지 (product definition and labelling)	· 친환경 농산물 인증을 통해 소비자에게 정보를 제공하고 이를 통해 틈새시장(niche markets) 형성 · 유기농 농산물 인증을 통한 시장 형성 · 친환경 농산물 또는 유기농 농산물을 생산하기 위한 환경보호와 어메니티 보전 및 공급 유도
재산권의 정의와 재분배 (defining and rebundling property rights)	· 어메니티를 보전해야 할 이해관계가 있는 개인이나 집단에게 이용권 또는 접근권을 보장·부여함으로써 어메니티의 보전 및 공급 유도 · 스포츠를 즐기는 사람, 약초를 채집하는 사람 등에게 산림에 대한 이용권 또는 접근권을 보장·부여함으로써 어메니티의 보전 및 공급 유도 · 어메니티의 경합성(rivalry)과 배제성(excludability)을 이용
수요 집단의 영향력 이용 (leverage by demand groups)	· 비영리적 공익단체 활용 · 비영리적 공익단체 스스로 어메니티의 보호와 보전을 위한 합리적 방법의 추구가 가능 · 정부 기관보다 신속한 대응이 가능 · 비영리적 공익단체별로 전문 역량 축적 가능
환경 기금 (dedicated environmental funds)	· 공공 및 민간 영역에서 기금 확보 · 기금 확보에는 세금, 기부금 등 가능
규제(regulatory policies)	· 토지 이용계획(land use planning) · 농촌 지역 토지 이용에 대한 규제는 강화되는 추세
정부의 재정적 유인 정책 (government financial incentives)	· 토지 소유주에게 정부의 보조금 지급
공공 소유(public ownership)	· 공공이 취득하여 관리

자료: Hodge(2000) 요약·정리.

정책'은 외부 효과의 내부화에 해당되지 않고, '집합행동에 의한 지원'은 경우에 따라 외부 효과의 내부화에 해당되기도 하고 해당되지 않을 수도 있다(임형백, 2012e: 18).

호지(I. Hodge)는 어메니티의 공급을 늘리는 정책 도구를 <표 4-12>와 같이 여덟 가지로 제시했다(Hodge, 2000). 한국에서 농촌 어메니티를 이용한 농촌 활성화는 '재산권의 정의와 재분배'에 가깝다. 그런데 이런 식의 농촌 활성화는 '재산권의 정의와 재분배'를 만드는 메커니즘의 구축에는 소홀하고, 물리적 시설의 개선에 치중해왔다(임형백, 2012e: 20). 농업의 다원적 기능(또는 농촌 어메니티)을 내세운 대부분의 정책이, 공적 자금을 투입하여 물리적 시설을 설치하거나 경관을 개선하는 데 치중함으로써 목적을 달성하지 못한 것이다. 이는 농촌 어메니티의 시장가치화가 아니라 농촌 어메니티에 대한 또 다른 형태의 보조금 지급일 뿐이다.

4) 농촌계획의 제도화

한국의 농촌 개발을 위한 농촌계획은 그동안 물리적 계획에 치중해왔다. 근래 농업이 쇠퇴하면서 생산 공간으로서의 농촌의 가치는 감소한 반면, 경관 및 문화적 전통 유지 기능, 환경 보전 기능, 농촌 활력 유지 기능, 식량 안보 기능, 야생동물 서식지 제공 기능 등 농업의 다원적 기능이 주목을 받고 있다.

농촌계획에서도 이러한 농업·농촌의 변화 속에서 농촌의 유지와 지향을 위한 새로운 기능을 모색하고 있다. 그리고 점차 농촌이 도시와 불가분의 기능 지역으로 변화하는 것으로 인식하고 있다(대한국토·도시계획학회, 1991: 404). 이는 도농 분리주의의 종식을 의미한다. 농업의 다양한 기능 변화를 전제로, 농촌의 사회적·공간적 기능 간의 갈등 해소를 통한 농촌과 도시의 공생의 필요성이 제기되고 있는 것이다. 특히 산업사회에서 장소성과 사회성이 급격히 변하고 있는 농촌의 사회적·공간적 기능 간의 갈등 해소를 과제로 하고 있다.

이런 견해는 존 프리드먼과 마이클 더글러스(M. Douglass)가 주창한 도농 통합적 개발(agropolitan district development)에서 나타나고 있다(Friedmann and Douglass, 1978). 도농 통합적 개발은 기본 수요 전략을 구체적으로 실현하는 수단으로서 성장거점 전략의 대안으로 제시된 것이다. 이는 대도시 경제와 최소한의 연계를 맺으면서 상대적으로 낙후된 소도시 및 농촌의 경제를 자립시키기 위해 농촌과 도시(소도시)를 통합한 도농 지역 단위의 개발 전략으로, 일정한 서비스 시설을 공급·유지할 수 있도록 인구 1만~2만 5,000명 크기의 중심 도시를 포함해서 지역의 인구밀도에 따라 5~15만 명 정도의 인구 규모를 가지며 한 시간 이내에 통근할 수 있는 영역을 그 대상으로 한다.

도농 통합적 개발 접근법은 도농 지역 내의 주민들이 자치적으로 지역의 자원을 개발하여 개발 이익을 형평화함으로써 주민 모두의 기초 수요를 충족시키자는 전략이다(조재성, 1997:ᅟ81). 정부도 도시 지역과 농촌 지역의 분리주의적 행정관리의 불합리성을 줄이기 위해서, 기존의 중소 도시와 주변의 군부를 통합하여 하나의 행정단위로 하는 도농 통합시를 탄생시켰다(황희연, 1997: 99). 그리하여 1995년에 41개 시와 39개 군이 통합되어 40개의 도농 복합형 통합시가 생겼고, 1996년 3월 1일 5개 군이 시로 승격함으로써 통합시는 45개로 늘어났다.

지금까지 도농 통합 지역의 계획체계와 관련하여 제안된 견해들은 크게 두 가지 시각에 근거를 두고 전개되었다. 하나는 농촌 지역에도 도시계획을 확대·적용하자는 시각이고, 다른 하나는 도시 지역은 도시계획을 수립하고 농촌 지역은 농촌계획을 수립하자는 시각이다. 전자는 계획체계를 일원화할 수 있어서 좋지만 농촌의 토지 이용과 공간구조적 특성을 반영하지 못할 가능성이 높고, 후자는 농촌의 특성을 살릴 수는 있지만 계획체계를 이원화시켜야 하는 운영상의 어려움이 따른다는 문제점이 지적되어, 이 두 가지 시각은 팽팽히 맞서고 있다(황희연, 1997: 102~103). 이와 동시에 물리적 계획을 넘어서는 사회적 계획의 필요성이 제기되고 있으나, 아직 농촌계획의 수립에 대한 명확한 기준도 설정되어 있지 못한 상태이다. 나아가 이는 기존의 개량적 농촌 개발로는 농촌 문제를 해결할 수 없다는 것을 의미한다.

5) 이촌향도 현상의 종료

한편 한국은 산업화에 의해 농촌에서 도시로 인구가 이동하는 이촌향도 현상이 일단락되었다. 현재 농촌의 인구는 그 수가 적을 뿐만 아니라 대부분 고령화 때문에 이동이 많지 않다. 또 도시화의 진행으로 농촌이 차지하는 공간도 많지 않다.

통계청(1998)의 『1997년 인구이동특별조사 보고서』[16]에서는 '도시에서 도시로'의 인구 이동이 80%를 상회하여 한국의 주된 인구 이동 패턴으로 자리 잡았다는 사실을 보여주었다. 한국에서 이촌향도는 더 이상 인구의 주된 이동 패턴이 아니다. 오히려 도시에서 도시로의 인구 이동이 주된 이동 패턴이며, 인구 이동의 방향이 연령층과 연계되어 있다는 것을 이 조사는 보여주고 있다.

지역 간 인구 이동은 개인 및 가구, 그리고 사회·경제·행정·환경 등과 같은 다양한 요인의 영향을 받는다(Plane and Rogerson, 1994). 인구 이동에 대한 이런 요인들의 영향은 국내외를 불문하고 비슷한 결과를 보이고 있다는 점이 다양한 실증 연구들에서 밝혀지고 있다(김성태·장정호, 1997; 이은우, 1993; Lee and Roseman, 1997, 1999; Lee and Zhee, 2001).

---

16 1997년 7월 1일부터 10일까지(10일간) 실시된 1회성 조사이다. 전국 4만 700가구의 가구원(약 12만 6,000명)을 대상으로, 조사원이 직접 가구를 방문하여 면접 조사를 실시했다.

〈표 4-13〉 1992~1997년 시·군·구 경계를 넘은 이동자의 이동 방향

이동 방향	도시→도시	농촌→도시	도시→농촌	농촌→농촌	외국→국내
비율(%)	80.8%	11.1%	6.0%	1.1%	1.1%
주 연령층	·20대 후반~50대 초반 ·14세 이하	·15~24세 ·50대 후반	·50대 이상		

자료: 통계청(1998).

〈표 4-14〉 가구주 이동의 주요인(1992.7~1997.7)

이동 요인	세부 비율	이동 요인	세부 비율	이동 요인	세부 비율
직업 요인 (36.4%)	구직·취업(36.1%)	가족 요인 (23.5%)	결혼 때문에(51.4%)	주택 요인 (22.9%)	내 집 마련을 위해 (25.6%)
	근무지 이동(31.0%)		분가 또는 독립하려고(15.7%)		좀 더 큰 평수로 옮기기 위해(20.6%)
	사업 때문에(18.5%)		가족과 가까이 살려고(9.5%)		임대계약 기간 만료(17.5%)

자료: 통계청(1998).

6. 참여정부(2003~2007)의 농촌 개발

1) 국가균형발전과의 연계 미흡

1988년 이전까지 EU는 유럽 통합에 따른 시장의 힘이 회원국들 간의 격차를 단기간에 해소할 수 있을 것이라는 낙관적 분위기에 휩쓸려 있었기 때문에 지역 정책에 그다지 관심이 없었다. 그러나 1988년 EU의 지역 정책은 대폭 개혁되었다. EU 내의 지역 간 불균형을 시정하지 않고서는 단일 시장이 추진되더라도 EU 통합을 이룰 수 없다는 인식이 확산되었기 때문이다(강현수 외, 2003: 20~22).

EU가 농촌 정책을 본격적으로 도입하게 된 직접적인 계기는 1988년에 공표된 『농촌의 미래(Future of Rural Society)』라는 유럽연합위원회(European Commission)의 문서이다. 이 문서는 세 가지 의미에서 중요한 의미를 갖는다. 첫째, 농촌 지역의 균형 유지와 회복을 위해서는 농업뿐만 아니라 농촌의 발전이 필요하다는 점을 강조했다. 둘째, 구조기금의 개혁을 통한 농촌 지역에 대한 재정적 지원을 강조했다. 셋째, 농촌 개발의 수법으로 상향식, 정책 연계, 지역에서의 파트너십을 강조했다(박경, 2003: 91~92).

EU는 지역경제 발전, 지속적인 직업 창출, 인력 자원의 질적 향상, 유럽 지역의 도시·농촌 간 균형적 발전이라는 공동 상승효과를 얻기 위해 몇 가지 전략을 세웠다. 그것은 첫째, 지역의 경쟁력 확보, 둘째, 사회 결속 및 고용 확대, 셋째 도시·농촌 간 균형발전이다(이종서·송병준, 2009: 144). 1988년 6월 24일 유럽각료이사회(Council of Ministers)[17]는 다음의 <표 4-15>와 같이 지역개발 투자의 우선순위를 다섯 단계로 나누었다.

참여정부는 특별히 농촌 개발에 관심을 기울이지는 않았다. 더구나 농촌이라는 낙후 지역은 참여정부의 국가균형발전 정책과 별다른 연계도 없었다. 하지만 참여정부의 국가균형발전 정책은 이전까지의 국토 정책을 근본적으로 바꾸어놓았고, 결과적으로 농촌 개발에도 간접적인 영향을 미

---

17 EU의 입법·정책 결정 기관인 유럽연합이사회(Council of the European Union) 또는 유럽연합각료회의는 이사회 회원국들의 각료 1명씩으로 구성된 집단체로, 회원 각국의 국익을 직접적으로 표현하고 대변하는 정부 간 기구이다. 그 구성은 다루는 주제(외무, 농무, 재무 등)에 따라 달라진다. 그러나 일반적 사항을 다룰 때는 보통 각국의 외무장관으로 구성되고, 전문적 사항을 다룰 때만 소관 업무의 담당 장관들로 구성된다. 일부 유럽연합 공식 문서에서는 이사회(Council) 또는 각료이사회(Council of Ministers)라고 표기되기도 하고, 줄여서 컨실리움(Consilium)이라고 부르기도 한다. 참고로 이 이사회는 유럽위원회의 위원장과 각 가입국의 총리가 구성원이 되는 유럽이사회(European Council), 그리고 EU와 다른 조직인 유럽평의회(Council of Europe)와는 다른 기관이다(위키백과).

〈표 4-15〉 EU의 지역개발 투자 우선순위

우선순위	대상
(1) 제1목표(objective 1)	EU 내의 저개발 지역으로 항구적인 낙후 지역
(2) 제2목표(objective 2)	산업 기반이 현저히 침체된 구산업 지대여서 구조 전환이 필요한 지역
(3) 제3목표(objective 3)	장기적인 실업 및 청년층 소외 개선
(4) 제4목표(objective 4)	청소년 직업교육 및 노동자 산업 적응 지원
(5) 제5a목표(objective 5a) 제5b목표(objective 5b)	농·임산물의 생산, 가공, 유통업 구조의 개편 농업 지역의 근대화

자료: 이종서·송병준(2009: 126).

〈그림 4-3〉 도시 체계 구축의 기본 개념

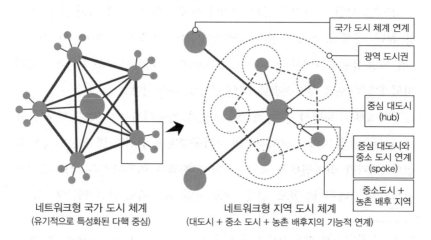

네트워크형 국가 도시 체계
(유기적으로 특성화된 다핵 중심)

네트워크형 지역 도시 체계
(대도시 + 중소 도시 + 농촌 배후지의 기능적 연계)

국가 도시 체계 연계

광역 도시권

중심 대도시
(hub)

중심 대도시와
중소 도시 연계
(spoke)

중소도시 +
농촌 배후 지역

자료: 대한민국 정부(2005).

쳤다. 참여정부의 국가균형발전은 이상적으로는 바람직한 것이었고, 이론
적으로도 이전 정부보다 발전된 모습을 보여주었다. <그림 4-3>에서 보여
주는 도시 체계 구축의 기본 개념이 이를 잘 나타낸다.

그러나 이상과 달리 그 정책의 실현에서는 극히 비효율적이었다. 특히
정치적 이념을 극단적으로 국토라는 공간에 반영하는 실수를 범했다. 이

념과 이상을 혼돈했고, 경제적 타당성과 구체적 정책 수단에 대한 고려가
매우 미흡했다.

지역균형발전 정책의 구조적 측면에서 1990년대 말 이후 모든 나라가
지역 간 격차 해소 중심에서 지역 경쟁력 강화 중심으로 바뀌었다(장재홍
외, 2008). 그럼에도 불구하고 참여정부의 정책은 낙후 지역의 경쟁력 강화
를 통한 선진 지역과의 격차 해소가 아니라, 선진 지역에 대한 규제와 분
산을 통한 하향 평준화를 추구했다. 이미 다른 국가에서는 10여 년 전에
폐기한 정책을 추진했던 것이다.

게다가 한국의 역사·지리·문화 등 현실적 여건과 세계화 속에서 국가
경쟁력, 집적의 경제, 거대도시 지역(mega city region), 효율성 등을 고려한다
면 국가균형발전이 반드시 득(得)이 많은 것도 아니다. 그런데도 참여정부
의 국가균형발전은 이론적·실증적 측면에서 충분히 검증되지 않은 채 다
분히 포퓰리즘과 나누어 주기(pork barrel) 식의 정책으로 추진되었다.

한국의 농촌은 발전 정도가 다르고, 여건도 다르며, 지역 간에 격차가
존재한다. 무엇보다 농촌의 가장 큰 문제는 우수한 인력이 부족하다는 것
이다. 한국은 유럽이나 영미권 국가보다 인구가 도시로 유입되는 경향이
강하다. 따라서 유럽이나 영미권에서도 성공하지 못한 지역균형발전을 이
룬다는 것은 쉬운 일이 아니었다. 더구나 중국이라는 경쟁자를 고려하면
지역균형발전은 득보다는 실이 많을 수도 있다.

따라서 이러한 점을 고려해 지역의 여건을 반영한 차별화된 개발 정책
을 추진하고, 이를 관리·감독했어야 한다. 하지만 참여정부는 그러한 점을
충분히 고려하지 않고 천편일률적인 사업을 실시했다. 결국 참여정부의
국가균형발전은 막대한 비용을 초래한 이념의 전시장이 되었고, 농촌 개
발에도 별다른 효과를 가져오지 못했다.

결과적으로 1992년 김영삼 정부부터 2006년 말까지 15년 동안 투자된

〈표 4-16〉 역대 정부의 농업 부문 지원

정권	김영삼 정부		김대중 정부	노무현 정부
시기	1992~1998년	1994~1998년	1999~2003년	2004~2013년
정책 기조	농업 근대화		중소농 보호	도농 간 균형발전
주요 농정	증산 위주의 농정(농업 확장주의)에서 구조 개선책으로 전환	부채 경감, 추곡 구매가 인상, 직불제 등 농가 경제 안정에 주력	생산 기반 정비를 축소하고, 농가 경영 안정과 농촌 복지 강화	
지원 명칭	농어촌 구조 개선 대책	농어촌특별세 사업*	농업·농촌 발전계획	농업·농촌 지원 계획안
지원 이유	우루과이 라운드 협정에 따른 피해 보상		농어촌 경쟁력 강화	한국-칠레 FTA 등에 따른 경쟁력 강화
지원 규모	42조 원	15조 원	45조 원	119조 원 (2006년 말 현재, 28조 원 집행)
관련 기관	1990년에 설립된 농어촌진흥공사 존속	2000년 농어촌진흥공사, 농지개량조합, 농지개량조합연합회를 통합하여 농업기반공사 설립	2006년 농업기반공사를 한국농촌공사로 명칭 변경	

* 농어촌특별세는 농업과 어업의 경쟁력 강화, 농어촌 산업 기반 시설의 확충, 농어촌 지역개발 사업을 위해 필요한 재원을 확보할 목적으로 2014년 6월 30일까지 한시적으로 시행되는 목적세이다. 원래는 2004년 6월 30일까지 시행할 계획이었으며 1994년 7월부터 2004년 6월까지 매년 1조 5,000억 원씩 총 15조 원을 조성하기로 했으나, 과세 시한을 2014년 6월 30일까지 연장했다.
자료: 임형백·이종만(2007: 33).

금액만 130조 원이다(박현수 외, 2007). 역대 한국 정부의 농업 부문 지원을 요약하면 <표 4-16>과 같다.

2) 정책의 일관성 결여

영국은 지역 정책의 형평성 측면보다는 경쟁력을 강조하고 있으며, 중앙 차원의 정책과 지역 차원의 정책을 연계하고 전달체계의 효율성을 강조하는 국가 정책의 지역화(regionalization of national policy)를 추진하고 있다 (정준호, 2008). 그러나 참여정부의 농촌 정책은 앞에서 언급했듯이 정부의 핵심 정책인 국가균형발전 정책과도 연계가 미흡했다. 또 농촌 정책이 여러 중앙 부처에 분산되었고 업무 협조도 잘 이루어지지 않았다.

한편 농가 소득, 복지, 농업의 다원적 기능 등을 강조하면서 칠레(2004), 싱가포르(2006), 유럽자유무역연합(European Free Trade Association: EFTA, 2006) 등과 다수의 FTA(Free Trade Agreement)를 동시에 추진했다. 특히 농업의 경쟁력을 확보하지 못한 상태에서 철저한 준비 없이 이루어진 FTA는 결과적으로 농촌을 더 어렵게 만들었다. 이러한 비판에 대해 참여정부는 정책적 대응을 하지 못한 채 FTA의 긍정적 측면만을 강조했다.

그리고 다수의 사업이 공모 형식을 통해 실시되었지만, 지역의 다양성을 충분히 반영하지 못했다. 게다가 경쟁적으로 유사한 사업을 중복 시행한 반면 사후 관리가 제대로 이루어지지 않아, 예산의 비효율적 사용을 가져왔다.

선진국에서는 농촌 지역의 지역성을 반영해 차별적인 정책을 시행하려는 노력이 있어왔다. 영국은 취락의 형태(morphology)와 상황(context)에 따라 도시와 농촌을 구분한다. 도시는 인구 1만 명 이상의 지역을 의미하며, 나머지 지역은 농촌으로 분류된다. 상황에 따른 지역 구분은 도시와 농촌 모든 가구의 산재성(sparsity)을 기준으로 하는데, '산재 지역(sparse)'과 '비산재 지역(less sparse)'으로 나뉜다. 독일의 경우, 국가에서 공식적으로 사용하는 농촌 지역의 정의는 없지만 연방건설·지역계획국(Bundesamt für Bauwesen und Raumordnung: BBR)에서 분석 목적에 따라 다양한 지역 구분 방식을 사용한다. 또 각 주(Länder)에서 자체적인 지역 범주화 시스템을 마련하여 사용하기도 한다(송미령 외, 2009: 34).

스페인은 2007년 12월에 제정한 '농촌 지역 지속 가능 개발법(LDSMR)'을 통해 농촌 지역과 농촌적 환경을 공식적으로 정의하고, 차별화된 정책 수립을 위한 농촌 지역 유형으로 '재생을 위한 농촌 지역(rural zones to rvitaise)', '중간적 농촌 지역(intermediate rural zones)', '주변부 농촌 지역(periurban rural zones)'을 정립했다. 이탈리아의 경우, 농업부(Ministero dell'Agricoltura)에 의한 농촌

〈표 4-17〉 지역 유형별 농촌 지역계획 내용

지역 유형	계획 지역	계획 내용	틈새시장의 개발 분야	주요 협력체계
도농 경합 지역	· 지역 내 전통 축제나 이벤트가 있는 지역	· 농업 관련 축제 활성화	· 역사적·문화적 특성을 대표하는 수공예품과 같은 문화재 · 전통 및 지역 문화를 이용한 여가·관광 서비스	· 지방자치단체, 지역 주민
	· 도시와 가까운 지역 중에서 신선도 유지가 필수적인 농수산품을 생산하는 지역	· 지역 농산물의 신속한 도시 판매	· 지역 내 생산이 가능한 농·수·임·광산품 중 부가가치가 있는 재화	· 지방자치단체, 중앙정부, 또는 그와 유사한 민간 기관
농촌 지향 지역	· 이전의 주산단지 조성사업, 복합영농 사업 등 참조	· 농업 생산성이나 농가 소득 향상	· 지역적 특색을 살린 숙박업과 음식업	· 중앙정부, 지방자치단체, NGO
도시 지향 지역	· 가급적 지역 내 생산물의 가공 지향 · 농협 등과 연계한 시설 투자비 절약	· 1차 산업 생산품 가공·판매 산업 육성	· 지역 내 생산이 가능한 농·수·임·광산품 중 부가가치가 있는 재화 · 맑은 샘물이나 좋은 공기 등의 환경재	· 지방자치단체, 중앙정부, 또는 그와 유사한 민간 기관
회색 지역	· 주변에 역사적 유물이나 문화재가 있는 지역	· 아동 학습 농원, 청소년 수련 농원 등으로 개발	· 역사적·문화적 특성을 대표하는 수공예품과 같은 문화재	· 지방자치단체, 지역 주민
	· 주변에 역사적 유물이나 문화재는 없으나, 경관이 상대적으로 수려한 지역	· 실버산업 지구화 유도	· 맑은 샘물이나 좋은 공기 등의 환경재	· 지방자치단체, 중앙정부, 또는 그와 유사한 민간 기관
	· 토지의 개발 여력이 있는 지역	· 도시민의 텃밭(시민농원) 조성	· 지역 내 자연 자원을 이용한 여가·관광 서비스	· 지방자치단체, 중앙정부, 또는 그와 유사한 민간 기관

자료: 임형백·이성우(2004: 484).

구분이 지자체 단위에서 4단계 알고리즘을 통해 이루어진다. 이러한 농촌 유형 구분은 농촌 지자체의 인구 비중, 인구밀도, 고도, 농업 활동의 지역 특화 정도 등을 기준으로 한다(송미령 외, 2009: 38).

일본은 공식적으로는 농촌 지역을 정의하지 않는다. 도시 지역을 나타낼 때 일반적으로 사용하는 인구 집중 지구(Densely Inhabited District: DID) 개념을 사용하여, 농촌을 인구 집중 지구 이외의 지역으로 정의하는 경우가 많다(송미령 외, 2009: 40).

EU의 농촌 개발은 구조기금 정책과 통합된 형태로 되어 있고, 그 정책 수단과 추진체계가 매우 복잡하며 국가별로 운영 실태도 매우 다르기 때문에 그 내용을 체계적으로 파악하기가 쉽지 않다. 그러나 EU의 구조기금 개혁 과정에서 추구해온 정책 추진체계의 통합적 운영 노력, 각 국가별 발전 격차뿐만 아니라 각 국가 내부의 지역 간 발전 격차까지 포괄적으로 다루는 점, 농촌 개발 규정(Rural Development Regulation 1257/99)에 의한 지역적 특성을 고려한 농촌 개발계획 수립의 강제화, 종합적 농촌 개발의 지향, 정치적 판단의 배제 노력, 농업 확장주의에서 지속 가능한 농촌 개발로의 이동 등은 한국의 농촌 개발에도 많은 시사점을 제공하고 있다. 임형백·이성우(2004)는 <표 4-17>과 같이 주성분 분석을 이용한 지역 지향성을 판단하고, 이를 통해 농촌의 지역 특성화를 시도했다. 그러나 참여정부는 이러한 농촌의 지역 다양성을 정책에 반영하지 못했다.

7. 이명박 정부(2008~2012)의 농촌 개발

1) 기초생활권 개념 도입

이명박 정부는 참여정부의 국가균형발전 정책을 폐지하려는 의도를 가지고 있었으나, 정치적 반발을 고려해 존속시켰다. 그리고 수동적으로 참여정부의 정책을 계승하면서 명칭을 변경했다. 이처럼 거시적으로는 정책이 유사한데도 미시적으로 명칭에서 차이를 보이는 것은, 유사한 정책을 추구하더라도 이념이 다른 참여정부의 정책과의 차별성을 부각시키면서 참여정부와 단절하려는 정치적 의도 때문이었다. 따라서 이명박 정부의 농촌 정책은 그 명칭이 다르긴 하지만, 큰 틀에서는 참여정부의 농촌 개발 정책을 따랐다고 볼 수 있다.

이후 이명박 정부는 '국가균형발전'을 '지역발전'이란 이름으로 바꾸어 추진했고, '지역상생'이라는 용어도 만들어냈다. 그러나 홍철 대통령 직속 지역발전위원장은 2012년 3월 14일에 이르러서야 지역 간 균형발전과 상생을 위해 '지역상생발전포럼'을 창립할 계획이라고 밝혔다. 이는 정부의 구호와 노력에도 불구하고 지역상생(지역균형발전)이 성공적이지 못했다는 반증이기도 하다(임형백, 2012a: 33).

이명박 정부는 '기초생활권'이란 개념도 제시했는데, 이것은 "국민들이 전국 어느 시·군에 살든지 기본적 삶의 질이 보장될 수 있는 도농 통합적 기초생활권(중심 도시 - 소도읍 - 자연마을)"을 말한다. 이에 대해 최양부(2008: 165~166)는 개념적·이론적 관점에서 이명박 정부의 기초생활권이 "국민들이 국토 정주체계상(대도시, 중소 도시, 소도읍, 농·산·어촌 등) 어느 곳에 거처를 정(정주)하고 살든지 …… 일상생활에서 불편 없이 안정된 인간적 삶을 살아갈 수 있게 하는 기본 수요가 충족되는 일일생활권으로 …… 국토 공간에 있어서 인간 정주의 기본 단위가 되는 정주 생활권"과 같은 개념이라고 할 수 있다고 보았다.

2009년에 대통령 직속 지역발전위원회, 행정안전부, 한국지방행정연구원은 '기초생활권 발전계획'이라는 이름으로 지역 간 연계·협력 사업을 추진했고, 2010년에는 전국의 163개 시·군이 339개의 연계·협력 사업을 발굴·기획했다. 지자체당 평균 4.2건이다(김현호, 2012). 그러나 이 사업도 비(非)법정 계획이라는 한계, 지자체의 관심 부족, 지자체의 역량 부족으로 큰 효과를 거두지 못하고 있다.

지역상생 전략의 최전선의 시행자이자 수혜자인 지방자치단체의 역량이 강화되지 않고서는, 지역상생은 불가능하다. 지금도 많은 지방자치단체가 스스로 역량을 강화하지 못하고, 중앙정부에 일방적인 지원을 요구하고 있다. 지방자치 시대에 중앙정부 또는 광역자치단체의 지원에만 의존하는 것은 시대착오적일 뿐만 아니라 궁극적인 해결책이 아니다. 따라서 '① 지자체의 역량 강화→ ② 지역경제 활성화(내생적 발전)→ ③ 세수 확충→ ④ 해당 지자체에 대한 재투자'라는 선순환 구조의 구축이 필요하다(임형백, 2012a: 50).

2) 시장경제의 강화

이명박 정부는 어느 정부보다 시장경제를 강조했다. 특히 정권 초기에는 신자유주의적 성향을 강하게 드러냈으며, 경제성장에 대한 자신감에 차 있었다. 이러한 정치적 성향은 농업·농촌 분야에도 그대로 도입되었다. 특히 한식의 세계화와 농식품 산업의 육성을 내걸었고, 농산물 시장의 개방에도 적극적이었다.

그러나 이명박 정부는 농업과 농촌의 특수성을 깊이 이해하지 못했고, FTA가 가지고 있는 양날의 칼도 제대로 파악하지 못했다. 이전의 정부와 마찬가지로 FTA의 긍정적인 측면만을 강조했고, 부정적인 측면에는 제대로 대처하지 못한 것이다. FTA를 통해 추가적으로 이익이 발생하는 분야의 이익을 FTA를 통해 손실이 발생하는 분야로 전이·보전하는 방안을 모색하지 못했다. 결과적으로 FTA를 통해 이렇다 할 가시적 성과를 얻지 못했고, 농촌의 현실은 더 어려워졌다.

이명박 정부는 시장을 강조했지만, 경쟁을 통한 효율성을 제고하기보다는 강자에게 더 많은 혜택을 부여했다. 결국 이명박 정부의 자본주의는 천민자본주의(pariah capitalism)로 전락했다.

〈표 4-18〉 우리나라 FTA 체결 현황

현황	대상 국가
발효된 FTA	칠레(2004), 싱가포르(2006), 유럽자유무역연합(2006), 아세안(2009), 인도(2010), 페루(2011)
협상 중인 FTA	캐나다, 멕시코, 걸프협력이사회(GCC), 오스트레일리아, 뉴질랜드, 콜롬비아, 터키
공동 연구 중인 FTA	일본, 중국, 한·중·일, 이스라엘, 베트남, 몽골, 말레이시아, 인도네시아 등

주: 괄호 안은 발효 연도.
자료: ≪동아일보≫, 2012.1.4.

5
국토종합계획

The National Territory Comprehensive Development Plan of Korea

1. 국토종합개발계획 이전

한국의 도시화는 1920년에 시작되었다. 당시 도시화율은 3.2%에 불과했다(김인, 1986: 246). 서울을 기존 시가지의 형성과 이에 따른 도시 활동 영역이라는 측면에서 볼 때, 도시 활동이 1950년대에는 4대문 안 위주로 이루어졌으나, 1960년대에 와서는 그 영역이 한강 이북 전체 지역으로 확대되었다(권용우, 2001: 64).

1960년대부터는 신도시가 건설되기 시작했고, 신도시는 대개 산업 기지배후 도시의 육성 또는 수도권의 과밀 문제 완화라는 정책 목표로 추진되었다. 그래서 1962년 공업도시로 울산 산업도시가 만들어졌고, 1960년대 말에는 서울시의 불량 주택 정리 방안 중 하나로 광주 주택단지(훗날 성남)가 건설되었다(안태환, 2000: 233).

이후 1970년에는 도시화율이 50%에 도달하여 도시인구[읍(邑)급 도시 포함]가 농촌인구보다 많은 인구구조상의 전환점을 이루었다. 이때부터 본격적인 도시화가 급속도로 진행되어 불과 10년 후인 1980년에는 69.4%에

도달했다(김인, 1986: 246). 이 과정에서 전통적으로 한국의 인구 이동은 '이촌향도'라는 현상으로 설명되었다. 하지만 1990년대 후반에 들어서는 인구 이동 패턴이 변하게 되는데, 통계청의 『1997년 인구이동특별조사 보고서』에 따르면 도시에서 도시로의 인구 이동이 80%를 상회했다. 즉, 도시에서 도시로의 이동이 주된 인구 이동 패턴이 된 것이다.

한편 한국, 영국, 네덜란드와 같이 상대적으로 인구밀도가 높은 국가들의 경우, 국가 및 지방 수준에서 토지 이용과 배분은 '그린벨트'[1]라는 체계 내에서 정비되어 있다. 그린벨트는 도시를 둘러싸고 있는 특정한 구역의 토지로서 어떠한 상황에서도 개발이 허용되지 않는다. 다시 말해 그린벨트는 도시 외곽 지역의 경계를 명확하게 설정하는, 도시를 둘러싸고 있는 원이다. 그린벨트 정책의 논리는 교외 지역의 토지를 보존·보호하기 위해 도시 지역이 외부로 팽창하는 것을 제한하자는 것이다. 이러한 규제적 정책의 동기는 인구밀도가 높은 국가나 지역에서는 교외 지역이 상대적으로 희소하기 때문에 교외 지역을 보존하는 것이 국가적으로 중요하다는 데 있다. 이 같은 관점에서 본다면 교외 지역의 가치는 단순히 경제적 의미보다는 미적·환경적 측면에서 정의된다. 따라서 모든 사람들이 교외 지역에 상대적으로 용이하게 접근하도록 하려면 도시 지역의 확산에 대한 강력한 규제가 필요하다. 이러한 그린벨트 정책은 토지 시장기구가 사회적 비용 및 편익의 관점에서 교외 환경의 쾌적성 보존의 가치를 적절하게 평가하지 못하며 도시 재개발 활동도 단지 사적 비용과 편익만 고려한다는 것을 암묵적으로 가정하고 있다. 이렇게 본다면 외부성의 문제가 그린벨트 정

---

1 1580년 영국의 엘리자베스 여왕이 런던 외곽 3마일(4,828m) 이내에 새로운 건물을 짓지 못하도록 포고령을 내린 것을 그린벨트의 시작으로 보는 학설이 정설로 인정받고 있다(≪조선일보≫, 2010.4.9).

책의 정당성을 제공한다. 반면 그린벨트 정책은 불가피하게 후생적 측면의 문제를 발생시킨다(맥칸, 2006: 276~277).

한국에서 그린벨트는 박정희 정부 시절인 1971년에 처음 시작되었는데, 공식 발표를 거치지 않고 같은 해 7월 30일자 관보(官報)에 '건설부 고시(447호)'로 게재되면서 시작되었다. 서울 중심부에서 반경 15km 라인을 따라 폭 2~10km 구간을 '영구 녹지대'로 지정했으며, 1차 대상 지역은 서울 우면동·세곡동 일대, 시흥·고양·광주·하남·인천 일대의 녹지대 440km²였다. 이후 정부는 여덟 차례에 걸쳐 1977년 4월까지 수도권과 부산, 대구, 여수 등 전국적으로 총 5,379.1km²(국토의 약 5.4%)를 그린벨트로 지정했다.

그린벨트는 도시 팽창이 엄격하게 통제되는 도시 주변 지역에서 개발 행위가 극도로 제한되는 공지와 저밀도의 토지 이용 지대를 의미하며, 대체로 도시 주변을 띠처럼 둘러싼다. 그린벨트는 넓은 의미의 용도지역제(zoning system)의 한 지역으로 파악될 수 있으나, 지역(region), 지구(area), 구역(district) 등의 개념과는 다른 특수한 의미를 지닌다. 그린벨트 안에서는 토지 용도나 시설물의 설치가 매우 까다롭게 규제되며, 부적격 용도로의 토지 이용이나 시설물 설치 및 토지의 형질 변경에 대한 특별한 감시체제가 확립되어 있다(조정제 외, 1982: 41).

2. 제1차 국토종합개발계획

한국의 국토종합개발계획은 1972년에 시작되어 현재 제4차 국토종합계획에 이르렀다. 국토종합개발계획의 시기별 구분과 특징을 나타내면 다음의 <표 5-1>과 같다.

제1차 국토종합개발계획(1972~1981)은 고도 경제성장을 위한 기반 시설

〈표 5-1〉 국토종합개발계획의 시기별 구분과 특징

구분	제1차 (1972~1981)	제2차 (1982~1991)	제3차 (1992~1999)	제4차 (2000~2020)
1인당 GNP (책정 시점)	· 319달러(1972년)	· 1,842달러(1982년)	· 6,749달러(1992년)	· 1만 841달러(2000년, GNI)
배경	· 국력 신장 · 공업화 추진	· 인구의 지방 정착 · 수도권의 과밀 완화	· 수도권 집중과 지역 간 불균형 완화 · 국제화·개방화의 진전 및 통일 여건 성숙에 대비	· 21세기를 맞아 세계화, 지식 정보화, 지방화, 환경 중시 시대에 부응하는 비전과 전략 수립
기본 목표	· 국토 이용 관리의 효율화 · 개발 기반(SOC) 확충 · 국토 자원 개발과 자연의 보호·보전 · 국민 생활환경 개선	· 인구의 지방 정착 유도 · 개발 가능성의 전국적 확대 · 국민 복지 수준 제고 · 국토 자연환경 보전	· 지방 분산형 국토 골격의 형성 · 자원 절약적·생산적 국토 이용 · 복지 수준 향상과 환경 보전 · 통일에 대비한 기반 조성	· 더불어 잘사는 균형 국토 · 자연과 어우러진 녹색 국토 · 지구촌으로 열린 개방 국토 · 민족이 화합하는 통일 국토
개발 전략 및 정책	· 대규모 공업 기반 구축 · 교통, 통신, 수자원 및 에너지 공급망 정비 · 낙후 지역개발을 위한 지역 기능 강화	· 국토의 다핵구조 형성과 지역 생활권 조성 · 서울, 부산의 성장 억제 및 관리 · 지역 기능 강화를 위한 교통, 통신 등 사회간접자본 확충 · 낙후 지역의 개발 촉진	· 지방 육성과 수도권 집중의 억제 · 신산업 지대 조성과 산업구조의 고도화 · 통합적 고속 교류망 구축 · 국민 생활과 환경 부문의 투자 확대 · 국토계획 집행력 강화 및 국토 이용 관련 제도 정비 · 남북 교류 지역의 개발 및 관리	· 개방형 통합 국토축 형성을 위한 연안 국토축과 동서 내륙축 구축 · 10대 광역권 육성, 산업별 수도 육성 · 주요 산맥과 10대 강, 연안 지역을 네트워크화하여 통합 관리 · 고속기간교통정보망 확충, 동북아물류 중심 기지 육성 · 남북 협력 사업 전개
권역 구분	· 4대권 · 8중권 · 17소권	· 28개 지역 생활권 · 대도시 생활권(5) · 지방 도시 생활권(17) · 농촌 도시 생활권(6)	· 9개 지역경제권 · 특정 지역	· 6개 국토축 · 시, 도
특징 및 문제점	· (성장)거점 개발 방식 채택 · 경부축 중심의 양극화 초래	· 양대 도시의 성장 억제 및 성장거점 도시 육성에 의한 국토 균형발전 추구 · 구체적 집행 수단의 결여로 국토의 불균형 지속	· 수도권 성장 억제 및 지역경제 육성에 의한 국토 균형발전 추구 · 지방의 경제활동 여건 취약으로 수도권 성장의 지속	· 국토 환경 보전 중시 · 국가·지자체·주민의 동참 계획이며, 20년의 장기적 관점에서 계획 수립

자료: 최병선 외(2004: 167).

조성을 목표로 수도권과 동남해안 공업 벨트 중심의 거점을 개발하는 데 중점을 두었다(이원섭, 2006: 3). 따라서 제1차 국토종합개발계획에서는 성장거점 전략을 채택했다. 고전적 공간지리학은 두 개의 조류로 나눌 수 있다. 하나는 발터 크리스탈러와 아우구스트 뢰슈(August Lösch)가 대표하는 독일 학파의 중심지 이론이고, 다른 하나는 경제발전의 공간적 분극 현상을 논의한 프랑수아 페루[2]와 그의 후학에 의한 프랑스·벨기에 학파의 성장극 이론이다. 이후 성장극 이론이 지리적 공간상에서 발생하는 경제발전을 다루지 못한다는 한계성이 새로운 개념의 구성을 요구하게 되었고, 이 같은 요구에 부응하는 개념이 지리적 공간상의 성장적 입지, 곧 도시를 의미하는 성장거점이다(임형백·조중구, 2004: 29).

1) 성장거점

지역 정책은 그 자체로 입지 인자(location factor)이며, 정보를 발생시키고 인적 자원을 확보하는 장치로 작동한다. 또 지역 정책은 해당 지역에 대한 장기적 영향과 광범위한 지역의 경제발전에 대한 기대 때문에 입지 결정에 영향을 준다(Alonso, 1975a: 96).

제2차 세계대전 이래 지역 정책이 형성되고 지역개발계획이 준비되는 과정에서 수많은 개념들이 만들어졌다. 그러나 성장극만큼 급속한 인기를 얻고, 동시에 빨리 환상에서 깨어난 개념도 없다(Higgins and Savoie, 2009: 89).

원래 '성장극'이라는 단어는 프랑수아 페루에 의해 만들어졌다. 페루

---

2 자유 시장에 대해 제한된 믿음(limited faith)을 가졌고, 자본주의 경제는 일정 정도의 계획(planning)과 관리(management)가 필요하다고 생각했다(Higgins and Savoie, 2009: 103).

(Perroux, 1950: 96)의 '계획에 의해 규정된 공간(space defined by plan)'에서 그가 말한 계획은 민간 기업에 의한 계획을 의미하는 것이었지, 일반적인 의미에서의 지역개발계획을 뜻하는 것은 아니었다. 또 민간 기업에게 계획 공간은 지리적으로 연속적일 필요가 없었다. 따라서 페루는 성장거점을 경제활동의 집중과 성장의 원동력(generator)으로 생각했다(Higgins and Savoie, 2009: 90~91). 이처럼 페루는 성장거점을 (특히 투입-산출과 관련된) 추상적인 경제적 공간(economic space)과 관련된 용어로만 사용하고, 구체적인 지리적 공간(geographic space)과 관련된 용어로는 사용하지 않았다.

또 페루는 'growth pole'과 'growth center'를 결코 명확하게 구분하지 않았으며(Polenske, 1980: 93), 'growth pole'과 'development pole(발전거점)'의 명확한 구분에도 실패했다(Higgins and Savoie, 2009: 91). 그러나 페루가 사용한 단어 자체가 지시하는 것이 명확하지 않았고, 불어를 영어로 번역하는 과정에서의 차이와 그 후의 다양한 변용 때문에 성장거점의 개념은 천차만별이다(Darwent, 1975: 539).

성장거점은 주로 경제적 공간과 관련하여 사용되었다. 비록 페루가 사용한 성장거점이란 단어가 매우 함축적인 의미를 지녔지만, 그 역시 경제와 관련하여 사용했다. 티보 스키토프스키(Tibor Scitovsky, 1954)는 외부 경제 (external economies)와 관련해 사용했고, 허쉬만(Hirschman, 1958), 아이자드와 스쿨러(Isard and Schooler, 1959)는 연계 효과(linkage effect)와 관련해 사용했다.

이러한 이유로 성장거점을 논할 때 처음에는 지리적 공간에서의 입지가 논의되지 않았다. 원래 성장거점 이론에서 거점(pole)이란 개념이 지리적 공간과는 독립되어 있었고, 따라서 거점이란 개념은 성장거점 이론에 의해 설명되지 않은 부분이었다. 그런데 이후 프랑스 학자들이 성장거점을 지리적 공간상에 입지한 것으로 정의하고, 'growth center'란 이름 아래 논의를 전개했다. 이러한 과정은 입지와 지역개발이 지리적 공간에 대해 가지

〈표 5-2〉 성장극의 정의

학자	정의
프랑수아 페루 (1961, 1968)	선발 단위는 그것이 성장을 하거나 쇄신을 할 때 다른 경제 단위에도 성장을 유도하는 지배적 경제 단위의 한 형태이다. 이것은 하나의 기업일 수도 있고, 동일 부문(즉, 같은 산업) 내의 일단의 기업들일 수도 있고, 어떤 공통점을 공유하고 있는 기업의 집합일 수도 있다. 성장극은 주어진 환경에서의 선발 단위이다(1961). 또 그것은 둘러싸고 있는 환경과 연결된 선발 단위이다(1968).
자크 라울 부드빌 (1966)	지역 성장극은 도시 지역에 위치한 일단의 확장 기업들이며, 이는 그 영향 지역에 대해 경제활동의 증대를 유도한다.
호세 라몬 라수엥 (1969)	성장극은 선도 산업을 중심으로 투입-산출 연쇄 고리를 통해 강하게 연계된, 그리고 지리적으로 뭉쳐진 큰 산업 집단이다. 선도 산업 자신과(그것의 유도에 의해) 전체 집단은 극 외부의 기업들보다 더 빠른 속도로 혁신하고 성장한다.
비다 니컬스 (1969)	성장극은 자립적인(self-sustaining) 경제성장이 이루어져서, 성장극 이외의 지역으로 성장을 전파하고 궁극적으로는 국가 내의 다른 지역으로까지 발전을 전파하는 도시 중심지를 말한다.
개빈 맥크론 (Gavin McCrone, 1969)	성장극은 근접 입지로부터 상당한 경제적 이익을 끌어낼 수 있는 관련 산업들로 이루어진 기업 복합체의 일종으로 구성되어 있다.
존 파 (1973)	성장극은 주어진 시간에 걸쳐 ① 지역경제 수준보다 높은 인구(고용) 성장, ② 지역 전체 성장률보다 큰 절대 인구(고용) 성장이라는 성장 특징들 중 하나를 나타내는, 다소 자의적으로 규정된 임계치를 넘어서는 중심 도시를 의미한다.
데이비드 다웬트 (1975)	· 페루가 사용한 극(pole)이란 단어 자체가 지시하는 것이 명확하지 않고, 불어를 영어로 번역하는 과정에서의 차이와 그 후의 다양한 변용 때문에, 그 개념은 천차만별이다. · 처음에는 (추상적인) 경제적 공간에서 주로 사용되다 (실제적인) 지리적 공간으로 사용이 확장되었다. · 성장거점(growth center)은 성장극(growth pole)보다 더 광범위한 개념이며, 페루가 제시한 초기 성장극의 개념과는 깊은 관계가 없다. · 성장거점과 성장극의 설명력은 제한적이다.
벤저민 히긴스와 도널드 사보이 (Benjamin Higgins and Donald J. Savoie, 2009)	· 성장극(growth pole)과 발전극(development pole)은 같은 현상에 대한 대안적 표현이다. · 일반적으로 성장극은 다른 지역(somewhere)으로 파급 효과를 일으킨다. 하지만 이 파급 효과가 항상 성장극 주변의 지리적 지역으로 파급되는 것은 아니다. · 성장극은 혁신의 발생지(source)와 전파지(diffuser)로서 작용한다. · 중소 도시가 성장극으로 적당하다.
U.S. Government's Economic Development Act	성장극(growth center)은 어떤 발전 구역(development district) 내에서 심장과 같은 역할을 하는, 적어도 인구 25만 명 이상의 도시 지역을 의미한다.

〈표 5-3〉 헤르만센(T. Hermansen)이 제시한 성장극 이론의 양상

접근 공간	정태적 또는 비교 정태적		
	서술	실증/설명	계획/통제
산업적*	· 산업 간 관계 · 투입-산출표	· 전후방 연계 효과 · 승수 효과 · 금전적 외부 경제 · 지배 효과	· 투입-산출 모형 · 상호 연계된 공업단지
지리적	· 도시 계층 대 순위 규모 관계	· 중심지 이론 · 공간조직의 일반 이론 · 전통적 공업 입지론	· 최적 도시 규모**와 최적 공간조직 · 네트워크 이론 · 서비스 중심지 정책 신도시
산업적·지리적 공간의 상호작용	· 도시 산업 패턴 · 국내 자원 · 중심·주변부 관계	· 시간 간 상호작용 관계와 입지적인 보충에 기인한 관성 · 공업단지에 기초를 둔 지방 개발거점	· 도시 체계 내에서 공업단지의 최적 입지 · 도시 체계계획

접근 공간	동태적		
	서술	실증/설명	계획/통제
산업적*	· 산업 변화의 추세 · 기술과 생산에서 쇄신의 출현	· 부문 이론 선도 산업 · 선발 및 전략 산업 · 기능적 개발거점 · 산업 간 쇄신의 확산	· 동적인 공업단지 계획 · 확장·분산 정책 선발 및 전략 산업의 건설
지리적	· 도시화 추세 · 공간적 성장 중심지의 확인 · 분극(결절) 지역 · 체계의 도면화	· 도시의 역할 · 도시 성장 패턴에 대한 경제 건설 · 지역 외부 경제 · 지역 개발거점 · 도시화 경제 · 쇄신의 공간 확산	· 선발 산업의 입지와 지방 성장거점에 기초한 도시 체계계획 · 확장과 분산 서비스
산업적·지리적 공간의 상호작용	· 서비스의 도시 변화 · 개발 단계	· 입지적 상호 관련에 의해 조정된 산업 공간에서의 쇄신 확산 · 개발 단계 이론	· 중심지, 개발거점 확산 이론 등에 기초한 종합적 도시 지역개발계획

* 페루가 원래 상정한 것으로, 지역이 전제되지 않은 경제 부분이다.
** 최적 도시 규모 분포(optimal city size distribution)와 도시의 공간적 계층구조(urban spatial hierarchy)는 있으나, 도시의 최적 규모(optimal size for city)는 없다. 그런데 도시의 실제 규모는 최적 규모에 비해 항상 크다는 주장이 있다(Alonso, 1971).
자료: Hermansen(1972), 고어(1997: 121) 재인용.

는 관련성에 의문을 제기했다. 이후 지리적 공간에서의 입지를 의미하는 '거점(center)'은 원래의 '거점(pole)'을 대체하여 '제5차 프랑스 개발계획(the fifth French 'Plan de Développement')'의 조항에 명시되었다(Political and Economic Planning, 1963).

부드빌(Boudeville, 1957)은 추상적 공간에서의 거점(pole)과 지리적 공간에서의 거점(center)을 연계시키려 했다. 그는 브라질의 미나스 제라이스(Minas Gerais) 주의 철강·제련 산업을 대상으로 지리적 공간에 입지(location)를 한 실제의 성장거점과 관념(notion)상의 성장거점 간의 관계를 실증하려고 했다. 그런가 하면 루이 레브레(Louis J. Lebret)는 집적과 성장거점을 연계시켰다(Lebret, 1961). 레브레에 따르면, 성장거점 전략은 어떤 범위의 지리적 공간에서도 실행이 가능하나, 특히 대도시(metropolis) 수준에서 더 효과적이다. 그리고 아이자드와 스쿨러(Isard and Schooler, 1959)의 연구는 거점(pole)과 거점의 입지(location)의 관계를 실증했다.

지역 연구에서 성장극 개념이 변형되면서 '성장극 이론'에 상당한 용어상의 혼란이 야기되었다(고어, 1997: 118). 데이비드 다웬트(David Darwent)는 우연히 그곳에 위치하게 된 성장극(기업)의 특징에 대해 장소에 기인한 어의의 혼동이 계속 있어왔다고 지적했다(Darwent, 1969). 그는 이러한 혼돈에 어떤 질서를 부여하고자 비다 니컬스(Vida Nichols)와 존 파(John B. Parr)에 의해 정의된 순수한 공간적 성장극은 성장거점(growth center)으로 일컬어져야 한다고 제안했다.

2) 성장거점 전략

앨프리드 마셜(Alfred Marshall)은 기업들이 동일한 입지에서 클러스터를 성공적으로 형성하고 있다는 것을 관찰했다(Marshall, 1920). 그러면서 규모의 경제가 실현되는 이유로 '정보의 파급 효과(information spillover)', '지역 내 비교역적 요소(local non-traded inputs)', '지역 내 숙련노동력의 풀(local skilled labour pool)'을 들었다.

성장거점 도시의 일반적인 의미는 첫째, 지역의 중심지이며, 둘째, 인구·경제·활동·소득 등의 측면에서 성장하고 있거나 성장 잠재력이 있는 지역이고, 셋째, 주변 지역에 '서비스'를 제공하거나 성장의 파급 효과를 줄 수 있는 도시이며, 넷째, 계획적인 노력을 통해 인위적으로 만들어낼 수 있는 곳이다. 한국에서 채택하고 있는 성장거점 도시의 개념은 제2차 국토종합개발계획 중에 "시급 도시 가운데 지역 서비스 기능을 갖추고 있는 성장 잠재력이 큰 도시로서, 주변 낙후 지역의 개발에 선도적 역할을 수행하는 도시"라고 규정되어 있다(이규환, 2005: 75~76).

공간의 기본적인 경제 단위는 도시 지역이다. 또 도시 지역은 세계경제의 형성 단위이기도 하다(쇼트, 2001: 92~93). 대다수 지역 이론가들은 공간경제(spatial economy)상의 균형이 순수하게 시장의 힘을 통해 성취될 수 없다는 데 동의한다(고어, 1997: 56). 또 각 국가의 사정에 따라 균형발전이 유리한지 또는 불균형발전이 유리한지에 대해서도 끊임없는 논쟁이 있으며, 성장거점 전략에 대해서도 다양한 의견이 대립하고 있다.

(1) 반대론

뮈르달은 공간경제상의 균형이 순수하게 시장의 힘을 통해 성취될 수 없다는 견해를 처음으로 밝힌 사람으로, 이에 대해 다음과 같이 기술하고 있다. "시장의 힘의 자유스러운 작용에는 지역 불균형을 창조하는 내재적 경향이 있으며, 이런 경향은 빈곤 국가일수록 더욱 지배적이고, 이는 자유방임주의하에서 경제발전과 저발전을 결정짓는 가장 중요한 두 개의 법칙이다"(Myrdal, 1957: 34).

뮈르달(Myrdal, 1957)은 중심 도시를 성장거점으로 보면서 파급 효과보다는 역류 효과의 악순환이 지속되기 때문에 핵심 지역과 주변 지역 간의 성장 격차가 더욱 심화되리라는 비관적인 견해를 보였다. 뮈르달은 한 국가 내에서 지역 간 교역과 투자가 가난한 지역에 역류 효과를 가져오듯이, 국제무역과 투자가 가난한 나라에 역류 효과를 가져올 것이라는 종속 이론에 동의했다. 따라서 그는 관리경제(managed economy)를 옹호했고, 사회민주주의(social democracy)의 입장에 서 있었다(Higgins and Savoie, 2009: 87).

발터 슈퇴르(Walter Stöhr)와 프란츠 퇴틀링(Franz Tödtling)이 정리한 실증 결과는 뮈르달의 견해를 지지한다(Stöhr and Tödtling, 1977). 즉, 계획된 성장 거점이 주변 지역에 대해 성장이나 발전을 유도하지 못했다는 점을 가상적으로 보여주었다. 성장거점의 개발에서 지역 간 불균형을 감소시키는 데는 성공을 거두었으나, 개발의 지역적 파급 효과가 미약함에 따라 지역 내에서는 무엇보다 도시와 농촌의 불균형을 심화시키고 말았던 것이다(고어, 1997: 151~152).

이후 제프리 윌리엄슨(Jeffrey G. Williamson)은 한 국가 내에서 내부 요소의 이동이 고전적인 방식대로 균형을 가져오지 않을 수도 있다고 지적했다(Williamson, 1965). 국가 발전의 초기 단계에서는 지역 간의 연계가 부족하여 기술 변화, 사회 변화, 소득 증가의 파급 효과가 감소한다. 결과적으로 국가의 발전이 특정 지역에 한정된다. 또 한 국가 내에서 경제발전 초기의 노동력의 지역 간 이동도 공간 불균형을 감소시키기보다는 심화시킨다고 보았다.[3]

---

3 폴란드는 노동력의 이동을 최소화함으로써 공간 불균형을 방지하려 했다. 하지만 이런 정책은 경제발전을 저해하는 역효과도 가져왔다(Dziewonski, 1962: 47).

(2) 찬성론

허쉬만(Hirschman, 1958)은 성장 격차를 줄이고 지역 간의 불평등을 해소하기 위해 정부가 개입하게 된다고 보았기 때문에 궁극적으로는 핵심 지역과 주변 지역의 성장 격차가 완화된다는 낙관적인 견해를 보였다. 그러나 성장의 지역 간 전파는 순조롭게 진행되지는 않는다는 견해를 보였다.

아이자드(Isard, 1956)는 오랫동안 경제학자들과 경제 정책 담당자들이 공간적 문제의 중요성을 간과해왔다고 비판했다. 아이자드와 스쿨러(Isard and Schooler, 1959)는 산업 간의 직접 연계 효과와 간접 연계 효과를 분석했다. 그러면서 성장거점은 기능상의 입지와 양립할(compatible) 뿐만 아니라 위성도시와 비위성도시의 적절한 집합체(assemblage)라고 주장했으며, 성장거점의 연계 효과로 설명할 수 없는 부분은 다른 산업 간의 집적의 결과로 나타나는 도시화 경제(urbanization economy)뿐이라고 했다.

사라 엘 세이크스(El Shakhs, 1972)도 '규모의 경제' 때문에 산업화 초기에 자원의 집중이 일어난다고 설명했다. 그에 따르면, 기술과 생산을 위한 경제적 수단의 발전이 공간적으로 집중되면서 지역 격차가 극심해지지만, 어느 단계에서 분산 기제가 작용하기 시작한다. 그리고 계속되는 교통·통신의 발전과 생산 요인의 변화(대표적으로 대도시의 높은 임금이 가져오는 경제적 비효율성)가 경제활동의 공간적 분산으로 이어져 지역 격차가 줄어들게 된다.

윌리엄슨(Williamson, 1965)은 민족국가(national state)를 연구 단위로 하여 남북문제(north-south problem)의 지역적 이원성(regional dualism)을 연구했다. 그는 초기 발전 단계에서의 국가 간 격차가 여러 가지 불균형 영향 때문에 더 커진다고 설명했으며, 결과적으로 부유한 지역(north)과 가난한 지역(south) 간의 절대적 격차는 지속적이고, 심지어 증가하는 경우도 있다고 했다. 그렇지만 경제가 발달하면서 남북 간의 격차는 감소하는 것이 전형적이라는 낙관적인 견해를 보였고, 19세기와 20세기의 이탈리아, 브라질, 미국, 캐나다, 독일, 스웨덴, 프랑스를 대상으로 한 경험적 연구[4]에서도 경제성장의 단계에 따라 지역 간의 소득 격차가 심화되었다가 다시 줄어드는 것으로 나타났다.

이후 존 프리드먼(Friedmann, 1966)은 1960년대에 중요한 문제로 부각되었던 개발도상국에서의 지역개발 과정에 대한 일련의 제안들을 종합했다. 그리고 이러한 제안들에 근거해서 도시·공업 성장극 전략에 기초한 지역 개발 정책을 옹호했다(고어, 1997: 131). 프리드먼은 자신의 중심·주변 모델이 성장거점과 관계가 있다고 주장했다. 그러나 그의 모델은 성장거점과 관련이 적다. 오히려 프리드먼은 지역경제 발전의 공간적 영향 범위(spatial incidence)를 설명하는 더 우수한 모델을 개발하여 성장거점 이론의 부족한 점을 드러낸 것이다(Darwent, 1975: 550). 닐스 한센(Niles M. Hansen)은 프리드먼의 모델이 성장거점과 너무 차이가 커서 성장거점과 관련해서는 더 이상 논의되지 않는다고 주장했다(Hansen, 1965).

해리 리처드슨(Harry Richardson, 1976)[5]은 파급 효과와 역류 효과가 시간·공간상에서 매우 비대칭적인 유형을 나타내며, 궁극적으로 파급 효과가 역류 효과보다 커져서 순파급 효과가 나타나기까지는 상당히 오랜 시간이 걸린다고 보았다. 또 주변 지역의 개발을 위한 정부의 적절한 정책은 순파

---

4   횡단면 분석(cross-section approach)과 시계열 분석(time series analysis)을 분석 방법으로 사용했다.

5   시장 지향적 주장과 계획 지향적 주장은 항상 공존해왔으며, 앞으로도 논쟁은 계속될 것이다. 리처드슨은 시장 지향적 주장〔시장 주도 계획(market planning)〕을 대표하는 학자이다. 그가 과거 40여 년 동안의 연구를 통해 일관되게 주장한 내용은 규제적 계획 수단을 배척하고 시장 가격기구를 활용한 도시 및 지역 문제의 해결이다. 따라서 그의 연구는 반시장적인 도시 정책을 비판하고 그에 대한 대안을 제시하는 내용이 주를 이룬다(전명진, 2005).

급 효과를 가져오는 데 촉진적인 역할을 한다고 보았다.

(3) 성장거점 전략의 채택

빈약한 이론적 배경과 경험적 증거의 부족에도 불구하고, 다수의 국가에서는 경제적·사회적 발전에서 성장거점이 초기에 역할을 하고 주변 지역으로 파급될 것이라는 생각을 받아들였다(Darwent, 1975: 547). 또 이를 위한 경제 정책이 특정 지역의 경제성장률에 영향을 미치는 확실한 방법은 공공투자의 지역 배분(regional allocation of public investment)을 통해서이다. 이러한 배분의 방법은 분산, 성장 지역에 대한 집중, 그리고 낙후 지역에 대한 개발 촉진이다(Hirschman, 1975: 146). 이는 경제 진보(economic progress)는 모든 지역에서 일어나지 않고, 강력한 힘이 초기 출발점(initial starting points) 주변에 경제성장의 공간적 집중(spatial concentration of economic growth)을 발생시킴으로써 일어난다(Hirschman, 1975: 139)는 생각에 따른 것이다. 따라서 경제성장도 공간적 불균형에 기초하고 있으며, 성장거점 정책도 불균형성장에 기반을 두고 있다(Hansen, 1975: 570).

알론소(Alonso, 1975a)에 따르면, '신흥 공업국'에서 대부분의 공업은 유아기 공업이며, 수위 도시는 '가장 호의적인 여건'을 제공한다. 따라서 공업분산을 시키기 위해 고안된 정책을 통해 단기간에 지역 간 평등을 추구하는 것은 오히려 성장률을 저해시킨다. 이러한 교환 관계가 존재하는 사례는 개발도상국에 공업 입지 이론을 적용해본 이론가들에 의해서 강력하게 제기되었다(Alonso, 1968). 제조업 투자는 특히 '개발의 초기 단계'에서 능률을 극대화하기 위해 몇몇 지역에 집중되어야만 한다고 말하고 있다. 이것은 집적 경제의 이점을 취하기 위해서이며, 그릇된 생산 입지의 위험성을 줄이기 위해서이다(고어, 1997: 74).

1970년대 초까지 성장극 분석에 대한 신뢰는 선진국이나 개발도상국 모

〈표 5-4〉 파급 효과와 역류 효과

뮈르달(1957)	파급 효과	역류 효과
허쉬만(1958)	누적 효과	분극 효과
의미	핵심부 지역의 발달이 일정 수준에 도달하여 축적된 부가 주변부 지역으로 확산·발전되어 나가는 현상	한 지역의 성장이 두드러지면서 그 주변 지역에서는 인구와 자본, 기업체 등이 빠져나가, 자원이 중심부로 모여드는 현상
발생하는 상황	① 주변 지역이 저렴하고 풍부한 노동력을 갖고 있는 경우 ② 주변 지역에 천연자원이 풍부한 경우, 핵심 지역에서 집적의 비경제성 (agglomeration diseconomies)이 나타나 주변 지역으로 산업이 이동하는 경우 ③ 정부의 지역 정책에 따라 주변 지역으로 파급 효과가 확산되는 경우	① 핵심 지역과 주변 지역 간에 재화나 서비스의 교류가 이루어지는 경우 ② 주변 지역에서 핵심 지역으로 노동력이 이동하는 경우 ③ 핵심 지역과 주변 지역 간의 자본 이동

자료: 임형백·조중구(2004: 29).

두에서 운용 중인 지역계획의 지배적인 성격이었다(Richardson and Richardson, 1974: 163). 또 이런 성장거점 전략은 파급 효과(또는 누적 효과)가 역류 효과 (또는 분극 효과)보다 크다는 가정에 기초하고 있다. 한편 부드빌(Boudeville, 1957)의 연구에서도 집적 효과(agglomeration effect)와 극화 효과(polarization effect)를 분리하는 데는 실패했다. 프리드먼(Friedmann, 1975: 266) 역시 도시와 국가 발전 간의 연계는 명확히 밝혀지지 않았다고 주장했다. 그러나 발전 초기일수록, 혁신을 먼저 받아들인 개인(또는 도시)에게 더 커다란 경제적 이점이 나타나는 '초기 이점(initial advantage)'이 존재한다고 했다.

뮈르달은 간접적이고 누적적인 인과관계(circular and cumulative causation)를 주장했는데, 그가 주장한 인과관계는 경제적 측면만이 아닌 사회 전체적인 측면의 특징이었다(Higgins and Savoie, 2009: 84). 또 뮈르달(Myrdal, 1962: 33, 51)은 때로는 역류 효과와 파급 효과가 같아지는 경우도 있지만, 이것은 신고전 이론의 균형(equilibrium) 상태라기보다는 오히려 정체(stagnation) 상태라고 말했다. 그리고 발전 수준이 더 높을수록 파급 효과가 역류 효과보다 커질 가능성이 높기 때문에, 자유 시장이 더 잘 작동할 것이라고 보았다.

제1차 국토종합개발계획(1972~1981)에서는 성장거점 전략이 채택되었고, 서울과 부산이 양대 성장거점으로 육성되었다. 이후 제2차 국토종합개발계획(1982~1991)에서는 서울과 부산의 성장을 억제했고, 성장거점 도시 육성에 의한 국토 균형발전을 추구했다. 제3차 국토종합개발계획(1992~1999)에서는 수도권의 성장을 억제하고, 지역경제권 육성에 의한 국토 균형발전을 추구했다. 현재는 제4차 국토종합계획(2000~2020)이 추진되고 있다.

1970년대 서울의 도시 활동 영역은 강남에서의 대규모 주거 전용 지역 개발을 계기로 그 범위가 한강 이남 지역 전체로 확장되었다(권용우, 2001: 64). 한국은 1970년대에 도시의 경제 기반 여건이 가장 유리한 서울을 비롯해 부산, 대구, 인천 등 대도시들이 가속적으로 팽창하면서 도시화와 경제발전을 주도했다. 한편 자체 추진력에 의한 도시 경제의 확대·발전이 가능했던 인구 25만 명 이상 규모의 지역 중심 도시들(광주, 대전, 전주, 마산 등)도 괄목할 만한 발전을 이루었다(김인, 1986: 249).

1970년대에는 전국에 대규모 공업단지가 조성되었고, 이에 따라 그 배후 도시로 창원, 여천, 구미와 같은 신도시가 건설되었다. 그리고 서울과 수도권에 분산되어 있는 중소 공장들을 입주시키기 위해 반월 신도시가 건설되었으며, 1970년대 후반에는 대덕연구학원도시가 조성되었다(안태환, 2000: 233).

한편 1976년에 처음으로 쌀이 자급자족되기 시작했지만, 이때부터 이미 농촌과 도시의 격차가 발생했다. 더구나 1970년대에는 강남을 중심으로 부동산 투기가 시작되었다. 이러한 부동산 투기의 여파로 1970~1980년대 강남의 땅값은 약 200배나 올랐고, 전국의 땅값도 약 15배나 올랐다.

3) 적정 도시 규모

(1) 적정 도시 규모에 대한 논쟁

한국이 성장거점 전략을 채택하던 1970년대 들어 해외에서는 적정 도시 규모(optimal city size)에 대한 논쟁이 일었다. 적정 도시 규모란 도시가 비효율적이거나 거주지로서의 매력을 상실하게 되는 한계 규모를 말한다. 도시의 적정 규모 문제는 결국 도시의 적정 규모를 어떻게 측정·판별할 것인가 하는 기준을 정하는 문제로 귀착된다. 따라서 적정 규모를 결정하는 기준이 논란의 대상이다.

적정 도시 규모에 대한 비판[6]은 다음과 같다. 첫째, 경제적 측면에서 적정 도시 규모를 산출하는 것에 대한 비판이다. 둘째, 사회적 측면에서 적정 도시 규모에 대한 비판이다. 셋째, 적정 도시 규모를 인구 수준으로만 선정해야 하는가에 대한 비판이다(이성복, 2000: 122~123).

1970~1971년 자료를 이용하여 세계 주요 국가의 도시 규모 분포를 추정한 케네스 로젠(Kenneth T. Rosen)과 미첼 레스닉(Mitchel Resnick)의 연구 결과를 보면, 대부분 나라의 도시 규모 분포가 순위·규모의 준칙을 크게 벗어나지 않는 것으로 나타났다. 또한 대체로 국토 면적이 넓은 나라일수록, 그리고 지방분권화의 정도가 높은 나라일수록 균등한 분포를 보이고 있다 (Rosen and Resnick, 1980). 미국의 경우 지난 100년간 도시인구 규모 분포가 이 준칙에 의해 잘 설명되고 있다(Krugman, 1996).

파레토 분포(Pareto distribution)에 따른 도시 규모 분포 및 순위·규모 준칙은 세계 여러 나라의 도시 규모 분포의 규칙성을 설명하는 데 매우 유용하다. 그렇다면 도시의 규모와 순위 사이에 안정적인 관계가 존재하는 이론

---

6 좀 더 자세한 내용에 대해서는 이성복(2000: ch.7), 김흥배(2011: ch.3) 참조.

〈표 5-5〉 적정 도시 규모에 대한 선행 연구 (1)

연구자	내용
플라톤(Platon)	· 그의 저서 『법률』에서 도시의 규모를 5,040명으로 구성하는 것이 도시국가를 운영하는 데 가장 이상적이라고 했다.
로버트 윌 (Robert E. Will, 1962)	· 비용-규모 접근 방법을 이용하여, 최저 비용 지점(minimum cost)에 닿는 지점을 적정 규모라고 보았다. 이를 '최저 비용 접근 방법(minimum cost approach)'이라고 부른다.
윌버 톰슨(Wilbur Thompson, 1965), 브라이언 베리와 일레인 닐스(Brian Berry and Elaine Neils, 1969)	· 적정 도시 규모의 최소 인구는 25~50만 명이다. · 이는 구소련의 적정 도시 규모의 최대 인구와 일치한다.
롯피 자데 (Lotfi A. Zadeh, 1969)	· 현재 적정 도시 규모의 인구를 측정하는 방법이 너무 단순하다. · 실제로는 연담도시, 거대도시 지역(megalopolitan area), 중심지의 중복, 개인의 활동 범위의 중복 등 적정 도시 규모의 인구 측정 방법은 더 복잡하다.
윌리엄 알론소(1971)	· 적정 도시 규모는 일차원적(one-dimensional) 현상이 아니며, 인구 규모를 명백하게 정의할 수도 없다. · 인구 규모가 증가되면 도시 경제는 규모의 경제, 전문화의 이익, 직접 이익 등의 능률성을 달성(한계비용과 한계생산이 일치하는 점)하지만, 이를 초과하면 외부 불경제가 발생한다. · 소득이나 임금으로부터 나타난 1인당 지역생산(local product per capital)은 도시인구 규모가 커짐에 따라 증가하고, 도시 관리 비용의 증대가 있다면 그 비용은 도시 규모에 따라 대단히 완만하게 증가한다. · 최적 도시 규모 분포와 도시의 공간적 계층구조는 있으나, 도시의 최적 규모는 없다. · 일반적으로 도시의 실제 규모는 최적 규모에 비해 항상 크다는 주장이 있다. · 도시의 규모에 따른 비용의 차이를 강조하는 반면, 도시의 규모에 따른 생산성의 차이를 무시하는 것은 잘못이다. · 이론이 정적인 반면 과정은 역동적이며, 정적인 일반 균형(static general equilibrium)은 없다.
에드윈 밀스 (Edwin S. Mills, 1972)	· 각 도시에 유일한 적정 규모가 있다는 주장은 입증된 바 없다.
버넌 헨더슨 (Vernon J. Henderson, 1974)	· 도시의 개수가 너무 작아서 도시인구가 지나치게 많아지면 기업가들이 새로운 도시를 건설함으로써 이윤을 얻을 수 있기 때문에 실제로 관찰되는 도시의 규모는 대체로 적정 도시 규모에 가깝다.

자료: 임형백(2011d: 192).

적인 근거는 무엇이며, 편중된 분포를 나타내는 많은 함수 중 파레토 함수를 택한 이유는 무엇인가 하는 의문이 제기될 수 있다. 이 질문에 대한 해

〈표 5-6〉적정 도시 규모에 대한 선행 연구 (2)

연구자	내용
해리 리처드슨 (1972, 1973, 1978)	· 국가에 따라 도시행정의 서비스가 상이하고 서비스의 질적인 면도 상이하므로 적정 도시 규모를 산정하는 것은 어렵다(1972). · 인구의 한계비용과 편익, 평균 비용과 편익 등의 개념을 이용하여 다양한 시각에서 인구 적정 규모를 논했다(1973). · 알론소의 연구는 도시 규모별 도시 생산성과 비용을 개별 기업체의 생산 곡선과 비용 곡선에서 도출하고 있는데, 기업체는 특정 도시에 얽매이는 게 아니라 기업 이익을 극대화하는 데 위치하기 때문에 개별 기업의 입장과 도시의 입장은 차이가 있다(1978).
서승환 (Suh, 1991)	· 도시 계급 모형을 사용하여 완전고용 가정하에서 총생산 극대화를 달성하는 인구 규모를 적정 규모로 정의했다.
그레이엄 호턴과 콜린 헌터 (Graham Haughton and Colin Hunter, 1994)	· 더 중요한 것은 도시 규모 자체가 아니라 도시의 형태, 과정, 관리 등 도시의 '내부 조직'이다.
가네모토 요시쓰구 외 (Kanemoto Yoshitsugu et al., 1996)	· 헨리 조지의 법칙(Henry George Theorem)을 적용하여 총토지 가치와 피구 보조금이 일치하는 규모가 적정 도시 규모라고 정의했다. · 일본의 경우 20~30만 명 규모 도시의 집적 경제가 큰 것으로 나타났으며, 총토지 가치와 피구 보조금을 고려할 때 도쿄의 규모는 과도하지 않다.
정샤오핑 (Zheng Xiao-Ping, 1998, 2007)	· (거리에 따른 집적의 이익과 비용을 이용하여) 일본 도쿄 광역권의 도시 규모는 도심으로부터 10~25km까지 과잉 수준이지만, 그 이후에는 적정 수준에 있다(1998). · 가처분소득과 가구 지출의 차이인 잉여 함수를 추정하고, 이를 극대화할 수 있는 인구 규모가 적정 인구 수준이다(2007).
필립 맥칸 (Philip McCann, 2006)	· 도시들은 매우 클 수 있지만, 지나치게 작지는 않을 것이다.

자료: 임형백(2011d: 193).

답은 계급 모형(hierarchy model)과 확률 모형(stochastic model)을 통해 찾아볼 수 있다. 계급 모형은 도시들을 계급으로 구분하여 계급과 그 계급에 속하는 도시의 인구 규모 사이의 관계를 분석한다. 이 모형에서는 계급이 낮은 도시로 갈수록 생산되는 재화의 종류가 적으며, 어떤 계급에 속하는 도시는 그보다 계급이 낮은 위성도시들에게 그들이 생산하지 않는 재화를 공급한다. 또한 각 도시는 그 주변 지역에 대해서도 재화를 공급하며, 높은

<표 5-7> 적정 도시 규모에 대한 선행 연구 (3)

연구자	내용
김원 (2004)	· 적정 규모를 논의하는 기준은 사회학적 변수 외에도 국방, 경제 규모, 능률성 등을 고려할 수가 있어서, 어떤 기준을 적용하느냐에 따라 적정성(optimality)이 상이하며, 경우에 따라서는 보건(health) 기준과 안전(safety) 기준의 적정성이 상충될 수도 있다. · 한마디로 적정성은 논란이 될 수 있는 모순성을 지니고 있다.
김의준 외 (2010)	· 도시 계급 모형을 이용하여 한국의 도시 및 지역 인구 규모의 적정성을 분석했다. · 수도권 인구 과잉 문제는 분명히 존재하지만, 수도권 외에도 인구 과잉 지역이 존재하므로, 단순히 수도권 대 비수도권의 구도로 바라보는 것은 바람직하지 않다.

자료: 임형백(2011d: 193).

계급의 도시는 낮은 계급의 도시의 위성도시에까지 그 낮은 계급의 도시가 생산하지 않는 재화를 공급한다. 각 계급별 위성도시의 수가 일정하고 계급이 변함에 따라 재화 생산에 투입되는 노동의 생산성이 비례적으로 변한다고 가정하면, 이 모형으로부터 순위·규모 준칙이 성립함을 보일 수 있다. 한편 확률 모형은 도시 규모와 그 규모를 갖는 도시의 수 사이에 성립하는 관계를 확률적 정차방정식을 풀어서 구하는 것으로, 직관적인 설명에 어려움이 있다(김경환·서승환, 2010: 67).

(2) 인구의 관점에서 본 적정 도시 규모

한국에서도 농촌에서 도시로의 인구 이동이 도시의 직업 창출을 지속적으로 초과함에 따라 도시의 수용력을 훨씬 상회하면서 생기는 여러 가지 문제가 발생하기 시작했고, 이에 따라 막대한 사회적 추가 비용이 요구되었다. 한국의 경우에도 도시인구 규모가 적정 수준을 넘어서면서 시장 수요 증대보다 시장 수요를 충족시키기 위한 공급 기능을 존속시키는 유지비의 증대 폭이 더 커지게 되는 집적의 비경제가 발생하기 시작한 것이다.

이처럼 현대에 이르러 도시화 경제를 극대화하기 위해서는 고차원 서비스 공급 기능과 더불어, 인구의 과도한 집적으로 인한 지가 앙등, 교통 혼

<그림 5-1> 적정 도시 규모

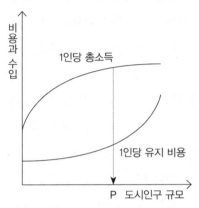

자료: Townroe(1979).

잡, 실업 문제, 환경오염 등의 집적의 비경제 해소가 필요하게 된 것이다. 계획에서도 개발 시에 공업과 농업의 균형에 대한 중요성을 강조하기 시작했고, 농촌인구의 도시로의 과잉 유입과 과잉 도시화로 인해 많은 대도시 문제가 발생하자 적정 도시 규모에 대한 관심이 고조되었다.

여기서 대도시 문제의 논쟁 중 많은 부분이 적정 도시 규모의 개념에 모아졌다는 것을 논의의 착수 단계에서 주목할 필요가 있는데, 그것은 상이한 규모의 개개 도시에 대해 비용과 편익을 비교하여 정의된다. 일부 저자들은 넓은 관점에서 적정 도시 규모 체계의 개념을 논의했는데, 이 경우 대도시는 절대적인 관계에서 평가되는 것이 아니라 오히려 다른 도시들 규모에 대한 상대적인 관계에서 평가된다. 좀 더 정교한 견해는 도시의 규모뿐만 아니라 성장률도 고찰한다 (Townroe, 1979).

예컨대 <그림 5-1>에서 기반 시설 비용은 자치 도시 당국에 의해 감당되고, 교통 혼잡 비용 및 증가된 대기오염과 범죄 등은 도시 내의 모든 가구들에 의해 감당된다고 하자. 이 경우 기업들은 좀 더 높은 생산성을 가져오는 집적의 경제를 누리는 반면, 집적의 비경제(도시의 비경제) 비용은 부담하지 않는 결과가 된다. 따라서 도시가 이미 최적 규모를 넘어서 집적의 비경제 단계에 이르렀는데도 계속 커지는 결과가 초래된다. 이와 같은 기대는 도시들이 성장하는 방법에 관한 가정들에 근거하고 있는데, 생산성이 증가함에 따라 소득이 늘어나게 되고 소득이 향상되는 한 도시인구는 증가하게 될 것이라는 점에 특히 주목할 필요가 있다. 결국 소득이 향상되는 한편에서 집적의 비경제는 계속 커진다는 것을 의미한다. 즉, 개인의 소득 향상과 다르게 사회적 비용은 지속적으로 상승하는 결과를 초래하는 것이다.

급속한 인구의 도시 집중은 도시의 노동시장뿐만 아니라 도시와 농촌 모두에서 다양한 지역의 비경제 현상을 야기한다. 이런 비경제적 현상으로는 도시 지역의 경우 실업률 증가, 교통 혼잡 등을 들 수 있다(김형국, 1997: 211~213). 이 같은 측면에서 많은 국내외 학자들이 도시화에 따른 도시 및 농촌의 비경제적 현상을 연구해왔으며(김경환, 1993; 이번송 외, 1995; Kim, 2001), 이러한 논의에서는 적정 도시 규모의 존재 유무에 대한 논쟁과 함께 일정 규모를 넘어서는 과도한 도시화가 야기하는 사회적 문제점도 제기되었다(Richardson, 1987; Qutub and Richardson, 1986).

3. 제2차 국토종합개발계획

제2차 국토종합개발계획(1982~1991)은 인구의 지방 정착과 생활환경 개선을 목표로 수도권 집중 억제와 권역 개발을 추진했다(이원섭, 2006: 3). 이는 제1차 국토종합개발계획의 문제점으로 지적된 경부축 중심의 양극화에 대한 처방이었다. 그리고 이를 위해 서울과 부산이라는 양대 도시의 성장을 억제하고 성장거점 도시 육성을 통한 국토 균형발전을 추구했다. 그러나 이러한 정책도 실제로는 서울과 부산이라는 단핵 구조의 성장거점 전략에서 다핵 구조의 성장거점 전략으로 변형한 것에 지나지 않았다. 더구나 1970년대에 시작된 부동산 투기는 이후 2007년에 정점에 이를 때까지 지속되었다. 따라서 수도권의 과밀 완화와 인구의 지방 정착이라는 목표를 달성할 수는 없었다.

인구와 산업이 수도권에 집중되어 있는 수도권 일극 집중체제를 극복하기 위해 1982년 '수도권정비계획법'이 제정되고 수도권 집중 억제책이 강화되었지만 실효를 거두지는 못했다. 지방 육성책이 결여된 상태에서 추진된 총량 규제 정책은 제조업의 수도권 분담 비율을 증가시키는 결과를 초래하고 말았다(남기범, 2003; 김성배, 2005).

1980년 이후부터는 서울 주변 지역으로 서울의 영향력이 크게 넓어졌다. 다시 말해 서울의 인구와 도시적 활동이 서울 주변 지역에 원심적으로 확대되는 현상이 확인되었다(권용우, 2001: 45). 한편 1970~1980년에 서울시 근로자들이 지불하는 주거비는 그들의 가계소득과 비교해볼 때, 1976년까지는 17% 미만이었으나, 1977년에는 17.9%, 1978년에는 18.7%, 1979년에는 20.1%, 1980년에는 21.1%로 집계되어 해가 갈수록 그 비율이 증가했다(경제기획원, 1981: 54~71).

1980년 중반 이후 도시가 팽창하면서 그린벨트도 위기를 맞았다. 도시에 용지 부족 현상이 심각해지면서, 지가 상승을 통한 시세 차익을 기대하는 땅 소유주들의 집단적인 반발이 시작되었다. 특히 1980년대 후반 서울의 주택 문제는 대단한 위기 상황을 맞았다. 1980년대 중반 이후 무역수지가 호전되어 유휴자금이 생기면서 주택 수요가 폭발적으로 늘어났고, 서울 강남 지역의 주택 가격이 30~50% 급상승했다. 더욱이 1987년 5월 서울의 올림픽 패밀리 아파트 분양을 끝으로 중대형의 아파트 공급이 사실상 중단되었고, 8학군을 겨냥해 강남 지역으로의 전세 입주 수요가 늘면서 아파트 값이 폭등했다. 이러한 현상은 강북으로, 또 주변 수도권 지역으로 확산되었으며, 도시 안의 신시가지 건설로는 한계에 달해 수도권의 주택 문제는 더욱 심화되었다. 여기에 전세·월세 파동까지 겹쳐 세입자나 무주택자의 집 문제는 그야말로 폭발 직전의 시급한 현안으로 떠올랐다(권용우,

지역	위치	기능 및 성격	시행자
분당	서울 남동 25km	· 수도권의 중심 업무 지구(central business district: CBD)로 기능하게 될 자족적 신도시 · 쾌적한 교외 주거지	한국토지개발공사
일산	서울 북서 20km	· 예술·문화형의 전원도시 · 남북통일의 전진 기지 · 수도권 서부의 중심 도시	한국토지개발공사
중동	서울 서쪽 20km	· 부천시 신중심 업무 지역 · 대도시 근교 주거 지역	부천시, 한국토지개발공사, 대한주택공사
평촌	서울 남쪽 20km	· 안양시 신중심 업무 지역	한국토지개발공사
산본	서울 남서 25km	· 군포시 신중심 업무 지역 · 쾌적한 전원도시	대한주택공사

자료: 건설부(1992), 권용우(2001: 241) 재인용.

2001: 239).

결국 정부는 1980년대에 수도권의 주택 문제 해소를 위해 목동, 상계동 등지에 대규모 주택단지를 건설했다(안태환, 2000: 233). 1980년대 말 서울의 주택 위기에 급박하게 대처한 공간적 산물이 수도권 신도시이다. 5개 신도시는 명칭만 신도시일 뿐 실제로는 기존의 도시 안에 건설된 대규모 교외 거주 지역의 특성을 지닌다. 이는 1960년대 이후 30년간 변함없이 이어진 수도권의 관리체계를 근본적으로 뒤엎는 조치였다(권용우, 2001: 240).

이처럼 수도권 신도시 건설은 다량의 주택을 공급함으로써 주택 투기 문제를 해결하고 주택 가격을 안정시키기 위해 추진되었으며, 동시에 자족적인 신도시를 건설함으로써 서울의 과밀에 따른 도시 문제를 광역적 차원에서 해결하기 위한 것이었다. 그러나 현지 사정을 무시한 채 단기간에 중앙정부에서 일방적으로 계획·추진했고, 이후 여론의 향배에 따라 무원칙적으로 계획이 변경되었다. 더욱이 주민의 80% 이상이 신도시에 직장을 갖고, 20% 정도만이 서울로 출퇴근하도록 하며, 중소형 서민 아파트를

〈표 5-9〉 수도권 신도시의 토지 이용계획 (단위: ha, %)

구분	분당	일산	평촌	산본	중동
도시 면적	1,894.0(100.0)	1,573.0(100.0)	494.7(100.0)	418.9(100.0)	543.9(100.0)
주거 지역	614.1(32.4)	528.3(33.6)	193.6(39.1)	191.2(45.6)	180.4(33.2)
상업 지역	85.5(4.5)	45.7(2.9)	18.3(3.7)	22.8(5.4)	51.7(9.5)
업무 지역	72.5(3.8)	106.3(6.8)	4.1(0.8)	-	72.5(3.8)
학교	72.1(3.8)	59.7(3.8)	34.3(6.9)	32.5(7.8)	16.6(7.8)
공공 청사	16.9(0.9)	9.0(0.5)	15.3(3.1)	8.7(2.1)	42.5(3.1)
도로	380.4(20.1)	304.7(19.4)	112.7(22.8)	54.5(13.0)	133.3(24.5)
공원·녹지	365.5(19.3)	372.9(23.7)	70.2(14.3)	63.6(15.2)	66.3(12.1)
기타	287.9(15.2)	146.4(9.3)	46.2(9.3)	45.6(10.9)	105.1(19.3)

자료: 김영하(1995: 25).

최고 50%까지 건설하겠다는 계획은 '공약(空約)'으로 그치고 말았다(권용우, 2001: 242~243).

수도권 신도시는 토지 이용계획상으로 볼 때 주거 기능을 중심으로 계획되어 있으며, 도로나 공원·녹지 등도 기존 신도시(신시가지)와 비슷하게 구성되어 있다. 그러나 자족 기능 확보에 필요한 상업·업무 용지의 구성비가 전체의 8% 수준에 머물고 있어서, 신도시 토지 이용계획 내 산업 용지의 구성비가 20% 이상은 되어야 한다는 외국의 신도시 사례에 비추어볼 때, 당초 계획대로 자족적인 수도권 신도시의 실현 가능성은 희박하다(권용우, 2001: 243).

4. 제3차 국토종합개발계획

제3차 국토종합개발계획(1992~1999)은 서해안 신산업 지대와 지방 도시 육성을 통한 지방 분산형 국토 개발을 추진했다(이원섭, 2006: 3). 제2차 국토종합개발계획의 기조가 대체로 이어졌고, 수도권 집중과 지역 간 불균형 완화가 추구되었다. 이에 더하여 제3차 국토종합개발계획에서는 국제화와 개방화를 진전시키고 통일에 대한 대비를 포함하고 있었다. 이것은 1986년 이후 무역수지가 흑자로 전환되고 1988년 서울 올림픽을 무사히 마치면서 얻게 된 변화였다. 한국은 북한에 대해 체제 경쟁에서의 자신감을 획득했고, 아시아의 변방 국가라는 위치에서 벗어나 국제사회에 이름을 알리기 시작했다.

이러한 과정에서 88 올림픽을 전후한 주택 가격 폭등에 대처하기 위한 주택 공급 방안의 일환으로 1990년대 초반에 분당, 일산, 산본, 중동, 평촌 등과 같은 신도시를 수도권에 건설했다(안태환, 2000: 234).

1994년의 경우 분당, 일산, 산본, 중동, 평촌 등 수도권 5개 신도시의 전입자 42만 8,000명 가운데 76.4%인 32만 7,000명이 서울에서 전입한 것으로 집계되었다. 이것은 신도시 개발이 서울 인구를 유인하고, 서울에서 신도시로 이주해 나간 자리에는 수도권 또는 지방에서 새로운 인구가 유입되는 주택 순환 과정이 전개되었다는 것을 의미한다(권용우, 2001: 80).

1997년 서울의 평균 지가는 115만 1,705원이었다. 그러나 서울과 인접해 있는 주변 지역의 지가는 서울에 비해 1/2~2/3 정도이며, 서울 중심부에서 멀수록 지가가 하락했다(권용우, 2001: 78).

1998년에 집권한 김대중 정부는 정치적 민주화의 상징이 되었다. 하지만 집권 경험이 없는 야당이었던 김대중 정부는 한편으로는 행정 경험이 부족했다. 더구나 이전의 김영삼 정부에서 발생한 아시아 금융 위기로 경제는 악화 일로였다. 이 같은 상황에서 민주화라는 목표를 성취한 정치적 지지 세력을 만족시킬 만한 충분한 경제적 성장을 이룬다는 것은 불가능했다. 김대중 정부는 벤처 산업 육성과 그린벨트 해제를 통한 주택 공급에 치중했다. 앞의 2장에서 언급했듯이, 김대중 정부(1998.2.25~2003.2.24) 시절인 2000년 1월에 경기도 시화산업단지 933만m²가 그린벨트로 지정된 지 29년 만에 해제되었는데, 이후 수도권 집값 문제를 해결하기 위해 등장한 것이 그린벨트를 해제해 그곳에 저렴한 아파트를 짓는 방식이었다.

5. 제4차 국토종합계획

1) 제4차 국토종합계획(원안)

제4차 국토종합계획(2000~2020)은 세방화[7] 시대에 대응하여 국토 균형발전과 개방형 통합 국토 구축에 역점을 두었다(이원섭, 2006: 3). 1990년대의 1기 신도시가 집값 안정에 기여했다는 평가를 받았지만, 2000년대에 들어 집값이 폭등하자 정부는 수도권 2기 신도시를 개발하기 시작했다. 수도권 2기 신도시는 서울에서 30~50km 떨어진 외곽에 주거지 중심으로 개발되었다. 수도권 2기 신도시는 모두 11곳으로, 화성 동탄1, 동탄2, 성남 판교, 파주 운정, 오산 세교, 송파 위례, 인천 검단, 광교, 김포 한강, 양주, 평택 고덕국제화도시 등이다. 11곳의 총면적은 164km²이며, 모두 70만 4,000가구의 주택이 들어서도록 계획되었다. 그러나 이후 고덕국제화도시처럼 규모 축소가 일어나, 현재는 약 60만 가구로 예상된다.

그러나 2기 신도시는 출발부터 전체 면적에서 상업·업무 지구가 차지하는 비율이 평균 3~7%에 불과하며, 접근성이 나쁘고, 사회간접자본도 부

---

7 영어로 'glocalization'이라고 표기하는데, 이는 세계화를 의미하는 'globalization'과 지방화를 의미하는 'localization'의 합성어이다.

〈그림 5-2〉 수도권 1·2기 신도시 위치

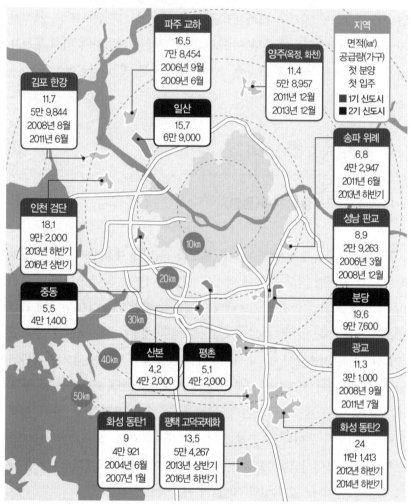

자료: ≪매경이코노미≫, 2011.11.23.

족하다는 것이 약점으로 지적되었다. 자생력이 없는 도시로 출발했기에 태생적으로 베드타운으로 전락하거나 대량의 미분양 사태가 발생할 위험을 가지고 있었다.

더구나 수도권 1기 신도시가 건설된 지 10년이 더 지나면서 인구 감소, 1~2인 가구 증가, 출산율 감소, 가처분소득 감소 등 사회적 추세가 이미 변했는데도, 수도권 1기 신도시와 동일한 방법으로 안이하게 접근했다. 이후 글로벌 금융 위기까지 겹치면서 이제는 주택 공급 위주의 신도시 개념의 효용성 자체에 대한 의문이 제기되고 있다.

김대중 정부와 마찬가지로 노무현 정부도 수도권 그린벨트를 풀어 국민임대주택단지를 지었고, 이명박 정부 역시 2009년 본격적으로 그린벨트를 해제하고 보금자리주택지구로 지정했다. 2001년 1월 이후 10년 사이 전체 그린벨트의 1/4가량인 1471km^{2}가 해제되었다. 제4차 국토종합계획의 기본목표 중 하나가 '자연과 어우러진 녹색 국토'였고, 특히 이명박 정부는 녹색성장을 강조했다. 그러나 이런 구호와 달리 정치권의 의식과 행정 역량은 대규모 택지 개발을 통한 주택 공급이라는 과거의 틀에서 벗어나지 못했다.

참여정부는 집권 기간 내내 부동산 과열을 막으려고 노력했지만 부동산 가격이 상승했고, 이명박 정부는 집권 기간 내내 부동산 경기를 부양하려고 했는데 부동산 가격이 하락했다. 두 정부를 거치면서 10년 동안 기울인 다양한 정책적 노력에도 불구하고 의도와는 반대되는 결과가 나타난 것이다. 결국 참여정부와 이명박 정부의 부동산 정책은 철저한 실패였다고 볼수 있다.

2) 제4차 국토종합계획(수정계획)

제4차 국토종합계획 수정계획(2006~2020)은 행정중심복합도시 건설 등으로 인한 국토 공간구조의 변화를 반영하고, 남북 교류·협력을 확대하며, 대외 환경 변화에 대응하는 국토 전략을 제시하기 위해 수립되었다.

〈표 5-10〉 제4차 국토종합계획과 제4차 국토종합계획 수정계획의 비교 (1)

명칭	제4차 국토종합계획	제4차 국토종합계획 수정계획
기간	· 2000~2020	· 2006~2020
기조	· 21세기 통합 국토의 실현	· 약동하는 통합 국토의 실현
목표	· 4대 목표: 균형 국토, 녹색 국토, 개방 국토, 통일 국토	· 5대 목표: 균형 국토, 개방 국토, 녹색 국토, 복지 국토, 통일 국토 · 삶의 질을 중시하여 '복지 국토'를 추가
국토 공간 구조	· 개방형 통합 국토축 형성: 연안 국토축 + 동서 내륙축	· 개방형 국토축과 다핵 연계형 국토구조 형성: π형 국토축 + (7+1) 권역 · 세계를 향한 개방 국토와 자립형 지방화를 위한 국토 공간구조 형성
추진 전략	· 5대 전략 ① 개방형 통합 국토축 형성 ② 지역별 경쟁력 고도화 ③ 건강하고 쾌적한 국토 환경 조성 ④ 고속 교통·정보망 구축 ⑤ 남북 교류·협력 기반 조성	· 6대 전략 ① 자립형 지역발전 기반 구축 ② 동북아 시대의 국토 경영과 통일 기반 조성 ③ 네트워크형 인프라 구축 ④ 아름답고 인간적인 정주 환경 조성 ⑤ 지속 가능한 국토 및 자원 관리 ⑥ 분권형 국토계획 및 집행체계 구축
지역 개발	· 지방 육성을 적극적으로 추진하기 위해 지방의 10대 광역권을 종합적으로 개발	· 지역혁신체제* 구축을 통한 자립적 지역발전 기반 마련 · 행정중심복합도시 건설, 공공기관의 지방 이전, 혁신도시 및 기업도시 건설 추진
산업 단지	· 수요자 중심의 입지 여건을 제공함으로써 기업의 선택을 중시하고 정부는 기반 시설 지원 · 기업 활동이 자유로운 자유항 지역 개념 도입	· 혁신 클러스터 형성을 촉진하는 구조로 산업단지를 개선 · 지역 특성에 맞는 전략 산업 육성
관광	· 국제적 문화·관광 기반 구축에 중점을 두면서 문화권 조성 · 환경성, 문화성 강조	· 동북아 관광 거점의 조성 · 권역별 문화 관광의 특화 발전

* 지역혁신체제(Regional Innovation System: RIS)는 1980년대 후반 이후 국가 차원에서 제기되어온 국가혁신
  체제(National Innovation System: NIS)의 지역이라는 하위 차원에서 응용되는 개념이다(이성우, 2004).
  자료: 이원섭(2006: 5).

〈표 5-11〉 제4차 국토종합계획과 제4차 국토종합계획 수정계획의 비교 (2)

명칭	제4차 국토종합계획	제4차 국토종합계획 수정계획
동북아	· 동북아를 겨냥한 신산업 지대 구축 · 대외 교역과 외국인 투자 유치를 위한 신 개방 전략 거점 구축	· 경제자유구역, 자유무역지역 등 동북아 경제협력 거점 개발 · 동북아 개발 공동체 형성과 지역 간 교류·협력 확대
남북한	· 접경 지역의 평화 벨트 조성 · 남북 연계 교통망 복원	· 접경 지역의 평화 벨트 조성 · 북한 경제특구의 개발과 한반도 통합 인프라 구축
환경	· 국토 전 분야에 친환경 개념을 도입한 전방위 국토 환경 보전 및 국토 생태 통합 네트워크 복원 제시	· 기후 변화 등 지구 환경 문제에 대한 대응 강조 · 에너지·자원 위기에 대한 대비
수자원 방재	· 유역권별 종합적 하천 관리를 통해 댐 및 광역 상수도 건설, 수질, 방재 등을 통합 관리	· 적극적인 수요 관리 등 수자원의 효율적 이용 · 예방적·통합적 방재체계 구축
교통	· 30분 내 기간교통망 접근체계를 구축하기 위해 전국을 하나의 생활권으로 묶는 통합 교통망 체제를 제시 · 동북아 관문 기능 수행을 위한 국제 교통망 구축을 강조 · 인간 중심적·친환경적 교통망 강조	· 7×9 간선도로망 지속 추진 · TCR, TSR* 등 남북한-동북아 연결 교통망 구축 · 행정중심복합도시와 각 지역의 연결성 강화 · 인간 중심적·친환경적 교통망 강조
정보	· 광속의 통합 정보 네트워크를 구축하여 국토 전체를 디지털화	· 시공자재(時空自在, ubiquitous)의 디지털 국토 구현
도시	· 쾌적한 도시 생활환경 조성	· 삶의 질을 보장하는 살고 싶은 도시 조성 · 사회적 약자와 더불어 살아가는 인간적 도시 건설
주택	· 살기 좋은 우리 동네 만들기로 전환하여 커뮤니티 중심의 주거 환경 개선, 서민 주거 안정, 다양한 주택 유형 공급	· 다양한 주택 수요에 대응하는 수요자 중심의 주택 공급 · 지방정부와 민간의 참여를 통한 주택의 공급과 관리체계 마련
토지	· 계획적 개발(선계획·후개발)을 통해 질서 있는 국토 이용 관리에 중점	· 계획적 토지 이용 관리 강화 · 산지 및 농지의 체계적 관리
집행	· 지방분권화 및 지역 간 협력체제를 기반으로, 지자체의 자율적 계획·집행 강조 · 조직, 법, 재원 기반 구축	· 지방분권과 갈등 조정 시스템 구축 · 투자 재원의 다양화와 운영 효율화

* 중국횡단철도(trans-China Railroad: TCR), 시베리아횡단철도(trans-Siberia Railroad: TSR)를 가리킨다. 한편 한반도종단철도는 TKR(trans-Korea Railroad)이라고 한다.
자료: 이원섭(2006: 5).

계획의 기본적인 틀은 다음과 같다. 첫째, 경쟁력 있는 통합 국토의 건설이다. 개별 지역이 통합된 광역적 공간 단위에 기초한 신국토 골격을 형성하여 지역 특화 발전과 동반 성장을 유도한다는 것이다. 또 남북 간 신뢰에 기반을 두고 경제협력과 국토 통합을 촉진하는 것이다.

둘째, 지속 가능한 친환경 국토의 건설이다. 경제성장이 환경과 조화되고 에너지·자원 절약적인 친환경 국토를 건설하는 것이다. 또 기후 변화로 인한 홍수·가뭄 등의 재해에 안전한 국토를 구현하는 것이다.

셋째, 품격 있는 매력 국토를 건설하는 것이다. 역사·문화 자원을 국토 공간에 접목하여 품격 있는 국토를 조성하고, 정주 환경을 개선하여 국민 모두가 쾌적한 삶을 누리는 매력적인 국토를 건설하는 것이다.

넷째, 세계로 향한 열린 국토를 건설하는 것이다. 유라시아·태평양 시대에 물류, 금융, 교류의 거점 국가로 도약하기 위해 글로벌 개방 거점을 확충하고, 대륙·해양 연계형 인프라를 구축함으로써 유라시아·태평양 지역의 관문 기능을 강화하는 것이다.

그러나 제4차 국토종합계획 수정계획의 기본적인 틀은 수사학(修辭學)의 단계를 벗어나지 못했다. 무엇보다 행정중심복합도시 건설과 국가균형발전에 초점이 모아지면서, 40여 년 동안 지속되어온 대한민국 국토종합계획의 근간을 흔들었다. 경제적 타당성과 재원 조달 등 구체적 정책 수단이 확보되지 않은 상태에서 실시된 세종시, 혁신도시, 기업도시 등의 주요 정책은 지금까지도 표류하고 있다. 게다가 세계로 향한 열린 국토를 건설하겠다면서, 당장 인접한 중국 및 일본과의 경쟁 관계를 이해하지 못했고, 광역경제권(mega city region: MCR)이 형성되는 세계적 추세에 역행했다.

<그림 5-3>에서 나타나듯이 제4차 국토종합계획 수정계획이 완료되는 2020년에는 남북 7개축, 동서 9개축의 격자형 고속 간선도로망 구축이 완료된다. 이에 따라 대부분의 농촌 지역에서 지방 거점 도시까지 30분 이내

〈그림 5-3〉 국토종합계획의 격자형 도로망 및 철도망

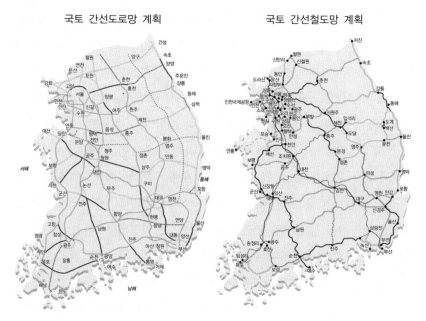

자료: 대한민국 정부(2005).

에 접근이 가능해질 것으로 보았다. 또 이러한 전반적인 교통 발달이 대도
시의 영향력을 강화시키기도 하지만, 다른 한편으로 지방 거점 도시와 연
계된 배후 농촌 지역이 여가 공간, 정주 공간으로서의 매력을 살리는 데
기여하는 긍정적 효과도 나타낼 것이라고 보았다(박시현, 2006: 53~55). 그
러나 이후 10여 년 동안 수도권으로의 인구 집중은 지속되었고(<그림 1-2>
참조), 이는 정책의 이념적 당위성을 넘어서는 정책 수단의 창조를 요구하
고 있다.

국토해양부는 2010년 12월 2일 녹색성장, 광역경제권 전략 등 대내외
여건 변화에 능동적으로 대처하기 위해 2005년에 이어 두 번째로 제4차
국토종합계획의 수정계획을 마련했다고 밝혔다. 이때 마련된 제4차 국토

종합계획 수정계획(2011~2020)[8]의 핵심 골자는 '신도시 개발보다 도시 재생 위주'로 국토 개발의 패러다임을 바꾸겠다는 것이다. 구체적으로는 최소한 2020년까지는 신도시를 추가로 지정하지 않고, 그 대신 노후한 도심을 재생하고 시가지에 이용되지 않는 땅을 우선 개발해 한국형 '압축도시(compact city)'를 조성한다는 것이다. 이는 도시 개발의 패러다임을 외곽에 신도시를 건설하는 것에서 기존의 구도심 개발(또는 재생)로 전환한 것이며, 노후한 지방 도심과 산업단지 등이 과제의 주 대상이 될 것이다.

데니스 론디넬리(Dennis A. Rondinelli)와 케네스 러들(Kenneth Ruddle)은 '균형 잡힌 공간체계'를 주장했다(Rondinelli and Ruddle, 1978). 이는 중심지와 중심지뿐만 아니라 중심지와 농촌 배후지들이 잘 연결되는 '적절한' 중심지들의 위계가 있는 체계이다. 따라서 대도시 문제는 중간 규모 도시들의 부재뿐만 아니라 이른바 '연계성'의 부재를 의미한다. 그러한 시각에서 잘 연계된 공간경제는 순위 규모 분포의 출현을 촉진하게 되며, 이러한 분포는 '적합한' 연계성을 촉진하게 된다.

제4차 국토종합계획 수정계획은 '남북한 교류·협력 확대에 대비한 기반 구축'을 위해, 접경 벨트를 중심으로 남북 교류·협력 기반을 구축하고, 접경 지역의 생태 환경 보전, 평화지대 구축 및 남북한 수자원 모니터링 등 남북 관계 진전에 대비한 협력 과제 강구를 언급하고 있다. 그리고 '유라시아·태평양 시대를 선도하는 글로벌 국토 역량 강화'를 위해 한·중·일 복합 수송체계를 구축하고, 아시아 하이웨이 및 횡단철도 연결을 추진하여 글로벌 교통·물류·관문 국가로의 도약을 언급하고 있다.

인천은 수도권의 관문 도시로서뿐만 아니라 자체의 규모로 세계도시로 비상하기를 꿈꾸고 있다. 동북아의 허부 공항인 인천공항과 황해의 허브

---

8 제4차 국토종합계획은 대내외 여건 변화를 반영해 5년마다 한 번씩 수정된다.

〈표 5-12〉송도국제업무단지 개발·외자 유치 추진 실적

구분		계획(A)	실적(B)	비율(B/A)
준공 기준 개발 사업	주거	1,016,041m²	349,119m²	34.4%
	상업·업무	1,163,443m²	-	0.0%
	계	2,179,484m²	349,119m²	16.0%
외국인 직접투자 금액 (2008년 말 기준)		21억 3,500만 달러	3,350만 달러	1.6%

자료: ≪조선일보≫, 2010.3.14.

항만인 인천항을 기반으로 영종 지구, 청라 지구, 송도 지구 세 곳에 경제
특구를 만들어 세계 자본을 유치하고 있다. 그러나 세계적 기업 대부분이
중국으로 가려 하고 한국 기업도 중국으로 가려고 하는 때에 인천경제자
유구역의 앞길이 밝지만은 않다. 항만과 공단으로 바다가 막히게 될 도시
구조도 문제이다. 공항 주변과 송도 특구 핵심 지역에는 세계 자본이 찾아
오겠지만, 세 경제특구 전체는 한국 경제 규모나 중국으로의 쏠림 현상으
로 보아 과도한 계획이다(김석철, 2005: 63~65).

여기에다 방만한 경영으로 인한 인천시의 재정 위기와 세계적인 경제
침체 속에서 인천경제자유구역은 침체 상태를 벗어나지 못하고 있다. 더
구나 외자 유치도 차질을 빚고 있다. 송도 신도시 개발 사업체인 송도국제
도시개발유한회사(NSIC)[9]가 당초 목표의 1.6%에 불과한 3,350만 달러의 외
자를 유치하는 데 그치자, 인천경제자유구역청은 12~14만m²의 토지를 재
매입한 뒤 제3자에게 매각해 개발하도록 방침을 정했다. 송도국제도시개
발유한회사는 송도컨벤시아, 중앙공원 등을 건립했지만, 수익성 높은 택지

9 미국 개발 회사인 게일인터내셔널사(社)와 포스코건설의 합작회사이다. 송도국제
  업무단지 개발 사업 시행자로 지정되어 2002년 3월 인천시와 토지 공급 계약(면
  적 3.8km², 가액 1조 2,600억 원)을 체결했다.

〈그림 5-4〉 녹색기후기금의 거버넌스 구조

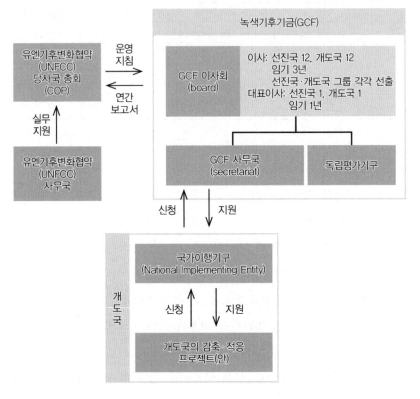

자료: 공감코리아(www.korea.kr).

개발에 치중한 탓에 개발 사업과 외자 유치 실적은 부진했다.

현재에 이르러서도 송도를 포함한 인천경제자유구역의 앞날은 불투명하며, 기대했던 효과를 가져오기에는 역부족으로 판단된다. 한편 2012년에 녹색기후기금(Green Climate Fund: GCF) 사무국의 송도 유치가 이루어져 긍정적인 전망을 주고 있다. 녹색기후기금은 2010년 멕시코 칸쿤(Cancún)에서 개최된 유엔기후협약에서 설립이 합의된 유엔의 산하기관이다. 이는 선진국이 개발도상국의 온실가스 감축과 기후 변화 적응을 지원하기 위해 유엔기후변화협약(United Nations Framework Convention on Climate Change: UNFCCC)을 중심으로 만든 국제기구이다. 2020년까지 총 8,000억 달러(약 904조 원)의 기금을 조성하게 된다.[10]

---

10 IMF의 기금이 8,450억 달러이다.

제2부
현재 한국 국토 공간구조의 변화

The Spatial Structure Changes in Korea's Now

6

참여정부의 국가균형발전 정책

|

The Balanced National Development Policy of Participatory Government

1. 지역불균형발전에 대한 비판

지역[1]의 단위는 국가에 따라 다르고, 한 국가 내에서도 다양하다(OECD, 2005: 15). 균형성장 이론은 부문 간의 보완적 투자(complementary investment)를 통한 동시적(simultaneous) 발전으로 국가 발전을 도모하는 전략이다. 균형성장 전략은 로젠슈타인-로단(Rosenstein-Rodan, 1961), 넉시(Nurkse, 1953), 루이스(Lewis, 1954) 등에 의해 주창되었다(Sundrum, 1983: 180~181). 이 전략들은 한 부문의 유효수요가 다른 부문의 활동 수준에 의해 결정된다는 것을 가정으로 하여, 산출에 대한 적정한 유효수요를 유발할 수 있도록 부문 간에 주어진 자원을 적정하게 배분하는 것을 목적으로 한다. 그렇게 되면 개

---

1   예를 들어, OECD 국가들의 경우 가장 작은 지역 단위는 $10km^2$보다 작은 경우도 있고(Concepcion de Buenos Aires, Mexico), $2,000km^2$ 이상이 되는 경우(Nunavut, Canada)도 있다. OECD 지역의 인구를 보더라도 400명 정도 되는 경우(Balance ACT, Australia)가 있는 반면, 일본의 간토처럼 4,700만 명이나 되는 경우도 있다. 이러한 이유로 지역을 분석할 때 분석의 단위가 중요하다(최영출 외, 2007: 7).

별 부문은 생산에 대한 수요의 소득탄력성에 비례하여 성장하게 된다(김용웅 외, 2009: 146). 로젠슈타인-로단(Rosenstein-Rodan, 1961)은 저발전국이 빈곤의 악순환에서 벗어나기 위한 방법으로 일정 규모 이상의 투자를 통해 최소 필요 수준의 성장을 이루는 이른바 '빅 푸시(big push) 전략'을 제시했다(Sundrum, 1983: 160).

한국은 경제성장에서 '불균형성장 전략'을 채택했고, 공간의 경우에도 제1차 국토종합개발계획에서 '성장거점 전략'을 채택했다. 즉, 경제성장뿐만 아니라 국토계획에서도 불균형을 전제로 출발했던 것이다. 물론 제3세계뿐만 아니라 선진국에서도 대다수 국가가 이러한 불균형성장을 채택했다. 그러나 예상과 달리 이러한 성장거점은 파급 효과(또는 누적 효과)보다는 역류 효과(또는 분극 효과)를 더 가져왔다. 특히 도시와 농촌의 불균형발전을 더 심화시켰다. 지역균형발전이 성장거점이라는 단순한 메커니즘으로 달성되지 않는다는 것을 보여주는 것이었다.

시장에 맡겨둘 경우 자연스럽게 지역불균형발전이 초래될 것이라는 주장은 계속되어왔다. 아이자드(Isard, 1960)는 독일의 입지 이론을 연구하면서 독일어의 'Raumwirtschaft'를 '공간경제'라는 용어로 번역해 사용하기도 했다. 뮈르달과 같이 프리드먼은 '시장의 보이지 않는 손'이 공간균형의 달성을 확보할 것이라는 견해를 단호하게 배척하며, 심지어 '정치적 처방의 기초로서 균형 모형의 파산'을 주장했다(고어, 1997: 63).

2. 지역균형발전에 대한 비판

허쉬만(Hirschman, 1958)은 경제발전 전략을 통해 균형발전 이론에서 제시한 '빅 푸시 전략'이 바람직하지도 가능하지도 않다고 전제하면서 불균형성장 이론을 제시했다. 자원이 부족한 저발전 국가의 경우, 빈곤의 악순환에서 벗어날 수 있는 유효수요를 창출하기 위한 대규모 투자 자원의 마련이 어려울 뿐만 아니라, 한정된 자원을 모든 산업 부문에 동시에 투자해 바람직한 변화를 유발하는 것이 불가능하다는 것이다(김용웅 외, 2009: 147).

지역 격차 또는 지역 불균형(regional disparity, regional inequality, regional imbalance)은 어느 나라에나 상존하고 있으며, 이는 정도의 문제이지 전혀 없을 수는 없는 문제이다(Smith, 1981; Canaleta et al., 2004; Venables, 2005). 그리고 집중(concentration)은 아마도 경제활동의 지리(geography)에 관한 가장 두드러진 특징 중 하나일 것이다. 대부분의 OECD 국가에서 생산은 소수의 도시 지역 주변으로 집중되는 경향이 있고, 산업은 고도로 전문화된 극점들에 포진하며, 실업 역시 소수의 지역에 집중되는 경향이 있다(Adams et al., 2003; House of Commons, 2003).

전통적 노동경제학의 주류 이론은 인적 자원이 사회적 한계생산이 영(zero)에 다다른 농촌 지역에서 자본 축적과 기술 진보의 덕택으로 한계생산이 양이며 급속히 성장하는 도시 지역으로 이동하는 것을 사회적 균형 달성을 위한 바람직한 현상으로 간주하고 있다(Borjas, 1996: ch.9). 이는 농촌·도시 간 이동이 농촌 지역의 잉여노동력을 점점 줄이면서 도시 지역의 산업 성장을 뒷받침하는 필요노동력을 제공하는 역할을 하는 것으로 생각되었기 때문이다(Harris and Todaro, 1970).

OECD 국가들의 경우, 인구의 53% 이상이 도시 지역에 거주하고 있으며, 이러한 집중 패턴은 높은 경제활동 기회 및 도시화라는 과정에서 오는 서비스의 이용 가능성 때문에 자기 강화적 기능을 가지고 있다. 많은 OECD 국가들(오스트리아, 캐나다, 핀란드, 헝가리, 일본, 멕시코, 포르투갈, 스페인, 스웨덴, 터키 등)에서 GDP의 약 40% 이상이 단지 약 10%의 지역에서 산출되고 있다(OECD, 2005: 16).

한국의 지역개발 이론가들도 지역균형발전을 거부하지는 않는다. 다만 지역균형발전을 가져올 수 있는 방법이 있는가, 또 지역균형발전을 통해 얻는 것이 많은가 하는 점이 문제이다. 아이라 로빈슨(Ira M. Robinson, 1972)과 안드레아스 팔루디(Andreas Faludi, 1973)에 따르면, 계획은 사회적 의사결정을 합리적으로 정하는 기술이다. 그러나 지역균형발전은 경험적으로 검증된 적이 없다. 전 세계에서 지역균형발전이 이루어진 나라는 없다. 더구나 지역균형발전을 인구의 균등한 분포로 바라보는 시각은 시대착오적이다. 우선 각 지역의 지리적 차이에 의해 이것은 가능하지도 않다. 또 지역의 효율성 차이에도 불구하고 전 국토를 대상으로 한 동일한 사회간접자본의 설치는 경제적으로도 효율성이 낮다.

한 영역에서 시장 실패와 정부 실패가 동시에 나타나는 성장 함정(growth trap) 문제에 대한 해결은 내생적 개발론에 무게를 둔 강력한 압력(big push)의 논의를 촉발시켰고, 이는 정부의 주도적인 역할에 대한 중요성으로 귀결된다. 이러한 논지에서 지방분권과 국토 균형발전에 대한 참여정부의 강력한 처방인 행정중심복합도시 및 혁신도시 건설에 대한 논의는 매우 신중한 접근을 요하는 문제이다(윤성도·이성우, 2007: 85).

3. 지역혁신체제론

1) 지역혁신체제의 등장 배경

제2차 세계대전 이후 서유럽은 포디즘(fordism)을 배경으로 급속한 성장을 이루었다. 그러나 급속한 경제성장의 결과로 지역 간 불균형발전이 심각한 사회적 문제로 대두되었다. 이에 서구 국가들은 발전된 개발 지역에 위치한 기업을 낙후된 지역으로 이전하거나 낙후된 지역에 이러한 기업의 자회사를 설립하여, 낙후 지역의 고용 문제를 해결하고 생산 능력을 향상시키려고 했다(이장재, 1998: 17). 그리고 낙후된 지역에 투자 확대를 유인하는 정책을 폈지만, 지역경제의 불균형을 해소시키지는 못했다. 외부에서 통제되는 기업들은 혁신 역량이 취약했고 지역 공급자들과도 연계되지 못했기 때문이다. 더구나 1970년대 서구 경제의 침체로 오히려 낙후된 개발 지역에 위치해 있던 기업이 우선적으로 폐쇄되는 결과가 나타났고, 이 때문에 지역 간 경제력 격차가 더욱 커지게 되었다. 이러한 과정에서 나타난 미국의 실리콘밸리(Silicon Valley)나 루트 128(Route 128) 지역과 같은 혁신 산업으로 특징지을 수 있는 급속한 성장 지역의 출현은 기존의 지역개발 방식을 새롭게 되돌아보게 만들었다(이장재, 1998: 17). 이에 따라 서유럽 국가들은 내생적 잠재력 전략이라는 새로운 개념에 관심을 갖게 되었고, 이러한 전략에 기초한 지역혁신 정책이 1980년대 중반부터 유럽에서 크게 관심을 받으며 발전해왔다(이민형, 2008: 311).

혁신의 선두 주자로 보통 조지프 슘페터(Joseph Alois Schumpeter)를 꼽는다. 슘페터의 학문적 출발점은 초기 오스트리아 학파의 거장인 카를 멩거(Carl Menger, 1840~1921)로 보는 것이 타당할 것이다. 멩거는 신고전학파를 비판한 초기 인물 중 한 사람으로, 재화가 동질적이지 않고 이질적이며 다양하다는 사실을 생산 이론에 반영할 필요를 제기한 학자이기도 하다. 그러나 슘페터의 혁신 이론에 가장 많은 영향을 준 것은 카를 마르크스(Karl Marx, 1818~1883)와 프리드리히 리스트(Friedrich List, 1789~1846)였다. 마르크스는 자본주의 경제의 발전 과정은 새로운 기계 설비와 기술의 지속적 도입을 촉진시키고 자본주의가 존속하는 것은 역동적인 기술 변화의 덕택이라고 보았다. 리스트는 1841년에 국가체제(national system)의 사회적·제도적 틀이 경제발전에 얼마나 중요한지를 설파한 바 있다(안두순, 2009: 103).

슘페터가 혁신을 진화론적 입장에서 접근한 최초의 학자라면, 혁신을 국가혁신 시스템 차원에서 접근한 학자는 리스트(List, 1841)이다. 국가혁신체제에서 핵심 요소는 국가 시스템과 혁신, 이렇게 두 가지로 나뉘는데, 혁신은 전통적으로 해석하면 슘페터가 말하는 '5대 신결합(5 Neue Kombination)'이라는 도구를 이용하여 경제활동의 가치 사슬에서 더 큰 부가가치로 연결시키는 지식과 기술의 역량 강화 활동을 총칭한다(안두순, 2009: 52). 국가혁신체제는 "개발, 확산 및 활용에 영향을 미치는 주요 경제, 사회, 정치, 조직, 그리고 여타 요인들"(Edquist, 1997), 또는 혁신 과제를 수행하는 조직과 제도가 상호작용하며 동시에 서로 영향을 미치는 국민경제의 한 하부 시스템(subsystem)으로 정의되고, 특히 혁신과 기술 진보의 결정 인자로서의 제도의 역할(role of institution)을 중시한다(안두순, 2009: 131).

2) 지역혁신체제의 발전

국가혁신 시스템은 몇 가지 서로 다른 방향으로 발전하고 있는데 지역혁신 시스템, 산별혁신 시스템, 기술혁신 시스템 등이 대표적이며, 1990년대 말에 산업 클러스터(industrial cluster) 접근이 추가되었다(안두순, 2009: 152). 앞서 언급했듯이, 지역혁신체제란 1980년대 후반 이후 국가 차원에서 제기되어온 국가혁신체제의 지역이라는 하위 차원에서 응용되는 개념이다(이성우, 2004: 61).

OECD를 비롯한 선진국들은 1970년대부터 내생적 지역발전을 위한 지역혁신체제의 구축을 추진해왔다(Asheim and Isaksen, 1997). 지역혁신체제는 경제성장과 경쟁력 확보의 중요한 동인이며, 장기적인 경제성장과 국제 경쟁력의 핵심이다. 또 시장 실패, 정부·정책 실패, 체제 실패(systemic failure)가

〈표 6-1〉 국가혁신체제(NIS)와 지역혁신체제(RIS)의 관계에 대한 주요 입장

관점	주요 국내 연구
RIS는 NIS의 단순한 하위 범주	정선양(1999), 이성우(2004)
RIS와 NIS는 상호 독립적·대립적	김선배(2004), 최지선(2004)
RIS와 NIS는 상호 보완적	-

자료: 이정협 외(2005: 193) 일부 보완.

발생할 경우 군집(cluster)의 필요성은 높아지며(Hansson, 2005), 지역혁신체제
는 세계화된 경제에서 중요한 역할을 수행한다(Asheim and Coenen, 2004). 외
국의 지역혁신체제 관련 정책은 이른바 '산업 군집 정책(cluster-based industrial
policy)'으로 추진되고 있다(OECD, 1995a, 1995b). 요약하면, 지역혁신체제는
각 지역의 전략 산업을 중심으로 한 지역 내 대학, 기업, 자치단체와 같은
내생적 자원들의 협력체계를 구축하고 개별 기관들이 지역발전을 위해 효
율적으로 기능하도록 지원하는 정책을 의미한다고 할 수 있다.

국가혁신체제가 국가 전체적 관점에서 주로 산업과 연관된 기술혁신 및
유관 산업 간 연계망 구축에 대한 내용을 담고 있다면, 지역혁신체제는 지
역의 생산 과정이나 신지식과 기술을 도입·확산하는 과정에서 지역 내부
에 존재하는 다양한 지역발전 요소들의 역동적 상호작용과 관련성으로 이
루어진 제도적·비제도적 연계망이라고 할 수 있다(임형백·이성우, 2004: 420).

지역혁신 정책의 등장은 대량생산에서 유연 전문화 생산으로, 그리고 포
디즘에서 포스트 포디즘으로 생산 방식이 변하는 것과도 연결된다. 생산
조직의 변화는 경제개발에서 지역의 중요성이 높아지는 결과를 가져왔다.
즉, 생산조직의 수직적 분화, 대기업의 소단위 조직으로의 분화 등은 지역
적 신뢰를 기반으로 하는 기업 간 네트워킹과 학습 등을 중요하게 만들었
다. 그리고 이런 변화는 경제 정책의 변화와 기업 제도·환경의 변화를 필
요로 했다. 즉, 지역을 위한 정책 확대, 기술을 통한 지식 확산, 공공·민간

〈표 6-2〉 지역혁신체제 전략과 기타 지역개발 전략의 비교

	포드주의* 지역개발 전략		포스트 포드주의 지역개발 전략	
	성장거점 전략	상향식 개발	기업가적 정부	지역혁신체제론
지적 배경	신고전경제학	종속 이론	신보수주의	제도경제학
상황 인식	전반적 낙후 (고립적 인식)	저발전의 발전 (관계적 인식)	지역 간 경쟁 (관계적 인식)	지구 지방화 (관계적 인식)
전술	선택적 투자	선택적 폐쇄	장소 판촉	연계망 구축
전략	불균등성장	기초 수요 충족	자본 유치	기술혁신
자원 동원	외생적	내생적	외생적	내생적
주체	중앙·지방정부	지방정부	성장 연합	지방정부 + 주민

* 포드주의는 노무 관리와 생산 관리를 합친 종합 관리의 원칙으로서 저가격과 고임금의 원리를 바탕으로 한 봉사(奉仕)주의를 만들어냈다. 물론 이는 영리주의에 대한 전면적 대립이 아닌 단기적·일시적 영리주의에 대한 부정에 불과하고, 봉사주의도 장기적·특질적 영리주의의 변형된 형태에 지나지 않는다. 그러나 이는 일종의 고객 창조주의로서 이전에는 생산에만 종사할 뿐 소비에는 참여하지 않던 생산자를 동시에 소비자로 위치시켰다. 이러한 과정을 통해 자급자족보다는 해외 수출이 강조되었으며, 모든 작업 환경의 통제와 측정을 통한 대량생산과 대량소비, 그리고 단체교섭에 의한 원만한 집단적 노사 관계를 특징으로 하는 포드주의가 유럽에서도 주된 생산 패러다임으로 자리를 잡았다(임형백, 2004: 132; 임형백·이성우, 2004: 133).
자료: 손정원(1998: 174).

파트너십 등을 필요로 했다. 더욱이 당시에 확산되었던 경제의 글로벌화로 국가 단위가 아닌 지역의 역할 강화가 요구되었다(이민형, 2008: 312).

즉, 지역혁신체제는 중앙정부와 지방정부의 산업 정책이 조화와 협력을 이룰 수 있는 내생적 성장론의 패러다임에 의한 산업발전 전략으로 볼 수 있다. 지역혁신체제 구축을 통한 지역별 전략 산업의 발전은 지역의 내생적 발전, 국가 경쟁력 제고와 지역 간 균형발전을 가능하게 한다(임형백·이성우, 2004: 421).

따라서 지역혁신체제 관련 정책은 정부 기구와 부처의 다양한 산업, 기술, 지역개발 정책들을 통합하고 조정하기 위한 기본적인 프레임워크를 마련하는 데 의의가 있다(OECD, 1999a). 지역혁신체제는 기술혁신 과정에서 별로 주목하지 않았던 제도적 요인, 즉 제도적 집약(institutional thickness)을

강조한 것이다(김인중 외, 2001: 21). 이렇듯 지역혁신 정책의 등장은 지역개발 정책의 새로운 변화로 볼 수 있다. 그러나 지역혁신 정책의 등장은 기술 정책의 변화, 생산 방식의 변화와 같은 사회적·경제적 변화와도 밀접히 연계되어 있다(Hassink, 1998: 30~32).

3) 지역혁신체제의 유사 개념: 혁신 지역

고석찬(2004)은 혁신 지역의 유형을 다음의 <표 6-3>과 같이 분류하고 있으며, 지역혁신체제를 혁신 지역의 한 유형으로 보고 있다.

〈표 6-3〉 혁신 지역의 유형

혁신 지역의 유형	비고
유연한 전문 생산 구역 (flexible and specialized industrial districts)	· 중소 생산업자들이 세부 공정에 필요한 특정 분야와 생산 단계 별 첨단 기술에 전문화한 후 기업들 간의 협력을 통해 혁신적인 상품을 생산(고석찬, 2004)
대도시 중심 업무 지구 (central business districts)	· 문화와 금융 서비스 등 새로운 상품과 생산 과정을 향상시킬 수 있는 생산자 서비스업 중심의 지식 집약 지구(Scott, 2000) · 연구 개발 활동 자체보다는 연구 개발 결과의 새로운 응용, 새로 운 상품 디자인과 같은 전문성에 기초한 자문 등 생산자 서비스 활동(Scott, 2000)
과학기술단지 (science technology parks)	· 인위적·계획적 노력으로 창조된 혁신 환경으로, 세계적으로 가 장 보편화된 혁신 환경(Gibb, 1985; Monck and Quintas et al., 1988)
테크노폴리스 (technopolis)	· 과학기술단지를 도시적 차원에서 확대한 좀 더 큰 규모의 혁신 환경(Komninos, 2002)
지역혁신체제 (regional innovation system)	· 지역개발 정책의 틀 안에서 기술혁신 능력의 향상을 통해 낙후 지역의 발전을 촉진(고석찬, 2004) · 지역혁신체제를 구성하는 제도적 장치를 구축하는 데서 시작 (고석찬, 2004)
가상과학기술단지 (virtual science technology parks)	· 현실적으로 존재하는 산업 지구, 과학기술단지, 테크노폴리스 에 새로운 정보·통신 기술을 접목함으로써 지능도시 또는 지능 과학단지를 구축(Komninos, 2002)

자료: Lim et al.(2006: 10) 참고·보완.

4) 지역혁신체제의 유사 개념: 클러스터

클러스터 이론은 앨프리도 마셜이 자신의 저서 『경제학 원론(Principles of Economics)』에 「전문화된 산업 입지의 외연성(Externalities of Specialized Industrial Locations)」이라는 글을 게재하면서 언급되었다. 이미 수세기 전부터 몇몇 산업은 특정 지역에 집중되는 현상이 있었다. 그렇기에 클러스터도 오래 전부터 하나의 경제 현상으로 자리 잡았던 것이다. 하지만 클러스터의 역할은 특별히 언급할 만큼 광범위하지는 않았다. 그러나 경쟁이 격화되고 근대 경제가 점점 더 복잡해지면서 클러스터의 결속력과 수가 확대되었다. 특히 지식이 주요 경쟁 요소로 떠오른 세계화는 클러스터의 역할을 크게 바꾸었다(포터, 2001: 249).

OECD(1999b)는 클러스터를 "부가가치를 창출하는 생산 사슬에 연결된 독립성이 강한 기업들과 지식 생산 기관(대학, 연구 기관, 지식 제공 기업), 연계 조직(지식 집약 사업 서비스, 브로커나 컨설턴트 등), 고객의 네트워크"로 정의하고 있다. 한편 고든과 맥칸(Gordon and McCann, 2000)은 클러스터 내 기업들의 특징과 클러스터 내에서 일어나는 거래의 특성에 주목하여, 공간적 산업 클러스터를 순수 집적체(pure agglomeration), 연관 산업단지(industrial complex), 그리고 사회적 네트워크(social network)의 세 가지 유형으로 구분하고 있다.

순수 집적체 모형에서는 기업 간 관계가 지속적으로 변화한다. 기업들은 시장 지배력을 가지지 못한다는 점에서 기본적으로 규모가 매우 작다. 기업들은 시장에서의 기회에 대응하여 지속적으로 다른 기업과의 관계나 고객을 변화시키며, 그 결과 지역 내에서 치열하게 서로 경쟁한다. 이러한 기업들 간에는 상호 소속감도 없고, 장기적으로 어떤 특별한 관계도 존재하지 않는다. 기업 집적의 외부 이익은 지역 내 모든 기업들에게 발생하며,

<표 6-4> 산업 클러스터의 유형과 특성

특성	순수 집적체	연관 산업단지	사회적 네트워크
기업의 규모	매우 소규모(atomic)	일부 대기업 포함	가변적
관계의 특성	· 서로 잘 모름 · 분절적(fragmented) · 불안정적	· 서로 밀접함 · 안정된 거래	· 상호 신뢰 · 충성심(loyalty) · 공동의 로비 · 합작 투자 · 기회주의 배제
회원 자격	개방적	폐쇄적	부분적으로 개방적
클러스터에 대한 접근 방법	· 임대료 지불 · 입지는 필수적	· 내부적 투자 · 입지는 필수적	· 역사 · 경험 · 입지는 필수적이지만 충분조건 아님
공간적 결과	지대의 상승	지대에 영향 없음	부분적으로 지대 상승
공간적 속성	도시	국지적, 반드시 도시는 아님	국지적, 반드시 도시는 아님
클러스터 사례	경쟁적인 도심 지역	철강 또는 화학 산업단지	신산업 지구
분석적 접근	순수 집적 모형	· 입지-생산 이론 · 투입-산출 분석	사회적 네트워크 이론

자료: 맥칸(2006: 75).

그 대가는 지역 부동산 임대료의 상승으로 나타난다. 무임승차가 존재하지 않고 클러스터 내로의 진입이 자유로우므로, 클러스터의 성과는 지역 부동산 가격의 상승을 통해 나타난다. 이런 유형은 마셜의 모형에 의해 가장 잘 대표되며, 에드거 후버(Edgar M. Hoover, 1937, 1948, 1975)의 지역화 경제와 도시화 경제, 마이클 포터(Michael E. Porter, 1998a, 1998b),[2] 벤저민 시니츠(Benjamin Chinitz, 1961, 1964), 레이먼드 버넌(Raymond Vernon, 1960, 1966) 모

---

2 포터의 클러스터 이론은 지역화 경제(localization economy)에 기초한 것이다. 클러스터가 혁신을 추진하는 중요한 수단이지만 반대로 혁신이 특정 클러스터의 경쟁력을 증가시키기도 한다는 것이 포터의 클러스터 이론이다(안두순, 2009: 266~268).

형의 요소들도 포함한다. 이 모형의 공간적 속성은 기본적으로 도시적 공간이며, 이런 유형의 집적은 오직 도시 내에서만 발생한다(맥칸, 2006: 73).

연관 산업단지의 특징은 기업들 간의 안정되고 예측 가능한 관계이다. 이러한 유형의 클러스터는 철강이나 화학 산업 등에서 가장 일반적으로 관찰되는데, 투입-산출 분석으로 입지 분석을 시도한 고전적(Weber, 1909)·신고전적(Moses, 1958) 입지-생산 모형에서 전형적으로 논의된 유형이다. 클러스터 내 기업들은 그 일원이 되기 위해 물리적 시설과 부동산 측면에서 상당히 장기적인 투자를 수행한다. 즉, 이 집단에 대한 접근에는 높은 진입 비용과 퇴출 비용이 요구된다. 이러한 산업에서 공간적 집적이 발생하는 것은 1차적으로 기업 간 운송 비용을 최소화하기 위해서이다. 기업들이 구입한 토지는 매매 대상이 아니기 때문에 지대의 상승은 이 클러스터의 특징이 아니다. 이러한 유형은 여타의 어떤 클러스터 유형보다 후버의 규모의 내부 수익론과 페루의 성장거점 모형에 가깝다. 이러한 유형의 클러스터는 도시 내에 존재할 수도 있으나 도시 외부에 위치할 수도 있다(맥칸, 2006: 73).

사회적 네트워크 모형은 윌리엄슨(O. E. Williamson, 1975)의 위계-시장 모형에 대한 대안으로 제안된 마크 그라노베터(Mark S. Granovetter, 1973, 1985, 1991, 1992)의 일련의 연구와 관련이 있다. 사회적 네트워크 모형에서는 여러 조직의 핵심적 의사결정자들 사이의 상호 신뢰 관계가 다양한 형태로 나타나는데, 예를 들어 공동의 로비, 합작 투자, 비공식적 제휴, 상거래 관계에서의 호혜적 조정 등이 그것이다. 신뢰 관계의 핵심적인 특징은 기회주의(opportunism)의 배제이다. 이러한 환경에서 기업들은 기업 간의 관계를 변경시킨 후 발생할 수 있는 보복을 두려워하지 않아도 될 것이다. 기업 간 협력 관계는 개별 기업 내의 조직적 위계와 상당한 차이가 있는데, 이러한 관계는 지속적으로 재구성될 수 있다. 이곳에서의 모든 행태적 특징들은 지역 내 상호 신뢰의 문화에 의존하며, 그것의 발전은 의사결정자들 사이에 공유된 역사와 경험에 영향을 받는다(맥칸, 2006: 73).

사회적 네트워크 모형은 본질적으로 비공간적이지만, 지리적 관점에서 보면 공간적 근접성이 신의나 위험 감수, 협력적 사업 환경 등을 유도함으로써 신뢰 관계를 증진시키는 경향이 있다. 그러나 공간적 근접성은 사회적 네트워크를 창출하는 데 필수적이지만 충분한 것은 아니다. 네트워크의 회원 자격은 부분적으로만 개방되어 있는데, 그 지역으로의 공간적 진입은 사회적 네트워크에 대한 접근 기회를 제공하기는 하지만 진입을 보장해주지는 못한다. 따라서 사회적 네트워크 모형은 포터 모형(Porter, 1990, 1998a, 1998b)과 신산업 지구 모형(Scott, 1988)의 요소들을 포함하며, 실리콘밸리나 제3이탈리아와 같은 지역의 특성과 양상을 설명하는 데 활용되어왔다. 이 모형에서도 공간은 국지적이지만 반드시 도시적인 것은 아니다(맥칸, 2006: 74).

지역혁신체제나 클러스터 모두 정부의 정책적 개입을 중요하게 고려한다는 측면에서 유사하다. 그러나 클러스터가 지역혁신체제에 비해 좀 더 분석적인 측면이 강하다고 판단된다. 그것은 지역혁신체제가 주로 유럽을 배경으로 발전했고, 클러스터는 포터를 비롯한 미국의 학문적 전통에서 나왔기 때문에 두 지역의 학문적 차이가 반영된 것으로 이해할 수 있다. 대체로 클러스터가 지역혁신체제의 중요한 요소인 것은 틀림없지만, 지역혁신체제를 클러스터보다 다소 넓은 개념으로 이해하는 것이 바람직하다고 판단된다. 그것은 첫째, 지역혁신체제에는 대개 여러 종류의 클러스터와 산업이 있으며, 둘째, 제도의 역할이 더 포괄적이기 때문이다. 여기에서 제도란 혁신과 관련된 조직, 규칙, 기업과 주요 행위 주체의 행태적 특징을 의미한다(Tödtling and Trippl, 2005).

4. 지역혁신체제와 공간

마셜은 경제 현상을 설명할 때 공간의 역할을 인정하긴 했으나 이보다는 시간의 역할을 더 우선시했다(정준호 외, 2004: 79). 즉, 마셜은 지역혁신체제도 단기간에 이루어지지 않는다고 생각한 것이다. 또 마누엘 카스텔(Manuel Castells)은 공간이 필수적 요소가 아니라고 본다. 그는 "정보기술 산업들의 고차적 생산 기능들은 우리가 혁신의 환경(milieux)이라고 칭하고자 하는 소수 선별적 지역들에 집중한다. 우리는 혁신의 환경을 새로운 지식, 새로운 과정, 새로운 제품들을 생산하고자 하는 작업 문화와 도구적 목적을 대체로 공유하는 사회조직에 기초하여 형성된 생산과 관리의 특정한 관련성의 집합으로 이해한다. 환경의 개념은 공간적 차원을 필수적으로 포함하는 것은 아니지만, 나는 정보기술 산업들의 경우 공간적 근접성은 혁신 과정에 있어 상호작용의 속성 때문에 이러한 환경의 존재를 위해 필수적인 물질적 조건임을 주장하고자 한다"라고 말했다(카스텔, 2001: 114).

그러나 아이자드(Isard, 1956)는 공간을 능동적 역할을 하는 변수로 봐야 한다고 주장했다. 또 마셜은 『경제학 원론』에서 입지와 장소에 대해 논의는 했지만, 실제로 분석하지는 않았다. 이러한 경향은 다른 경제학자들에게도 유사하게 나타났다. 따라서 경제학적으로는 제2차 세계대전 이후에 발생한 미국의 도시와 지역 문제들에 대처할 수 없었다(Isard, 2003). 아이자드는 전통적인 경제학 이론의 한계를 돌파하는 수단으로서 경제지리학의 입지와 공간/거리의 영향력을 감지했다(김의준, 2006: 533). 이성우 외(2006)도 시간적 의존성을 강조하는 주류 계량경제학[3]에서는 공간적 측면에서의

---

3 주류 경제학은 근대 경제학(modern economics)이 경제학 분야에서 가장 큰 흐름을 형성하기 때문에 사용되는 명칭이다. 최근의 경제학이라는 뜻에 지나지 않으

통계적 문제들이 간과되어왔다고 말했다.

리처드슨(Richardson, 1978)은 총체적인 경제를 다루거나 각 부문 내에서의 자원 배분을 계획하는 정책들은 공간적으로 다른 효과를 가져올 수 있다고 주장했다. 실제로 국가를 동일한 추상적 공간으로 인식하고 설명하는 경제 이론이 '지역'이라는 구체적이고 이질적인 공간에 적용될 때는 지역에 따라 상이한 결과가 나타난다. 단적으로 사람만 고려하더라도 정부가 은행 금리를 올릴 경우 은행에 저축을 가지고 있는 계층과 은행에서 융자를 받아야 하는 계층에게 나타나는 효과는 다르다. 여기에다 지역이라는 공간의 개념을 고려하면 이러한 현상은 더욱 두드러진다.

이와 같은 이유로 공간은 경제학에서 더 중요한 변수로 등장하기 시작했다. 공간계량경제학이라는 용어는 1970년대 초에 장 파에링크(Jean Henri Paul Paclinck)가 제시한 것이다(Anselin, 1988). 1990년경부터 경제의 공간적 측면(spatial aspect)에 대한 이론과 실증 연구가 큰 발전을 이루었으며, 이 분야(new economic geography)는 현대 경제학의 가장 흥미로운 분야 중 하나로 대두되었다(Fujita et al., 2001: xi).

필립 쿡(Philip Cooke, 1998)은 "이제까지의 혁신 연구가 공간적으로 정교화되지 않았기 때문에, 무비판적으로 국가 단위를 연구의 기본 단위로 고려하는 접근 방식이 주류를 이루었고 국가혁신체제라는 개념을 부적같이

며, 현대 경제학이라고도 해석된다. 고전학파 경제학을 로잔학파(Lausanne School)의 레옹 발라(Léon Walras), 오스트리아학파(Austrian School=Wien School)의 카를 멩거, 케임브리지학파(Cambridge School=Neo-Classical School)의 앨프리드 마셜 등이 고도의 근대 수학을 이용한 자연과학적 분석 방법으로 새롭게 탄생시킨 이후 이 방향을 따라 발전해간 경제학을 총칭하며, 현재는 존 메이너드 케인스(John M. Keynes)를 거쳐 신고전파종합(Neo-Classical Synthesis)의 폴 새뮤얼슨(Paul A. Samuelson)과 통화주의(Monetarism)의 밀턴 프리드먼(Milton Friedman)에 이르고 있다. 근대 수학을 이용한 계량적 연구 방법이 특징이다(임형백, 2004).

사용하게 되었다"라는 비판에 직면하게 된다고 주장했다. 따라서 국가혁신체제가 추상적이라는 비판적 측면에서, 지역혁신체제의 논의와 대칭을 이루는 연구들이 부문혁신체제(sectoral innovation system)에 대한 논의라고 할 수 있다(이정협 외, 2005: 44). 부문혁신체제에 대한 연구들의 경우 혁신의 창출과 확산, 그리고 활용의 경계가 불명확하다는 비판을 받기도 하지만, 혁신에 대한 지리적 접근의 연결 고리를 제공하고 있다고 평가할 수 있다. 부문혁신체제 연구들이 산업 부문 또는 클러스터가 시스템으로 작동하는 공간적 규모에 대해 의미 있는 결과들을 제공해주기 때문이다(Cooke, 1998).

그러나 부문혁신체제의 연구와 지역혁신체제의 연구의 근본적인 차이점은 지역에 대한 인식의 차이라고 할 수 있다. 부문혁신체제의 경우 기술체제가 혁신 주체의 지리적 패턴을 결정하게 되지만, 지역혁신체제에서는 지역이 문화적 실체로서 좀 더 적극적인 역할을 한다는 것이다(이정협 외, 2005: 45).

쿡 외(Cooke et al., 1998)가 제시한 지역혁신체제에서 지역은 행정구역적·문화적 진화의 측면에서 정의된다. 따라서 쿡 외(Cooke et al., 1998)는 지역혁신체제의 경우 학습 역량이나 네트워크 역량, 그리고 비교역적 상호 의존성(untraded interdependency)으로 설명되는 비화폐적 거래 비용의 저감 수단과 같이 지역의 고유한 내적 잠재력을 더 근본적인 것으로 본다.

지역혁신체제론은 지역의 중요성을 상당히 부각시킨다. 세계화의 진전과 함께 자본과 노동의 이동성이 증가하면서 경제활동의 지리적 영역성이 더 이상 중요하지 않다는 주장(Ohmae, 1995)과 달리, 지역혁신체제론은 이탈리아의 에밀리아로마냐(Emilia-Romagna) 지역과 실리콘밸리 등의 성장을 '지역 내의 혁신'과 연결시켰다(김준우·이경상, 2006: 168). 쿡(Cooke, 1998)은 혁신 시스템이 강한 이들 지역의 일반적 특징으로, 지방정부 재정의 자주성, 지역 밀착형 금융, 대학, 연구소, 직업훈련 기관, 지역 내 기업 간 협력 및 혁신의 자세, 지방 정치의 분권적이고 민주적인 자세와 이를 강화시켜 주는 지역의 협력적인 제도 및 문화를 지적했다.

지역혁신론 입장에서는 경제적 차원 이상의 내생적 발전 가능성을 제시한다고 주장할 수 있을 것이다. 실제로 협력적인 문화, 자율성, 신뢰 구축, 상호 학습 등은 지역 클러스터 이론의 핵심 사항이다. 지역혁신론의 원론적 입장은 주류 경제학적 분석에서 볼 때 지역에서 빠진 요소를 채워 넣자는 것이다(김준우·이경상, 2006: 168). 따라서 지역혁신론의 이론적 근거는 내생적 성장 이론 또는 신성장 이론[4]이라고 볼 수 있다.

5. 참여정부의 국가균형발전 정책[5]

우리나라 지역개발 정책의 출발은 1970년대에 시작된 중공업 산업단지

---

4 기술이나 지식이 경제활동의 결과로 내생적으로 일어난다고 보는 신성장 이론은 기술이나 지식의 축적 과정을 경제성장 모형에 내재화하고 있다는 점이 특징적이다. 과거의 성장 이론들은 주로 기술을 주어진 것으로 가정하거나, 비시장적 요인에 의해 생성되는 것으로 간주해왔다. 즉, 기술의 진전은 경제 외부의 힘에 의해 일어난다고 보았다. 그래서 신고전 성장 이론은 외생적 성장 이론으로 불리는 반면, 신성장 이론은 내생적 성장 이론으로 불린다(김성배, 2005: 122).

5 참여정부는 '국가균형발전특별법'을 제정하고 2003년 4월 추진 기구로 '국가균형발전위원회'를 출범시켰다. 이명박 정부는 2008년 1월 4일 국무회의에서 이 법을 '지역발전특별법'으로 개정했으나, 국회에서 원래의 명칭인 '국가균형발전특별법'을 되살렸다. 이후 이명박 정부는 2009년 4월 추진 기구의 명칭을 '지역발전위원회'로 변경했다. 개정안은 참여정부의 국가균형발전 정책을 발전적으로 보완하되, 광역화·특성화·분권화·자율화라는 세기적 변화를 적극 수용한다고 밝혔다. 또 지역발전의 키워드를 '균형'에서 '발전'으로 바꾸고, 산술적 평균보다는 성장과 균형이 함께 가는 정책이라고 강조했다. 이에 따라 6장에서는 참여정부의 정책은 국가균형발전, 이명박 정부의 정책은 지역발전이라는 명칭을 사용한다.

개발에서 찾을 수 있으며, 그 대표적인 정책으로는 1978년부터 공공 연구 기관들이 위치하기 시작한 대덕연구단지 조성을 들 수 있다. 그러나 초기의 산업단지 및 연구단지 조성 정책들은 혁신 정책이라기보다는 산업 정책의 개념이 적용된 중앙정부 차원의 정책이었다. 또 우리나라에서 지역혁신이라는 개념이 정부의 정책에 적용된 것은 1990년대 중반부터이다. 그러나 그 당시의 사업들은 지역혁신 시스템 구축을 통한 지역경제의 발전을 목표로 하기보다는 단순히 지역 대학의 혁신 역량 개선 및 연구 활성화와 같은 협의의 사업 목표를 가진 국가적 연구·개발 사업의 세부 사업들로 추진되었다(이민형, 2008: 314~315).

마누엘 카스텔과 피터 홀(Peter Hall)은 세계의 테크노폴 사례를 다루면서 한국의 대덕연구단지에 대해 비판적인 언급을 했다. 즉, "대덕연구단지는 정부에 의해 추진된 반면 기업가 정신이 부족하고, 입지한 연구소들 간에 시너지 효과가 나타나지 않고 있다"라고 비판한 것이다(카스텔·홀, 2006).

앞서 말했듯이 OECD를 비롯한 선진국들은 1970년대부터 내생적 지역발전을 위한 지역혁신체제의 구축을 추진해왔다(Asheim and Isaksen, 1997). 한편 우리나라의 지역혁신 정책은 1990년대 중반부터 일부 사업을 통해 추진되었으며, 본격적으로 지역혁신 정책이 추진된 것은 참여정부 이후라고 볼 수 있다(이민형, 2008: 323).

지역개발 정책은 2003년 참여정부가 출범하면서 획기적인 변화를 맞게 된다. 참여정부는 이전까지의 지역균형발전 정책을 '국가균형발전 정책'으로 격상시키고 균형발전을 국정의 최우선 과제 중 하나로 설정하여 적극적으로 추진했다. 국가균형발전특별법(2003), 국가균형발전특별회계, 국가균형발전 5개년 계획(2003) 등은 균형발전 추진을 위한 제도적 기반을 마련하는 조치였다(김광호, 2008: 29).

참여정부의 국가균형발전 정책은 종전의 균형발전 정책과는 여러모로 차별화되는 특징을 갖고 있다. 가장 먼저 들 수 있는 것은, 이 정책이 지방의 혁신 능력과 자생적 성장 능력을 강조하고 이를 제고하기 위해 노력했다는 것이다. 이전의 정책들이 지방에 대한 지원이나 재원 이전에 그친 반면, 국가균형발전 정책은 명시적으로 의존형 지방화가 아닌 자립형 지방화를 추진했다. 또 지역이 스스로의 역량과 선택에 기초하여 주도적으로 지역 사업을 계획·추진하도록 함으로써 중앙정부 주도의 지역 정책에서 탈피하려고 했다. 이는 지역 정책에 대한 접근 방법과 추진 방향의 관점에서 이전과 확연히 구별되는 획기적 변화라고 평가할 수 있다(김광호, 2008: 63).

참여정부의 국가균형발전 정책은 1990년대 초 이후 국내외 학계에서 활발한 논의가 이루어진 지역혁신 시스템론을 정책 기조로 삼아 국가균형발전 5개년 계획, 지역혁신발전 5개년 계획을 수립·추진하는 것이었다. 이를 법제적·재정적으로 뒷받침하기 위해 특별법과 특별회계를 제정하고 국가균형발전위원회, 지역혁신협의회 등의 추진 기구를 설치했다. 정책의 핵심 취지는 지역혁신을 통한 자립형 지방화를 실현함으로써 국가 경쟁력 강화와 지역 간 균형발전을 동시에 달성한다는 것, 이른바 역동적 균형을 추구한다는 것이었다(장재홍 외, 2008: 59~60). 국가균형발전 5개년 계획은 국가균형발전특별법에 근거한 법정 계획으로서, 중앙 부처가 수립하는 부문별 계획과 16개 광역시·도에서 수립하는 지역혁신발전계획으로 크게 나눌 수 있다(장재홍 외, 2008: 129).

참여정부는 국가균형발전 정책을 통해 행정중심복합도시(세종시)를 건설하고 수도권과 대전 청사 및 대덕연구단지가 있는 대전을 제외한 12개 광역시·도에 10개의 혁신도시 건설을 추진했다. 참여정부가 밑그림을 그린 국가균형발전 프로젝트에 따라 10개의 혁신도시로 이전해야 하는 직원은 147개 공공기관에서 총 4만 6,000여 명에 이른다. 또 행정중심복합도시로는 부처 공무원과 국책 연구 기관 연구원을 합해 1만 8,000명 정도가 옮겨

가야 한다.

김성배(2005)는 국가균형발전을 위해서는 다음과 같은 것들이 중요하다고 주장했다. 첫째, 혁신[6]과 지식의 전파가 용이하게 일어날 수 있도록 공간적 패턴을 구축하는 것이 공간 정책의 최우선적 방향이 되어야 한다. 맥칸(2006: 79, 83)도 지식 파급(knowledge spillover)은 경쟁적인 소규모 기업들 중심의 산업에서 더욱 중요하다는 연구들이 존재하며, 지식 파급의 본질적인 특성은 물리적 근접이 사람들 간 지식의 교환을 촉진하여 새로운 아이디어를 이끌어내는 것이라고 보았다. 둘째, 공간 정책에서 정부 개입의 파급 효과에 대한 올바른 인식이 중요하다. 이론적으로는 정부가 더 나은 선택을 할 가능성이 항상 존재하지만, 현실에서는 실제로 그러한 결정이 이루어질 가능성이 크지 않다. 셋째, 공간 정책을 위한 적정 공간 단위를 바르게 정하는 일이 무엇보다도 중요하다. 넷째, 공간 정책의 수요 측면에 대한 인식이 분명해야 한다. 다섯째, 이러한 공간 정책의 메커니즘에 대한 올바른 이해가 공간 정책 수립에 필수적이다.

그러나 막대한 재정 부담을 초래한 참여정부의 국가균형발전은 기대했던 성과를 가져오지 못하고 있다. 물론 혁신도시는 1단계(2007~2012, 이전 공공기관 정착 단계), 2단계(2013~2020, 산·학·연 정착 단계), 3단계(2021~2030, 혁신 확산 단계) 중 아직 1단계를 추진 중이나, 현재까지 혁신도시의 공정률, 인구 이동 패턴, 파급 효과 등을 감안할 때 기대했던 성과에 못 미칠 것으로 판단된다. 행정중심복합도시(세종시)도 추진 단계부터 국론 분열을 초래

---

6 한편 혁신을 강조하는 모형들은 지식 기반 사회에서 혁신을 토대로 한 경제성장의 결과로 나타나는 공간구조적 특성을 제대로 설명하지 못한다는 점이 문제로 지적되고 있다. 즉, 혁신을 토대로 한 경제성장은 공간적으로는 경제활동의 집적(agglomeration)을 초래하고, 그러한 공간적 집적은 다시 경제성장에 원동력이 된다는 집적과 성장의 상호 상승 작용을 설명하지 못한다(Brakman et al., 2005).

했고, 이후 2009년에 이명박 정부가 '행정중심복합도시 수정법안'을 제출함으로써 다시 한 번 격한 국론 분열이 일어났다.

또 실제로 지방이 주체가 되고 중앙정부가 보조적이고 종속적인 역할을 수행했다고 평가하기도 어렵다. 예를 들어, 지역전략산업진흥사업의 경우 총사업비 1.5조 원 가운데 대부분인 1.1조 원을 중앙정부가 부담했을 뿐만 아니라 사업의 구체적인 형태를 규정하고 지방정부와 재원 부담을 협의했다. 이러한 상황은 국가균형발전특별회계의 지역혁신계정사업에서도 유사하게 일어나고 있는데, 실제로 지방공무원들은 이 사업을 지방자치단체의 사업이 아닌 중앙정부의 사업으로 간주하는 실정이다(고영선 외, 2008).

1) 세종시

(1) 개요

참여정부는 신행정수도 건설 사업의 효율적 추진을 위해 2004년 '신행정수도특별법'을 제정하고, '주요 국가 기관 이전계획', '건설기본계획'을 수립했으며 입지 후보지를 선정했다. 그러나 2004년 10월 '신행정수도특별법'에 대한 헌법재판소의 위헌 결정으로 특별법 및 이전계획, 기본계획 등이 그 효력을 상실하게 되었다. 이후 신속한 후속 대책 마련으로 '신행정수도 후속 대책을 위한 연기·공주 지역 행정중심복합도시 건설을 위한 특별법'을 제정·공포해 건설 사업을 추진할 수 있게 되었다(제해성, 2011: 4).

행정중심복합도시는 참여정부가 추진한 '국가균형발전 정책'의 산물이다. 국가균형발전 정책의 4대 핵심 전략은, ① 혁신 주도형 발전 기반 구축, ② 도농 간 상생발전 토대 마련, ③ 수도권의 질적 발전 추구, ④ 네트워크형 국토 공간 형성이다(반장식, 2005). 그러나 참여정부의 '수도 이전'은 그 자체가 대선에서 표를 얻기 위한 즉흥적이고 포퓰리즘적인 결정이었다. 따라서 추진할 당시 구체적인 실행계획이나 제도적 장치를 마련할 능력도 없었고, 더구나 이를 뒤로 미루었다. 또 원안(정식 명칭은 '신행정수도 후속 대책을 위한 연기·공주 지역 행정중심복합도시 건설을 위한 특별법')은 세종시 건설을 위한 예산 한도를 8조 5,000억 원으로 못 박아놓았다. 하지만 정부가 세종시 건설에 세운 투자계획은 총 22조 5,000억 원으로, 현재까지 세종시 건설에 들어간 비용이 10조 원이고, 이 중 7조 원을 한국토지주택공사(이하 LH)가 부담했다. 한편 2012년 말 LH의 부채는 138조 3,900억 원이며, 부채 비율은 467%에 달한다. 이자율이 연 3%라고 가정하면, 연간 이자로만 4조 원을 지불해야 한다. 정부가 각종 대형 국책 개발 사업을 벌이면서 그 부담을 LH에 떠넘긴 탓이다. 이런 상황에서 LH는 세종시에 추가적으로 7조 원을 더 투입해야 한다.

한편 이명박 대통령도 후보 시절에는 이를 대선 공약으로 내건 바 있다. 그러나 이후 이명박 정부는 2009년 '행정중심복합도시 수정법안'을 제시했다. 이를 통해 이명박 대통령과 당시 여당인 한나라당은 행정중심복합도시를 '기업도시'로 수정하려고 했으나, 야당이 반대했고 당내에서도 박근혜 의원(2005년 3월 여야가 '행정중심복합도시특별법'을 합의·확정할 당시 한나라당 대표였다)의 협조가 쉽지 않은 상황이었다. 당시 박근혜 의원에게는 일종의 자승자박의 상황이었다.

이후 약 10개월 동안 논란의 중심이었던 세종시 수정법안은 2010년 6월 29일 재적 의원 291명 중 275명이 참석한 가운데 진행된 국회 본회의 표결에서 찬성 105명, 반대 164명, 기권 6명으로 부결됨으로써 역사의 뒤안길로 사라졌다. 이로써 10개월 동안 지속되었던 국론의 양분도 일단락되었고, 어느 것이 역사를 위한 옳은 결정인지를 따지는 것도 실익이 없게 되었다. 또 당시 세종시 수정법안을 두고 찬반으로 대립한 정치권의 논리도 과학적 반론과 비전을 제시하기보다는 '상대방의 주장을 왜곡시킨 뒤,

그 왜곡된 주장을 논파해 논증에서 이긴 것으로 간주하는 태도', 즉 '허수아비 논증의 오류'에 치중했다.

국무총리실 청사는 충청남도 연기군 남면 송담리 일대에 지하 1층, 지상 4층, 건물 면적 1만 3,026m²로 건립된다. 2008년 12월 공사가 시작되어 준공일이 2012년 4월 5일로 확정되었다. 2012년 말까지 단계적으로 이전이 마무리된다. 정부 부처의 세종시 이전은 2012년 하반기부터 2014년 말까지 3단계에 걸쳐 진행된다.

(2) 해외 사례

① 행정수도 및 공공기관 이전의 유형

행정수도 및 공공기관의 이전에 관한 사례는 다음과 같이 세 가지로 구분할 수 있다(박양호·김창현, 2002: 159). 첫째는 중앙정부 기능을 일괄적으로

〈표 6-5〉 행정수도 및 공공기관 이전의 사례

유형	내용	해당 사례	내용
신행정수도 건설	특정 지역으로 중앙정부 기능의 일괄 입지	브라질	리우데자네이루 → 브라질리아
		오스트레일리아	연방국가 수도 건설
		파키스탄	카라치 → 이슬라마바드
		일본	국회 등 수도 기능 이전(폐지)
정부 부처의 분산·이전	정부 부처를 여러 도시로 분리하여 이전	독일	본과 베를린의 분담
		말레이시아	쿠알라룸푸르와 푸트라자야의 분담
		일본	국가 행정기관 이전
		한국	과천, 대전 청사 건립
공공기관의 이전	정부 부처 이외의 공공기관을 이전	프랑스	파리 → 78개 도시 이전
		영국	런던에서 4만 명 이전
		스웨덴	스톡홀름 → 17개 도시

자료: 주성재(2003: 190).

〈표 6-6〉 수도 이전과 그 파급 효과에 관한 해외 사례 비교 (1)

구분	브라질	오스트레일리아	독일
유형	· 신행정수도 건설	· 신행정수도 건설	· 정부 부처 분산·이전
목적·배경	· 내륙 지역 개발 · 국가 안보 · 국론 통일, 식민 잔재 청산	· 연방국가의 상징적 사업 · 친환경 수도 건설	· 통일 독일의 재건 · 동·서독 간 통합 유도 · 역사적 상징성
추진 기간	· 1955~1970년	· 1908~1980년 중반	· 1991~1998년
면적	· 473km²	· 2,359km²	· 91km²
계획 인구	· 중심 지역(파일럿 플랜 지역): 약 31만 명 · 위성도시: 약 170만 명	· 인구 30만 명 · 주변 위성도시에 적절한 인구 배치	· 베를린 343만 명
구행정수도 관리	· 비용 부족으로 관리 미흡	· 기존의 지방 중심 도시로 계속 육성	· 학술·문화 거점 · 본사 적극 유치
특기 사항	· 안보와 국가 개발 중심	· 학술, 연구, 예술 · 기능 집적	· 구수도(본)와의 정부 기능 분담
인구 파급 효과	· 200만 명 이상의 과도한 인구 집중 · 거대한 건설 노동자층 신수도 정착 · 주변 위성도시로의 인구 집중 현상 · 범죄, 빈민 급증	· 신도시 주민의 60%는 정부 종사자 · 계획적인 주민 이주로 인구밀도의 안정화 · 신수도의 인구 공동화로 인한 치안 문제	· 2010년까지 500만 명으로 증가 예상 · 구수도(본)의 인구 유출은 심하지 않음 · 신수도(베를린)의 유입 동기 부족
지역경제 파급 효과	· 자본력의 부재로 주변 도시에 종속 · 뚜렷한 경제 부흥 효과의 창출·부재	· 상업·업무 지역이 사무실, 상가, 은행, 법원 등의 용도로 전용 · 개발 규모 및 용도에 대한 철저한 규제를 통해 밀집·과소 등의 문제 해결 · 행정 중심의 도시로 생산 부분에는 취약한 면모	· 2010년까지 70만 개의 고용 창출 효과 예상 · 주택 건설로 인한 건설 경기 회복 전망 · 지역 생산량은 30억 마르크 예상 · 각종 협회 본부, 방송사, 기업 및 상가들의 집적 효과가 나타나기 시작
기타 파급 효과	· 막대한 비용으로 국가 경제 악화 · 삶의 질 저하	· 문화도시로 육성: 도서관, 미술관 등 유치 · 환경생태도시로 육성	· 동·서독 간 균형 회복의 기폭제 · 독일 국민의 역사적 정통성 회복 · 독일 통합의 주요한 역할 담당

자료: 이성우 외(2003: 23) 수정·보완.

〈표 6-7〉 수도 이전과 그 파급 효과에 관한 해외 사례 비교 (2)

구분	일본	미얀마	말레이시아
유형	· 신행정수도 건설	· 수도 이전	· 정부 부처 분산·이전
목적·배경	· 거대도시 도쿄의 집적 불경제 해결 · 도쿄 기능 분산론의 우세	· 신행정수도 네피도가 국토 중앙에 있어 지리적 위치가 국토 발전에 유리 · 구수도 양곤은 항구도시	· 구수도의 집적불경제 해결 · 행정력의 통합과 국가 발전 비전
추진 기간	· 1992년~ · 현재 폐기됨	· 2005년 완성 · 2006년 공공기관 이전 완료	· 1993~2010년
면적	· 신도시 착수 시 18km^2 · 성숙 시 85km^2	· 7,054.37km^2	· 50km^2: 여의도의 6배
계획 인구	· 신도시 착수 시 10만 명 · 성숙 시 60만 명	· 자료 없음 · 현재 거주 인구는 공식적으로 92만 4,608명(2009년 기준)이나, 과장된 수치로 판단됨	· 푸트라자야 33만 명
구행정수노 관리	無	無	無
특기 사항	· 지방분권의 국가적 특징을 반영	· 1962년 이후 50여 년간 집권 중인 군부의 일방적 결정	· 연방의회는 잔류
인구 파급 효과	· 60만 정도 인구 수용 예상 · 인구 분산 효과가 클 것이라는 의견과 수도권 거대화일 뿐이라는 의견 대립	· 92만 5,000명이라는 공식 발표와는 달리 미미함	· 33만 5,000명의 인구 수용 예상 · 주변 지역 개발로 인한 교외 수도권 거주지 형성 예상
지역경제 파급 효과	· 도쿄의 집적 불경제 해소 기대 · 그러나 '도쿄의 확대에 불과하다'는 예상도 있음 · 경제력 집적이 예상됨	· 주민을 위한 기본 편의 시설도 갖추어져 있지 않음 · 군부와 관련된 인구 및 공공기관 종사자가 대부분	· 주변 대도시를 통근권으로 보유 · 국내외 첨단 기업 유치 예상 · 국가 경제 통합의 해결책으로 작용 예상
기타 파급 효과	· 기존의 수도의 집적이 과도하고 폭넓게 진행될 것으로 예상됨	· 현재 신수도 네피도는 경제적·정치적으로 고립된 군부독재의 수도로 전락 · 반면 구수도 양곤은 기능 감소 및 쇠퇴 · 양곤은 네피도에서 남쪽으로 320km 떨어져 있음	· 다도에 입지한 지리적 한계 극복의 기폭제 역할 · 대도시권 형성을 통한 국가적 집적의 경제 성립

자료: 이성우 외(2003: 23) 수정·보완.

특정 지역에 건설 또는 이전하는 유형으로, 신행정수도를 건설하고 중앙 정부 기능을 일괄적으로 이전하는 방식이다. 둘째는 정부 부처를 여러 도시로 분리·이전하여 분산하는 방식으로, 일본식 용어로 분도(分都)에 해당하는 것이다. 셋째는 정부 부처 이외의 공공기관을 기존의 수도에서 이전하는 방법이다.

이러한 구분에 따르면, 첫 번째 신행정수도 건설 유형에는 브라질, 오스트레일리아, 파키스탄이 해당된다. 두 번째 유형인 정부 부처의 분산·이전에는 독일, 말레이시아가 해당되며, 세 번째 공공기관의 이전 유형에는 영국, 프랑스, 스웨덴 등이 포함된다(주성재, 2003: 190).

말레이시아 푸트라자야는 새로운 행정수도로 개발 중인 연방 직할구 가운데 하나이다. 현재의 수도 쿠알라룸푸르에서 남쪽으로 약 25km 떨어진 곳에 위치하며, 면적은 46km²이고, 면적의 70%가 13개 공원으로 만들어져 세계적 친환경 도시로 유명하다. 이러한 이유로 행정수도보다는 관광도시로 더 알려져 있다. 총인구 약 7만 명 중 3만 명이 공무원이다.

② 독일

1871년 독일 제국의 성립 이후부터 베를린은 제2차 세계대전 말까지 줄곧 독일의 수도였다. 그러나 제2차 세계대전 패망 후 베를린은 전승 4개국에 의해 분할되어 국제법적으로 동·서독의 통제를 벗어나는 특수한 상황에 놓이게 되었다. 그럼에도 불구하고 동독은 소련 점령 구역인 동베를린을 수도로 정했다. 1949년 5월 23일에 건국된 서독은 베를린의 국제법적 특수 지위와 베를린이 동독 지역 내의 '고도(孤島)'인 점을 들어 공식적으로 베를린을 수도로 선언할 수 없었으나, 정서적으로나 묵시적으로는 베를린을 사실상의 수도로 인정하고 있었다. 분단 상황에서 수도 선정과 관련하여 아데나워(Konrad Adenauer) 정부는 '정부 소재지(Regierungssitz)'라는 개념을 애써 강조하면서 의도적으로 수도 개념을 피하려 했다. 따라서 1949년 5월 10일에 정부와 의회의 소재지로 선정된 본은 어디까지나 임시 수도(provisorische Hauptstadt)의 성격을 띠고 있었다. 서독 정부의 인식에 따르면 동·서독 분단은 임시적(vorläufig) 현상이며, 서독은 1937년 12월 31일 이전의 독일 제국과 동일시되었다. 이러한 맥락에서 1949년 당시 기본법 23조에는 "동서 베를린은 독일연방공화국(서독)의 1개 주(en Land der Bundesrepublik Deutschland)"라고 명시되어 있었다. 이는 비록 전승 4개국의 특수 지위에 따라 베를린을 수도로 당장 선언하지는 못할지라도, 서독이 최종적으로 베를린에 대한 귀속권을 갖고 있음을 말해주는 것이다. 따라서 분단 상황이 해소되어 통일이 될 경우 베를린이 수도가 되는 것은 당연한 일이었다. 1945년과 1956~1957년에도 연방하원은 통일 후 수도는 베를린이 되어야 한다고 결의했다(김동명, 2010: 195~196).

독일은 통일 이후 독일통일조약에 따라 상징적 사업(환도의 의미)으로서 베를린으로의 수도 이전을 추진했다. 그러나 민주주의 공화국의 전통 계승, 연방주의 약화의 위험성, 막대한 이전 비용을 들어 본에 잔류하자는 저항이 만만치 않아 결국 연방의회의 표결을 거쳐 근소한 차이로 베를린 이전이 결정되었다. 이 결정 이후 독일의 수도 이전은 베를린과 본 사이의 정부 부처 기능 배분을 결정하는 것으로 진행되었다. 다양한 모델을 고려한 결과, 15개 정부 부처 중 9개는 베를린으로 이전하고 6개는 본에 잔류하는 것으로 결정되었다. 각 도시에 없는 부처에 대해서는 연락사무소(제2청사)를 두어 업무의 효율을 기하도록 했다(주성재, 2003: 192). 따라서 독일의 수도 이전은 한국과 달리 베를린과 본으로 나뉘어 있던 수도를 하나로 통합하되, 본에 대한 배려의 차원에서 일부 부처를 잔류시킨 것이다. 즉, 이는 수도 이전이나 새로운 수도 건설이 아니라 미완성의 환도로 이해하는 것이 타당하다.

〈표 6-8〉 독일 수도 이전 시 이전 기관과 잔류 기관

구분	베를린으로 이전한 기관	본에 잔류한 기관
기관명	· 외무부 · 내무부 · 법무부 · 재무부 · 경제·기술부 · 노동·사회부 · 가족·노인·부인·청소년부 · 건설·국토·교통부 · 정보홍보처 · 총리실	· 국방부 · 식료·농림부 · 보건부 · 환경·자연보호·원자력안전부 · 교육·연구부 · 대외협력·개발부
계	10개	6개

자료: 박양호·김창현(2002: 171), 주성재(2003: 200).

베를린과 본에 수도 기능을 배분한 독일의 연방정부는 연방의회가 이전함에 따라 다음의 네 가지 원칙에 따라 기능 배분을 논의했다(주성재, 2003: 199). 첫째, 베를린으로의 정부 기능 이전은 독일 연방의회의 이전과 시기적으로 조정한다. 둘째, 총리실과 9개 부처는 베를린으로 이전하지만 연락사무소를 본에 두도록 한다. 6개 부처는 잔류하고 결합된 정치 영역의 중핵을 형성한다. 셋째, 연방 부처를 분할할 때 베를린과 본 사이에 항상적이고 공평한 기능 분담을 보장하고, 고용자의 대부분을 본에 잔류시켜야 한다는 연방의회의 요청을 배려한다. 넷째, 연방의회와 정부 기능의 상실에 대한 보상으로 연방기관 제 조직을 본으로 이전하는 것과 함께 기타 보상 조치를 강구한다.

여기서 이전 기관과 잔류 기관의 성격에 대해서는 공식적으로 밝혀진 바 없으나, 입법, 재정 관련 등 의회 위원회와 밀접한 관계가 있는 부처는 베를린으로 이전하고 독자적으로 일하기 쉽고 각료 회의에 준비를 요하는 부처는 본에 잔류한 것으로 추정된다(주성재, 2003: 199).

③ 일본

일본은 거품경제의 절정기이던 1990년 도쿄의 과밀화를 억제하기 위해 수도 이전 논의가 있었으나, 수도 이전으로 인한 득과 실의 비교가 어려워 결정하지 못하고 논의 중에 계획 자체를 폐기했다. 이후 최근에는 오히려 도쿄의 구도심 쇠퇴가 두드러지자 전통적인 입장을 바꾸어서 2003년 도쿄의 롯폰기(六本木, Roppongi)를 압축도시로 개발했다.

그 당시 일본의 수도 이전과 수도권 문제 전문가인 이치가와 히로오(市川宏雄) 메이지 대학 교수는 그 경위를 다음과 같이 설명했다(송병락, 2006: 279~280). 첫째, 수도 이전으로 일본의 일극(一極) 집중 문제는 해결되지 않는다. 둘째, 수도 이전으로 수도 이전 비용만큼의 GDP 감소가 발생한다. 건설비는 회수가 불가능하기 때문에 국가의 부채가 된다. 셋째, 일극 집중이 반드시 나쁘지만은 않다. 다양한 집적 효과를 발생시키고 나라 전체에 대한 활력의 원천이 된다. 넷째, 수도가 이전되는 한 곳만 조금 발전될 뿐 나라 전체로 본다면 새로운 불균형을 만들 뿐이다. 다섯째, 수도의 활력을 잃게 만들어 국가 경쟁력을 약화시킬 소지가 크다. 만약 이전 후에도 수도가 활력을 잃지 않는다면 이전의 효과가 없음을 의미하는 것이다. 여섯째, 이전의 긍정적 측면만을 보고 밀어붙여서는 안 된다.

한편 전통적으로 일본의 '국토의 균형 있는 발전'이란 이념은 '내셔널 미니멈(national minimum)'[7]이라는 사고와 관계가 있다. 그러나 현재는 '개성 있는 지역의 발전'을 정책의 목표로 삼으면서 내셔널 미니멈 대신 '로컬 옵티멈(local optimum)'[8]이란 개념이 새로 등장하고 있다. 로컬 옵티멈이란

---

7 영국 처칠(Winston Churchill) 총리의 위탁을 받아 전후 영국의 사회보장체제를 구상하는 위원회가 제출한 보고서(Beveridge Report, 1942)에서 처음 주창된 개념이다. 이 보고서는 소득·주거·교육·여가에서 최저한의 시민의 기본적인 권리를 '내셔널 미니멈'으로 구체화했다(장재홍 외, 2008: 67).

'지역별 실정에 따른 바람직한 상태 또는 지역별 최적'으로 정의되며, 공공 서비스의 한계 수익과 부담이 일치하는 수준에서 최적의 공급 수준을 결정하는 것을 말한다. 그러나 로컬 옵티멈이라고 해서 내셔널 미니멈을 전부 방기할 수는 없으며, 기본적으로 복지국가를 지향하는 한 내셔널 미니멈은 국가의 책무이다(장재홍 외, 2008: 67~68).

(3) 일반 현황 및 논쟁

김경환·임상준(2005)은 다음과 같은 사실을 강조했다. 첫째, 수도권과 비수도권의 번영은 제로섬 게임이 아니다. 수도권을 규제해야 지방이 산다는 생각에서 벗어나야 하며, '선(先) 지방 육성, 후(後) 수도권 관리'라는 정치적 접근을 철폐해야 한다. 둘째, 수도권과 지방이 다 같이 발전할 수 있는 길이 있다. 셋째, 수도권 집중을 완화하려면 지방을 잘 발전시켜서 수도권의 인구나 기업들이 자발적으로 이전할 수 있도록 하는 것이 바람직하다. 넷째, 지식 기반 제조업과 서비스 산업의 경쟁력에서는 수도권이 비수도권에 비해 높다. 따라서 수도권 규제는 나라 경제의 성장 잠재력을 저하시킨다. 다섯째, 우리보다 앞선 일본이 수도권 공장 규제를 철폐하고 도쿄권의 재생을 촉진하는 정책을 단행한 이유를 잘 이해할 필요가 있다.

서울과 일부 대도시의 인구 급증이 초래한 여러 문제를 해결하기 위한 정부 대책은 이미 1964년 '대도시 인구 집중 방지책'의 발표에서 시작되었다. 이후 1970년대에 들어서면서 서울의 인구 집중보다 광역 수도권의 인

---

8 학술적으로 엄밀히 정의된 개념은 아니다. 전국의 일률적인 최저 수준의 보장이라는 내셔널 미니멈 개념을 대신하여 지역별로 부담과 수익을 일치시켜 최적 공공 서비스 공급 수준을 달성한다는 리처드 머스그레이브(Richard Musgrave)와 찰스 티보(Charles Tiebout)의 지방 공공재 최적 공급 이론을 시사적으로 표현한 개념이다(장재홍 외, 2008: 68).

<표 6-9> 수도권 문제의 유형

유형	예
인구 및 산업 집중에 따른 수도권 내부의 과밀과 혼잡 문제	· 교통 혼잡 · 주택 부족 및 불량 주거지 형성 · 토지 및 주택 가격의 급등과 부동산 투기 · 환경오염 · 휴식 공간의 고갈 · 범죄 · 도시 빈민의 문제 · 안보상의 취약점
수도권 외부에 미치는 부정적 영향	· 지방 주민에게 주는 소외감과 지역 간 갈등 · 인구가 유출되는 지역의 성장 잠재력 위축
국가적 자원 이용의 효율성	· 지방에 소재한 토지나 자원의 충분하지 못한 활용 · 수도권 지가 상승으로 인한 수도권 기반 시설 건설의 비용 증가

자료: 김경환 외(2002: 48) 정리.

구 집중 현상이 더욱 두드러지게 되자, 정책의 대상도 서울시에서 광역 수도권으로 확대되었다. 이후 다양한 수도권 정책들이 문제시하고 있는 이른바 '수도권 문제'는 시기에 따라 그 초점이 다르고 범위도 다방면에 걸쳐 있지만, <표 6-9>와 같이 세 가지 유형으로 정리할 수 있다(김경환 외, 2002: 48).

1950년대까지만 해도 북한이 남한보다 번영했지만, 이후 극단적인 주체사상에 빠져들면서 빈곤에 빠지고 말았다(Moody Jr., 1997: 36). 해방 직후 북한이 남한보다 경제적 우위를 점할 수 있었던 것은, 일제강점기에 북한 지역에 다수의 공업 시설이 세워졌고, 압록강과 두만강에 대규모 수력발전소가 건설되었으며, 지하자원의 대부분이 북한 지역에 매장되어 있었기 때문이다.

박정희 대통령이 집권하던 유신 정권에서도 행정수도 이전계획은 있었다. 그러나 그 당시에도 서울·수도권 과밀 문제 해결과 남북 대결 상황에서의 국가 안보를 목적으로 한 임시 수도 방안이었다. 한국(남한)은 1976년에 비로소 쌀 자급이 이루어졌고 1970년대만 해도 북한에 대해 경제적·군사적으로 우위를 확신할 수 없는 상황이었기 때문이다. 그러나 한국이 점차 북한에 대해 경제적·군사적으로 우위를 점하게 되면서, 행정수도 이전 계획은 백지화되었다. 또 수도권의 집적 효과와 행정수도 이전으로 인한 비효율을 인식했기 때문이다.

이후 1980년대 후반 한국은 성장거점 전략에 근거한 단핵 구조의 국토 공간 형성에서 탈피하기 시작했다. 제1차 국토종합개발계획 이후 20여 년 만에 '성장거점 전략'에 대한 본격적인 비판이 제기된 것이다. 성장거점의 득과 실에 대한 논의를 살펴보면, 초기에는 성장거점 전략이 효율적이며 이후 정부의 적절한 정책을 통해 이를 완화할 수 있다는 데에는 대체로 동의한다.

1970년대 제3공화국 시절 이미 신도시 건설의 필요성에 대한 논의가 있었고, 수도권과 지방의 문제가 현존하고 있는 것이 사실이다. 하지만 현재의 신행정수도 건설이 2002년 노무현 정권의 대선 공약에서 출발했다는 점은 부인하기 어렵다(이성우 외, 2003: 10).

이명박 정부가 제시한 '수정안'이 2010년 국회에서 폐기됨에 따라, 세종시는 당초 계획[9]대로 오는 2030년까지 행정 중심의 복합 기능을 갖춘 도시로 건설된다. 이에 따라 이전 대상인 행정기관과 소속 공무원도 2012년 하반기부터 2014년 말까지 3단계에 걸쳐 이전한다. 이전 대상 정부 기관은 1실·2위원회·9부·2처·3청 등 17개 정부 부처와 20개 소속 기관이다. 1실은 국무총리실이고, 2위원회는 공정거래위원회와 국민권익위원회이다. 9부는

---

9 원안인 '신행정수도 후속 대책을 위한 연기·공주 지역 행정중심복합도시 건설을 위한 특별법'에는 외교통상부, 통일부, 법무부, 국방부, 행정안전부, 여성부를 이전 대상에서 제외한다고만 적시되어 있다.

〈표 6-10〉세종시 정부 청사 연도별 이전 대상 기관

	이전 시기	이전 대상 기관
1단계 1구역	2012년	국무총리실(국무조정실 + 국무총리비서실) 조세심판원(국세심판원)
1단계 2구역	2012년	기획재정부(재정경제부 + 기획예산처) 공정거래위원회 국토해양부(건설교통부 + 해양수산부) 환경부 농림수산식품부(농림부) 복권위원회 중앙토지수용위원회 항공·철도사고조사위원회(항공사고조사위원회) 중앙해양안전심판원 중앙환경분쟁조정위원회
2단계	2013년	교육과학기술부(교육인적자원부 + 과학기술부) 문화체육관광부(문화관광부 + 국정홍보처) 지식경제부(산업자원부, 정보통신부) 보건복지부 고용노동부(노동부) 국가보훈처 교원소청심사위원회 해외문화홍보원(해외홍보원) 경제자유구역기획단 지역특화발전특구기획단 무역위원회 전기위원회 광업등록사무소 중앙노동위원회 최저임금위원회 산업재해보상보험재심사위원회(산업재해보상보험심사위원회) 보훈심사위원회
3단계	2014년	법제처 국민권익위원회(국민고충처리위원회) 국세청 소방방재청 한국정책방송원(영상홍보원) 우정사업본부

주: 괄호 안은 2005년 10월 5일 고시 당시 이전 대상 기관을 가리킨다.
자료: 행정안전부(2010.7.12).

기획재정부, 국토해양부, 환경부, 농림수산식품부, 보건복지부, 노동부, 교육과학기술부, 문화관광부, 지식경제부이며, 2처는 국가보훈처와 법제처이고, 3청은 소방방재청, 국세청, 행정중심복합도시건설청이다. 그리고 20개 소속 기관은 조세심판원, 복권위원회, 중앙토지수용위원회, 철도사고조사위원회, 중앙해양안전심판원, 교원소청심사위원회, 해외문화홍보원, 경제자유구역기획단, 지역특화발전특구기획단, 무역위원회, 전기위원회, 광업등록사무소, 연구개발특구기획단, 중앙노동위원회, 최저임금위원회, 산업재해보상보험심사위원회, 보훈심사위원회, 한국정책방송원, 우정사업본부 등이다.

이전 일정은 1단계로 2012년 9월 국무총리실과 조세심판원을 시작으로 기획재정부, 국토해양부, 환경부, 농림수산식품부, 공정거래위원회 등 12개 정부 부처와 소속 기관이 2012년 말까지 이전한다. 2단계인 2013년 말까지는 보건복지부, 노동부, 보훈처, 교육과학기술부, 문화관광부, 지식경제부 등 18개 부처 및 소속 기관이 이전한다. 3단계인 2014년 말까지는 법제처, 국민권익위원회, 국세청, 소방방재청 등 6개 부처 및 소속 기관이 이전한다.

이전 대상 기관의 소속 공무원은 2005년 3월 말 정원 기준으로 1만 374명이다. ≪서울신문≫(2010.8.3)이 세종시 이전 대상 기관인 9부·2처·2청을 비롯해 164개 중앙행정기관 소속 공무원 273명을 대상으로 설문조사를 한 결과에 따르면, 응답자의 52.7%가 '혼자 가겠다', 34.8%가 '가족과 함께 가겠다', 5.1%가 '서울에서 출퇴근하겠다'고 응답했다. 하지만 실제 이주율은 설문조사 결과보다 더 낮아질 수 있다. 1998년 7월 이전을 시작한 정부 대전 청사의 경우 입주 초기 공무원의 이주율은 16%에 불과했다.

그런가 하면 2007년에 세종시 아파트 건설 용지를 분양받았던 10개 건설사 중 7개 회사(현대건설, 삼성물산, 대림산업, 롯데건설, 금호산업, 효성, 두산

〈표 6-11〉 '세종특별자치시 설치 등에 관한 특별법'에 규정된 세종시

	내용	비고
정식 명칭	· 세종특별자치시	· 관할구역 내에 다른 지방자치단체를 두지 않도록 했다.
공식 출범	· 2012년 7월 1일	· 2012년 4월 총선에서 시장과 교육감을 미리 선출했다.
관할구역	· 충청남도 연기군 전체 · 충청남도 공주시 의당면, 반포면, 장기면 · 충청북도 청원군 부용면	· 충청북도가 실시한 여론조사 결과에 따라 부용면만 세종시에 편입하고 강내면은 제외하기로 했다.
사무 범위	· 기초자치단체 사무 · 광역자치단체 사무	· 업무 수행이 곤란할 경우, 일부 업무를 다른 지방자치단체에 위탁할 수 있도록 했다.
기타	· 국무총리를 위원장으로 하는 세종특별자치시지원위원회를 총리실에 설치해 20인 이내의 위원이 세종시의 중·장기 발전 방안과 사무 처리 지원에 관한 사항을 심의한다.	

자료: ≪동아일보≫, 2010.11.30.

건설)가 아파트 사업을 최종 포기했다. 7개 건설사가 짓기로 했던 아파트는 모두 7,140채에 이른다. 이로써 2012년 말부터 정부 청사가 이전하는 세종시의 민영 아파트 공급이 차질을 빚게 되었다.

2010년 11월 29일 국회 행정안전위원회에서 세종시의 법적 지위, 관할구역, 사무 범위 등을 규정한 '세종특별자치시 설치 등에 관한 특별법'이 통과되었다. 이 법에 따르면 세종시의 정식 명칭은 정부 직할의 '세종특별자치시'이며, 관할구역 내에 다른 지방자치단체를 두지 않도록 했다. 그리고 2012년 4월 총선에서 시장과 교육감을 선출했고, 2012년 7월 1일에 공식 출범을 했다.

핵심 쟁점인 관할구역은 충남 연기군 전체, 충남 공주시 의당면·반포면·장기면, 충북 청원군 부용면을 포함하는 것으로 확정되었다. 사무 범위는 기초와 광역 자치단체의 사무를 수행하도록 하되 업무 수행이 곤란할 경

우 일부를 다른 지방자치단체에 위탁할 수 있도록 했다.

이러한 상황에서 세종시 개발계획이 목표로 하는 25만 개의 일자리 창출과 20만 가구의 주택 건설은 쉽지 않은 과제가 될 것이다. 실제로 자족 도시가 되려면 인구가 50만 명은 되어야 하고, 인구 50만 명을 채우려면 일자리가 25만 개는 되어야 한다는 논리만 보일 뿐, 구체적인 정책 수단은 없다.

2013년부터 2014년까지 16개 부처와 20개 정부 기관 공무원 1만 452명 이 세종특별자치시로 내려가면서 비게 될 과천 청사가 정부 청사로 계속 사용된다. 법무부가 과천 청사에 남고, 2013년부터 단계적으로 장관급인 방송통신위원회와 국가과학기술위원회, 차관급인 방위사업청과 서울지방 식품의약품안전청 등의 장차관급 4개 기관 외에 경인지방통계청, 서울출입 국관리사무소, 서울지방조달청 등 10개 기관이 입주할 예정이다.

행정수도 충청권 이전의 가장 큰 문제는 결국 좌절할 수밖에 없는 이 계획이 국가균형발전에 오히려 장애가 되고 충청권을 돌이킬 수 없는 상황 으로 몰고 갈지도 모른다는 점이다(김석철, 2005: 190).

2) 혁신도시

공공기관 지방 이전과 혁신도시 건설 사업은 2012년까지 175개 공공기 관을 지방에 건설·이전하는 사업이다. 이전 공공기관의 총규모는 본사 정 원 3만 2,000명, 지방세 납부액 연 800억 원, 예산액 연 140조 원에 달하는 것으로 추산되었다. 이렇게 될 경우 지방 소재 공공기관의 비중은 15%에 서 65%로 증가할 것으로 추정된다(장재홍 외, 2008: 131). 지방 이전 대상 공 공기관 157곳 중 124곳은 10개의 혁신도시로, 17곳은 세종시로, 16곳은 개 별 이전한다. 2007년에 착수한 전국 10개 혁신도시의 2011년 말 용지 조성공정은 80%를 넘어섰다.

지역균형발전은 인구가 밀집한 지역에서는 도시 불경제가 나타나지 않는 범위 내에서 집적의 경제를 추구하고, 인구가 희박한 지역에서는 적정 산업의 육성과 핵심 역량의 강화를 통해 지역내총생산(gross regional domestic product, 이하 GRDP)을 증가시키는 개념으로 이해되어야 한다. 즉, 지역균형발전을 인구의 균등한 분포의 관점에서 추구하는 것이 아니라 지역의 산업 경쟁력의 관점에서 추구해야 하는 것이다. 다시 말해, 그 지역에 가장 적합한 산업을 개발하고 이에 필요한 인구를 유입하여 적은 인구로 더 커다란 GRDP를 만들어내면 되는 것이다. 그리고 각 지역을 네트워크형 공간구조로 연결하여 지역 간 인적·물적 자원의 협력체계를 구축시키는 것이 중요하다.

하지만 참여정부의 지역균형발전은 이상은 높았으나 현실적 방법이 부재한, 즉 머리는 구름 위에 두었으나 두 발이 땅을 굳건히 딛지 못한 정책이었다. 게다가 포퓰리즘적 요소를 다분히 가지고 있었다는 점도 부정할 수 없다. 무엇보다도 참여정부가 강조한 혁신을 이루기 위해서는 인구가 유입되어야 한다. 특히 우수한 인구가 유입되고 여기에서 혁신이 발생해야 한다. 그렇지만 참여정부의 국가균형발전은 공공기관의 이전과 물리적 시설 확충에 치중한 반면, 정작 인구를 유입할 방법이 전무했다. 결과적으로 인구 유입에 뒤이어 발생하는 혁신도 극히 저조했다.

3) 기업도시

기업도시는 참여정부 시절에 외자 유치 활성화와 국가균형발전 명목으로 출발했다. 2003년 전국경제인연합회가 일본의 도요타 시나 핀란드의 오울루(Oulu) 시와 같은 기업특화도시를 건설하자는 제안으로 공론화되었다.

〈표 6-12〉 기업도시

	태안	원주	충주	무안	영암 · 해남
성격	관광·레저형	지식 기반형	지식 기반형	산업 교역형	관광·레저형
사업 기간	2007~2014	2007~2013	2007~2012	2009~2015	2008~2025
면적	14.644km^2	5.290km^2	7.265km^2	5.021km^2	49.535km^2(4개 지구)
도시 조성비	1조 1,462억 원	6,555억 원	4,265억 원	5,120억 원	2조 2,798억 원
도입 시설	테마파크, 골프장	첨단 의료 산업	첨단 전자, 부품 소재 산업	항공, IT 산업	테마파크, 호텔, F1, 골프장
공정	12.5%	20.2%	93%	2012년 1월 면적 축소 승인	삼호·구성은 2012년 하반기 착공, 삼포·부동 인허가 추진중

주: 무안은 2012년 국토해양부가 무안 기업도시 개발 구역 지정 및 개발계획 변경 신청을 승인함에 따라,
사업 면적이 당초 17.7km^{2}에서 28% 수준인 5.02km^{2}으로 축소되었고, 사업 기간도 당초 2012년 말에서
2015년으로 3년이 연장되었다.
자료: ≪동아일보≫, 2012.2.3.

그리하여 2005년 태안, 원주, 충주, 무안, 무주, 영암·해남의 여섯 곳이 시범 지역으로 선정되었다.

4) 경제자유구역

참여정부는 2003년부터 2020년까지 개발 완료를 목적으로 인천, 부산·진해, 광양의 세 곳을 경제자유구역으로 지정했다. 이어 2008년에는 2030년까지 개발 완료를 목적으로 황해, 대구·경북, 새만금·군산의 세 곳을 추가로 지정했다. 그러나 노무현 정부의 경제자유구역의 가장 큰 문제는 포퓰리즘에 기초한 나누어 주기 식의 정책이라는 데 있다. 게다가 외국 자본을 유치할 인센티브나 제도 개혁도 미비했다.

경제자유구역의 최대 존재 이유이자 목표는 외국인 직접투자(FDI)이다. 송도를 포함한 인천경제자유구역에 2009년 11월까지 들어온 외국인 직접

〈그림 6-1〉 경제자유구역 지정 및 해제 현황

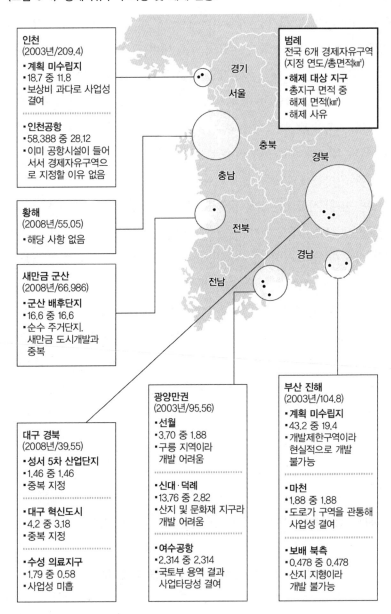

인천
(2003년/209.4)
- 계획 미수립지
- 18.7 중 11.8
- 보상비 과다로 사업성 결여
······················
- 인천공항
- 58.388 중 28.12
- 이미 공항시설이 들어서서 경제자유구역으로 지정할 이유 없음

범례
전국 6개 경제자유구역
(지정 연도/총면적㎢)
- 해제 대상 지구
- 총지구 면적 중 해제 면적(㎢)
- 해제 사유

경기
서울
충북
경북
충남
전북
경남

황해
(2008년/55.05)
- 해당 사항 없음

새만금 군산
(2008년/66.986)
- 군산 배후단지
- 16.6 중 16.6
- 순수 주거단지. 새만금 도시개발과 중복

전남

대구 경북
(2008년/39.55)
- 성서 5차 산업단지
- 1.46 중 1.46
- 중복 지정
······················
- 대구 혁신도시
- 4.2 중 3.18
- 중복 지정
······················
- 수성 의료지구
- 1.79 중 0.58
- 사업성 미흡

광양만권
(2003년/95.56)
- 선월
- 3.70 중 1.88
- 구릉 지역이라 개발 어려움
······················
- 신대·덕례
- 13.76 중 2.82
- 산지 및 문화재 지구라 개발 어려움
······················
- 여수공항
- 2.314 중 2.314
- 국토부 용역 결과 사업타당성 결여

부산 진해
(2003년/104.8)
- 계획 미수립지
- 43.2 중 19.4
- 개발제한구역이라 현실적으로 개발 불가능
······················
- 마천
- 1.88 중 1.88
- 도로가 구역을 관통해 사업성 결여
······················
- 보배 북측
- 0.478 중 0.478
- 산지 지형이라 개발 불가능

자료: ≪동아일보≫, 2010.12.29.

투자(신고액 기준)는 5억 1,900만 달러로 총개발 사업비(539억 달러)의 1% 미만이다. 미국의 개발 회사인 게일인터내셔널사와 포스코건설의 합작회사인 송도국제도시개발유한회사는 당초 계획 대비 외자 유치 실적이 1.6%에 불과해, 사업성이 있는 택지 개발에만 치중한다는 비판을 받아왔다(임형백·최흥규, 2010: 326). 2010년 현재, 2004년 이후 경제자유구역에 대한 외국인 투자 총액은 27억 달러로 전체 외국인 투자액의 3.7%에 불과하다. 유엔무역개발회의 보고서(2008)를 보면 우리나라의 FDI 잠재력 지수는 19위이나 실제 성과 지수는 130위로 세계 최하위권이다.

2010년 현재, 전국에는 6개 경제자유구역에 93개 단위 지구가 있다. 지식경제부는 "전국 6개 경제자유구역의 93개 단위 지구 중 35개 지구를 재조정할 필요가 있다"라며 실사를 거쳐 해당 지방자치단체와 후속 대책을 논의할 것이라고 밝혔다. 이후 2010년 12월 28일 지식경제부는 경제자유구역위원회 회의를 열고 '경제자유구역 구조조정 방안'을 의결했다. 해제 대상은 인천, 부산·진해, 광양만권, 대구·경북, 새만금·군산 등 5개 경제자유구역 내 12개 단위 지구이며, 인천공항 용지 일부, 부산 일대 그린벨트, 대구 수성 의료지구 일부, 여수공항 용지 등이 포함되었다. 이번에 해제되는 지역의 총면적은 여의도 면적의 10.8배인 90.51km^{2}로, 현재 경제자유구역 총면적(571km^2)의 15.9%에 해당한다.

6. 참여정부의 국가균형발전 정책에 대한 평가

1) 국가균형발전의 정의, 방법, 측정 지표의 부재

'지역 간 균형'이 공공 정책의 목표가 되어야 한다는 것은 통상적 견해에서 분명하다. 물론 균형이란 말은 구체적으로 지정되지 않으면 사실상 의미가 없기 때문에 정치적 수사로 넓게 사용된다. 먼저 균형 또는 평형은 평등과 동일한 것이 아님은 분명하다(고어, 1997: 44, 55).

정당성 목적을 위해 지역 정책은 공간적 불균형의 감소에 관심을 갖는다고 암시하는 수사로 장식될 것이다. 그러나 지역 정책의 본질은 공간적으로 규정된 특정 집단에 대해 명백하게 편견을 가진다는 사실이다. 그리고 이 때문에 정부에 의한 어떤 형태의 지역계획 채택은 '자신들'의 지역을 위해 더 많은 권리와 자원을 요구하는 정치적 집단을 움직이게 하는 의도하지 않은 효과를 가질 수 있다(고어, 1997: 325).

도시는 초거대 기업이다. 농경사회와 산업사회에서는 농촌과 공단이 생산 기지이고 도시가 소비 기지였으나, 지식정보사회에서는 도시가 바로 생산 기지이다(김석철, 2005: 85). 지역 간 불평등을 줄이는 것이 개인 상호 간의 불평등을 줄이는 것과 동등하다고 가정하는 것은 논리학자들이 생태학적 오류(ecologic fallacy)라고 부르는 것을 범하는 것이다. 즉, 어떤 영역에서의 평균 조건이 그 지역에 있는 모든 개인들에게 적용된다고 추론하는 것이다. 하지만 현실에서는 이와 반대로 빈곤 지역의 급속한 성장을 촉진하기 위한 정책이 빈곤 지역에서 더 불평등한 소득 분포를 가져온 경우가 많았다(Barkin, 1972; Gilbert and Goodman, 1976).

후버(Hoover, 1975)는 "장소 번영을 통해 기회 부족과 인간적 곤경을 해결하려고 하는 것은 파리를 죽이기 위해 권총을 사용하는 것과 같을 수도 있다"라는 표현까지 썼다. 그리고 아마르티아 센(Amartya Kumar Sen)은 "'중요한' 사회 행위라고 여겨지는 것에 대해 평등을 요구하게 되면, 좀 더 멀리 떨어진 '부차적' 영역에서 불평등을 수용하게 된다"라고 주장했다(센, 1999). 한 공간에서의 평등이 다른 공간에서의 불평등을 가져올 수 있다는 것이다. 센(1999)은 '왜 평등인가'보다는 '무엇에 대한 평등인가'가 더 중요하다는 관점을 제시하면서, 나아가 '무엇에 대한 평등인가'에 '왜 평등인가'의 문제가 포함되어 있다고 말한다. 그의 주장에 따르면 인간은 이질적 특성을 갖고 태어나는데 이 점을 고려하지 않은 채 평등을 주장하는 것은 본질을 무시하는 것이라고 해석될 수 있다. 또 불평등이나 빈곤에 대한 분석과 연구를 현재처럼 '저소득이냐, 고소득이냐'와 같은 외부적 요인에 맞추지 말고 가치 있는 삶을 영위하기에 충분한 기본 능력이 있느냐 없느냐, 즉 능력 중심으로 전환하자는 주장을 하고 있다.

여기서 지리적으로 불균등한 국토 공간 내에서 '균형발전'의 개념을 재고할 필요가 있다. 우선 국토가 지리적으로 불균등한 자연환경을 가지고 있고, 이 위에 물리적·사회적으로 불균등한 인공 환경이 더해졌다. 이러한 상황에서 균형발전을 물리적 시설의 균등한 배치나 균등한 인구밀도로 접근해서는 안 된다. 자연환경뿐만 아니라 인공 환경이 이미 물리적 시설의 균등한 배치나 균등한 인구밀도에 적합하지 않게 되어 있는 것이다.

송병락(2006: 281)도 균형발전의 대상이 '지역'이 아닌 '사람'이라는 점에 동의한다. 송병락은 균형성장에서 평준화의 대상은 '사람'이지 땅 또는 '지역'이 아니라고 강조했다. 즉, 각 지역의 사람을 교육 기회, 고용 기회, 생활환경 시설 면에서 평준화하자는 것이지, 이들 지역 자체를 평준화하는 것은 아니라고 강조했다. 다시 말해 지역은 특성이 다르므로 평등하게 될 수 없고, 사람은 어디에 살든지 생활환경이나 삶의 질 면에서 평등한 대우를 받아야 하므로, 'place prosperity'가 아닌 'people prosperity'를 추구해야 한다고 했다.

이준구(2008: 150)도 다음과 같이 기회균등의 측면을 강조했다. "사실 시장경제 체제를 움직여 나가는 기본적 힘은 돈에서 나온다. 따라서 이 체제에서는 돈 많은 사람의 발언권이 클 수밖에 없다. 정치적인 측면에서는 모든 사람이 동등한 발언권을 갖는 '1인 1표'의 원칙이 통용되고 있다. 그러나 시장경제 체제는 이와 다른 원칙에 의해 움직이고 있으며, 따라서 똑같은 사람이라도 발언권의 크기가 다를 수 있다. 결국 시장경제 체제의 주도권은 보통 사람보다 훨씬 더 부유한 사람들이 쥐게 된다. 이들이 자신보다 보통 사람들에게 더 큰 이득이 돌아가는 방향으로 경제를 이끌어가리라고 기대하기는 힘들다." 또 이준구(2008: 164~165)는 정치가가 정책 결정에 참여할 때 사회 전체의 이익보다 자신의 정치적 입장을 더 고려함으로써 정부 실패를 가져온다고 주장했다.

이명박 정부에서 지역발전위원장을 지낸 최상철(2007: 95~96)의 비판은 더 강력하다. 그는 " '지역균형발전'이란 실상은 허구다. 모든 지역에 같은 규모와 같은 수의 건물을 짓는 것이 균형이라면 그러한 균형은 불가능할 뿐만 아니라 바람직하지도 않다. 올바른 정책은 '발전 균형'이다. 각 지역이 각자의 특성과 장점에 맞게 발전하여 결과적으로 조화와 균형을 이루어야 한다. 분권화의 전제는 땅의 균형발전이 아니라 사람의 발전 균형으로 돌아가야 한다"라고 주장했다. 또 최상철(2004)은 "수도 이전을 섣불리 실행하는 지도자는 나라를 망칠 수도 있다"라고 경고했다.

최근 지역 정책의 변화는 지역균형발전을 위한 접근 방법 또는 전략의 중심이 종전의 직접적 격차 해소 전략에서 낙후 지역의 내생적 발전 역량 강화를 통한 우회적 수렴 전략으로 바뀐 것이라고 보는 것이 논리적으로 타당하다(장재홍 외, 2008: 52).

지역적 차원에서 시행되는 경제 정책들은 종종 투자를 위한 공간으로서 특정 지역의 매력을 증진시키려는 목적에서 시행된다. 이런 의미에서 지역 정책들은 일부 도시 재생 정책들과 유사하다. 하지만 지역 정책과 도시 정책의 주요한 차이점은 지역 정책이 목표로 하는 산업 부문과 도시 정책이 목표로 하는 산업 부문이 상당히 다르다는 데 있다. 왜냐하면 대규모 공간적 비용과 가격 변동에 가장 민감한 것으로 간주되는 산업 부문은 부동산 및 재산 개발 부문이 아니라 다소 틀에 박히고 표준적인 활동을 수행하는 많은 상업적 서비스 부문과 제조업 및 유통업 부문이기 때문이다. 도시 정책과 마찬가지로 지역 정책은 지역경제 개발이 이루어질 수 있도록 제도나 법률체계를 완화·변경시키는 것을 포함한다. 하지만 지역 정책의 지역경제 개발 효과는 서로 다른 산업 부문과 지역에서 상당히 다르다(맥칸, 2006: 281).

따라서 지역개발 정책이 발생시키는 효과의 규모와 공간적 패턴을 주의 깊게 분석할 필요가 있다. 동시에 지역 정책은 보통 공적으로 재원이 조달된 인프라(사회 기반 시설)의 구축을 포함하기 때문에, 지역 정책이 시행되지 않았을 때와 비교하여 지역 정책이 실시될 경우의 사회적 한계비용과 한계편익을 고려해봐야 한다(맥칸, 2006: 281).

지역균형발전 정책의 구조 측면에서 볼 때 1990년대 말 이후 모든 나라가 지역 간 격차 해소 중심에서 지역 경쟁력 강화 중심으로 바뀌었다. 또 이른바 지역혁신 패러독스가 작용하는 상황에서 향후 지역균형발전을 위해서는 낙후 지역의 지식 및 혁신 역량 강화를 위한 지원·확대가 필요하다(장재홍 외, 2008).

선진 지역에 대한 규제를 통한 하향적 평준화가 아니라, 후진 지역이 선진 지역보다 더 빠르게 성장할 수 있는 방법을 찾아냄으로써 선진 지역을 따라잡는 이른바 추격(catch-up) 전략이 필요한 것이다. 이를 위해서는 선진 지역에 대한 규제보다는 후진 지역의 발전 가능성이 있는 요소를 발굴하고, 이런 요소를 시장가치화하는 메커니즘을 구축해야 한다. 그리고 이러한 요소와 메커니즘에 대한 선택과 집중이 필요하다.

참여정부의 국가균형발전 정책은 수도권이라는 선진 지역에 대한 규제에 집중한 반면, 지방이라는 낙후 지역에 대한 내생적 발전 역량 강화에는 소홀했다. 실제로 낙후 지역에 대한 참여정부의 정책은 인위적인 공공기관

〈표 6-13〉 지역균형발전 정책의 범주 및 효과

지역균형발전 정책의 범주		정책 목표별 효과	
		지역 간 격차 완화	내생적 지역발전
물리적 정책	선진 지역 규제	O	×
	이전·재배치	O	△
재정·세제 차등화 정책	지역 간 차등 재정 지원	O	△
	지역 간 차등 세제	O	△
제도적 기반 구축	추진 기구 설치	O	O
	법제의 제정	O	O

주: O, △, ×는 각 정책 범주가 당해 정책 목표에 각각 긍정적인 영향, 불확실한 영향, 부정적인 영향을
    미칠 것임을 의미한다.
자료: 장재홍 외(2008: 44).

이전, 물리적 기반 건설에만 집중되었다. 이는 시장 질서, 인구 이동 성향,
공간구조를 이해하지 못한 불완전한 정책이었다.

정부 정책의 집행에 따른 산업적·공간적 파급 효과는 정권이 지향하는
'이념'의 대립과 그 상충에 따른 대안 선택의 과정이라 할 수 있으며, 사회
및 공간 정책에서 가장 전형적으로 대립되는 이념적 상충은 하이에크와 롤
스(John Rawls)의 논쟁으로 거슬러 올라가는 효율성(efficiency)과 형평성(equity)
의 논제라 할 수 있다. 참여정부의 모든 분야 중 가장 극단적인 이념 성향
이 노정된 것이 지역 정책이며, 계획경제(planned market) 정책의 극단적 적
용이다(이성우, 2007).

지역 또는 공간도 마찬가지다. 각 지역마다 차이를 가지는데 지역균형
발전이 가능한가 하는 문제의식에서 출발해야 한다. 지역균형발전이 가능
하다고 하더라도 모든 면에서 천편일률적인 형평이 아니라 몇 가지 면에
서의 형평을 추구해야 하고, 이를 측정할 정책 지표 선정과 이에 대한 국민
의 동의가 필요하다. 그렇지만 참여정부의 지역균형발전은 정책 지표도 없
이 절대적 형평을 추구했다.

〈그림 6-2〉 집적 경제의 차이에 따른 도시 크기의 차이

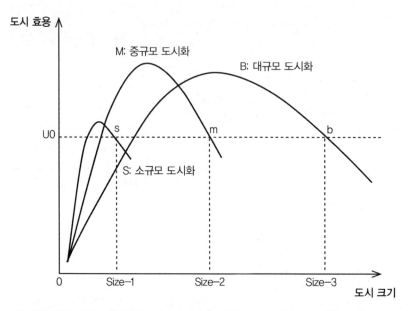

주: 오설리반(A. O'Sullivan)은 X축을 'utility per worker', Y축을 'workers(million)'로 표현했다. 또 소규모 도시
화는 'small localization', 중규모 도시화는 'large localization', 대규모 도시화는 'large urbanization'으로 표현
했다.
자료: O'Sullivan(2007: 64).

<그림 6-2>를 예로 들어 살펴보자. 공급 측면에서 볼 때 A 도시의 요
식업과 같은 재화(또는 서비스)는 주로 A 도시의 거주자만을 소비자로 하겠
지만, A라는 도시에서 생산되는 자동차와 같은 재화(또는 서비스)는 A 도시
이외의 지역 거주자까지 소비자로 할 것이다. 한편 수요 측면에서 볼 때
A 도시의 어떤 재화(또는 서비스)는 인구 성장에 비례하여 수요가 증가하는
반면, 어떤 재화(또는 서비스)는 인구 성장에 비례하여 수요가 증가하지 않
을 수도 있다. 즉, 낙후된 지역에 대해 지역균형발전을 추구할 때 중요한
것은 크기가 아니라, 가장 경쟁력 있는 그 지역의 차별화된 혁신 요소를
찾아내는 것이다(임형백, 2008b: 573~574).

경제성장을 위해 혁신과 지식의 전파가 용이하게 일어날 수 있도록 공간적 패턴을 구축하는 것이 공간 정책의 최우선적 방향이 되어야 한다(김성배, 2005: 130). 그러나 참여정부의 국가균형발전은 공공기관의 지방 이전을 추진했지만, 그 목표가 구체적이지 못했다. 참여정부는 국가균형발전 정책을 추구하면서 하드웨어 측면에서 물리적 기반을 확충하고 인위적으로 공공기관을 이전한 반면, 혁신 요소를 발굴하고 협력체계를 구축하는 소프트웨어 측면에는 약했다.

국가균형발전위원회(2004: 63)도 혁신을 강조했다. "한국이 1995년 최초로 1인당 국민소득 1만 달러를 넘어선 이후 IMF 위기를 겪고, 10년째 마(魔)의 1만 달러 정체 상태를 벗어나지 못하는 근본적 원인도 혁신을 통해 새로운 성장 동력을 찾지 못한 데 있는 것으로 판명되고 있다."

그렇지만 참여정부의 국가균형발전 정책은 혁신을 강조하면서도 정작 혁신적 요소를 만들어내는 데 실패함으로써, 기대한 효과를 가져오지 못한 허울 뿐인 정책으로 전락하고 말았다. 혁신을 가장 강조한 참여정부가 막상 지방자치단체 수준에서 혁신을 찾아내고 협력체제를 구축하는 데는 실패한 것이다.

참여정부는 국가균형발전 전략이 지방분권, 지방 분산, 지방 분업 등 삼분(三分) 정책을 통해 수도권과 지방이 함께 번영할 수 있는 상생 전략을 추구한다(국가균형발전위원회, 2004: 20)고 했으나, 실제로는 지방 분산에 무게중심이 두어졌다. 또 투입된 비용에 비해 효과가 극히 미미했다. 참여정부 시절에 토지 보상비로만 130조 원이 지출되었다. ≪한국경제≫(2008.10.27)에 따르면 서울대학교의 한 해 운영 예산이 3,900억 원 정도인데, 130조 원은 서울대학교를 300년 이상 운영하고도 남을 예산이다. 이 정도의 막대한 예산을 고부가가치 산업 등에 투자했다면 더 많은 경제적 효과와 더 많은 인구 분산 효과를 가져올 수 있었을 것이다.

게다가 비대해진 수도권이 어느 정도 살을 빼는 것이 바람직한 국가균형발전의 수준인가에 대한 언급도 없다. 수도권에서 어느 정도의 기관 또는 기업을 지방으로 이전해야 하는지, 어느 정도의 인구를 지방으로 이전해야 하는지, 또 이러한 기관 또는 기업과 인구의 지방 이전이 수도권에 가져오는 마이너스 영향은 얼마이며, 지방에 가져오는 플러스 영향은 얼마인지에 대한 목표가 없다. 단지 178개 공공기관을 각 지방자치단체에 나누어 주기 식으로 이전하는 것이다.

세종시의 예정 지역은 충청남도 연기군 금남면, 남면, 동면과 공주시 장기면, 반포면 일원으로, 그 면적이 약 72.91km^2(2,205만 평)에 달한다(제해성, 2011: 4). 그러나 행정복합도시는 도시의 콘텐츠가 불분명하고 도시 경쟁력과 삶의 질을 좌우할 산업의 비전이 마련되지 않은 상황에서 추진되었다. 중앙정부가 행정복합도시로 간다고 하더라도 그 도시는 정부만의 도시일 수 없다. 행정복합도시의 인구 규모를 50만 명이라 하는데 정부 관련 기관만으로는 50만 인구를 감당하지 못한다(김석철, 2005: 113).

2) 정부 기관의 분산 배치로 인한 효율성 감소

현재에도 과천 제2청사와 대전 청사에 위치한 중앙 부처는 중앙 청사 주변에 다양한 형태로 상주 인력을 배치하고 있다. 행정복합도시로의 정부 부처 이전과 정착 과정에서 발생하는 업무 공백 및 차질 같은 무형의 손해와, 타의적으로 이전하는 공무원들의 의욕 저하 등도 커다란 손실이다. 행정복합도시 건설로 인한 정부 기관의 분산 배치는 정부 기관 간의 유기적 협조체제를 저하시키고 신속한 의사결정을 저해함으로써 효율성을 감소시킬 것이다.

이보다 더 심각한 것은 우수한 인력의 유출이다. 부처 공무원과 국책 연구 기관 연구원을 합해 1만 8,000명 정도가 행정복합도시로 옮겨가야 한다. 하지만 한순간에 삶의 터전을 바꾸는 이들에게 정부가 해주는 배려는 그리 많지 않다. 한국에서 어떤 지역으로 인구가 유입되는 가장 큰 요인은 직업 요인과 교육 요인(교육 환경)이다.

'도시의 확산 현상(urban sprawl)'에 대한 경제학자와 정책 입안자 간의 논쟁이 존재한다. 도시의 인구가 증가함에 따라 도시는 더 높은 건물을 건축하여 위로 성장하거나, 더 많은 토지를 점유하여 밖으로 성장할 수 있다. 도시의 확산을 염려하는 사람들은 '위로의 성장'은 지나치게 적고, '밖으로의 성장'은 지나치게 많다고 지적한다. 도시 확산에 대한 하나의 척도는 경제적 활동의 밀도이다. 밀도가 낮을수록, 주어진 인구를 수용하기 위해 요구되는 토지 면적은 더 크고, 대도시의 분포 또는 확산도 더 크다(오설리반, 2011: 245).[10]

문화적 차이가 체계 도시들 간의 도시 밀도에서의 일부 극적인 차이를 설명한다(Bertaud and Malpezzi, 2003). 아시아는 다른 대륙들에 비해 훨씬 높은 도시 밀도를 가지고 있는데, 이는 도시의 기대 소득만으로는 설명이 충분하지 않다. 아시아를 제외한 여타의 대륙들 간 밀도의 차이는 거주 공간에 대한 선호의 차이를 반영할 수 있다(Fulton et al., 2001).

이러한 정주 환경이 갖추어지지 않으면 인구는 유입되지 않는다. 실제로 참여정부의 국가균형발전 정책과 이명박 정부의 지역발전 정책의 추진 속에서도 인구의 지방 분산은 이루어지지 않았고, 오히려 수도권으로 인구가 집중되었다.

---

10 미국의 경우 1950년과 1990년 사이, 도시의 인구는 단지 92% 증가한 반면, 도시화된 토지의 양은 245% 증가했다. 그리고 독일의 대도시 지역들은 미국의 대도시 지역들에 비해 네 배 더 밀집되었고, 프랑크푸르트는 뉴욕에 비해 세 배 더 밀집되어 있다(오설리반, 2011: 245).

〈표 6-14〉 2005년을 기준으로 본 2011년 인구 이동 결과

지역	수도권	부산	대구	울산
순유입 인구	20만 명			
순유출 인구		13만 7,000명	7만 9,000명	1만 6,000명

자료: 통계청(2011).

〈표 6-15〉 한국의 인구 이동 요인   (단위: 1,000명)

이동 요인 / 이동 방향	직업 요인	교육 요인	가족 요인	주택 요인	주거, 근린 환경 요인	자연환경, 기타 요인
농촌 → 도시	193	99	67	24	7	7
도시 → 농촌	155	30	78	36	3	27

자료: 통계청(1998), 임형백·이성우(2004: 259).

최근 5년간 수도권 인구 집중 현상은 더 심해졌다. 전국 모든 시·도 가운데 수도권에서 순유입 인구가 제일 많았다. 주간인구지수는 전국에서 서울이 108.6으로 가장 높았고, 경기도가 92.7로 가장 낮았다(통계청, 2011). 이는 경기도에서 서울로 통근하는 사람이 많은 탓에, 서울이 낮 시간에 인구가 가장 많은 도시인 반면 경기도는 낮 시간에 인구가 가장 적은 지역이라는 사실을 보여준다.

임형백(2009a, 2011c)은 행정중심복합도시의 여러 가지 문제점을 지적하고 있다. 첫째, 당초 50만 명 인구를 기준으로 설계되었으나, 수도권에서 이주하는 인구는 겨우 1/10인 5만 명 정도로 예상된다. 행정중심복합도시로 이전하는 공공기관의 종사자는 약 1만 2,000명이다. 4인 가족 기준으로 모두 이주한다고 해도 수도권에서 이주하는 인구는 5만 명이 안 된다. 더구나 이들 중 상당수는 가족을 수도권에 남겨두고 당사자만 이주할 것이다. 둘째, 이 경우 공공기관의 이전으로 인한 효율성 저하뿐만 아니라, 이러한 이주

당사자의 업무 효율성도 저하될 것이다. 셋째, 인접한 충청권의 각 지방자치단체에서 경제적 상위 계층이 행정중심복합도시로 이전함으로써 오히려 충청권의 인구 유출 현상을 가져올 것이다.

오송보건의료행정타운이 있는 충북 청원군 강외면 인구는 2010년 10월 1만 5,004명에서 2011년 4월 1만 8,170명으로 3,000여 명밖에 늘지 않았다. 6개 기관 직원 수가 2,384명이고 그 가족까지 고려하면 인구수가 9,000여 명이 늘고, 입주 기업까지 감안하면 1만 여 명이 늘어야 한다. 이처럼 인구가 늘지 않는 것은 오송타운이 충분한 선발 이익을 가지고 있지 않기 때문이다. 그렇다 보니 일부 직원은 오송타운으로 입주하지 않고 생활 여건이 나은 대전, 청주, 조치원 등 인근 지역으로 옮겨갔다. 일부는 아예 수도권에서 매일 출퇴근을 하여 지역경제에 대한 파급 효과가 크지 않다.

실제로 지방행이 확정된 일부 국책 연구 기관들은 조직 와해까지 우려하는 분위기이다. 2010년 충청북도 오송으로 청사를 옮긴 식품의약품안전청은 2008~2010년 정규직 퇴사자만 120명에 달했고, 특히 2010년엔 석·박사급 계약직을 포함해 250여 명이 조직을 떠났다.

더구나 이미 고용이 이루어진 일자리보다는 새로 만들어지는 일자리가 인구를 유인하는 효과가 크다. 매년 새로 창출되는 일자리의 50% 이상이 (서울을 제외한) 경기도에서 만들어진다. 따라서 수도권으로 인구가 유입되는 것은 자연스러운 결과이다. 단지 건물을 옮긴다고 국가균형발전이 이루어지는 것이 아니다. 일부 인구는 증가하겠지만, 인구 증가보다 중요한 파급 효과와 혁신이 발생하지 않는다. 또 농촌 지역에서도 고용 효과는 농촌 지역보다는 도농 통합 지역에서 2·3차 산업을 중심으로 발생하고 있다.

2005년 기준으로 전체 일자리의 18.4%가 농어촌에 분포하고, GRDP는 도시 지역의 1/6 수준이다. 사업체 수 기준으로는 전체 사업체의 18.3%가 농어촌에 있는데, 이는 10년 전 19.2%보다 감소한 수치이다. 종사자 수 기

〈표 6-16〉 지역별 인구 및 인구밀도   (단위: 1,000명, 명/km²)

	2004		2005		2006		2007		2008		2009		2010	
	인구	인구밀도	인구	인구밀도	인구	인구밀도	인구	인구밀도	인구	인구밀도	인구	인구밀도	인구	인구밀도
계	48,039	482	48,138	483	48,297	485	48,456	486	48,607	487	48,747	488	48,875	489
서울	10,036	16,578	10,011	16,573	10,020	16,553	10,026	16,565	10,032	16,574	10,036	16,582	10,039	16,586
부산	3,620	4,742	3,586	4,691	3,554	4,645	3,525	4,604	3,498	4,566	3,471	4,531	3,446	4,497
대구	2,531	2,858	2,506	2,834	2,484	2,809	2,470	2,794	2,457	2,779	2,444	2,764	2,431	2,750
인천	2,569	2,587	2,578	2,594	2,596	2,591	2,613	2,593	2,629	2,602	2,645	2,576	2,661	2,591
광주	1,443	2,879	1,444	2,880	1,443	2,879	1,445	2,883	1,447	2,887	1,449	2,890	1,450	2,893
대전	1,460	2,705	1,468	2,720	1,477	2,736	1,487	2,755	1,496	2,772	1,506	2,790	1,515	2,806
울산	1,066	1,009	1,070	1,012	1,075	1,016	1,080	1,021	1,085	1,026	1,089	1,030	1,094	1,034
경기	10,405	1,027	10,612	1,048	10,822	1,068	11,039	1,090	11,248	1,110	11,447	1,129	11,637	1,148
강원	1,496	90	1,488	90	1,479	89	1,470	89	1,461	88	1,452	87	1,443	87
충북	1,490	200	1,484	200	1,484	200	1,483	200	1,482	199	1,481	199	1,479	199
충남	1,892	220	1,918	223	1,928	224	1,936	225	1,994	226	1,951	226	1,959	227
전북	1,843	229	1,817	226	1,797	223	1,771	220	1,746	217	1,724	214	1,703	211
전남	1,881	156	1,852	153	1,829	151	1,807	149	1,784	146	1,726	144	1,740	142
경북	2,669	140	2,652	139	2,648	139	2,635	138	2,620	138	2,606	137	2,592	136
경남	3,100	295	3,108	295	3,117	296	3,125	297	3,131	297	3,137	298	3,141	298
제주	539	292	542	293	543	294	545	295	545	295	546	295	547	296
수도권	23,010	1,962	23,202	1,978	23,439	1,997	23,678	2,016	23,909	2,035	24,128	2,050	24,336	2,068

주:
1) 수도권은 서울, 인천, 경기를 말한다.
2) 시·도별 장래인구 추계는 5년 주기로 작성되며, 현 자료는 2007년에 작성된 자료이다.
3) 2005년까지는 확정 인구이며, 2006년 이후는 다음 인구 추계 시에 변경될 수 있다.
4) 2010년 인구밀도는 2010년 인구를 2009년 면적으로 나누어 계산한 것이다.
자료: 통계청(2010), 국토해양부(2009).

준으로는 전체의 18.4%가 농어촌에 있으며, 10년 전과 비교해볼 때 비중은 동일하나 면 지역은 감소 추세이다. GRDP의 경우에는 1998년 도시의 1/5 수준에서 1/6 수준으로 축소되었다. 농촌 지역은 농·림·어업이 지배적인 산업구조이기 때문에 농·림·어업 생산성 향상에 따른 농·림·어업 고용 증가에 한계가 있다. 다만 2·3차 산업 부문의 고용은 도시와 가까운 농어촌에 한정하여 미미한 증가 추세를 나타내고 있다. 그러나 농어촌에서 발생하는 2·3차 산업 부문의 고용도 대부분은 도농 통합시 지역에서 발생했다. 1995년에서 2005년 사이에 도농 통합시 지역에서 발생한 2·3차 산업 부문 순고용 증가량은 약 147만 명으로 군 지역(약 25만 명)보다 5.9배 정도 많았다(송미령 외, 2009: 87~88).

앞의 <표 6-16>에서 나타나듯이, 2010년 서울시의 인구밀도는 1km²당 1만 6,586명으로, 전국 시·도 가운데 가장 높았다. 이어 부산(4,497명), 광주(2,893명), 대전(2,806명), 대구(2,750명), 인천(2,591명), 경기(1,148명), 울산(1,034명) 순서였다. 서울의 인구밀도는 강원도의 190배에 달한다.

서울이 전 국토 면적의 0.6%에 불과하다는 점을 감안하면, 서울에만 우리나라 전체 인구의 1/5에 달하는 1,003만 9,000여 명이 몰려 있어 교통, 주거, 복지 환경에서 문제점 발생이 불가피한 셈이다. 서울의 인구밀도는 지난 2004년 1km²당 1만 6,578명을 기록했다가 2005년 1만 6,537명으로 감소했으나, 2006년 1만 6,553명, 2007년 1만 6,565명, 2008년 1만 6,574명, 2009년 1만 6,582명으로 계속 상승했다. 서울의 인구밀도는 2009년 기준으로 뉴욕의 여덟 배, 도쿄의 세 배에 달한다. 서울, 인천, 경기 지역을 총괄한 2012년 수도권의 추계인구는 2,433만 6,000명으로, 인구밀도가 1km²당 2,068명에 달한다.

전국 시·도 가운데 인구밀도가 가장 낮은 지역은 강원도로 1km²당 87명에 불과했다. 강원도의 인구밀도는 2004년과 2005년에 1km²당 90명까지 이르렀으나 2006년과 2007년 89명, 2008년 88명, 2009년 87명으로 낮아졌다. 이는 서울 인구밀도의 1/190에 불과한 것이다. 경북(136명), 전남(142명), 충북(199명)도 1km²당 인구밀도가 200명 미만으로 인구 집중도가 낮았다.

우리나라 제2의 도시인 부산조차 2000년 이후 인구밀도가 감소하고 있다. 부산의 인구밀도는 2004년 1km²당 4,742명에 달했으나 2005년 4,691명, 2006년 4,645명, 2007년 4,604명, 2008년 4,566명, 2009년 4,531명까지 떨어졌다. 전라도 지역의 인구밀도 역시 2000년 이래 계속 낮아지면서 심각한 문제를 낳고 있다. 전남은 1km²당 인구밀도가 2004년 1,881명에서 2012년 1,740명, 전북은 1,843명에서 1,703명으로 각각 떨어졌다. 한편 자동차, 조선 등 주요 산업이 몰려 있는 울산은 2004년 인구밀도가 1km²당 2,705명이었으나 2012년 2,806명으로 높아졌다.

세종시가 원래 목표로 했던 국가균형발전을 이루기 위해서는 이전하는 공무원 등이 업무에 전념할 수 있는 제반 여건부터 갖추어야 한다. 이를 통해 서울로의 불필요한 왕복으로 인한 비효율성을 감소시켜야 한다. 또 정부 기관의 분산 배치로 인한 효율성 감소를 방지할 제반 대책이 마련되어야 한다(임형백, 2011c: 244~245).

3) 행정중심복합도시 건설로 인한 파급 효과 감소

역사적으로 국가의 수도 이전을 실행에 옮기거나 계획한 경우는 여러 나라에서 있어왔다. 브라질, 오스트레일리아, 독일은 실제로 수도를 이전한 경우이며, 이전을 계획하거나 진행 중인 국가는 일본과 말레이시아가 있다. 수도 이전의 개념과 방법 및 형태는 매우 다양하게 분류될 수 있는데, 우선 현재 우리가 표방하는 방식과 비슷한 형태로 신행정수도 건설을 목표로 한 국가로는 브라질, 오스트레일리아, 일본을 들 수 있다. 이들 국가는 수도에 집중된 권력과 권한의 분산을 통해 지방화 사회의 구현과 균형 있는 개발을 목적으로 하고 있다. 이는 기존 수도가 가진 행정력, 경제력, 정보력의 동기가 과밀·과중으로 이어져 과도한 비용이 발생할 때 시도하는 방법으로, 행정력의 재배치를 통한 해법을 쓰고 있다. 이러한 경우에는 정부 부처를 지방에 분산시키는 방식이 주로 사용되는데, 최근 지방으로 이전한 통계청, 과천으로 이전한 정부종합청사 등은 여기서 분화된 방식이라고 할 수 있다(이성우 외, 2003: 21).

앞에서 언급했듯이, 특정 지역이 경쟁력을 가지려면 그 지역이 타 지역에 비해 입지상에서 누리는 상대적 이익, 즉 선발 이익을 가져야 한다. 그리고 특정 지역이 선발 이익을 가지도록 하기 위해서는 도시 건설의 초기 단계에서 교통망과 같은 인프라를 구축하는 공공 부문의 투자가 이루어져야 한다. 하지만 더 중요한 것은 이후에 이루어지는 유입 인구의 질과 이들에 의한 혁신이다.

한국은행(2007)에 따르면, 산업연관표로부터 계산되는 노동 유발 효과는 다음과 같다. 노동 유발 효과는 취업자 수를 중심으로 한 취업 유발 효과(ΔL_w)와 피용자 수를 기준으로 한 고용 유발 효과(ΔL_e)로 분석할 수 있으며, 각각 다음의 식(수식 6-1, 수식 6-2)으로 계산할 수 있다.

$$\text{취업 유발 효과}: \Delta L_w = \hat{l_w}(I-A)^{-1}\Delta Y \qquad \text{(수식 6-1)}$$

$$\text{고용 유발 효과}: \Delta L_e = \hat{l_e}(I-A)^{-1}\Delta Y \qquad \text{(수식 6-2)}$$

단, $\hat{l_w}$는 취업 계수의 대각행렬로 취업자(L_w: 피용자 + 자영업주 + 무급 가족 종사자)를 중심으로 한 취업 계수 $l_w = L_w / X$를 적용한 것이며, $\hat{l_e}$는 고용 계수의 대각행렬로 피용자 수(L_e)를 활용하여 취업 계수와 동일하게 적용한 것이다.

여기서 중요한 것은 고용의 양이 아니라 고용의 질이다. 여준호(2009)의 연구에 따르면, 일자리 증가로 인한 인구 증가 또는 인구 유입 효과는 농촌 지역이 오히려 도시 지역보다 더 큰 것으로 나타났다. 그러나 농촌 지역의 산업 간 연계구조가 취약하고 일자리의 질이 떨어져 재정 자립도 제고에 미치는 효과는 도시 지역의 1/8에 불과한 것으로 나타났다.

'통념의 편안함'보다 '역발상의 불편함'을 활용할 수 있어야 한다. 스위스의 26개 주(州) 중 하나인 추크(Zug) 주는 인구가 10만 명에 불과하지만 기업 수는 3만 개(2008년 기준)에 가깝다. 소득도 바젤(Basel) 주에 이어 두 번째로 높다. 선진국의 살기 좋은 지역은 인구밀도가 높기 때문에 살기 좋은 것인가? 분명히 아니다. 정책의 중심을 인구밀도가 아닌 자생적 경제력에 두어야 한다(임형백, 2010d: 259).

4) 국가 경쟁력의 약화

경제학의 일반 경제균형 이론을 공간에 적용하여 지역균형발전을 해석한 연구들은 지역균형발전이 어려울 뿐만 아니라 부작용도 많다고 지적하고 있다. 베르틸 올린(Bertil Ohlin)과 아우구스트 뢰슈는 일반 경제균형의 형식에 공간 차원을 포함하는 문제에 관해 연구했다. 올린(Ohlin, 1933: ix)이 분리되고 사전에 정의된 지역에서 가격과 산출 간의 상호 의존 관계를 고찰한 데 반해, 뢰슈(Lösch, 1954: ix)는 연속되는 지리 공간에서 무엇이 일반 균형의 모습인지를 결정하기 위한 시도를 했다. 올린(Ohlin, 1933)의 연구에서 공간균형은 상이한 지역에서 1인당 평균 소득이 같아지는 것을 특징으로 했다. 그러나 뢰슈(Lösch, 1938: 101)의 연구에서 가장 중요한 결론 중 하나는 비록 자연 자원의 차이가 제거되더라도 생산 단위의 균형적 공간 배열에서 체계적 불평등이 있다는 것이다. 리처드슨(Richardson, 1969)의 연구는 일반 균형이 균형에 대한 공간경제의 함의와 일치하지 않는다는 것을 시사한다.

이는 공간균형을 확인하는 단순한 테스트가 없으며 단지 지역경제 불평등이 불균형 상태의 신호가 아니라는 것을 뜻한다. 일반적 공간균형의 의미에서 '지역평형'은 사실상 바람직하지도 않고 이룰 수도 없으며, 사회적·경제적 문제로서 공간 패턴을 진단하는 규범으로나 공공 정책을 안내하는 규범으로 부적절하다. 시장 왜곡의 존재는 공간적 맥락에서 균형이 파레토 최적이 아님을 함축한다.[11] 그러나 비록 파레토 최적에 대한 모든 조건들이 충족될 수 없다고 하더라도 가능한 한 많은 조건들을 만들려는 시도가 이루어져야 하며, 그렇게 함으로써 경제가 올바른 방향으로 개선된다고 하는 견해는 채택될 수 있다(고어, 1997: 55~69).

개발에서의 지역 간 격차를 완화하려는 정책의 가장 보편적인 변명은 그런 격차가 불평등하다는 것이다. 모든 사람들은 부유하든 가난하든 개발의 혜택을 똑같이 공유해야 한다고 말하는 것과 같이, 모든 사람들은 그들이 사는 곳의 특성과 상관없이 똑같은 몫을 차지해야 한다고 주장한다. 따라서 '개발'이 몇몇 곳에 집중되는 공간 패턴은 그것이 불공정하다는 점에서 문제로 진단될 수 있고, 더욱 '균등한 개발'을 확보할 수 있는 정책들이 소개되어야 한다는 것이다. 이처럼 상식적이지만 다분히 이념적인 견해에 따르면, 투자의 공간적 집중을 완화하기 위해서는 입지 조건이 나쁜 지역에 정책적으로(인위적으로) 산업을 입지시켜야 하고, 이는 결과적으로 비효율적인 입지 패턴을 구축하게 된다. 만약 이것이 사실이라면 더 빈곤한 지역의 성장을 극대화하는 것과 '국가' 전체의 성장을 극대화하는 것 사이에는 갈등이 존재하고, 그런 개발의 지역적 격차를 줄이려는 정책의 형성은 전체 능률과 지역 간 평등 사이의 상쇄 관계를 결정하는 문제로 보일 수 있다(고어, 1997: 73~74).

---

11 조앤 로빈슨(Joan Robinson)은 변화율이 너무 빠르기 때문에 경제는 항상 "균형 밖의 어떤 곳에서 다른 곳으로 비틀거린다"라고 말했다. 그러나 비교 정태적 틀에서는 개발의 다양한 수준에서 공간균형을 설명하는 것이 가능하다(고어, 1997: 66).

이러한 이유로 한편에서는 정책 목표로 지역 간 평등을 추구할 때 근원적 목표인 '주민 번영' 대신에 좀 더 현실적인 '장소 번영'을 사용해왔다(Winnick, 1966). 1인당 지역 평균 소득 격차를 줄이는 것은 확실히 총소득 분배에 영향을 미칠 것이다(고어, 1997: 78~79).

이성우 외(2003: 18)는 "단편적 대선 공약으로 비롯된 일련의 사업들이 '재난적 계획(planning disastrous)'의 한국적 사례로 자리 잡지 않을까 우려된다"라고 말했다. 임형백(2008c)도 지역불균형발전이 바람직한 현상은 아니지만, 개인의 합리적 선택에 따른 인구 이동과 이로 인해 나타나는 지극히 자연스러운 결과라는 점에 주목했다. 동시에 참여정부의 지역균형발전이 득보다는 실이 많을 것이라고 주장했다. 수도권에 집중된 공공기관을 지방으로 이전하고 기업의 지방 유치를 추진한다면, 최소한 수도권에서 감소하는 집적 경제에 해당하는 효과를 지방에서 만들어내야 한다. 그런데 참여정부의 지역균형발전 정책은 수도권의 분산에 집중한 반면, 이에 상응하는 지방에서의 효과에는 소홀했다. 결과적으로 파이를 줄이는 결과를 가져왔다.

지역개발 정책이 지역균형발전을 추구할 경우 분명하게 인지되어야 하는 것은 균형발전이 성장이나 국가 경쟁력 제고와는 일반적으로 양립 가능하지 않다는 것이다. 최근의 연구 결과 및 외국 지역 정책의 경험과 사례에 따르면, 집적 지역의 시설이나 자원을 인위적으로 분산하는 형태의 균형발전은 성장과는 동시에 추구할 수 없는 정책 목표일 가능성이 높다. 따라서 이러한 점을 인식하지 못하고 균형발전을 추구하는 것은 의도하지 않은 결과를 낳을 수 있다(김광호, 2008: 24).

집적의 자기 강화적 기제는 일단 특정 지역에 경제력이 집중되면 이를 시정하는 데 필요한 정책적 개입은 포괄적이며 규모가 커야 한다는 것을 시사한다. 따라서 낙후 지역에 대한 지원은 이 지역의 경제 활성화라는 자

<그림 6-3> 도시의 집적 경제와 집적 불경제

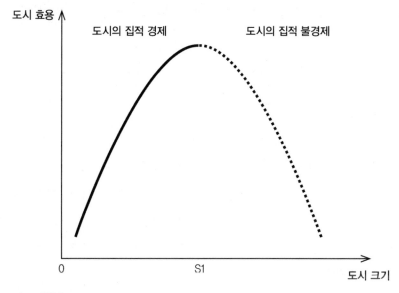

자료: 임형백(2008c: 565).

기 강화적 경로로 가는 문턱을 넘지 못하는 한 일시적인 효과밖에 가질 수 없다. 그리고 지역에 대한 소규모의 산발적 지원은 장기적으로 효과가 사라질 가능성이 높다. 집적은 기업의 입지 선택의 결과이며, 생산 활동의 입지는 사전적으로는 신축적이지만 사후적으로는 경직적이므로 비가역성이 높다. 따라서 일단 집적이 발생하면 집적에 따른 비효율성에도 불구하고 자기 강화적 기제에 따라 집적이 계속 진행될 가능성이 있다. 이 때문에 중심지의 과잉 집적과 주변 낙후 지역의 과잉 퇴보가 가능해지며, 이것은 경제적 비효율성으로 나타난다(김종일, 2008: 91). 한편 수도권의 집중과 이로 인한 지역불균형발전은 집적 불경제라는 부정적 효과도 가지고 있지만, 집적 경제라는 긍정적 효과도 가지고 있다(임형백, 2011c: 250).

데이비드 하비(David Harvey)도 자본주의가 지리적 불균등발전을 통해서

〈표 6-17〉 집적 경제의 효과

입지 형태	(지역계획 분야에서의) 동태적 외부 효과		(도시경제학 분야에서의) 정태적 외부 효과
동일한 산업이 입지	MAR 외부 효과	=	지역 특화경제
다양한 유형의 경제활동이 입지	Jacobs 외부 효과	=	도시화 경제

주: MAR 외부 효과는 마셜이 주장한 산업 집적지에서 출발해, 케네스 애로(Kenneth J. Arrow)가 주장한
　　행동을 통한 학습의 중요성이 포함되고, 끝으로 폴 로머(Paul M. Romer)가 주장한 수확체증의 법칙
　　이 적용되었기 때문이다(김성배, 2005: 128).
자료: 임형백(2011c: 250).

살아남고, 자본주의 자체가 지리적 불균등발전이라고 가정한다. 하비는 이
러한 전제 조건하에서 자본의 역동이 공간적으로 전개되면서 반드시 나타
날 수밖에 없는 공간적 양상을 분석하기 위한 이론적 틀로, '지리적 불균
등발전론'의 구축을 모색했다. 또 그는 '지리적 불균등발전론'을 구축하면
서 '① 우리 생활 속에 자본 축적 과정이 물질 속에 내장되고 있다. ② 강
탈에 의해 자본이 축적되는 일반적인 이야기가 있다. ③ 시간과 공간 속에
서 자본이 축적되는 법칙이 존재한다. ④ 다양한 지리적 스케일 속에서 정
치적·사회적·계급적 싸움들이 벌어지고 있다'는 네 가지 사실(또는 조건)에
주목했다(하비, 2010).

　이러한 관점에서 보았을 때 참여정부의 국가균형발전은 시장의 흐름을
보완하거나 원하는 방향으로 유도하기보다는 시장의 흐름에 역행했고, 공
간의 자기 강화적 메커니즘에도 역행했다. 이 과정에서 해방 이후 형성되
어온 수도권의 집적 경제를 약화시킨 반면, 지방에서 이를 상쇄할 만한 파
급 효과를 만들어내지 못했다.[12] 또 지방으로 이전하는 공공기관을 각 지방
자치단체에 나누어 주기 식으로 배분하다 보니, 지역화 경제가 제대로 나

─────────

12 이명박 정부가 들어서면서 5+2 광역경제권이 추진되었다. 필자는 수도권이 한
　　국에서 해방 이후 60여 년이 지나는 동안 실제로 형성·작동되는 유일한 광역경
　　제권이라고 생각한다.

타나지 않고 있다.

따라서 지역균형발전 정책은 앞의 <그림 6-3>에서 0에서 S1 구간까지의 집적 경제는 감소시키지 않고 유지하면서, S1 이후의 집적 불경제를 해소하는 방향으로 추진되었어야 한다. 즉, S1 이후의 부분에 대해서만 추진함으로써 순수하게 파이를 증가시키는 것이 바람직했다(임형백, 2011c: 250).

설사 정책에 의해 분산이 이루어졌다고 하더라도 소기의 목적이 달성되기 어려울 수 있다. 즉, 집적에 따른 이익 및 이로 인한 성장이 집적의 규모가 일정 수준 이상일 때만 가능하다고 할 때, 분산 정책은 중심부와 주변부 양 지역에 그 이하 규모의 집적을 초래하여 의도했던 주변부의 발전을 가져오지 못할 수 있다. 그뿐만 아니라 분산 정책에 따른 주변부의 이익이 중심부의 손실보다 작을 경우, 이 정책은 국가 전체적인 성장에 장애가 될 수도 있다(김광호, 2008: 59).

이제는 수도권의 집적 경제 감소로 인한 손실만큼 세종시 건설을 통해 다양한 경제적 효과를 만들어내야 한다. 수도권의 집적 경제 감소와 국가 전체의 손실을 감수하면서까지 실행한 결과가 세종시라는 도시 건설 그 자체가 되어서는 안 된다(임형백, 2011c: 250).

5) 국가 재정의 악화

1962년에 설립된 대한주택공사와 1975년에 설립된 한국토지공사가 2009년에 통합되어 한국토지주택공사(LH)가 되었다. 2010년 6월 말 LH의 부채는 금융 부채 38조 원을 포함해 125조 원으로, 하루 이자만 100억 원이 넘는다. 그런데 LH의 부실에는 참여정부의 국가균형발전이 큰 원인이 되었다. 참여정부는 국민임대주택 100만 가구 공급, 혁신도시, 신도시, 행정복합도시, 산업단지, 택지 개발 등의 사업을 무리하게 추진하면서 이를 대한

〈표 6-18〉 한국토지주택공사의 주요 현황(2008년 말 기준)

	한국토지공사	대한주택공사	한국토지주택공사
설립 연도	1975년	1962년	2009년 10월
자산	41조 1,071억 원	64조 1,520억 원	105조 2,591억 원
부채	33조 9,244억 원	51조 880억 원	85조 7,524억 원
자본	7조 1,827억 원	12조 3,240억 원	19조 5,067억 원
금융 부채	13조 6,892억 원	41조 3,895억 원	55조 787억 원
직원 수	2,982명	4,384명	7,366명
본사 이전 예정지	전라북도 전주시	경상남도 진주시	미정

자료: ≪조선일보≫, 2009.8.10.

주택공사와 한국토지공사에 떠넘겼다. 두 공기업의 사업비는 2000년 5조 원에서 2006년 30조 원으로 급증했고, 부채는 2004년 24조 원에서 2007년 67조 원으로 늘었다. 2008~2009년에 발생한 LH의 전체 금융 부채 중 98% 가 참여정부에서 시작된 사업에서 비롯되었다. 이 과정에서 한국토지공사 와 대한주택공사도 신도시를 비롯해 택지 개발, 도시 개발, 도시 재생 등 의 사업을 경쟁적으로 펼치면서 경영이 부실해졌다(≪동아일보≫, 2010.9.28; ≪조선일보≫, 2009.8.10). 2012년 LH의 부채는 138조 3,900억 원이다. 부채 도 자산에 포함되므로 자산 규모로만 본다면 LH는 삼성전자보다 커다란 회사인 셈이다.

2010년 12월 29일 LH는 전국 138곳에서 새로 벌이기로 했던 신도시 및 택지 개발, 도시 개발, 경제자유구역 사업 중 절반에 가까운 60여 곳에 우 선적으로 사업 취소, 규모 축소, 연기 등의 조치를 취한다는 방침을 정했 다. LH는 전체 사업 414개($593km^2$, 사업비 425조 원) 중 138개 신규 사업에서 경기 성남 대장(도시 개발), 전북 김제 순동(산업·물류단지), 전북 부안 변산(지 역 종합 개발), 강원 고성 가진(지역 종합 개발), 경남 진해 마천(경제자유구역) 등 다섯 곳은 사업을 취소하고, 안성 뉴타운은 규모를 20%로 대폭 축소하

<표 6-19> 한국의 국가 채무

	2005년	2007년	2009년(기존 기준 적용)	2009년(새 기준 적용)
국가 채무	248조 원	298조 원	359.6조 원	476.8조 원
GDP 대비 비중	28.7%	30.7%	33.8%	44.9%

자료: ≪매일경제≫, 2011.1.5.

기로 했다.

LH는 이 사업을 모두 추진할 경우 연간 45조 원의 사업비가 들어 총부채가 2018년 325조 원으로 급증할 것으로 추산했다. LH는 적정 사업 규모를 연간 30조 원 안팎으로 잡고 있다. 한편 재무 부실을 해결하기 위한 경영 쇄신안도 내놓았다. 2012년까지 전체 인력의 25%인 1,767명을 감축하고 2011년 임직원 임금의 10%를 반납하기로 했다. 85m² 초과 중대형 분양 주택 건설은 민간에 맡기고 고유 목적 이외의 사업도 매각해 정리하기로 했다(≪동아일보≫, 2010.12.30).

한국은 2011년 회계분부터 '국제기준 재정통계 방식'을 채택했다.[13] 이에 따르면, 한국의 국가 채무는 2009년 기준으로 476.8조 원이 되고, GDP 대비 국가 채무 비율도 44.9%로 상승해, OECD 33개 회원국 중 16위로 추락한다. 이것은 OECD 평균인 53.4%보다는 낮지만 재정 위기를 겪고 있는 스페인(46.1%), 아일랜드(46%) 등과 비슷한 수준이다. 이처럼 국가 채무가 갑자기 늘어난 것은 정부가 그동안 국가 채무로 분류하지 않았던 100여 개

---

13 2011년부터 정부 재정통계가 기존 '현금주의'에서 '발생주의'로 변경되었다. 현금을 주고받는 행위가 있을 때만 회계 처리를 하는 '현금주의'와 달리, '발생주의'는 수익이 실현되거나 비용이 발생했을 때 현금 수수가 없더라도 회계 처리를 하는 방식이다. 기업들은 이미 발생주의 회계를 사용하고 있고, 독일과 일본을 제외한 대다수 선진국들도 국가 회계에 발생주의 원칙을 적용하고 있다. OECD 회원국 중 15개국이 발생주의 원칙을 도입했다.

공공기관의 빚을 부채에 포함시켰기 때문이다(≪매일경제≫, 2011.1.5).

6) 통일 정책과 모순

참여정부의 국가균형발전은 통일 이후를 고려하지 못한 근시안적 정책이다. 이러한 정책이 민족 통일을 주장한 참여정부에서 추진되었다는 것은 아이러니이다.

참여정부의 행정수도 이전[14]은 박정희 대통령의 유신 정권하에서 계획되었다가 폐기된 정책을 다시 들고 나온 것이다. 이것은 이후 40여 년간 지속된 국토종합개발계획에 대한 충분한 검토와 대안 없이 대선에서의 득표를 목표로 실시된 즉흥적인 정책이었고 포퓰리즘이었다. 국토의 골격을 바꾸고 국가의 장래에 커다란 영향을 미치는 정책인 만큼, 득과 실을 충분히 검토하고 신중하게 추진했어야만 했다. 일단 시행해서 되면 좋고 안 되면 말고 식이 아닌, 정책 목표를 얻을 수 있는 구체적인 정책 수단을 확보

---

14 앞서 언급했듯이, 25년 전 유신 정권에서 추진한 행정수도 이전계획은 국가 안보와 수도권의 과밀 문제를 해결하려는 임시 수도 방안이었다(김석철, 2005: 112). 1976년 6월 2일경에 박정희 전 대통령은 김종필에게 ① 서울에서 2시간 이내로, ② 가급적 금강변이며, ③ 인구가 5만 정도인 '행정수도' 건설 기초 작업을 지시했다. 서울대 주종원, 최상철 교수가 현지를 답사한 후 최종 마무리한 것을 김종필을 통해 N.C.(New Capital)라는 명칭의 앨범으로 6월 22일 박정희에게 제출했다. 이후 인구는 50만 규모로 하며 후대에는 100만 명을 수용할 수 있는 범역으로까지 도시 구역을 확대하고, 외곽 지역은 개발 통제를 고려했다(김병린 외, 2005). 이후에 최상철(2005: 8~9)은 "임시 행정수도 백지 계획은 수도권 인구 재배치 계획(1977~1986)의 틀 속에서 이루어졌지만 남북한의 극단적인 대치 상황 속에서 안보적 차원에서 출발했으며 항구적인 수도 이전과는 거리가 먼 것으로 오늘날의 신행정수도 또는 행정중심복합도시 건설과는 맥을 같이할 수 없다고 생각한다"라고 말했다.

하고 집행했어야 한다.

통일 이후에는 한반도의 공간구조가 달라진다. 우선 현재 북한의 수도인 평양을 살펴보자. 원래 평양의 면적은 서울의 약 세 배였다. 그리고 인구는 평양시 중심이 150만 명이고, 시 외곽의 위성군을 포함하면 300만 명 정도이다. 대체로 대동강을 중심으로 북쪽은 귀족층, 남쪽은 서민층이 살고 있다. 2%의 특수층과 공무원, 무역 회사 종사원 등으로 구성된 중산층, 그리고 일반 시민이 있다. 북한은 공산주의 체제의 비효율성, 무리한 군비 확장 등 때문에 식량 사정이 악화 일로에 있다. 따라서 평양에서도 식량 사정으로 1997년부터 성분 조사를 통해 주민들을 성분에 따라 평양 외곽으로 축출해왔기 때문에, 평양의 인구는 감소 추세에 있다(임형백, 2005b: 204).

그동안 평양은 북한의 도시 중 가장 안정적인 성장을 보이는 도시였다. 1940년 당시에 인구가 28만 6,000명에 불과하던 평양은 1967년에 155만 5,000명, 1972년에 184만 7,000명 등 꾸준한 성장을 계속했으며, 1991년에는 1972년의 두 배에 가까운 333만 명으로 성장했다. 물론 평양의 지속적인 성장은 1960년대 이후 다섯 번이나 이루어진 시계(市界) 확장·개편에도 부분적으로 영향을 받았지만 평양을 국제도시로 만들기 위한 북한 당국의 지속적인 개발에도 원인이 있을 것이다(김기호, 2008: 174).

2011년 2월 14일 통일부가 공개한 '2011년 북한 권력 기구도'에 따르면, 2010년 북한은 기존 강남군, 중화군, 상원군, 승호 구역 등 평양시 남쪽 지역을 황해북도로 편입시켜 평양시를 축소·개편했다. 평양시의 행정구역에서 벗어나면 전기와 수돗물, 명절 공급은 물론이고 정치적인 행사에서도 차별을 받게 된다. 그러나 평양시 외곽 지역인 서쪽의 '만경대 구역'이나 동쪽의 '강동군' 등 김정일 가계(家系)의 우상화 작업과 관련된 지역은 이번 행정구역 개편에서 빠졌다(≪조선일보≫, 2011.2.26). 이처럼 2010년 평양시의 면적이 축소됨으로써, 평양시 면적은 서울시 면적(605.25km²)의 두 배

〈그림 6-4〉 평양시 축소·개편

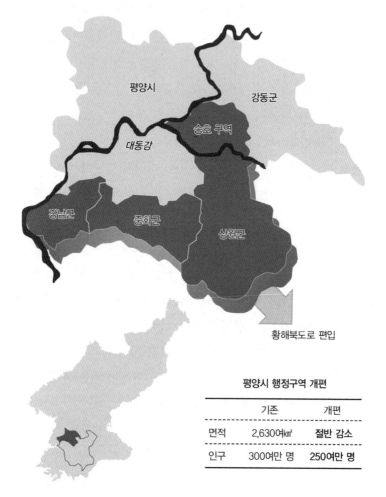

평양시 행정구역 개편		
	기존	개편
면적	2,630여㎢	**절반 감소**
인구	300여만 명	**250여만 명**

자료: ≪조선일보≫, 2011.2.26.

정도로 줄어들었다.

통일이 이루어진다면 한국은 중국, 러시아와 직접 국경을 마주하게 되고, 바로 대륙으로 진출할 수 있게 된다. 또 저발전된 북한 지역에 대한 개발 수요가 증가할 것이다. 따라서 평양을 이용하여 수도권의 집중을 완화하고 북한 개발의 교두보로 삼는 일석이조의 효과를 거둘 수 있다. 그럼에도 불구하고 막대한 비용을 투입하고 무엇보다 국론을 분열시켜가면서, 남쪽으로 수도를 이전한다는 것은 이해하기 힘들다.

1990년 독일은 통일 후 베를린(대통령실 등 10부처, 약 1만 명)과 본(국방부 등 5개 부처, 약 8,000명)의 '2중 수도 체제'를 유지했다. 그러나 공무원 1만 8,000여 명의 동서 500km 왕복, 화상회의 등으로 연간 147억 원의 비용이 소모되자, 수도 분할 20년 만에 다시 통합을 추진하고 있다.

7) 동북아의 변화[15]와 세계화에 역행하는 정책

토머스 프리드먼(Thomas L. Friedman)은 "세계는 평평하다"라고 주장했다(프리드먼, 2003, 2006). 하지만 리처드 플로리다(Richard Florida)는 프리드먼의 주장을 정면으로 반박한다. 플로리다(Florida, 2002)는 "세상이 평평(flat)해지기는커녕 더 불균등(spiky)해지고 있다"라고 주장한다. 그는 기술적 인프라(technology)를 잘 갖추고, 다양한 문화를 인정하고 수용하는 분위기(tolerance)가 넘쳐나야 창의적 인재가 모여든다고 말한다. 한편 독시아디스(Doxiadis, 1968: 31)는 현대적 대도시가 메트로폴리스(metropolis) 형에서 메갈로폴리스(megalopolis) 형으로 이행하고 있으며, 언젠가는 그 다핵 지대가 서로 연락을 취하면서 국경을 벗어난 세계도시(ecumenopolis)로까지 발전한다고 했다.

현재 미국은 GDP의 20%가 5대 도시에서 나온다. 심지어 캐나다는 인구의 80%가 국토의 2%에 거주한다. 물론 캐나다의 기후로 인한 지리적 특성이 큰 원인이다. 그러나 한국도 전 국토의 기후는 유사할지라도, 지리적

---

15 동북아의 변화에 대해서는 이 책의 11장 참조.

특성 등 다양한 이유로 인구의 균등 분포는 가능하지 않다. 전 세계 40대 초광역권에 세계 인구의 18%가 거주하고, 거기서 경제 생산량의 2/3가 나오고 있다.

수도를 포함하여 한 나라의 대도시들은 역사적으로 대외 접촉의 중요한 거점이다. 따라서 한 나라의 도시 계층은 해당 국토 공간 속에서만 의미를 갖는 폐쇄적 체계가 아니다(김형국, 1997: 308). 세계화는 "국가 간의 경계를 넘어 사람, 물자, 정보의 교류가 활발해지면서 국제 경쟁이 치열해지는 동시에 국제 협력과 분업이 정착하는 과정"을 말한다(조명래, 1994). 세계화 추세로 말미암아 서울을 비롯한 몇몇 국내 대도시는 '세계도시 체계'와 긴밀하게 연결되고 있다. 세계도시 체계는 국가 경제를 넘어 전 세계를 관류하는 무국경 경제가 확산됨에 따라 생겨난 것이고, 그 체계 안에서 기능하는 도시가 '세계도시(world city, global city)'인데(Friedmann, 1986, 1993), 한국의 대도시들도 세계도시로 등장했다(김형국, 1997: 309).

근래에 세계화, 다극주의 체제로의 전환, 그리고 지식 경제로의 진화로, 국가는 새로운 도전에 직면하고 있다. 대량생산 시스템의 부가가치 잠재력은 빠른 속도로 중국을 비롯한 개발도상국으로 이전되고 있다. 따라서 지속 가능한 사회를 만들기 위해서는 창의적이고, 혁신적이며, 무형 자산에 기반을 둔 가치 창출이 반드시 필요하다. 지식 경제의 기반은 인적 자산의 집적과 이를 통한 혁신이기 때문에, 유연하고 때로는 파격적인 인적 관계와 직업, 산업 간의 지식 이동이 자유로운 사회구조가 필요하다. 이러한 환경 변화 속에서 '광역경제권'이 기존의 단일 대도시와 국가의 역할을 대신할, 새로운 글로벌 경쟁 단위로 주목받고 있다.

세계 10대 도시를 살펴보자. 1950년대에는 10대 인구 밀집 도시 중 단두 개 도시(상하이와 콜카타)만이 저개발국에 있었다. 그러나 유엔인구통계계획은 2025년까지 10개 도시 중 9개가 저개발국에 있을 것이라고 내다본다. 순서대로 나열하면, 멕시코시티(멕시코), 상하이와 베이징(중국), 상파울루(브라질), 뭄바이와 콜카타(인도), 자카르타(인도네시아), 다카(방글라데시), 첸나이(인도)가 된다. 1950년 목록에 포함되었던 뉴욕, 런던, 파리는 모두 찾아볼 수 없게 될 것이다. 도쿄와 요코하마는 세계에서 여전히 가장 큰 도시 지역이 될 것이지만, 2025년에는 인구통계적으로 멕시코시티, 상파우루에 이은 세계 제3위에 이를 것이다(UN, 1998).

참여정부의 국가균형발전은 공간적으로는 세계화와 집적 경제를 무시한 폐쇄적이고 근시안적인 시각에 기초하고 있었다(임형백, 2008c: 561). 행정수도 이전(또는 행정중심복합도시 건설)과 지방권 균형발전 정책은 황해 연합 또는 황해도 공동체라는 새로운 세계를 염두에 둔 것이 아니라 한반도만을 생각한 근시안적 정책이다. 이제 남한만의 한반도는 없으며 한반도만의 한반도도 없다. 황해 도시 연합과 남북통일과 한반도 공간 전략은 하나의 범주 속에서 함께 다루어야 한다(김석철, 2005: 15). 세계적 동향은 광역경제권, 클러스터, 지역혁신체제 등 집적의 경제를 추구하고 있다.

7

이명박 정부의 지역발전 정책

The Regional Development Policy of Lee Myung-Bak Government

1. 행정중심복합도시(세종시) 수정안

2009년 이명박 정부는 '행정중심복합도시(세종시) 수정법안'을 제시했다. 행정중심복합도시는 참여정부가 추진한 '국가균형발전 정책'의 산물이다. 또 이것은 이명박 대통령의 대선 공약이기도 하다. 경제적 효과를 기준으로 비교한다면 수정안이 더 타당하지만, 대통령의 대선 공약을 파기하는 것은 도덕적으로 문제가 있는 난제였다.

이후 세종시 수정법안은 약 10개월 동안 논란을 일으키면서 여야의 극한 대립과 국론 분열을 가져왔다. 당시 여당이었던 한나라당 내에서도 당론이 분열되었다. 아쉬운 점은 이러한 국론 분열과 논란 속에서도 정치권이 국익을 위한 합리적 논의보다는 당리당략을 위한 이해득실에 좌우되었다는 것이다. 찬성은 한나라당 102명과 박희태 국회의장, 무소속 이인제, 최연희 의원 3명을 합쳐 총 105명이었다. 반대는 한나라당 50명, 민주당 82명, 자유선진당 15명, 창조한국당 1명, 진보신당 1명, 국민중심연합 1명, 무소속 2명 등 164명이었다.

⟨표 7-1⟩ 세종시 원안과 수정안 비교

	원안	수정안
도시 성격	행정중심복합도시	교육·과학 중심의 경제도시
사업 기간	2030년까지 단계적 개발	2020년까지 집중 개발
목표 인구	50만 명	50만 명(예정 지역 40만 + 주변 지역 10만)
토지 이용	주거 및 행정, 녹지 위주 개발	산업·대학·연구 기능 위주 개발
자족 용지 비율	6.7%	20.7%
고용	8만 4,000명	24만 6,000명
인센티브	구체적인 인센티브 항목 없음	원형지 저가 공급, 기업도시 수준의 세제 지원
교통망	중심 순환도로는 2015년까지, 외곽 순환도로는 2030년까지 완공	중심 순환도로는 2013년까지, 외곽 순환도로는 2015년까지 완공
주요 유치 기관 및 기업	중앙행정 9부·2처·2청, 16개 국책 연구 기관, 대학(고려대, KAIST)	민간 기업(삼성, 한화, 웅진, 롯데), 과학 비즈니스 벨트, 16개 국책 연구 기관, 대학(고려대, KAIST)
예산	8조 5,000억 원(전액 정부 재정)	16조 5,000억 원(민간 4조 5,000억 원 포함)

자료: ≪동아일보≫, 2010.6.23.

⟨표 7-2⟩ 세종시 원안과 수정안의 토지 이용 비율

(단위: %)

항목	원안	수정안
중앙행정 기능	0.6	0.0
공공 업무 기능	0.6	0.6
과학/연구	0.2	4.7
대학	2.2	4.8
첨단/녹색 산업	1.1	4.8
글로벌 투자 유치	0.0	2.6
국제 교류	0.0	0.4
상업 업무	2.0	2.8
주거 용지	21.0	13.8
공원/녹지	52.9	50.4
공공시설(도로, 학교 등)	19.4	15.1

주: 전체 세종시 용지 중 각 항목이 차지하는 비율.
자료: ≪동아일보≫, 2010.6.23.

<표 7-3> 국회 본회의 '세종시 수정법안' 표결 결과

찬성 105명	반대 164명
한나라당 친이(78명) 강용석, 고승덕, 공성진, 권택기, 김동성, 김용태, 김효재, 박영아, 박진, 신지호, 안형환, 유정현, 윤석용, 이범래, 장관근, 정두언, 정양석, 정태근, 진수희, 현경병, 홍준표(이상 서울), 김정훈, 김형오, 장제원(이상 부산), 주호영(대구), 박상은, 이윤성, 조진형, 홍일표(이상 인천), 강길부, 김기현, 최병국(이상 울산), 고흥길, 김성회, 김영우, 박순자, 박준선, 신상진, 심재철, 안상수, 원유철, 이사철, 이화수, 임태희, 임해규, 전재희, 정미경, 주광덕, 차명진(이상 경기), 권성동, 허천(이상 강원), 강석호, 이병석, 이상득, 이철우(이상 경북), 권경석, 김재경, 김정권, 신성범, 여상규, 윤영, 이군현, 조진래, 조해진(이상 경남), 강명순, 강성천, 김금래, 김소남, 배은희, 원희목, 이두아, 이애주, 이은재, 이정선, 이춘식, 임규규, 정옥임, 조문환(이상 비례대표) **한나라당 친박(2명)** 진영(서울), 최구식(경남) **한나라당 중립(18명)** 나경원, 원희룡, 유일호, 이종구(이상 서울), 김무성(부산), 이명규(대구), 황우여(인천), 김학용, 박보환, 이범관, 정진섭(이상 경기), 김광림, 장윤석(이상 경북), 이주영(경남), 김장수, 나성린, 손숙미, 조윤선(이상 비례대표) **한나라당 친정몽준(4명)** 전여옥, 홍정욱(이상 서울), 안효대(울산), 신영수(경기) **무소속(3명)** 박희태(경남), 이인제(충남), 최연희(강원)	**한나라당 친이(1명)** 권영진(서울) **한나라당 친박(42명)** 구상찬, 김선동, 김충환, 이성헌, 이혜훈(이상 서울), 박대해, 서병수, 유기준, 유재중, 이종혁, 이진복, 허원재, 허태열, 현기환(이상 부산), 박근혜, 박종근, 서상기, 유승민, 이해봉, 조원진, 주성영, 홍사덕(이상 대구), 윤상현, 이학재(이상 인천), 정갑윤(울산), 김성수, 김영선, 김태원, 손범규, 유정복, 한선교(이상 경기), 송광호(충북), 김성조, 김태환, 성윤환, 이인기, 정해걸, 정희수(이상 경북), 김학송, 안홍준(이상 경남), 김옥이, 이정현(이상 비례대표) **한나라당 중립(7명)** 권영세, 김성식(이상 서울), 배영식, 이한구(이상 대구), 남경필(경기), 황영철(강원), 정진석(비례대표) **민주당(82명)** 강기정, 강봉균, 강성종, 강창일, 김동철, 김부겸, 김상희, 김성곤, 김성순, 김영록, 김영진, 김영환, 김우남, 김유정, 김재균, 김재윤, 김진애, 김진표, 김춘진, 김충조, 김효석, 김희철, 노영민, 문학진, 문희상, 박기춘, 박병석, 박상천, 박선숙, 박영선, 박은수, 박주선, 박지원, 백원우, 백재현, 변재일, 서갑원, 서종표, 송민순, 신건, 신학용, 안규백, 안민석, 양승조, 오제세, 우윤근, 우제창, 원혜영, 유선호, 이강래, 이낙연, 이미경, 이석현, 이성남, 이용섭, 이윤석, 이찬열, 이춘석, 장세환, 전병헌, 전현희, 전혜숙, 정동영, 정범구, 정세균, 정장선, 조경태, 조배숙, 조영택, 조정식, 주승용, 천정배, 최규성, 최규식, 최문순, 최영희, 최인기, 최재성, 최철국, 추미애, 홍영표, 홍재형 **비교섭단체(32명)** 권선택, 김낙성, 김용구, 김창수, 류근찬, 박선영, 변웅전, 이명수, 이상민, 이용희, 이재선, 이진삼, 이회창, 임영호, 조순형(이상 자유선진당), 김을동, 김정, 김혜성, 노철래, 윤상일, 정영희, 정하균(이상 미래희망연대), 강기갑, 곽정숙, 권영길, 이정희, 홍희덕(이상 민주노동당), 유원일(창조한국당), 심대평(국민중심연합), 조승수(진보신당), 송훈석, 정수성(이상 무소속)

기권 6명
김세연, 박민식, 정의화, 조전혁, 황진하(이상 한나라당), 유성엽(무소속)

불참 16명
강승규, 김성태, 백성운, 안경률, 이경재, 이한성, 임두성, 정몽준, 정병국, 진성호, 최경환(이상 한나라당), 신낙균, 이종걸(이상 민주당), 이영애(자유선진당), 송영선(미래희망연대), 이용경(창조한국당)

자료: 《동아일보》, 2010.6.30.

경제적 파급 효과를 중심으로 비교한다면 수정안이 국가 전체뿐만 아니라 충청남도에도 더 유리한 정책이라고 판단된다. 그러나 현 상태에서는 실을 최소화하고 득을 최대화할 수 있도록 정책을 추진하는 것이 중요하다. 물론 세종시 원안을 부분적으로 보완하는 것은 '행정중심복합도시특별법'을 고치지 않고도 가능하다. 국토해양부 장관과 행정중심복합도시건설청장이 토지 이용 기본 구상을 비롯한 기본계획과 토지 이용계획 같은 개발계획을 수정할 수 있다.

2. 한반도 대운하

이명박 대통령은 후보 시절이던 2006년 10월 네덜란드 로테르담에서 한반도 대운하 계획을 구상했다. 6년 전 이명박 대통령은 독일과 네덜란드의 대운하 관련 시설을 나흘 동안 돌아봤다. 유럽 방문을 마치던 날, 이 대통령은 기자 간담회에서 "운하는 정말 누군가는 해야 할 사업이라는 자신감과 확신을 갖고 떠난다"라며 흡족해했다.

로테르담 항만은 세계 4위 규모의 유럽 최대 물류 항만이다. 3,500km에 이르는 RMD(Rhein Main Donau) 운하의 시작점이며, 뛰어난 물 관리 시설은 세계적인 성공 사례로 평가받고 있다. 그러나 로테르담은 운하로 성장한 것이 아니다. 17세기에 서인도제도로 가는 해로가 발견되어 상업과 해운업이 큰 자극을 받고, 이에 따라 강을 따라 항만과 숙박 시설이 들어섰다. 이런 이유로 17세기 말 로테르담은 암스테르담에 이어 네덜란드의 제2의 도시가 되었으며, 지금도 도시 경제가 거의 해운업에 의존하는 구조를 가지고 있다. 또 네덜란드의 항구도시이지만, 그를 넘어서 유럽의 주요 항구라는 지리적 이점을 가지고 있다. 이외에도 (통일 후에는 한국에서부터 출발하는) 시베리아횡단철도, 중국횡단철도, 몽골횡단철도 등 대륙횡단철도의 종착지가 로테르담이다.

즉, 로테르담이 성공한 것은 네덜란드 자체가 17세기 해상무역으로 강성했던 역사를 가지고 있고, 로테르담도 유럽의 주요 항구도시라는 지리적 이점을 가진 물류 항만이었으며, 여기에다 바다가 없는 유럽 대륙의 국가들이 만든 운하의 종착지가 되었기 때문이다. 운하는 바다라는 더 유리한 수송로가 없을 경우의 대체적 방법일 뿐이다. 즉, 운하를 만들었기 때문에 로테르담이 물류 기지로 성공한 것이 아니다.

이명박 정부는 한반도 대운하를 구상했다가 국민의 반대로 이를 4대강 정비로 수정하여 추진했다. 이명박 정부는 한반도 대운하가 물류의 일대 혁신을 불러일으켜 지역균형발전을 가져올 것이라고 주장하며, 독일을 예로 들었다.[1] 한반도 대운하의 불합리를 물류 효과와 지역균형발전 효과로 나누어 고찰하자.

첫째, 물류 효과부터 살펴보자. 운하의 본질은 운송 수단으로서의 효용성에 있다. 운하의 정당성을 확보하기 위해 추가로 관광 효과, 지역개발 효과, 수질 개선 효과, 지구온난화 해소 효과, 수자원 확보 효과 등을 언급한다고 해도 운하를 통한 물류 효과가 미미하다면 더 이상 운하로서의 가치를 주장하기는 힘들다. 물류 수송 이외의 다른 효과들은 사실상 운하와는 별개의 사안으로 별도의 심층적인 검토가 필요하리라 본다. 우리가 아는 대표적인 운하로는 수에즈 운하(Suez Canal)와 파나마 운하(Panama Canal)가 있다. 길이 163km의 수에즈 운하는 지중해와 홍해를 직접 연결하여 아프리카 남단으로 배가 돌아가는 수고를 덜어주었다. 길이 81km의 파나마 운

---

1 이는 '거짓 원인의 오류(fallacy of false cause)'이다. 특히 '진정한 원인으로 잘못 추측하는 오류'와 '원인과 결과를 혼동하는 오류'를 범하고 있다.

하는 태평양과 대서양을 바로 연결해준다. 이로써 남아메리카 대륙을 우회하는 기존 노선보다 1만 5,000km나 단축하게 되었다. 또 독일의 대표적인 내륙 운하인 마인-도나우(Main-Donau) 운하가 건설됨으로써 유럽의 흑해와 북해를 연결하는 3,500km의 내륙 수로가 이어지게 되었다. 한국의 경우 수도권에서 출하된 컨테이너를 바다를 통해 부산에 보낸다면 750km의 바닷길을 가게 된다. 이것을 경부 운하로 보내려 한다면 20개에 가까운 갑문과 초대형 터널을 통과해 550km의 물길을 가야 한다. 200km를 절약하기 위해 대한민국 건국 이래 가장 많은 사업비가 드는 국책 사업을 추진하는 것은 경제적이지 않다(홍종호, 2008).

둘째, 지역균형발전 효과를 살펴보자. 독일은 1871년 비스마르크(Otto von Bismarck)에 의해 통일되기 전까지 300여 개의 도시국가로 나뉘어 있었다.[2] 독일이란 지명 'Germany'도 '혈연관계가 있는', '같은 조상을 가진'이라는 뜻을 가진 'germane'에서 유래했다. 그래서 독일인들은 독일이란 국가 못지않게 300여 개의 도시국가에 대한 소속감과 애착심이 강하다. 또 조상들이 살아왔고 자신들이 태어난 옛 도시국가가 위치했던 지역에 더 커다란 네트워크를 가지고 있기 때문에 그곳에서 살아가는 것이 유리한 면이 많다. 따라서 독일인들은 수도권으로 모여들지 않고, 태어난 지역에서 살아

---

2 19세기 독일 통일 운동의 사상은 두 가지로 구분된다. 소독일주의(Kleindeutsche Lösung)는 독일 통일에서 이민 다민족국가가 된 오스트리아를 제외하고 프로이센 왕국을 중심으로 소독일을 건설하자는 주장이다. 대독일주의(Großdeutsche Lösung)는 독일 연방의 가장 강력한 국가인 오스트리아 제국을 중심으로 멸망한 신성로마제국의 영토 대부분을 통합하여 대독일을 건설하자는 주장이다. 이 전쟁에서 비스마르크가 이끄는 프로이센이 승리함으로써 탄생한 것이 1871년의 독일 제국, 즉 오늘날의 독일이다. 독일은 1871년 통일 이전에는 300여 개의 소국가로 분열되어 있었으므로, 유럽의 역사는 영국과 프랑스에 의해 주도되었다. 그러나 1871년 통일 이후 독일은 영국, 프랑스와 함께 유럽의 3대 강국으로 등장했다(임형백, 2012g: 27~28).

가는 사람들이 많다. 이처럼 인구가 분산되다 보니 자연스럽게 각 지역의 문화유산이 보존되고, 산업이 고르게 분포되며, 물류가 발생하고, 조상의 가업을 이으면서 장인 정신이 살아남게 된다(임형백, 2009b: 89; 2010a: 269).

현재의 독일은 16개 주의 연방국가이다. 각 주마다 1,000여 년의 독립적 문화와 역사를 가지고 있다. 따라서 평상시에는 독일이라는 국가보다 통일되기 이전의 각 주에 대한 소속감이 강하며, 각 주가 하나의 국가처럼 움직인다. 또 아직 각 주 간에 지역감정이 남아 있어, 각 주를 대표하여 지역적 연고를 가진 팀들이 벌이는 축구 경기가 인기가 많다. 다만 지리적으로 유럽 대륙의 중앙에 위치하기 때문에 전쟁과 분할의 역사를 가졌다. 특히 통일되기 전에는 영국과 프랑스의 위세에 눌려 지냈다. 이러한 이유로 국가의 이익을 대변할 때는 강력한 결속력을 발휘한다.

즉, 독일은 운하를 만들어서 지역균형발전이 된 것이 아니고, 지역균형발전이 가능한 역사적·문화적 환경을 가지고 있었다. 그리고 바다가 없기 때문에 차선책으로 운하를 만든 것이다. 독일이 바다를 가지고 있었다면 운하를 만들지 않았을 것이다. 운하는 바다가 없는 국가가 차선책으로 선택하는 내륙 운송 수단일 뿐이다. 바다가 없는 독일은 역사적으로 운하를 통해 북해로 나아가는 것이 목표였고, 독일의 강성을 두려워한 영국에 의해 북해로의 진출이 저지되었다. 더구나 독일의 운하도 최근에 들어서는 경제적 측면과 환경적 측면에서 문제가 제기되고 있다.

그런데도 한반도 운하에 대해 국민의 목소리가 제대로 반영되지 않은 것은 맨커 올슨(Mancur Olson)의 '집단행동 이론(logic of collective action)'으로 설명할 수 있다. 올슨(Olson, 1965)은 "오직 특정 그룹에만 선별적이고 제한적으로 돌아가는 이익(혜택)이 집단행동의 유일한 동기"라고 주장한다. 집단행동에 나서는 사람들이 아무리 공익과 국익을 앞세워도 실은 철저하게 사적 이익을 추구할 뿐이다. 걸린 이해가 클수록 이익집단의 응집력이 강해지고 집단행동의 강도도 강해진다. 문제는 이들의 집단행동에 대한 일반 대중의 반발이 의외로 작다는 점이다. 왜냐하면 이익은 특정한 이익집단에 집중된 반면 사회적 손실은 널리 분산되어, 개개인에게 돌아오는 피해가 적기 때문이다. 이 경우 특혜를 받는 이익집단은 최소 비용으로 최대 이익을 얻겠다는 합리적 판단에 따라 일반 대중의 손해를 무시하게 된다. 이른바 '합리적 무시 이론'이다. 이를 뒤집으면 이익집단은 자신들의 개별적인 손해를 줄이기 위해 아무리 큰 국가적 이익도 무시할 수 있다는 것이다(임형백, 2008a: 75).

2012년 현재 2조 5,000억 원을 투입한 경인 운하는 당초 계획과 달리 운항하는 배도 없고 빈 컨테이너만 놓여 있다. 이제 와서 경제성이 없다는 것이 확연히 드러나자, 이명박 정부는 경인 운하의 침수 방지 기능을 강조했다. 애당초 침수 방지가 목적이라면 배수로를 정비하거나 하천을 정비하면 될 일이다. 침수 방지를 위해 운하를 파는 나라는 없다.

3. 4대강 사업

1) 개요

4대강 사업의 최대 특징은 2009년 말부터 2010년까지 총사업비 37조 원(본류 22조 원, 지류 15조 원)이 넘는 예산을 집중 투자하는 '초대형·초단기' 국책 사업이라는 점이다. 참고로 2010년 교육 예산은 41조 원, 국방 예산은 31조 원이었다. 총길이는 1,941km, 준설한 흙은 4.4억㎥(남산의 9배), 연투입 인원은 790만 명이었다. 정부가 공사 규모 등 4대강 사업의 내용과 형식을 단 6개월 만에 대폭 수정하면서 졸속 추진한 것도 사실이다. 2008년

〈표 7-4〉 4대강 사업에서 변경된 주요 사업 내용

사업	변경 전	변경 후
보의 개수	4개	16개
수심	2~3m	6m
예산	14조 원	22조 원

〈표 7-5〉 4대강 16개 보의 현황

	보 이름	수문 높이	보 길이	완공 및 개방 일자(2011년)
한강 (478km, 3개 보)	여주보	2~3m	500m	10월 15일
	강천보	3m	440m	10월 15일
	이포보	3m	591m	10월 22일
금강 (447km, 3개 보)	세종보	2.8~4m	473m	9월 24일
	공주보	1m	380m	10월 22일
	백제보	5.3m	620m	10월 6일
영산강 (306km, 2개 보)	승촌보	5m	512m	10월 22일
	죽산보	7.73m	423m	10월 6일
낙동강 (710km, 8개 보)	상주보	10m	953.5m	11월 5일
	낙단보	11.5m	390m	11월 15일
	구미보	11m	374.3m	10월 15일
	칠곡보	2.3~11.3m	400m	11월 10일
	강정고령보	11m	953.5m	10월 22일
	달성보	8m	589.5m	11월 26일
	창녕합천보	1~9m	328m	11월 12일
	함안창녕보	9.58m	567.5m	10월 29일

자료: ≪조선일보≫, 2011.10.24.

12월 정부는 "보는 1~2m 높이의 소형으로 4개만 건설하고, 준설 이후 수심(水深)은 2m 이하로 유지한다"라고 밝혔지만, 6개월 뒤에 높이 10m 안팎의 대형 보를 16개 건설하고 수심은 4~11m로 유지하는 쪽으로 계획을 틀었다. 이 때문에 13조 8,000억 원으로 추정되었던 공사비도 22조 2,000억 원으로 대폭 늘어났다(≪조선일보≫, 2011.10.24). <표 7-5>는 4대강 16개 보의 일반 현황을 나타낸다.

초기에 4대강 사업은 한반도 운하를 염두에 둔 공사라는 의심을 벗어나지 못했다. 일부 사업 내용의 변경이 이런 의심을 더 두드러지게 했다. 이명박 정부는 4대강 사업의 효과로 홍수 예방과 수질 개선을 들고 있다. 그러나 4대강의 사업 구역과 홍수 발생 구역이 일치하지 않는다. 또 수질 개선 효과도 과학적 근거와 객관성이 떨어지는 것이 사실이다. 특히 2012년 4대강에서 발생한 심각한 녹조 현상은 수질 개선 효과에 대한 의구심을 더욱 증폭시켰다.[3]

이명박 정부는 4대강 사업의 긍정적 효과를 강조하면서 태화강을 예로 들고 있다. 그러나 태화강은 그 방법에서 4대강 사업과 차이가 많기 때문에, 4대강 사업의 긍정적 효과를 강조하면서 태화강을 예로 드는 것은 타당하지 않다. 특히 수질 개선의 대표적인 예로 태화강을 들고 있는데, 태화강은 오염원을 차단하고 보를 철거했지만, 4대강은 그와 반대로 오염원은 차단하지 않고 보를 건설한 것이다. 오히려 사업 방식이 반대라고 말할 수도 있다. 따라서 4대강 사업의 수질 개선 효과를 태화강과 비교하여 설명하는 것은 타당하지 않다.

청계천과 4대강을 비교하는 것도 옳지 않다. 청계천 복원은 한국에서 도시 어메니티의 대표적인 개선 사례라고 할 수 있다. 도시에서 어메니티는

---

3 4대강 사업이 아시아 최악의 습지 파괴 사례로 선정되어 세계습지네트워크(World Wetland Network: WWN)가 수여하는 '회색습지상(Gray Award)'을 수상했다고 한국습지NGO네트워크가 전했다. 세계습지네트워크는 2010년부터 세계 각국의 습지 보전 사례를 인터넷 투표와 토론을 통해 평가하고 모범 사례와 파괴 사례를 대륙별로 뽑아 상을 주고 있다. 2012년 시상식은 제11차 람사르(Ramsar) 협약 당사국 총회가 열리는 루마니아 부쿠레슈티에서 2012년 7월 7일에 치러졌다(≪헤럴드경제≫, 2012.7.8).

〈표 7-6〉 4대강 사업과 태화강의 비교

	태화강	4대강
기간	1995~2007	
개요	총 12개 사업에 324억 원 투입	
주요 사업	· 하수처리장 건설 · 태화강 유입 생활 오수 차단 · 가정 오수관 연결 · 축산 폐수 차단 등	· 보 신설 · 준설 · 슈퍼 제방 쌓기
차이	· 오염원 차단 · 보를 철거(1987년 명촌교 아래에 길이 600m, 너비 0.6m, 높이 1m의 보를 만들었으나 퇴적물이 쌓이고 수질이 악화되자, 2006년 4월 보를 완전 철거) · 오염 퇴적토만 준설	· 환경 기초 시설 투자는 빈약 · 다수의 보를 신설 · 대부분의 구간에서 깨끗한 모래까지 준설
수질 개선 효과	1997년(BOD 10mg / ℓ) → 2008년(BOD 1.7~2.0mg / ℓ)의 1~2급 수로 개선	

'물질적인 면은 물론이고 정신적인 면까지 포함하는 환경의 종합적 쾌적성의 의미'로 받아들여진다. 그리고 이러한 어메니티는 건물 및 공간 창출에서 편리성 개선, 환경성 회복, 심미성[4] 추구, 문화성 확립이라는 접근 방법을 취하고 있다(임형백, 2010c: 225).

청계천 복원은 시민들에게 도심 내에 수변 공간과 휴식 공간을 제공한점에서는 성공적인 사업이다. 그러나 그 복원 방법은 성공적이라 할 수 없다. 청계천도 좀 더 시간을 가지고 자연 하천형으로 복원했다면 금상첨화

---

4 어떤 형태의 도시가 심미적으로 바람직한 어메니티의 모습인가에 대해서는 '개인의 주관성' 때문에 통일된 견해를 도출할 수 없다. 미학(aesthetics)에서도 '아름답다'만을 지칭하는 단순한 의미의 '미(美)' 대신에 숭고·진(眞)·선(善)·유익·쾌적·비장·균형·비례·유머·고귀 등을 포괄하기 위해 '미적인 것'이라는 개념을 사용한다. 또 미학에서는 '미' 자체를 탐구하지는 않고 '미'에 대한 담론 또는 그 시대 사람들이 미를 어떻게 이해(또는 기술)했는지를 탐구한다.

〈표 7-7〉 도시 어메니티의 개선 방향

도시 어메니티의 종류	개선 방향	예
편리성 개선	· 균형 있는 교통 수송체계 확립을 통해 지역 간 신속한 이동체계 강구 · 편의 시설에 대한 이용자의 접근성을 높이고, 이용의 편리를 도모	· 브라질 쿠리치바: 사람 중심의 대중교통 서비스 구축, 보행자 전용 도로 설치
환경성 회복	· 도심과 자연의 친근성 회복 · 장기적 관점에서 공해 문제 해결	· 양재천: 하천 생태계 복원을 중심으로 공원화 · 대구: 담장 허물기 운동을 통한 녹지 공간 확보 · 청계천: 복개천을 허물고 하천 복원* · 독일 하노버: 도심의 공원을 중심으로 녹지축을 설정하고, 외곽 지역의 도시 공원과 연결
심미성 추구	· 도시의 주요 구성 요소인 건축물 및 가로의 아름다움 추구 · 주거 단지의 획일적 경관 타파	· 뉴욕: 특별지역지구제(토지 이용을 통제할 목적으로 용도별 또는 용적별로 지역을 정하여 토지별 건축 규제를 하는 제도로서, 이를 통해 도시의 구조, 경관, 교통 등에 대한 통제 및 활성화 가능) 같은 제도를 통해 도시 경관을 향상시켜 공공적 어메니티 확보 · 일본 다마 신도시: 1955년경부터 도쿄의 심한 주택난으로 인근의 다마 지역에 무분별한 개발 진행, 이를 방지하기 위해 신도시 계획이 수립, 1965년부터 개발되어 휴식하며 일하는 자연과 결부된 생활공간 창조**
문화성 확립	· 도시의 유형·무형 문화자원을 적극적으로 발굴 및 창조 · 도시 내 문화거점을 연결하여 문화 네트워크 구축	· 네덜란드 로테르담: 제2차 세계대전의 폐허 복구를 위해 20세기 초부터 예술과 문화의 새로운 시도를 적극적으로 수용하여, 예술 정신을 도시계획에 반영해 새로운 문화 공간 창조 · 미국 필라델피아: 3세기에 걸친 역사 자원을 보전함으로써 도시 전체의 역사 문화성을 고양

* 청계천은 오염 물질을 놓아둔 채 방수포로 덮고 인위적으로 수돗물을 공급하는 형태로 복원되어, 엄밀히 말하면 하천이라기보다는 거대한 인공 수로에 가깝다.
** 다마(多摩) 신도시는 도쿄권에서 가장 먼저 개발되어 1971년에 입주를 시작한 일본의 대표적인 주거 중심 신도시로, 도쿄역에서 급행 전철로 1시간 거리에 위치하고 있다. 개발 초기에는 대표적인 저밀도 개발 도시로도 관심을 불러일으켰으며, 한국의 1기 수도권 신도시의 모델이었다. 그러나 일본 인구가 2005년 1억 2,776만 명을 정점으로 감소하고 2006년 65세 이상 노인 인구가 전체 인구의 20%를 넘는 초고령사회로 들어서면서 상황이 달라졌다. 저출산으로 가구 규모가 축소되고 새로 유입되는 인구마저 줄면서 신도시부터 인구가 가장 먼저 감소했다. 다마 신도시와 같은 베드타운형 신도시는 인구 유입이 감소하고 거주자인 단카이 세대(일본의 베이비붐 세대)가 노령화되면서 급격히 쇠퇴했다. 신도시의 고령화는 기존 도시보다 더 빠르게 진행되고 있으며, 다마 신도시는 20년 내에 거주 인구가 절반으로 줄어든다는 전망까지 나오고 있다.
자료: 임형백(2010c: 226).

였을 것이다. 그러나 당시 서울시장이었던 이명박 대통령의 재임 기간에 공사가 마무리되어야 한다는 정치적 이유로, 청계천은 자연 하천형으로 복원되지 않고 인공 수로형으로 복원되었다. 따라서 하천이라기보다는 거대한 수로(또는 어항)인 것이다. 이후 자정 작용이 떨어져 오염이 발생하기 시작했고, 이를 관리하기 위해 막대한 자금이 들어가고 있다. 자연형 하천인 양재천은 유지·관리비로 매년 11억 원이 들어가는 데 반해, 인공 수로형 하천인 청계천은 연 86억 원의 유지·관리비가 든다. 하천을 친자연형에 가깝게 만들 때 유지·관리비가 적게 소요된다(김좌관, 2009).

2012년 서울시의 예산은 약 19조 8,000억 원, 강원도의 예산은 약 3조 3,000억 원, 제주도의 예산은 약 3조 7,000억 원 이다. 그런데 이미 약 22조 원이 투입된 4대강 정비에 앞으로 추가 비용이 들어가야 하는 상황이다.

2) 비판 여론

4대강운하반대교수모임[5]의 홍종호 외(2011.3.28)는 "4대강 사업이 끝나는 2012년 이후 연간 유지·관리비가 5,794억 원에 이를 것"이라면서 "수자원공사가 4대강 사업 비용 충당을 위해 조달한 8조 원의 이자 비용 4,000억 원을 국고에서 지원할 경우 총비용은 연간 1조 원에 달한다"라고 말했다. 또 "정부가 개별 사업비 내용을 제시하지 않아 추정상의 불확실성이 있다"라고 전제한 뒤 "총사업비 20조 원을 초과하는 4대강 사업의 전반적 사업을 고려할 때 유지·관리비의 주요 항목과 개략적 규모를 가늠할 수 있다"라고 설명했다.

박재운·안세훈(2012)은 네 가지 측면에서 '4대강 살리기 사업'을 비판했

---

5 이 모임은 교수 2,446명으로 구성되어 활동 중이다.

〈표 7-8〉 4대강 사업 이후 연간 유지·관리비 추정

분류	항목	유지·관리비	산출 근거
하천 구조물	댐(16개 보)	1,178억 원	낙동강 하구언 유지·관리비 기준
	댐(영주댐, 고현댐)	340억 원	횡성댐 관리비 기준
	하굿둑(낙동강, 영산강)	100억 원	영산강 하굿둑 관리비 기준
하상 유지 준설	하상 유지 준설	612억 원	마스터플랜 기준 준설비 9,099원/m³ 적용
농업	농업용 저수지(97곳)	20억 원	신설 저수지 40곳, 1곳당 관리비 5,000만 원
	침수 예정지 (44.8km² 추정)	50억 원	50곳 추정, 개당 유지·관리비 1억 원
생태 하천	생태 하천 (총연장 929km)	934억 원	공사비의 3%(KDI 지침서)
수질 대책	하수, 가축 분뇨, 산단 폐수 처리 등	1,942억 원	공사비의 5%(KDI 환경기초시설 평가보고서 검토)
자전거 도로	자전거 도로 (총연장 1728km)	618억 원	KDI 자전거 도로 활성화 사업 보고서
	합계	5,794억 원	

자료: 홍종호 외(2011.3.28).

다. 첫째, 4대강 살리기 사업이 시행되기 이전에 이미 시행되어오던 사업 (1.5조 원), 토지 매입비와 준설토 처리비 등 순수 건설 공사비에 포함되지 않은 항목(5.4조 원)을 제외하면 실제 4대강 살리기 사업의 순수 건설 공사비는 15.3조 원이 된다. 이는 정부가 발표한 순수 건설 공사비 19.4조 원보다 4.1조 원이 줄어든 수치이다.

둘째, 이명박 정부는 4대강 살리기 사업의 경제적 파급 효과를 40조 원으로 예상했다. 그러나 2009년 산업연관표에 의한 각종 유발계수를 적용해 그 효과적 측면을 산출한 결과, 실제로는 최대 26조 원에서 최소 13조 원에 불과한 것으로 나타났다.

셋째, 대기업과 중소기업 간의 수주 현황 역시 건설 대기업에 큰 혜택이 돌아간 것으로 확인되었다. 대기업은 25건의 수주에 불과했으나, 수주 금액

〈표 7-9〉 우리나라 하천 현황

등급	지정/관리 주체	개소	길이
국가 하천	국토해양부 장관	61	2,979.15km
지방 하천	시·도지사	3,772	2만 6,859.74km

자료: ≪경향신문≫, 2011.4.13.

으로는 총발주액의 60%를 수주했고 낙찰률 역시 93.2%에 달했다. 반면 중소기업은 475건을 수주했지만, 금액으로는 40% 수준밖에 되지 않았다. 이들의 낙찰률은 평균 낙찰률에도 못 미치는 78.2%에 불과했다.

넷째, 지역 업체 비율 역시 '지역의무공동도급제'를 강조했던 정부의 기대에 밑돈 것으로 밝혀졌다. 지역 업체의 참여 비율은 수도권 11.3%, 영남권 19.9%, 호남권 23.1%, 충청권 20.9%로 파악되었다. 이는 정부가 목표한 지역 업체 참여 비율 40%의 절반에도 미치지 못하는 수준이다.

박재운·안세훈(2012)은 이상의 네 가지 결과를 종합하여, "건설업 위주의 대형 국책 사업에 대한 경제 파급 효과를 산출하는 데 있어, 28개 부문의 산업연관표를 이용하는 것은 정책 결정에 매우 커다란 착오를 일으킬 수 있다. 경기 진작이라는 명목으로 그 효과가 불확실한 대규모 국책 사업을 추진하는 것은 재고할 필요가 있다. 지역경제 활성화를 포함한 지역균형발전이라는 큰 틀 속에서 대규모 국책 사업이 좀 더 중·장기적인 안목으로 이루어질 필요가 있다"라고 결론을 내렸다.

4. 지역개발 정책

참여정부의 '국가균형발전위원회'는 2009년 4월 22일 국가균형발전특별법의 일부 개정을 통해 '지역발전위원회'로 개칭되었다. 이명박 정부의

〈표 7-10〉 이명박 정부의 지역발전 전략체계

차원	공간구조	주요 목적	주요 사업 및 예산	계획체계
초광역개발권	선(線)적	국가 경쟁력 강화	4+α 벨트(3개 해안과 접경 벨트, 내륙 벨트)	초광역개발권 기본 구상
광역경제권	면(面)적	지역 경쟁력 강화	5+2 광역경제권, 선도 프로젝트, 선도 산업, 인재 양성 사업, 광역 발전 계정(시·도)	광역경제권 발전계획
기초생활권	점(点)적	국민의 기본 수요 충족	163개 시·군, 지역 개발 계정(시·군)	기초생활권 발전계획

자료: 임형백(2009b: 102).

지역발전 정책은 지역의 글로벌 경쟁력을 강화하기 위해 행정단위를 초월한 광역경제권, 기초생활권, 초광역(개발)권(mega city region: MCR)을 대상으로 일자리와 삶의 질을 제고하기 위한 정책을 추진했다.

1) 초광역개발권[6]

이명박 정부가 2009년 12월에 발표한 것이 '초광역권 개발계획'이다. 다음의 <표 7-11>에서 나타나듯이, 개발 기본 방향 중 하나가 '한반도 통일 시대 대비 국토 기반 조성'이다. 초광역권 개발계획은 동해안 블루 벨트, 서해안 골드 벨트, 남해안 선 벨트, 남북 교류 접경 벨트를 개발하겠다는 것이다. 이는 지금까지 규제에 묶여 개발에서 소외된 남북 접경 지역을 집중적으로 개발하겠다는 의미이다. 나아가 통일 이전의 남북 접경 지역의 개발은 통일 이후 한국의 경제 재건을 위한 배후 지역 육성이라는 의미도 담고 있다.

---

6 지역의 경쟁력 강화를 위해 광역경제권 간, 또는 다른 광역경제권에 속한 지방 자치단체 간 산업·문화·관광·교통 등을 연계해 협력 사업을 추진하거나, 인근 국가와 연계·협력을 추진하는 권역으로, 대통령령으로 지역을 정한다.

〈표 7-11〉 초광역권 개발 기본 방향

· 4대 개발축 중심 동북아 초국경 개발 기반 구축
· 글로벌 시대 대외 개방형 계획으로 국가 경쟁력 제고
· 동서, 남북, 수도권·비수도권 간의 지역 갈등 극복
· 광역경제권 간 연계 개발, 수도권 대응 중심축 마련
· 한반도 통일 시대 대비 국토 기반 조성

자료: 《매일경제》, 2009.11.19.

〈표 7-12〉 초광역권 개발 세부 사업 내용

4대 개발 벨트	세부 사업 내용
남북 교류 접경 벨트	· 동서녹색평화도로(가칭) · 컨벤션 콤플렉스 건설 · 내륙 천연가스 운송망 구축
남해안 선 벨트	· 외국인 전용 카지노 · 숙박 시설 · 부산-목포 고속철 · 광주-완도 고속철
동해안 블루 벨트	· 철도망(강릉-속초) 추가 · 도로망(포항-삼척) 추가 · 가스 하이드레이트 실용화 센터 구축
서해안 골드 벨트	· 인천·황해·새만금 3개 경제자유구역 조성 · 신재생 에너지 테크노밸리(새만금) 건설

자료: 《매일경제》, 2009.11.19.

당초에 발표된 내용은 다음과 같다. 남북 접경 지역의 사업에 국비 6조 3,600억 원을 포함하여 총 8조 8,000억 원을 투자해 이 지역을 미래 산업 전략 기지로 육성한다. 또 <표 7-12>에 나타난 동서녹색평화도로(가칭)가 2011년에서 2015년 사이에 건설된다. 이 도로에는 국비 6,800억 원을 포함해 1조 원의 사업비가 투자된다. 파주-고양, 화천에는 호텔, 공원, 판매 시설 등을 갖춘 MICE(기업 회의, 포상 관광, 컨벤션, 이벤트 결합 산업) 콤플렉스 조성이 추진된다. 이 사업에는 2013년부터 2030년까지 국비 3,200억 원을 포함해 8,700억 원의 사업비가 투자된다. 이 밖에 경기도 북부, 강원도 북부 등 남북 접경 지역에 첨단 신산업단지가 건설되고, 세계생태·평화공원이 조성된다.

개념적 수준에 머물고 있지만 '접경 벨트'를 추가한 것은 긍정적으로 평가할 만하다. 이는 국토 정책을 추구할 때 통일이라는 변수를 더 구체적으로 고려하고 반영한 것으로 평가할 수 있다. 따라서 초광역권 개발계획에 따라 9조 원을 투자하는 남북 접경 지역의 개발은 통일 이후 북한의 국토 공간구조에 커다란 영향을 미칠 변수가 될 수도 있었다. 그러나 현재에 이르러 이명박 정부의 초광역권 개발 정책은 선언적 수준에 지나지 않았으며 실질적인 성과를 가져오지 못했다.

2) 광역경제권

이명박 정부는 참여정부의 국가균형발전을 산술적 균형화라고 비판하고, 지역 간 상생발전에 토대를 둔 광역경제권 정책을 새롭게 도입했다. 광역경제권 정책은 세계적 광역화 추세에 부응하고 국내의 소지역주의에 근거한 지역 갈등을 극복함으로써 지역의 글로벌 경쟁력을 강화하려는 새로운 전략이다. 그러나 뒤의 <표 7-15>에 나타나듯이 국책 사업으로 인한 지역 갈등이 빈번했다.

서정해(2009)는 광역경제권의 의의를 다음과 같이 설명했다. "한국의 국토 면적 및 국민경제 규모에 비추어 16개로 세분된 시·도 지자체로는 지역의 자립적 발전이나 해외 지역과의 경쟁에서 불리하다. 따라서 자립형 지방화와 글로벌 경쟁력 제고를 위해서는 산업, R&D, 인프라 등에서 규모의 경제성을 갖도록 시·도 행정구역을 넘어서는 수준에서의 지역 역량 결집이 필요하다. 특히 한국적 상황에서 광역경제권을 구상하게 된 것은 자연 발생적 경제활동 공간과 행정 통치구역 간의 불일치로 인한 낭비적 요소와 비효율성의 문제 때문이다."

그러나 광역경제권 개발 역시 실질적인 성과를 가져오지는 못했다. 해방 이후 지금까지 형성되어온 수도권이 실제로 기능을 수행하는 광역경제권이다. 이 광역경제권은 오랜 기간에 걸쳐 다양한 요소가 축적되면서 형성된 것이다. 그런데 이명박 정부는 인위적인 규모 확장에 치중한 반면, 이러한 광역경제권의 메커니즘 창조에는 실패했다. 인위적인 공공기관 이전과 물리적 시설 확충에만 치중하고 혁신 창조에는 실패한 참여정부와 동일한 실수를 저지른 것이다.

3) 기초생활권

지역발전위원회(2012: 10)는 "기초생활권의 목표는 '전국 어느 시·군에 살든지 주민의 기본적 삶의 질 보장"이라고 했다. 이를 위해 대도시를 제외한 163개 시·군을 기초생활권으로 설정했다. 그리고 시·군의 자율적 기초생활권 계획 수립과 포괄 보조금 등 제도적 토대 위에 특성화·차별화된 개발, 삶의 질 및 소득 제고, 차등적인 생활 기반 확충, 연계·협력 활성화를 추진 전략으로 설정했다.

2009년에 대통령 직속 지역발전위원회, 행정안전부, 한국지방행정연구원이 추진한 '09 기초생활권 발전계획'을 통해, 2010년에는 163개 시·군에서 339개의 연계·협력 사업이 발굴·기획되었다. 지자체당 평균 4.2건이다(김현호, 2012). 그러나 이 사업도 비법정 계획이라는 한계, 지자체의 관심 부족, 지자체의 계획 역량 부족으로 큰 효과를 거두지 못하고 있다. 행정구역 통합의 취지 중 하나가 통합으로 행정구역의 규모를 키워서, 각 지자체의 규모로는 감당하기 어려운 사업을 추진하고, 유사·중복 기능을 통폐합

함으로써 효율성을 높이자는 것이다. 다시 말해 지자체의 규모와 역량은 키우고, 유사·중복 기능의 통폐합으로 효율성을 높이며, 이렇게 확보된 역량을 성장 동력에 집중 투자해야 하는 것이다. 단순한 행정 규모의 물리적 통폐합이 아닌, 화학적 통폐합이 필요한 것이다(임형백, 2012a: 50).

각 지자체 간의 연계·협력 사업은 이런 행정구역 통합 없이도 이와 동일한 효과를 가져올 수 있다. 연계·협력 사업이 모든 지자체 간에 가능한 것도 아니고, 지자체에 따라 연계·협력 사업의 아이템이 다르기 때문에, 보편적인 일반화는 불가능하다. 즉, 지자체 간의 지역적 특수성을 반영한 연계·협력 사업 발굴과 지자체 간의 상호작용이 필수적이다(임형백, 2012a: 51).

5. 보금자리주택

이명박 정부는 부동산 경기를 부양하겠다면서 동시에 이와 모순된 정책을 내놓았다. 서민층을 의식해 2018년까지 80만 가구를 공급하겠다는 보금자리주택이 그것이다. 문제는 서울 강남 세곡, 서초 우면, 고양 원흥, 하남 미사 등 4개 지구의 입지에서 알 수 있듯이, 판교·위례 신도시 등 몇몇 2기 신도시를 제외하면 보금자리주택이 오히려 2기 신도시보다 입지에서 비교 우위를 가진다. 더구나 당초 계획했던 규모도 80만 가구로 2기 신도시보다 크다. 수도권 2기 신도시도 미분양되는 상황에서 서울과 더 가까운 거리에 실질적인 3기 신도시를 건설하는 모순적인 정책을 추진한 것이다.

이후 보금자리주택은 끊임없이 표류하고 있다. LH가 막대한 부채로 보금자리지구 보상에 어려움을 겪고 있고, 주택 가격 하락을 우려한 주변 지역의 반발도 발생하고 있다. 현재 규모가 60만 가구로 축소되어 연간 15만 가구를 공급할 계획이다. 또 전매 제한 기간을 단축하는 등의 혜택을 부여

<그림 7-1> 보금자리주택

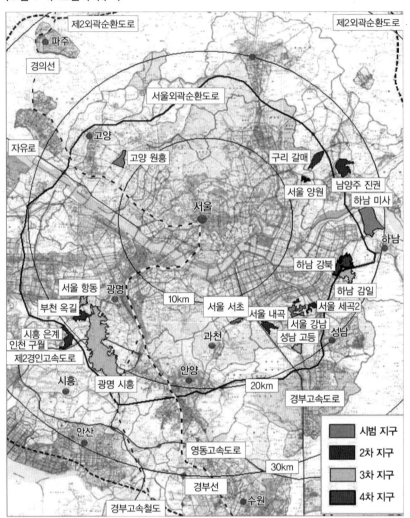

자료: ≪아시아경제≫, 2012.1.20.

하고 있다. 그런데도 보금자리주택은 공급 물량 조정을 통한 축소가 필요
하다는 의견을 넘어, 심지어는 중단해야 한다는 의견까지 대두되고 있다.
또 보금자리주택은 그린벨트를 파괴하는 기능도 수행하고 있는데, 김대중

정부 이후 이명박 정부까지 그린벨트의 1/4 이상이 줄었다.

6. 이명박 정부의 지역발전 정책에 대한 평가

이명박 정부에서 추진하면서 논란을 일으키고 지역 갈등을 초래한 대표적인 국책 사업은 세종시 수정안, 동남권 신공항, LH 본사 이전, 국제 과학 비즈니스 벨트 등이다. 이런 국책 사업은 참여정부 정책의 연장선상에 있고, 문제점도 많이 지적되어왔다. 이명박 정부는 이 같은 국책 사업을 수정·보완할 기회와 방법을 가지고 있었다. 그러나 적절히 대응하지 못하면서 비판과 갈등을 초래했다. 이명박 정부의 국책 사업 추진 방식이 가져온 가장 큰 문제점으로 지적되는 것은 지역 간 갈등의 표출이다.

우선 전라북도 혁신도시와 경상남도 혁신도시의 예를 살펴보자. 참여정부의 국가균형발전계획에 따라 한국토지공사는 전라북도 혁신도시로, 대한주택공사는 경상남도 혁신도시로 이전하게 되어 있었다. 그런데 이명박 정부가 2009년 한국토지공사와 대한주택공사를 통합하여 한국토지주택공사(LH)를 만들었다. 이때 이명박 정부는 LH를 만들어놓고도 LH를 이전할 혁신도시를 결정하지 못해 행정 낭비와 국론 분열을 초래했다. 이후 이명박 대통령이 공약으로 내걸었던 동남권 신공항 건설이 백지화된 후에 이르러서, LH를 경상남도 혁신도시로 이전하기로 결정했다. LH 본사가 경남 혁신도시로 이전함에 따라 본사 인구 1,400명이 이전하게 된다.

이명박 정부는 LH 이전의 결정 시기를 놓침으로써 원원 전략이 될 수도 있는 상황을 경상남도와 전라북도 간의 치킨게임(chicken game)으로 만들었고, 정치적 안배에 의한 결정이었다는 비난을 자초함으로써 정치적 정당성도 감소시켰다. 한편 원래 경상남도 혁신도시로 이전할 예정이었던 국

〈표 7-13〉 이명박 정부의 대형 국책 사업 일지

국책 사업명	경과
세종시 수정안	신행정수도특별조치법 통과(2003.12) → 정운찬 총리, 세종시 수정안 발언(2009.9.13) → 이명박 대통령, 대국민 사과(2009.11) → 박근혜 의원, 세종시 수정안 반대(2010.1) → 수정안 국회 부결(2010.6.29)
동남권 신공항	노무현 대통령, 신공항 공식 검토 지시(2006.12) → 이명박 후보, 대선 공약(2007.11) → 정부 30대 국책 선도 프로젝트 선정(2008.9) → 입지평가위원회 구성(2010.7) → 백지화 결정(2011.3.30)
LH 본사 이전	공공기관 지방 이전 확정(2005.6) → 대한주택공사, 한국토지공사 통합법 통과(2009.5) → 민주당 LH 분산 배치안 당론 확정(2011.4) → 지역발전위원회, 진주 이전 발표(2011.5.16)
국제 과학 비즈니스 벨트	이명박 후보 대선 공약(2007.12) → 정부 국제 과학 비즈니스 벨트 추진 지원단 출범(2008.10) → 이명박 대통령, 입지 원점 재검토 발언(2011.2.1) → 대전 대덕 확정 발표(2011.5.16)

자료: ≪국민일보≫, 2011.5.16.

민연금관리공단을 전라북도 혁신도시로 이전 위치를 변경했다. 원래 전라북도 혁신도시로 이전할 계획이었던 한국토지공사의 인원 570여 명과 비슷한 573명의 인원을 가진 국민연금관리공단을 대신 이전시키기로 한 것이다.

이명박 정부는 이전 정부와 마찬가지로 득표를 위해 타당성이 없는 대형 국책 사업을 추진했을 뿐만 아니라 지역이기주의와 갈등을 첨예하게 표출시켰다. 국책 사업은 성장 잠재력과 파급 효과를 고려하여 입지를 선정해야 한다. 또 이런 국책 사업의 성공에는 정부의 적절한 지원, 적정한 시기, 그리고 국민의 참여가 필요하다. 그러나 이명박 정부는 원칙보다는 나누어 주기 식의 정치적 고려를 했다. 선정 과정에서 원칙이 부족했고, 결정의 시기를 놓치면서 불필요한 행정 소모와 국론 분열을 가져왔다. 이제는 일단 요구하고 보자는 지역이기주의까지 만연하고 있다.

첨단의료복합단지도 정부가 결정을 미루면서 전라북도를 제외한 모든 광역자치단체가 경쟁했고, 이 때문에 행정 소모와 지역 갈등이 발생했다.

〈표 7-14〉 전북·경남 혁신도시 추진계획

	전북 혁신도시(전주·완주)	경남 혁신도시(진주)
도시 컨셉트	농업 생명의 허브 'Agricon City' (농업생명군이 전체 부지의 67%를 사용)	산업 지원과 첨단 주거를 선도하는 'Inno Hub City'
이전 기관	12개	11개
세부 내용	· 농업생명군(6개): 농촌진흥청, 농업과 학원, 원예특작과학원, 식량과학원, 축 산과학원, 농업대학 · 국토개발군(1개): 대한지적공사 · 기타(5개): 국민연금공단, 지방행정연 수원, 전기안전공사, 식품연구원, 간행 물윤리위원회	· 주택건설군(3개): LH, 주택관리공단, 시 설안전공단 · 산업지원군(3개): 중소기업진흥공단, 산 업기술시험원, 세라믹기술원 · 기타(5개): 남동발전, 승강기안전관리 원, 국방기술품질원, 관세분석소, 저작 권위원회
이전 인원	4,655명	3,496명
면적	1,014만 5,000m²(307만 평)	411만 8,000m²(125만 평)
사업비	1조 5,423억 원	1조 2,318억 원
계획 인구	2만 9,018명	3만 8,378명

자료: ≪조선일보≫, 2011.5.13.

또 충북 오송과 함께 가장 유력시되던 원주가 탈락하고 대구가 선정되면 서, 대구와 연고가 있는 보건복지부 장관의 영향력이 작용했다는 비판을 초래했다.

동남권 신공항 역시 이명박 대통령의 대선 공약이었다. 그러나 지방 공 항들의 재정 적자와 문제점은 오래전부터 지적되어왔고, 동남권 신공항에 대해서도 타당성이 없다는 지적이 오래전부터 있었다. 그런데도 대권 공약 으로 내걸었고, 결과적으로는 그 공약을 파기함으로써 신뢰 상실과 지역 갈 등을 초래했다. 대선 공약 당시 이미 타당성이 없는 것을 알면서도 득표를 위해 일단 공약으로 내걸었기 때문이다.

과학 벨트도 대선 공약이었다. 2007년 한나라당 대선 공약집 '대전·충청 편'에 나와 있고, '대덕 R&D 특구 활성화'라는 세부 항목까지 제시되어 있 다. 과학 벨트를 세종시 수정안과 연계해 추진하면서 혼선을 자초했다. 이

〈표 7-15〉 국책 사업으로 인한 지역 갈등

국책 사업 과제	갈등 지역	결과
첨단의료복합단지	대구 ↔ 충북 ↔ 원주	대구·충북 나누기
세종시 수정안	충청·지방 ↔ 수도권	수정안 무산
동남권 신공항	대구·경북·경남·울산 ↔ 부산	신공항 백지화
LH 이전	전북 혁신도시(전주) ↔ 경남 혁신도시(진주)	진주 이전
과학 비즈니스 벨트	충청 ↔ 영남 ↔ 호남	대전 대덕

자료: ≪내일신문≫, 2011.5.16.

명박 대통령은 당초 세종시 수정안과 과학 벨트를 묶어 한꺼번에 해결하려 했다. 그러나 여당 내에서도 의견이 통일되지 않았다. 결국 2010년 정부가 세종시 수정안을 밀어붙이면서 세종시로 입지를 바꿨다가 수정안이 부결되는 과정에서 '입지의 원점 재검토'를 시사하는 발언을 내놨다. 그러나 충청권은 세종시 수정안 부결로 원안대로 추진되는 행정복합도시와 별개로 대선 공약인 과학 비즈니스 벨트까지 달라고 요구했다. 이어서 전국을 대상으로 한 입지 평가가 이루어졌고, 충청권 이외에 대구·경북·울산과 광주 등이 참여하면서 유치 경쟁이 과열되었다. 2011년 5월 16일 과학벨트위원회에서 중이온가속기와 기초과학연구원 본원이 자리하는 '거점 지구'로 대전 대덕(신동·둔곡 지구)을 확정했다. 그러나 과학 비즈니스 벨트 입지 평가위원회 최종 회의가 열리기 전에 이미 '대전 입지' 정보가 유출되면서 공정한 절차에 대한 신뢰를 상실했다.

8

인구의 변화

The Changes of Population

1. 인구의 감소

1) 전체 인구의 감소

저출산은 여성 한 명이 가임 기간(15~49세)에 낳은 평균 출생아 수를 의미하는 합계출산율로 측정될 수 있다. 우리나라의 경우 1960년에는 합계출산율이 6명으로 높은 수준이었으나, 1970년 4.53명, 1980년 2.83명으로 계속 감소했고, 1990년에는 1.59명, 2000년에는 1.47명, 2005년에는 1.08명으로까지 낮아져, 세계에서 가장 낮은 출산율을 유지하는 나라가 되었다. 출산율이 2.1명이면 인구의 현상 유지가 가능하기 때문에 '인구 대체 수준'이라고 일컬어지고, 출산율 1.3명 이하는 '초저출산 사회'라고 한다. 우리나라의 출산율은 1983년에 '인구 대체 수준' 이하로 하락한 이래 계속하여 저출산 현상을 지속했고, 특히 2001년 이후에는 '초저출산 사회'로 진입했다 (김만재·최정민, 2006: 3).

2000년대 이후 한국의 출산율이 급격히 낮아지면서 예상보다 빨리 한국

<표 8-1> 한국의 합계출산율

연도	합계출산율
1960	6.00명
1970	4.53명
1980	2.83명
1990	1.59명
2000	1.47명
2005	1.08명

자료: 김만재·최정민(2006: 3) 참고.

<표 8-2> 한국의 인구 변화 및 증가율

연도	추계인구(100만 명)	인구 증가율(%)
1960	25.01	-
1961	25.76	3.1
1965	28.70	2.6
1970	32.24	2.2
1975	35.28	1.7
1980	38.12	1.7
1985	40.81	1.0
1990	42.87	1.0
1995	45.09	1.0
2000	47.01	0.8
2005	48.14	0.2
2009	48.75	0.3
2010	48.87	0.3

자료: 이재율(2011: 161) 재인용.

이 인구 정점에 도달할 것이라는 예상이 나오고 있다. 심지어 2008년 11월
에는 한국의 출산율이 1.2명으로 낮아지면서 한국이 2018년에 인구 정점
에 도달할 것으로 예측되기도 했다(임형백, 2008b: 231). 이러한 인구 감소는

그동안 인구 증가에 맞추어졌던 주택 정책, 복지 정책, 산업 정책 등에도 영향을 미칠 것이다.

한편 미국의 비영리 인구통계 연구소인 PRB(The Population Reference Bureau)가 2006년 8월에 발표한 『2006 세계 인구 자료 문서(2006 World Population Data Sheet)』에 따르면, 한국 여성의 출산율은 1.1명으로 타이완과 함께 세계 최저를 기록했다. 이 보고서에 의하면 한국 인구는 2020년 4,995만 명을 정점으로 감소세로 돌아설 것이라는 전망이다.

한국은 2010년 OECD 국가 중 GDP 성장률이 8.9%의 터키에 이어 6.9%로 2위를 기록했고, 잠재성장률[1]도 2015년까지는 3위를 유지할 것이다. 그러나 저출산·고령화의 영향으로 잠재성장률이 이후 10년 동안 7위로 밀려날 것이다. 장기(2016~2026) 성장률 전망치도 2.4%로 낮아지면서 9위로 밀려날 것이다(OECD, 2010.5.29). 한국의 잠재상장률이 다른 국가에 비해 크게 낮아지는 이유는 저출산·고령화이다. 빠른 노령화로 노동력 투입 위주의 성장에 한계가 있기 때문이다.

2) 농촌인구 감소의 가속화

특히 농촌인구의 노령화와 적은 인구 유입 때문에 농촌에서 인구 감소가 상대적으로 더 빨라질 전망이다. 한국의 총인구는 1980년 3,812만 명에서 2005년 4,814만 명으로, 이 기간에 연평균 0.9% 증가했다. 농촌인구는 1980년에 약 1,600만 명으로 총인구의 42%를 차지했으나, 산업화·도시화

---

[1] 가용한 생산 자원을 활용해 도달할 수 있는 지속 가능한 최대한의 산출 수준인 잠재 산출의 증가 속도이며, 국가 경제가 안정적으로 도달할 수 있는 중·장기 성장 추세를 뜻한다.

<표 8-3> 농촌인구 변화 추이 (단위: 1,000명)

	1980	1985	1990	1995	2000	2005
총인구(A)	38,124	40,806	42,869	45,093	47,008	48,138
농촌인구(B)	16,002	14,005	11,102	9,572	9,381	8,746
총인구 대비 농촌인구(B/A, %)	42.0	34.3	25.9	21.2	20.0	18.2
읍 인구(C)	4,537	4,814	3,602	3,481	3,742	3,923
(C/B, %)	(28.4)	(34.4)	(32.5)	(36.4)	(40.1)	(45.1)
면 인구(D)	11,461	9,187	7,498	6,081	5,601	4,781
(D/B, %)	(71.6)	(65.6)	(67.5)	(63.6)	(59.9)	(54.9)
외국인	4.8	3.8	1.6	10.5	38.1	60.5

자료: 통계청(2010), 한석호 외(2010: 33) 재인용.

가 진행되면서 1990년 1,110만 명(총인구의 25.9%), 2000년 938만 명(총인구의 20%), 2005년 876만 명(총인구의 18.2%)으로 연평균 2.4% 감소했고, 총인구에서 차지하는 비중이 지속적으로 줄어들었다(한석호 외, 2010: 32).

또 노령화한 인구의 사망과 같은 자연 감소에 따라 농촌인구의 감소는 향후 더 가속화될 것으로 보인다. 세계보건기구(2010)에 의하면 2010년 한국인의 평균수명은 80세이다. 농촌인구의 평균 연령을 고려할 때 현재와 같은 상태가 유지된다면 2030년 농촌인구는 현재의 50~60%로 감소할 것으로 전망된다. 따라서 농촌인구는 지속적으로 감소할 뿐만 아니라, 전체 인구에서 농촌인구가 차지하는 비중도 줄게 될 것이다.

농가인구도 1980년 1,083만 명으로 총인구의 28.4%를 차지했으나, 산업화와 도시화가 진행되면서 1990년 666만 명(총인구의 15.5%), 2000년 403만 명(총인구의 8.6%), 2009년 312만 명(총인구의 6.4%)으로 연평균 4.2% 감소하여 총인구에서 차지하는 비중이 현저히 줄었다. 2009년 농가인구는 321만 명(총인구의 6.4%)으로 전년 대비 2.2% 감소했으며, 현재도 지속적인 감소세에 있다(한석호 외, 2010: 19).

총인구 대비 농가인구는 2009년 6.4%에서 2030년 3.5%로 연평균 2.9%

〈그림 8-1〉 농촌인구 변화 추이(1980~2030년)

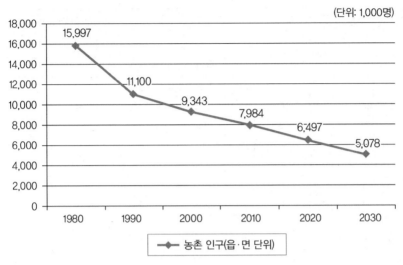

자료: 김정호 외(2007).

〈그림 8-2〉 전체 인구 대비 농촌인구 변화 추이(1980~2030년)

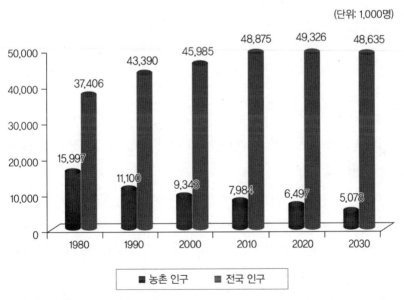

자료: 김정호 외(2007).

〈표 8-4〉 농가인구 전망 (단위: 1,000명, %)

		2009	2010	2020	2030	연평균 변화율(%)		
						2010/ 2009	2020/ 2010	2030/ 2020
인구(A)		48,747	48,875	49,326	48,635	0.3	0.1	-0.1
농가인구(B)		3,117	3,039	2,295	1,687	-2.5	-2.8	-3.0
0~14세(C)		264	240	121	59	-9.1	-6.6	-6.9
15~64세(D)		1,786	1,727	1,136	742	-3.3	-4.1	-4.2
65세 이상(E)		1,067	1,072	1,037	886	0.5	-0.3	-1.6
농가인구 구성비	0~14세	(8.5)	(7.9)	(5.3)	(3.5)	-6.7	-0.4	-4.0
	15~64세	(57.3)	(56.8)	(49.5)	(44.0)	-0.8	-1.4	-1.2
	65세 이상	(34.2)	(35.3)	(45.2)	(52.5)	3.1	2.5	1.5
총인구 대비 농가인구(B/A, %)		6.4	6.2	4.7	3.5	-2.8	-2.9	-2.9
농가 호수		1,195	1,384	1,079	920	15.8	-2.5	-1.6
농가 호수당 인구		2.61	2.59	2.13	1.83	-0.6	-2.0	-1.5
총부양비		74.5	76.0	101.9	127.4	2.0	3.0	2.3
유소년 부양비(C/D×100)		14.8	13.9	10.7	7.9	-0.6	-2.6	-3.0
노년 부양비(E/D×100)		59.8	62.1	91.3	119.5	3.9	3.9	2.7
노령화 지수(E/C×100)		404.5	447.0	854.0	1508.5	10.5	6.7	5.9

자료: 한석호 외(2010: 29) 재인용.

감소할 것으로 예상되며, 농가인구 중 65세 이상의 비율은 2009년 34.2%에서 연평균 2.1% 증가하여 2030년에는 52.5%에 이를 것으로 전망된다(한석호 외, 2010: 29).

<표 8-5>를 보면, 인구 20만 명 미만의 시와 군이 급격히 늘어날 것으로 예상된다. 즉, 인구가 희박한 시·군일수록 인구의 감소가 더 빠를 것이다. 현재 인구가 희박하다는 것 자체가 인구 유입이 이루어질 유인이 없다는 것을 의미하기 때문이다.

이러한 현상은 농촌을 더 이상 인구 유지의 관점에서 바라봐서는 안 된

〈표 8-5〉 인구 변화에 따른 시·군 수의 변화 (단위: 개, %)

구분	1980년	1990년	1995년	2000년	2005년	2015년 전망
3만 명 미만	3(1.8)	5(3.0)	10(6.1)	12(7.3)	18(10.9)	42(25.5)
3~5만 명 미만	13(7.9)	19(11.5)	27(16.4)	31(18.8)	34(20.6)	28(17.0)
5~10만 명 미만	59(35.8)	62(37.6)	57(34.5)	51(30.9)	44(26.7)	32(19.4)
10~20만 명 미만	68(41.2)	51(30.9)	39(23.6)	37(22.4)	30(18.2)	16(9.7)
20~50만 명 미만	22(13.3)	23(13.9)	23(13.9)	24(14.5)	28(17.0)	29(17.6)
50~100만 명	-	5(3.0)	9(5.5)	10(6.1)	10(6.1)	11(6.7)
100만 명 초과	-	-	-	-	1(0.6)	7(4.2)
계	165(100.0)	165(100.0)	165(100.0)	165(100.0)	165(100.0)	165(100.0)

자료: 최양부(2008.9).

다는 것을 의미한다. 특히 대부분의 지방자치단체에서는 인구 증가를 가정하거나 적어도 인구 감소를 언급하는 것은 터부시되고 있다. 그러나 이제는 농촌을 인구가 희박한 자생력 있는 공간으로 만드는 것을 고려해야 한다. 농촌을 자생력 있는 공간으로 만들고 이를 통해 유인이 발생해야, 농촌으로 인구가 유입되는 것이다. 이렇게 함으로써 인구는 희박하지만 농촌만이 가지는 쾌적한 환경뿐만 아니라 도시의 편리함까지 갖춘 공간으로 만들어야 한다.

2. 인구의 고령화

한국에서는 인구 감소 못지않게 심각한 문제가 인구의 고령화이다. 특히 고령화 속도가 선진국보다 빠르다는 데 문제의 심각성이 있다. 이러한 인구 고령화의 가장 큰 문제점은 크게 경제성장률 둔화와 재정 부담이다.
첫째, 인구의 고령화는 복지 예산의 부담을 가져온다. 2009년 기초자치

〈표 8-6〉 주요 국가의 인구 고령화 속도

구분	도달 연도			소요 연수	
	고령화 사회 (7%)	고령사회 (14%)	초고령사회 (20%)	고령사회 도달	초고령사회 도달
한국	2000	2018	2026	18	8
일본	1970	1994	2006	24	12
독일	1932	1972	2010	40	38
미국	1942	2014	2030	72	16
프랑스	1864	1979	2019	115	40

주: 괄호 안은 노인 인구 비율이다.
자료: 통계청(2005).

단체의 예산에서 사회복지 예산의 비중은 평균 37.5%이다. 법적으로 기초
생활보장비, 노령연금, 장애인 수당 등 사회복지 예산은 정해져 있어 고정
지출된다. 이런 상황에서 인구의 감소로 세수입은 줄어들고, 고령화로 세
지출은 많아지고 있다. 참고로 2005년의 경우 건강보험 가입자 중에서 노
인 인구 비율은 8.3%였으나 진료비 비중은 24.4%에 달했고, 1인당 진료비
도 15~44세에 비해 네 배 이상 높은 수준이었다(김만재·최정민, 2006: 4).

둘째, 고령화는 지방자치단체의 인구 분포에도 영향을 미친다. 특히 인
구가 밀집한 도시 지역의 인구 분포에 영향을 미쳐, 도시의 기능에도 영향
을 준다. 일본은 한국보다 앞서 이러한 문제를 이미 경험했다.

일본은 1961년 오사카 인근의 센리(千里) 신도시를 시작으로 신도시 개
발을 본격화했다. 1960년대 고도성장기에 대도시 인구 집중과 주택 부족
문제를 해결하기 위해서였다.[2] 다마 신도시는 도쿄권에서 가장 먼저 개발

---

2 일본 정부는 1963년 신주택시가지개발법을 만들어 신도시 개발을 적극 추진했
   고, 일본주택공단(현 도시재생기구)과 지방자치단체들은 도쿄와 오사카 등 대도
   시 인근에 49개 신도시를 조성했다. 당시 이 신도시들은 한국 신도시 분양 때처
   럼 엄청난 관심을 끌었고, 단카이 세대가 대거 이동했다(≪동아일보≫, 2010.5.11).

〈표 8-7〉 일본의 센리 신도시와 다마 신도시

	위치	개발 기간	특징	개발 면적	계획 인구	현재 인구	가구 수	고령화 비율
센리	오사카 도심에서 북쪽으로 약 15km	1960~1970년 (1962년 입주 시작)	일본 최초 신도시	1,160ha	15만 명	8만 9,486명	4만 1,031가구	29.2%
다마	도쿄 도심에서 서쪽으로 약 25~40km	1966~2005년 (1971년 입주 시작)	도쿄권 최초 신도시	2,853ha	34만 2,200명	21만 4,520명	8만 7,566가구	15.3%

자료: ≪동아일보≫, 2010.5.11 재인용.

되어 1971년 입주를 시작한 일본의 대표적인 주거 중심 신도시이다. 도심에서 서쪽으로 약 40km 떨어진 곳으로, 도쿄역에서 급행 전철로 1시간 거리에 있다. 개발 초기에는 대표적인 저밀도 개발 도시로도 관심을 불러일으켰다. 다마 신도시는 일본의 전형적인 교외 도시이다. 1965년에 도시계획이 수립되었고, 1990년대 이후 완성되었다. 다마, 하치오지(八王子), 이나기(稻城), 마치다(町田) 등 네 개의 시에 걸친 총개발 면적은 2,984ha로 센리, 센보쿠(泉北), 고조지(高藏寺), 고호쿠(港北), 지바(千葉)의 뉴타운 면적과 비교하면 1.5~2배가량 된다. 계획된 인구도 30만 명 정도이다. 인구수에서 두 번째 규모인 지바 뉴타운이 19만 명을 조금 넘으니 다른 어떤 지역보다 압도적으로 많다고 할 수 있다(호소노 스케히로, 2009: 30).

그러나 일본 인구가 2005년 1억 2,776만 명을 정점으로 감소하고 2006년 65세 이상 노인 인구가 전체 인구의 20%를 넘는 초고령사회로 들어서면서 상황이 달라졌다. 저출산으로 가구 규모가 축소되고 새로 유입되는 인구마저 줄면서 신도시부터 인구 감소가 가장 먼저 시작되었다.[3]

---

3 이러한 상황에서 일본은 1%를 넘지 않는 은행 이자율, 1990년대 이후 지속적으로 하락하는 주가와 땅값 등, 월급 이외에 소득을 늘릴 수 있는 수단이 사라지면

센리 신도시는 1975년 12만 9,000명을 정점으로 인구가 계속 감소하여 2009년에는 8만 9,500명까지 줄었다. 다마 신도시는 20년 이내에 거주 인구가 절반으로 줄어든다는 전망까지 나오고 있다. 신도시에서는 고령화도 기존 도시보다 훨씬 빠르게 진행되고 있다. 1970년 2.8%에 불과하던 센리 신도시의 65세 이상 고령자 비율은 2009년 말 29.9%까지 치솟으며 전국 평균(23%)을 앞질렀다. 저출산과 고령화로 인해 다마 신도시는 1983년 이후 37개 초등학교 가운데 다섯 곳이 폐교되었다.

이런 이유로 일본은 1980년대 후반부터 주택 공급을 위한 신도시 개발 전략을 포기했다. 다마 신도시도 1966년 개발 이후 매년 1,000~2,000채의 주택을 새로 짓다가 1996년부터 이를 멈추었다. 이 때문에 도쿄 도나 도시 재생기구 등에서는 신도시 조성을 위해 확보한 택지 개발 지구 내의 유휴지를 민간 부동산 회사에 팔고 있는 상황이다.

그런데 한국은 정치적 판단에 의해 인구 성장기에나 적합한 개발계획을 남발하고 있다. 수도권만 해도, 입주를 시작한 판교, 파주, 동탄 신도시를 비롯해 2016년까지 김포 한강, 위례, 광교, 인천 검단, 평택 고덕국제화도시가 잇달아 들어선다.

1기 신도시가 집값 안정에 기여했다는 평가를 받았고, 2000년대에 들어 집값이 폭등하자 참여정부는 2기 신도시를 개발하기 시작했다. 2기 신도시는 대부분 참여정부 때 발표되어 추진되고 있다. 그러나 인구 감소, 1~2인 가구 증가, 출산율 감소, 가처분소득 감소 등 사회적 추세가 이미 변했는데도 동일한 방법으로 접근한 것이 문제였다. 현재에 이르러 출산율 저하로 인한 인구 감소를 부동산 시장 침체의 원인으로 지적하는데, 출산율 저하가 가져올 미래의 인구 감소를 고려하기 이전에 출산율 저하를 가져온

서 불황과 디플레이션(물가 하락)으로 고전했다.

〈표 8-8〉 한국의 수도권 1기 신도시

	개발 면적	계획 인구	계획 가구 수
분당	1,964ha	39만 명	9만 7,600가구
일산	1,574ha	27만 6,000명	6만 9,000가구
평촌	511ha	16만 8,000명	4만 2,000가구
산본	420ha	16만 8,000명	4만 2,000가구
중동	545ha	16만 6,000명	4만 1,400가구

자료: 국토해양부(2011).

〈표 8-9〉 한국의 수도권 2기 신도시

	개발 면적	계획 인구	계획 가구 수
판교	920ha	8만 8,000명	2만 9,000가구
화성 동탄1	900ha	12만 4,000명	4만 1,000가구
화성 동탄2	2,390ha	27만 8,000명	11만 1,000가구
김포 한강	1,170ha	16만 5,000명	5만 9,000가구
파주 운정	1,650ha	20만 5,000명	7만 8,000가구
양주	1,140ha	16만 5,000명	5만 9,000가구
위례	680ha	11만 5,000명	4만 6,000가구
고덕국제화	1,350ha	13만 6,000명	5만 4,000가구
광교	1,130ha	7만 8,000명	3만 1,000가구

자료: 국토해양부(2011).

미혼자의 증가로 인한 1~2인 가구 증가가 먼저 고려되었어야 한다.

2기 신도시는 60만 가구 규모로 서울에서 30~50km 떨어진 외곽에 주거지 중심으로 개발되었다. 전체 면적에서 상업·업무 지구가 차지하는 비율은 평균 3~7%에 불과하며, 접근성이 나쁘고, 사회간접자본도 부족하다는 것이 약점으로 지적되었다. 2기 신도시는 모두 11곳으로, 지금까지 화성 동탄1과 성남 판교, 파주 운정, 오산 세교는 입주 단계를 지났고, 송파 위례, 인천 검단, 동탄2, 광교, 김포 한강, 양주, 평택 고덕국제화 등은 개발 중이다. 11곳의 총면적은 164km²이며, 모두 70만 4,000채의 주택이 들어선다.

그러나 이명박 정부는 출범 초기부터 참여정부가 집중했던 신도시 정책을 폐기하고 도심 재개발·재건축 활성화를 통한 주택 공급에 무게를 두었다. 1980년대 서울시의 재개발은 거주자들에게는 재산 증식의 수단이었다. 1990년대 초반에 수도권 1기 신도시가 건설되면서 재개발의 인기는 수그러들었다. 그러다가 이명박 대통령이 서울시장에 당선된 2002년 이후 뉴타운 시범 지구가 지정되면서 재개발은 다시 활기를 띠기 시작했다. 김대중 정부와 노무현 정부 기간은 재건축 아파트의 황금기였다.

여기에 더하여 오세훈 전 서울시장이 '제2차 한강 르네상스 계획'을 발표한 한 달 뒤인 2007년 8월 17일에는 '용산 국제업무지구 개발 사업'에 서부 이촌동 통합 개발이 결정되었다. 서부 이촌동 통합 개발은 이해 당사자를 늘려 사업의 신속한 추진을 어렵게 하고, 사업의 수익성을 떨어뜨리는 위험을 가지고 있다.

이명박 정부의 도심 재개발·재건축은 이러한 상황에서 장밋빛 전망으로 가득 차 있었다. 그러다가 한국의 부동산 가격이 2007년을 정점으로 하락하고 2008년 세계 금융 위기가 오면서 부동산 시장은 침체를 벗어나지 못하고 있다. 이러한 상황에서 이명박 정부가 서민층을 의식하여 내놓은 보금자리주택은 도심 재개발뿐만 아니라 부동산 시장 활성화와도 모순되는 것이었다. 보금자리주택은 규모로도 수도권 2기 신도시의 60만 가구를 능가하는 80만 가구를 공급하는 것이었고, 수도권 2기 신도시보다 입지에서 비교 우위를 가졌다. 더구나 주변 시세의 80%라는 공급 가격은 실거래를 감소시켜 부동산 시장 침체를 가속화시켰다.

결국 2012년에 들어 국토해양부는 330만m² 이상 규모로 지정해 계획적인 도시 개발을 추진하는 신도시 사업을 수도권에서는 잠정 중단하겠다고 밝혔다. 국토부 고위 관계자는 "수도권에서 신도시 추가 지정은 없다"라며 "잠정적으로 2017년까지 국책 사업으로 신도시 신규 개발을 추진하거나 지방자치단체의 330만m² 이상 대규모 택지 개발 사업을 승인하지 않을 방침"이라고 말했다.

정부의 이 같은 주택 정책 변화에 따라 기존에 추진하던 신도시 계획도 잇따라 중단되고 있다. 국토부는 경기도 고양시 일산 신도시와 파주시 사이에 수도권 최대 규모로 추진 중이던 'JDS 지구' 신도시 사업을 중단시켰다. 이 사업은 경기도와 고양시가 주도해 일산 동구 장항동과 일산 서구 대화동·송포동·송산동 일대 2,816만m²(약 853만 평)에 사업비 35조 원 이상을 투입하여 친환경적인 신도시를 만드는 것이었다.

또 기존에 개발하기로 한 신도시 사업지도 개발 일정과 규모를 전반적으로 재정리해 속도를 조절하기로 했다. 1970년대 이후 40년간 대규모 주택 공급의 핵심 수단이었던 신시가지와 신도시의 효용 가치가 떨어졌기 때문이다. 급속한 고령화와 출산율 저하로 2018년경부터는 인구가 줄어들 것으로 추정되는 데다 글로벌 금융 위기 이후 주택 시장이 극심한 장기 불황에 빠져 신도시 사업의 수익성이 크게 악화되었기 때문이다.

제4차 국토종합계획 수정계획(2011~2020)에서는 도시 발전 전략을 신도시 개발에서 도시 재생을 통한 '압축도시'로 바꾸겠다고 밝혔다. 압축도시는 신도시로 도시의 외형을 넓히면서 주택을 공급하던 팽창·확장 위주의 주택 정책이 구도심을 되살리는 방식으로 전환된 것을 의미하며, 사실상의 '신도시 포기 선언'이라 할 수 있다.

한국은 동고서저의 지형을 이루고 있으며 내륙 지방에는 산간 지대가 많아 인구가 국토에 균등하게 분포하는 것이 불가능하다. 더구나 앞에서 언급했듯이 2003년 인천을 시작으로 부산·진해, 광양, 대구·경북, 새만금·군산 등 6개의 경제자유구역을 지정했다. 이 중 대구·경북 경제자유구역을 제외하고는 모두 해안가에 위치하고 있어, 내륙 지방으로의 인구 분산을 더욱 어렵게 하고 있다. 따라서 신도시는 수요를 다시 추산해 개발 시기와 규모를 재검토해야 한다.

3. 인구의 다양화: 다문화사회화

1) 한국의 다문화사회의 특징

한국에서는 결혼 이민자가 다문화사회의 가장 큰 요인이다. 이런 다문화사회의 특수성 때문에, 결혼 이민자를 사회적 이슈와 정책 의제로 부각시키기 위해, 약 80만 명의 단기 거주 노동자, 약 20만 명의 결혼 이민자, 10만여 명의 귀화인(naturalized citizen)[4]을 합하여 100만이 넘는 존재로 강조한 후, 실제로 정책 의제 선정과 정책 채택에서는 결혼 이민자를 중심으로 논의하는 배타적·전략적 접근을 선택한다. 법과 제도상으로는 결혼 2년 후 국적을 취득하는 결혼 이민자와 10만여 명의 귀화인을 정책 대상으로 할 수밖에 없으면서도, 사회적 이슈화를 위해 수적 존재를 강조하는 것이다.

최근 외국인(단기 거주 노동자, 결혼 이민자, 귀화인 등)이 증가하면서 한국에서도 다문화사회가 도래하고 있다. 그러나 한국의 다문화사회는 서구 국가와는 전혀 다른 형태이다. 첫째, 무엇보다 한국은 이민을 받지 않는 나라여서 미국처럼 가족 단위의 대규모 이민이 이루어지고 이들이 한국의 영

---

4 한국 사회의 영구적인 구성원이 된다는 측면에서 볼 때 귀화인은 미국에서의 이민자 개념에 해당된다. 외국인이 한국에 귀화하는 방법에는 일반 귀화, 간이 귀화, 특별 귀화의 세 종류가 있다. 대한민국 정부가 수립된 이래 63년 만인 2011년 귀화인의 수가 10만 명을 넘었다.

〈표 8-10〉 인구의 국제 이동의 원인을 기준으로 살펴본 다인종사회로의 진입 유형

유형	예	비고
이주 노동(contract worker)에 의해 다인종사회로 진입	독일(사회 통합적 다문화주의)	· 1960년대 스페인, 그리스, 터키, 포르투갈 출신의 노동자를 방문 노동자(Gastarbeiter) 형식으로 초청 · 1973년 방문 노동자 정책을 포기했지만, 가족 초청 등의 형식에 의해 독일에 거주하는 소수 인종집단은 지속적으로 증가하여 400여만 명에 이름
이민(immigration)에 의해 다인종사회로 진입	미국(다원적 다문화주의), 캐나다, 오스트레일리아	· 부족한 노동력을 메우기 위해 전 세계로부터 다양한 인종의 영구 이민을 확대 · 캐나다*는 영국 문화에 대한 동화를 강요하다, 프랑스계의 퀘벡(Quebec) 분리주의 등장 이후 '이중 문화주의' 입장 견지 · 오스트레일리아도 1973년 백호주의(White Australia Policy) 포기 이후, 비유럽 이민자들이 급증하고 특히 1988~1989년에는 전체 인구 증가의 54.4%를 이민 인구가 차지
포스트 식민주의 상황에 의해 다인종사회로 진입	영국, 프랑스 (사회 통합적 다문화주의)	· 구식민지 국가 출신들이 이주 · 프랑스 이민자의 대부분은 무슬림이며, 이민자의 22%가 알제리 출신 · 영국은 개방 정책(open door policy)을 펴오다가 1962년 이후 이민을 엄격히 제한하지만, 다양한 형태의 이빈으로 현재 영국 인구의 7.85%가 인종적 소수집단

* 한국에서 캐나다는 '다문화주의'의 대표적인 예로 자주 언급되는 국가이다. 그러나 캐나다도 초기에는 '동화주의'를 채택했다. 캐나다가 '이중 문화주의'로 전환한 것은 1980년대부터 프랑스계가 다수를 차지하는 퀘벡의 분리·독립운동이 강력히 등장했기 때문이다.
자료: 홍기원 외(2006: 8~9) 참고.

구적인 사회 구성원이 되는 경우는 극히 제한적이다. 한국에서 미국의 이민자에 해당하는 개념은 오히려 귀화인에 가깝다. 따라서 한국의 다문화사회 유형은 서구 국가에서 나타나는 유형에 해당되지 않는다.

다문화사회에 대한 명확한 정의는 존재하지 않는다. 한국에서 다문화사회는 다민족(multinational)사회나 복합 인종(polyethnique)과 유사한 개념으로 사용된다(임형백, 2009d: 182). 김영명(2012)은 다문화는 중립적 용어가 아니라 가치 편향적 용어라고 주장한다. 즉, 다민족사회에 비해 긍정적인 느낌을 주기 때문에 다문화사회라는 용어를 쓴다는 주장이다. 나아가 한국에서는 '다문화사회'를 '다민족사회'로, '다문화 정책'을 '외국인 정책'으로 용

〈표 8-11〉 다문화사회의 유형

연구자	유형 구분	내용
킴리카 (W. Kymlicka, 2005a, 2005b).	다민족 사회	기존의 문화적 실체들이 새로운 한 국가 속에 통합되는 과정에서 문화와 정체성의 다양성이 발생한다. 따라서 이때의 새로운 국가는 흔히 소수집단과 다수집단으로 칭해지는 국민집단들로 구성된다.
	복합 인종 사회	문화적 다양성은 대규모 이민으로 형성된 인종집단에서 비롯된다. 그러한 집단은 국가가 처음 생겨날 때부터 존재한 것이 아니고, 따라서 그 국민을 이루는 구성체로 간주되지 않는다.
김남국(2005)	영국, 독일, 프랑스	비교적 동질적인 문화를 가졌던 국민국가들이 자본과 노동의 세계화에 따른 이주 노동자와 이질 문화, 새로운 종교의 유입과 함께 다문화사회의 도전에 직면한 형태
	미국, 캐나다	건국 초기부터 다양한 인종과 문화로 구성된 이민자의 국가 형태

자료: 임형백(2009d: 169).

〈표 8-12〉 속인주의와 속지주의

구분	속인주의	속지주의
의미	· 자국 영역의 내외를 불문하고 국적을 기준으로 하여 모든 자국민에 대해 법을 적용하는 원칙	· 자국민과 타국민을 불문하고 자국 영역을 기준으로 하여 그 영역 내에 있는 모든 사람에 대해 법을 적용하는 원칙
국적	· 태어난 장소에 상관없이 부모 국적에 따라 결정 · 국적자의 자녀, 배우자 등 인적 관계를 기준으로 국적 허용	· 태어난 장소에 따라 국적이 결정 · 국적자가 아니더라도 자국 내 출생자의 국적 취득 허용
예	· 모든 한국인에 대해 거주 국가에 관계없이 대한민국의 법을 적용 · 한국에서 태어나 교육을 받았어도 부모가 한국 국적이 아닌 경우 한국 국적을 취득할 수 없다.	· 국적에 관계없이 한국에 있는 모든 사람에게 대한민국의 법을 적용 · 프랑스에서 태어나 교육을 받으면, 인종, 민족, 혈통, 출신에 관계없이 프랑스인이 될 수 있다.
적용 국가	· 한국, 독일, 일본, 대다수 서구 국가	· 프랑스, 미국

자료: 임형백(2009d: 165).

어를 변경하는 것이 타당하다고 주장했다.

둘째, 실정법(positive law)[5]에서 속인주의를 택하고 있다. 한국은 '단기적인 노동력의 유입'과 '정주 허용 금지 원칙'을 고수하고 있다. 정주화 없는 단기 인력 제도와 속인주의적 전통의 고수는 우리와 큰 유사점을 가진 독일이 오랫동안 견지했던 외국인 정책이다. 서구 국가 중에서도 독일은 한국과 마찬가지로 이민 국가가 아니므로 이민자들의 사회 통합을 비롯한 다양한 이민 문제를 다루는 이민 정책이 필요하지 않았고, 단지 잠시 머물다 돌아가는 외국인들을 위한 외국인 정책만 가질 뿐이었다(이용일, 2007: 221~222).

2) 결혼 이민자에 의해 주도되는 다문화사회화

서구에서는 결혼 이민자가 다문화적인 사회 구성원과는 거리가 먼 문화적인 병합(amalgamation)의 대상일 뿐이지만(Kymlicka and He, 2005), 한국에서는 농촌의 결혼 이민자가 다문화사회의 가장 큰 원인이다.

한국 도시 지역의 경우는 단기 거주 외국인 노동자가 다문화사회의 원인이다. 다음의 <그림 8-3>과 같이 외국인 노동자(불법체류자 포함)가 유입되면 노동 공급량이 Q_d에서 Q_i로 늘어남에 따라 노동 공급곡선이 S_d에서 S_i로 이동한다. 반면 노동임금은 W_d에서 W_i로 낮아진다. 이런 상황이 발생한 후에는 외국인 노동자들이 모두 떠난다 해도 한국 노동자는 Q_d에서 고용된다. 즉, 불법체류를 하는 외국인 노동자들이 한국 노동자들이 종사하기를 꺼리는 직종에만 고용되는 것도 아니고, 불법체류를 하는 외국인 노동자들이 전부 떠난다고 해도 그 고용시장을 모두 한국 노동자가 대체할 수 있는 것도 아니다. 따라서 일단 한국의 저임금 노동시장에 유입된

---

5 일상적인 의미로 실정법은 특정한 시대와 사회에서 구체적이고 실질적인 효력을 가지는 법규범을 말하며, 제정법·관습법·판례법·조리 등을 포괄하는 개념으로 쓰인다.

〈그림 8-3〉 외국인 노동자가 한국 노동시장과 노동임금에 미치는 영향

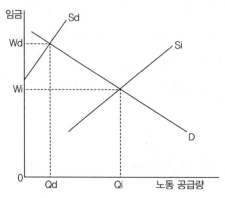

자료: McConnell et al.(2003: 301).

외국인 노동자는 쉽게 한국을 떠나지는 않고, 출국하는 외국인 노동자의 일자리는 다른 외국인 노동자로 대체된다(임형백, 2009e: 59).

이처럼 도시 지역에서는 저임금 노동시장에 유입된 개인 단위의 외국인 노동자들이 출신 국가별로 모여서 이민자 집중 거주지(ethnic enclave)를 형성하고 있으나, 이런 외국인 노동자들은 단기 거주 노동자이기 때문에 일정 기간이 지나면 출신 국가로 되돌아간다. 따라서 이들은 다문화 정책의 대상이라기보다는 외국인 정책의 대상이다.

반면 농촌 지역에서는 개인 단위의 결혼 이민자가 한국의 가족에 편입되고 있다. 즉, 한국에서의 다문화사회는 도시의 단기 거주 외국인 노동자보다는 농촌에서의 결혼 이민자에 의해 주도되고 있는 현상이다. 특히 한국 농촌의 국제결혼은 그 출발점부터 대부분이 열악한 경제적 상황과 연계되어 있다는 데 문제점이 있다. 한국 전체의 국제결혼율은 13% 정도이나, 농촌 지역의 국제결혼율은 30%를 상회하고 있다.

니콜라 파이퍼(Nicola Piper)와 미나 로스(Mina Roces)가 지적하듯이, 이주 경

<표 8-13> 한국과 서구의 다문화사회의 원인 차이

	한국	서구
다문화사회의 원인	결혼 이주	이주 노동, 이민
실정법(제도적) 차이	정주 허용 금지	정주 허용, 영구 이민
기타	농촌에는 결혼 이민, 도시에는 단기적인 노동력 유입 또는 출신 국가별로 이민자 집중 거주지 형성	전체적으로 대부분의 지역에서 이민 형태는 유사함

자료: 임형백(2009d: 173).

<표 8-14> 다문화주의 정책 대상에 따른 정책 차별화

지역	대상	국적	정책	비고
도시 지역	단기 거주 노동자 (다문화사회의 가장 큰 원인)	외국인	외국인 정책	· 단기 거주 후 출신 국가로 돌아감 · 단, 한국에서 체류하는 기간 동안 정책 수단과 정책 집행 면에서 다문화주의 모형과 유사
	결혼 이민자	한국인	다문화 정책 (동화 모형)	· 한국의 개별 가족의 구성원으로 편입
	귀화인	한국인	다문화 정책 (다문화주의 모형)	· 한국 사회의 구성원으로 편입
농촌 지역	단기 거주 노동자	외국인	외국인 정책	· 단기 거주 후 출신 국가로 돌아감 · 단, 한국에서 체류하는 기간 동안 정책 수단과 정책 집행 면에서 다문화주의 모형과 유사
	결혼 이민자 (다문화사회의 가장 큰 원인)	한국인	다문화 정책 (동화 모형)	· 한국의 개별 가족의 구성원으로 편입
	귀화인	한국인	다문화 정책 (다문화주의 모형)	· 한국 사회의 구성원으로 편입

자료: 임형백(2009e: 69).

로로서 노동과 결혼은 연결되어 있다(Piper and Roces, 2003). 특히 한국 농촌에서는 결혼이 빈곤과 연계된 이주 경로로 작용하고 있다(임형백, 2007a). 농촌 지역에서 국제결혼의 증가는 농촌의 어려운 경제적 현실 때문에 농촌

총각이 결혼 시장에서도 외면당하고 있는 냉정한 현실을 반영한다(임형백, 2005a). 2005년 한국의 국제결혼은 2004년보다 21.6% 늘어난 4만 3,121건으로, 같은 해 한국 전체 결혼의 13.6%에 달했다. 그런데 농촌의 국제결혼율은 30%를 넘는다. 이러한 현상은 단일민족 국가로 여겨왔던 한국 사회의 인구구성을 근본적으로 변화시키고 있다.

3) 다문화사회의 도시로의 확산

최근에는 국제결혼의 도시화 현상이 나타나고 있다. 지금까지 한국에서 국제결혼은 농촌 지역에 한정된 현상으로 해석되어왔다. 그러나 통계청의 『2010 인구주택총조사 표본집계 결과(인구이동·통근·통학 부분)』(2011.9.22)는 이러한 통념을 깨고 있다.

2010년 국제결혼을 한 한국인 남성은 2만 6,274명이고, 그중 1만 8,605명(71%)이 동(洞) 지역에 거주하고, 읍·면 지역에는 7,219명(29%)이 살고 있다. 2010년 남성의 국제결혼이 많은 시·군·구를 살펴보면, 경남 창원시(537명), 경기 안산시(535명), 경기 수원시(514명), 울산시(455명), 경기 부천시(447명) 등 상위 10위권 지역이 모두 도시이다(통계청, 2011). 즉, 한국은 다문화사회로의 이행이 서구 국가와 다르고, 도시 지역과 농촌 지역에 따라서도 다르다. 그런데 최근에는 국제결혼이 농촌에서 도시로까지 확산되는 현상이 나타나고 있다(임형백 외, 2012: 78).

4. 통일에 대비한 인구 정책

1) 다문화사회에 대한 실리적 접근

한국에서 다문화주의[6]에 대한 정부의 관심은 2005년 5월 외국인 문제의 위상이 '대통령 지시 과제'로 격상되면서 본격화되었다. 2006년 4월 국정 회의에서 "다인종·다문화사회로의 진전은 거스를 수 없는 대세"라는 대통령의 발언이 있은 후, 정부의 각 부처는 '이주자를 통합하려는 다문화주의 정책' 개발과 입안을 위한 경쟁에 적극적으로 나서고 있다(오경석, 2009: 33).

이어서 2008년 이명박 대통령이 광복절 경축사에서 국가 품격 고취 등을 골자로 위원회 설립을 언급하면서, 2009년 1월 22일 국가브랜드위원회가 출범했다. 국가브랜드위원회는 위원장을 비롯해 정부 위원(장관급) 12명, 민간 위원 31명 등 총 44명의 위원으로 구성되어 있다. 국가브랜드위원회는 우선 추진 10대 실천 과제로 ① 국외 봉사단 통합 브랜딩, ② 따뜻한 다문화사회 만들기, ③ 세계 학생 교류, ④ 대한민국 명품 브랜드 발굴 및 홍보, ⑤ 한국과 함께하는 경제발전, ⑥ 디지털로 소통하는 대한민국 만들기, ⑦ 한국어 국외 보급·태권도 명품화, ⑧ 글로벌 시민 문화 확산, ⑨ 재외 동포 통합 네트워크 구축, ⑩ 국가 브랜드 지수 개발·운영 등을 내걸고 활동을 본격화했다(네이버 지식사전).

---

6 그간의 대표적 소수민족 통합 모델로는 미국의 융합 모델(melting-pot model), 영국의 다문화주의 모델(multiculturalist model), 프랑스의 공화주의(republicanism)를 위시한 유럽 대륙의 국민국가 모델(nation-state model), 오스트레일리아의 백호주의 등이 있는데, 1970년대 이래 부상한 다문화주의는 완전히 새로운 것이라기보다는 법과 제도에서 인종에 따른 구분과 고려가 명시적으로 존재해온 영국과 미국의 전통적인 통합 모델이 급진화한 것으로 볼 수 있다(엄한진, 2011: 83).

〈표 8-15〉 외국인 유형에 따른 관계 중앙행정기관

구분	관계 중앙행정기관
외국인 근로자	노동부, 중소기업청, 법무부 등
외국 국적 동포	외교통상부, 법무부 등
결혼 이민자	여성가족부, 보건복지부, 행정자치부, 법무부 등
유학생	교육인적자원부, 법무부 등
난민	유엔, 법무부 등
관광, 연예인	문화관광부, 법무부 등
투자자, 주재원	산업자원부, 법무부 등

자료: 이순태(2007: 19).

이후 다수의 중앙 부처가 다문화 정책이라는 용어를 쓰고 있다. 다만 외국인 전담 부서인 법무부가 다문화 정책을 채택할 경우, 국적법과의 불일치가 존재하기 때문에 법무부는 공식적으로는 다문화 정책이라는 용어를 사용하지 않는다. 그러나 '다문화 정책'이라고 공표된 정책도 없고, 다문화주의를 정책 기조로 천명한 정부 문건도 적시되지 않았으며, '다문화' 또는 '다문화주의'가 국가 정책의 목표라고 합의는커녕 공론화 과정도 없었다(김혜순, 2009a, 2009b, 2009c). 또 정부의 관련 정책은 '다문화가족' 중심의 복지 서비스 정책으로 사회 통합 정책이라고 하기 어렵다. 한편 문화부의 여러 문건에서 '다문화 정책'이라는 용어를 사용했고, 여타 부처와 제도의 경우 '다문화가족지원법'이 용어상 가장 유사할 뿐이다(김혜순, 2011: 180). 김원섭(2008: 113)은 '다문화가족지원법'이 한국 '다문화 정책'의 종합적인 방향을 제시한다고 말했고, 지종화 외(2009: 489~494)는 이 법에 근거한 사업들을 '다문화 정책'이라고 평가했다.

그렇지만 한국에서는 다문화사회의 진전을 개방과 선진 사회의 척도인 양 긍정적 측면만 부각시키고 있다. 또 다문화 정책의 혜택이 실질적으로 더 많은 사람들에게 돌아가도록 하기보다는, 각 부처별로 유사·중복 사업을 실시하는 부처 이기주의를 보이고 있다.

여기서 다문화사회에 대한 입장을 명확히 할 필요가 있다. ① 단일민족 사회와 다문화사회를 비교하면, 단일민족사회가 장점이 많다. 따라서 다문 화사회화를 거부할 필요도 없지만, 그렇다고 미화하거나 가속화할 필요는 더더욱 없다. ② 그러나 인구 이동의 증가로 다문화사회화는 피할 수 없는 세계적 대세이므로 한국도 예외가 아니며, 이 과정에서 소수집단에 대한 불합리한 차별과 편견이 있어서는 절대 안 된다. ③ 한편 한국의 다문화사 회화 진행에는 장점과 단점이 공존한다. 따라서 다문화사회화에 대한 과 장보다는 장점과 단점에 대한 균형적인 시각과, 장점은 강화하고 단점은 보완하려는 준비가 필요하다. ④ 그렇지만 현재 한국의 다문화사회와 관련 된 연구와 정책은 유행을 타고 있으며, 불편한 진실에 대해서는 침묵하고 있다. 다문화사회의 바람직한 방향을 모색하기 위해 현재의 문제점을 지 적하는 것을, 다문화사회에 반대하는 것처럼 오도하고 있다. ⑤ 현재의 다 문화사회와 관련된 정책은 효율적이지 않다. 2001년 기준으로 6개 부처에 서 2,000억 원을 사용했지만, 결혼 이민자의 21%, 다문화가정 구성원의 5% 만이 수혜 대상이다. 더 많은 정책과 더 많은 예산보다 중요한 것은, 다문 화 정책의 수혜자들에게 더 많은 실질적 혜택이 돌아가도록 하고, 이것이 한국 전체의 국익과 일치하도록 만드는 것이다(임형백, 2012e: 22).

한국은 다문화사회를 처음 경험하는 것이므로, 다문화사회를 전공한 연 구자는 없다고도 볼 수 있다. 또 상식적으로 생각해봐도 우리와 유사한 경 험을 가진 나라는 서양보다는 동양권의 일본[7]과 타이완[8]일 것이다. 그리고

---

7 일본에서 다문화주의는 '다문화 공생'이라는 이름으로 1990년대 초에 등장하여 1990년대 말경부터 급속히 확산되었다. 그 사회적 배경은 '뉴커머(newcomer)'를 중심으로 한 외국인 비율의 증가와 출신 국적의 다양화, 뉴커머의 정주화 경향, 국제결혼의 증가와 같은 현상들이었다(한영혜, 2005).

서양권[9]에서는 우리와 유사한 나라가 없다고 봐도 무방하다. 단일 언어를 사용하는 단일민족으로 구성된 국가는 찾아보기 힘들다. 굳이 유사성이 있는 나라를 찾는다면 영미권 국가보다는 독일과 프랑스가 그나마 유사할 것이다. 그럼에도 불구하고 우리는 연구자들의 편의와 언어적 한계 때문에 주로 영미권 국가를 연구하고 그들의 제도를 소개한다.[10] 우리는 이민을 받지 않고 단일민족이라는 관점에서 다문화사회를 바라본다. 그런데

8 타이완에서 국민당의 망명 시에 건너온 중국 본토인은 외성인(外省人)이라 불리며 약 15%로 주로 북쪽에 거주하고, 타이완 원주민은 본성인(本省人)이라 불리며 약 85%로 주로 남쪽에 거주한다(임형백, 2012b: 170). 학계에서는 '다원문화사회'라는 용어를 사용하고, 특히 외국인 배우자들의 유입으로 인해 형성된 다국적 사회에 대해서는 '신이민사회'라는 명칭을 사용한다. 한편 정부는 이민 정책의 일환으로 '외국인 및 대륙 배우자에 대한 지원 정책'을 시행하고 있다. 이처럼 학계와 정부에서 사용하는 용어가 다른 것은 연구나 정책의 대상이 일치하지 않으며, 다양한 정치적인 고려가 있기 때문이다(한승준 외, 2009: 47). 국내 선행 연구에 따르면, 결혼 이민자가 별도의 정책 집단으로 상정된 경우는 타이완뿐이다. 타이완에서는 결혼 이민자가 이입 인구의 약 52%를 차지한다(김윤태·설동훈, 2005: 150~154).

9 서양권 민족들은 대부분 아리안족(Aryans)이라는 인종적 공통분모를 가진다. 아리안족은 중앙아시아에서 철제 무기를 사용하며 유목 생활을 하던 기마민족이었다. 오늘날 인도, 이란, 그리고 백인종이 이에 속한다. 인도, 이란, 라틴족, 슬라브족, 켈트족, 게르만족, 노르만족이 모두 아리안족에 속한다. 즉, 서양인들은 대부분 인종적으로 아리안족이라는 동일한 기원을 가진다.
그러나 인종적 편견이 비유럽인들만을 겨냥한 것은 아니었다. 인종적 우월의 논리는 유럽인들 사이에서도 존재해왔다. 예를 들어, 북서 유럽 지역의 제국주의자들은 라틴 계통이나 슬라브인을 경멸하는 경향이 있었으며, 때에 따라서는 튜턴족, 특히 앵글로색슨족의 정복 능력만을 높이 평가했다(조용욱, 1992: 370).

10 영미권 국가는 우리와 달리 이민을 받는 나라이다. 따라서 가족 단위의 대규모 이민을 통해 코리안 타운과 같은 이민자 집중 거주지가 형성된다. 반면 한국에서 다문화사회화의 원인이 되고 있는 결혼 이민자는 미국에서는 다문화 정책의 대상 자체가 아니다(임형백, 2009d, 2009e).

미국 사회학에서는 더 이상 민족을 논의하지 않고, 인종을 논의한다. 그런데도 우리의 논의는 지나치게 미국 사례에 의존하고 있고, 인종과 관련된 연구를 민족과 관련해 사용하고 있다.

사회 내에서 외국인들이 차지하는 비중이 증가함에 따라 생기는 다문화 간 갈등은 후기 근대사회에서 가장 주요한 위험 요인 중 하나로 지목되고 있다(O'Brien, 1996: 1070). 임형백(2007a: 488)은 한국에서 결혼 이민자와 다문화가정의 증가 때문에 장기적으로는 외모에서부터 확연히 구별되는 혼혈아의 탄생이 농촌 지역에서 두드러질 것이라고 했다. 또 이것은 경제적 구별(계급, 수입, 직업 등)에 외모라는 또 하나의 '구별적 변인(distinctive variable)'이 추가되는 것을 의미하며,[11] 이는 한국 사회에서 경제적 격차가 완화되더라도 융화되기 어려운 새로운 계층의 출현으로 귀결될 수도 있다고 경고했다. 따라서 다문화사회와 관련된 정책은, 인권적·복지적 시가에 기초하여 단기적으로 혜택을 제공하는 것보다는 경제적·정책적 시각에 기초하여 장기적으로 합리적 시스템을 구축하는 것이, 단기 거주 외국인, 결혼 이민자, 귀화인 모두에게 더 도움이 될 것이라고 주장했다(임형백, 2012e: 43).

그러나 아직까지 한국 사회의 다문화 정책은 다문화사회로의 이행에 따른 사회적 위험과 국가적 비용에 대해 제대로 논의되지 않고 있다(장미혜 외, 2008). 이미 인종 분규와 민족 분규를 겪고 있는 나라들은 이러한 문제를 효율적으로 관리하고, 이를 통해 사회 통합을 유지하려는 노력을 기울

---

11 미국에서 이민 2세대에 대한 가장 비관적인 시나리오는 포르테스(Alejandro Portes) 와 럼보트(Rubén G. Rumbaut)의 '분절적 동화(segmented assimilation)' 가설과 연관된다(Portes and Rumbaut, 2001). '분절적 동화론'이란 이민 2세대의 상당수(특히 노동계급 이민자 자녀들)가 새롭게 형성되고 있는 '무지개 하류계급'에 속할 수 있다는 주장이다(웰딩거·레이셜, 2009: 86). 무지개는 이민자 계층의 문화적 다양성을 상징하며, 이들은 인종분리적 빈곤과 하향적 동화 과정 때문에 주로 사회적·경제적 하층계급을 형성하게 된다.

이고 있다. 그러나 이 나라들의 정책은 기존의 주류 사회에 들어와 있는 소수집단에 대한 편견과 차별 없는 관리에 집중되지, 다양성의 증가와 다문화의 양적 성장을 추구하는 나라는 없다(임형백, 2012e: 29).

한편 다문화사회화를 긍정적으로 바라보는 대표적인 이유는 노동력의 부족을 채울 수 있다는 논리이다. 미국이 대표적인 국가이다. 서구 국가에서 이주 노동자들은 한편으로는 필요한 노동자로 인정받으면서도 이들을 받아들인 민족국가의 시민으로서는 거부당하는 모순적인 통합을 경험하게 된다(Parrennas, 2009). 그러다가 1890년대에는 경기 침체로 이러한 주장이 사라지고 오히려 경제발전을 위해서 이민을 받아들여야 한다는 주장이 힘을 얻었다(Jones, 1992: 224). 테이머 제이코비(Tamar Jacoby)는 미국의 이민제도에 대해 "박애주의적 관심도 이민 정책에 영향을 미치고, 가족 상봉과 난민 지원도 중요하다. 그러나 어떤 이민을 받아들일 것인가를 결정하는 주요 기준은 노동에 기초해야 한다. 과연 누가 우리가 해야 할 일이나, 우리가 기피하는 일을 하러 들어올 것인가에 있어야 한다"라고 말했다(제이코비, 2009: 68).

멕시코와 미국의 임금격차는 여덟 배 정도 난다. 1,200만 명 정도로 추산되는 불법 이민자들이 농업, 산업, 미국인들이 기피하는 직종에 종사하면서 미국 경제에 기여하고 있으며, 불법 이민자들의 대규모 추방은 미국 경제에 심각한 손상을 가져올 것이다(Martin, 2004: 57, 82; Romero, 2009: 21).

미국의 연방정부 차원에서는 이민을 받아들이는 것이 이익이 되나, 각 주의 손익은 경우에 따라 다르다. 미국의 이민법은 무게중심이 인권에서 계약법(contract law)으로 이동하는 패러다임 전환이 일어나고 있다. (예를 들면 난민의 경우처럼) 이민법에 인권을 반영한다. 즉, 이민을 미국과 외국인의 계약법의 관점에서 보는 것이다. 이는 미국의 입장에서는 이민 정책과 이민이 필요하기는 하나, 절박한 것은 아니며 미국의 입장과 국익을 더 반영하겠다는 의지로 해석된다(임형백, 2012c: 288).

한국도 다문화사회를 통해 장기적으로 경제성을 창출할 수 있는 방법이 필요하다. 다문화사회와 관련된 정책에 투입되는 예산은 점점 증가하는데, 이러한 예산의 투입이 경제성의 창출을 고려하지 않는다는 것은 문제이다. 인권적·복지적 시각에 기초하여 단기적으로 혜택을 제공하는 것보다는 이들이 경제활동 인구가 되도록 해야 한다.

국제결혼을 하는 농촌 총각의 약 20%가 기초생활 수급 대상자이며(임형백, 2007a: 482), 결혼 이민자 가정의 절반 이상(52.9%)은 소득이 최저생계비에도 못 미친다(교육과학기술부, 2008.10). 그런데도 이들의 실질적인 경제적지위 향상은 도외시한 채, 추상적인 정책 시행만을 주장하는 것은 바람직하지 않다. 특히 단기적인 시각에 기초한 인권적·복지적 접근은 오히려 단기 거주 노동자와 결혼 이민자의 자립을 약화시키고, 무엇보다 미래 사회에 발생할 문제 또는 사회적 비용에 대한 준비를 할 수 없다. 나아가 경제적·정책적 시각에 기초하여 장기적으로 합리적 시스템을 구축하는 것이, 단기 거주 외국인, 결혼 이민자, 귀화인 모두에게 더 도움이 된다. 이는 마치 어부에게 물고기를 주는 것보다 물고기를 잡는 법을 가르쳐주는 것과 같다. 이러한 접근이 다문화사회의 수혜자뿐만 아니라 국가 전체적으로도 도움이 된다(임형백, 2012e: 35).

2) 통일 이후의 고려

통계청에 따르면 한국은 2012년 6월 23일에 인구가 5,000만 명을 돌파했다. 이를 통해 '20-50 클럽'[12]에 들어갔다. 한국은 '20-50 클럽' 가입을 선

---

12 1인당 소득 2만 달러와 인구 5,000만 명을 동시에 충족하는 국가를 말한다. 국제

진국 대열의 진입 신호라고 축하하면서, 이와 동시에 낮은 출산율과 노령화로 인해 2045년까지만 유지되는 한시적 지위라는 것을 강조했다. 즉, 낮은 출산율 때문에 2045년에는 인구가 다시 4,981만 명으로 떨어지고, 생산인구의 부족으로 저성장으로 돌입한다는 것이다. 한국은행(2006)과 법무부 출입국·외국인정책본부(2009)는 2020년까지 70~140만 명의 노동 인력 수급 불일치가 있을 것으로 추정했다. 통계청(2012)은 한국의 생산 가능 인구가 2016년에 3,700만 명으로 정점을 이룬 후 하락하여, 2040년에는 2,880만 명으로 1,000만 명 가까이 감소할 것이라고 밝혔다.

한편 2009년 국가별 재외 동포 총계는 다음과 같다. 일본(91만 2,000명), 중국(233만 6,000명) 등 아시아 지역이 371만 명이며, 미국(201만 2,000명), 캐나다(22만 3,000명), 중남미(10만 7,000명) 등 미주 지역이 243만 2,000명이다. 그 외 러시아(53만 8,000명)를 비롯하여 유럽 지역이 65만 5,000명 정도이다. 나라별 비율로 볼 때 중국, 미국, 일본, 러시아, 캐나다 순서로, 주로 한반도 주변 4대 강국에 분포되어 있다. 따라서 정부의 재외 동포 정책은 주변 4국의 입장을 살피며 시행될 수밖에 없었다. 김대중 정부 시기에 처음으로 '재외 동포 출입국과 법적 지위에 관한 법률'이 통과되었는데, 이전에도 의원 입법 과정을 통해 끊임없이 재외 동포 관련 법률 제정이 시도되었다. 하지만 주변 국가의 반발과 정부의 난색 표명으로 제정되지 못했다. 그러다가 김대중 정부에 들어와서 '재외 동포 지위에 관한 특례법 입법 예고안'(1998년)이 나왔다. 그러나 법 내용 중에서 '한국계 외국인'이라는 개념과

사회에서 1인당 소득 2만 달러는 선진국 문턱으로 진입하는 소득 기준으로, 인구 5,000만 명은 인구 강국과 소국을 나누는 기준으로 통용된다. 기존에 '20-50 클럽'에 가입한 나라는, 일본(1987년), 미국(1988년), 프랑스와 이탈리아(1990년), 독일(1991년), 영국(1996년) 등 여섯 개 국가뿐이다. 한국은 일곱 번째 가입국이 된다(≪조선일보≫, 2012.6.23).

이들의 자유 왕래, 참정권, 공직 취임권 등을 보장하는 것에 대해 외교부에서도 반대하고, 중국·러시아 등 관련 국가들의 반발 때문에 '재외 동포 출입국과 법적 지위에 관한 법률'로 수정·통과되었다(김성회, 2011: 35).

일단 서구 국가와 같은 형태의 공식 이민 정책을 채택하면 이를 돌이키기가 쉽지 않으므로 신중하게 결정해야 한다. 현재 남한에서는 저출산이 사회적 문제로 부각되고 있으나, 저출산은 당장의 문제는 아니며 20~30년 후 신규 노동력이 부족할 때 문제가 되는 것이다(임형백, 2007b: 328). 통일이 이루어진다면 단기 거주 노동자와 결혼 이민자가 주도하는 한국의 다문화사회는 일대 변혁을 맞이하게 될 것이다. 통일 이후 한국은 북한 주민의 인구 이동, 조선족의 법적 지위 문제 등의 변수를 고려해야 하기 때문에 당장 미국식 이민 정책을 채택하기란 불가능하다(임형백 외, 2012: 85). 특히 남한 주민과 북한 주민 사이에 노동시장 분할이 일어나고, 현재의 단기 거주 노동자의 역할이 북한 주민으로 대체되는 등 노동시장의 근본적인 변화가 발생할 것이다. 따라서 다문화사회로의 이행에 거부감을 느낄 필요도 없지만, 그렇다고 다문화사회로의 이행을 가속화할 필요는 없다.

제3부
미래 한국 국토 공간구조의 전망
The Spatial Structure Prospects in Korea's Future

9

북한 공간구조의 형성과 전망[1]

The Spatial Structure Formations and Prospects in North Korea

남한과 북한은 이념적으로 다를 뿐만 아니라, 이러한 이념이 공간에도 반영되어 있다. 즉, 남한과 북한은 이념과 경제체제뿐만 아니라 공간의 구조가 다르다. 이념과 경제체제에서는 남한의 우위가 이미 경험적으로 증명되었고, 통일 이후에 북한의 이념과 경제체제를 남한에 일치시키는 과정이 필요할 것이다. 그러나 공간적으로는 반드시 남한의 우위를 논하기 어렵다. 공간은 우위의 문제가 아니라 효율적인 활용의 문제이며, 더구나 인위적인 공간의 재구조화(spatial restructuring)는 막대한 비용까지 초래한다.

6장에서 언급했듯이, 장기적 관점에서 통일을 고려한다면 세종시의 이전은 잘못된 정책이다.[2] 한편 북한은 2010년 경제 사정 악화로 배급이 어

---

1 이 장은 임형백, 「사회주의 북한 공간구조의 자본주의 공간구조로의 변화 전망」, ≪한국정책연구≫, 10권 1호(2010)를 수정·보완한 것이다.
2 김석철(2012)은 남북통일을 전제하면서 "개성-서울 중심의 수도권, 평양 중심의 이북권과 함께 세종시를 중심으로 한 이남 지방권의 삼합"을 주장했다. 그러나 임형백(2011c)은 남북통일 이후에는 중국과 러시아 등 유라시아의 중요성이 증대될 것이기 때문에, 서울과 평양으로의 행정기구 분산이 오히려 더 적합하다고 주장했다. 유라시아의 중요성이 증대하는 상황에서 수도를 세 군데로 나누는 것은

려워지면서 평양의 면적을 축소했다. 물론 이것은 행정구역의 축소일 뿐, 평양의 공간구조는 변함없다. 북한은 배급 등의 문제로 평양의 인구가 증가하면 출신 성분이 나쁜 계층부터 강제적으로 평양 밖으로 이주시켜왔다.

평양을 비롯한 북한 공간의 효율적 활용은 남한 자체적으로 해결하지 못하는 여러 가지 공간 문제를 감소시킬 뿐만 아니라, 공간의 효율성을 제고하고 나아가 공간 경쟁력까지 제고할 수 있다.

1. 자본주의적 근대화의 공간적 표현으로서의 도시화

도시화는 근대화의 공간적 표현으로 간주되고, 근대화는 전통 사회에서 자본주의 또는 사회주의 사회로의 이행 과정을 뜻하기 때문에, 근대적 도시화의 경로로서 자본주의적 도시화와 사회주의적 도시화에 관한 논의는 풍부하게 이루어져 왔다(김원, 1998; Angotti, 1993; Castells, 1977; Enyedi, 1996; French, 1995; Hall, 1996; Harvey, 1985; Murray and Szelenyi, 1984). 이러한 근대적 도시화는 크게 세 가지 경로를 밟아왔는데, 자본주의적 도시화, 사회주의적 도시화, 제3세계의 종속적 도시화[3]가 그것이다. 물리적 도시화의 측면에서 접근할 때 이들 도시화의 유형은 인구 집중과 근대적 경관의 공간적 집적이라는 공통점을 보여주지만, 물리적 경관에서는 상당한 차별성을 보여준다(장세훈, 2006: 191).

자본주의적 도시화에서는 인구 이동, 자본 투자, 의사결정, 혁신의 확산

비효율적이다.

3 제3세계의 종속적 도시화는 제국주의의 침탈과 강압이 도시화의 전반적인 방향과 그 구체적인 내용 및 형태를 규정한다(Robert, 1978; Castells, 1977). 이 장에서 종속적 도시화는 다루지 않는다.

이라는 공간 흐름에 의해 지역의 공간구조가 형성된다. 자본주의 경제에서 이런 일련의 과정에는 이윤을 추구하는 경제성의 원칙이 크게 작용한다(Friedmann, 1973: 65~84). 따라서 자본주의적 도시화에서는 더 많은 자본 축적을 목적으로 수익성과 효율성을 앞세운 시장 경쟁의 원리에 입각해서 도시 공간의 틀이 형성된다. 그래서 접근성이 뛰어난 도심지를 둘러싼 경쟁이 치열해서, 지대 지불 능력에 따라 동심원을 그리며 각종 도시 기능이 공간적으로 분화되는 양상을 보인다(Burgess, 1925).

산업의 입지 요인(locational factor)은 일반 인자와 특수 인자, 국지 인자와 집적·분산 인자, 자연적(또는 기술적) 인자와 사회적(또는 문화적) 인자 등으로 다양하게 구분될 수 있다. 일반적으로 이 같은 산업의 입지에 따른 직업(또는 고용 기회)은 인구를 유인하는 가장 큰 원인이 된다(임형백, 2009b: 87). 또한 집적의 불이익이 집적의 이익을 능가하는 지점까지 무분별하게 공간적 확장을 거듭하는 한편으로, 도심지에서는 높은 지대를 감당하기 위해 마천루의 형태를 띤 수직적 집적이 이루어진다. 그 결과 도시와 농촌 간, 대도시와 중소 도시 간의 격차가 심화되는 지역 간 불균형성장이 일어나게 된다(장세훈, 2006: 191).

2. 사회주의적 근대화의 공간적 표현으로서의 도시화: 북한을 보여주는 텍스트로서의 공간

사회주의적 도시화는 사회 전체의 공익을 앞세우며 형평성의 원리에 따라 국가가 도시 공간을 계획적으로 조성하는 방식으로 전개된다(French and Hamilton, 1981). 우선 통근 과정에서 도시 주민의 불필요한 동선을 줄이고 생활상의 편의를 증진시킬 목적으로 직주근접(職住近接)의 원칙에 입각해서 주요 도시 기능을 선형으로 배치한다. 또 사회주의적 공동체 생활이 가능하도록 집합 주택과 생활 편익을 조성한다. 아울러 과도한 집적·집중의 폐해를 사전에 예방하기 위해 대도시 성장을 억제하고 중소 도시의 성장을 촉진하는 한편으로, 도시 내 주거지 격차를 막기 위해 각각의 주택 소구역을 세포로 삼아 도시라는 유기체를 구성하는 방식으로 도시계획을 추진한다(장세훈, 2006: 191).

북한은 공산주의 경제, 즉 계획경제[4]이다(임형백, 2009b: 87). 도시 공간은 해당 사회의 기술, 문명, 사회적 관계가 물리적 건조 환경(built environment)에 각인된 것이기 때문에, 쉽사리 포착하기 어려운 거시적인 사회 변동을 눈으로 읽어낼 수 있는 텍스트로 유용하다. 또한 여전히 '어둠상자'로 남아 있는 북한의 실정을 감안할 때, 비교적 자료 구득이 용이하고 정보 왜곡이 상대적으로 덜 심각하다는 장점도 지니고 있다(장세훈, 2006: 187). 따라서 경제는 관료기구에 의해 직접적으로, 그리고 전면적으로 통제되는 관료적 조정(bureaucratic coordination)의 메커니즘에 의해 지배되며(Kornai, 1992: 101), 경제 조정은 국가의 관료기구에 의해 '계획적으로' 이루어진다(박석삼, 2004: 5).

계획경제하에서 경제주체들의 활동은 기본적으로 정부의 계획과 결정에 따라 이루어지게 된다. 그 반면에 시장경제를 기반으로 한 도시 내 경제주체들의 활동은 주거와 노동, 그리고 여가 활동에 대한 개별적 선택과 경쟁을 기반으로 이루어진다. 또 국토의 공간구조는 기본적으로 경제적 활동이 공간적으로 형성한 질서이기 때문에, 이러한 경제적 활동이 만들어

---

4 루트비히 미제스(Ludwig Mises)는 계획경제의 성립 불가능성을 주장한 반면, 오스카르 랑게(Oscar Lange)는 계획경제의 성립 가능성을 주장한다. 한편 박정동(2003)은 랑게의 이론이 극히 한정된 경우에만 적용될 수 있다고 보았다.

내는 국가 경제의 기본 구조가 변화한다는 것은 곧 국토 공간의 구조 변화와 직접적으로 연결될 수밖에 없다(이상준, 2001: 9~10).

더욱이 북한이라는 나라를 상정할 경우, 경제의 영역은 급변 사태와 직접적인 관계가 없다. 경제가 파탄이 나고 공식적인 경제 시스템이 사실상 와해되었지만, 이것이 급변 사태를 유발할 만한 동력으로 작용하는 것은 아니다. 급변 사태는 경제적 조건도 작용하지만, 굳이 따지면 정치의 영역이다. 이것이 북한의 특성이다(양문수, 2009: 302).

북한의 미래를 전망하려고 한다면, 이 체제가 가지고 있는 역사적이고 구조적인 한계를 우선적으로 고려하여 그 '평균적 가능성'을 찾아야 한다. 우선 이 점에서 볼 때 북한식 사회주의는 중국형 사회주의와 그 유형 자체가 다른 것이었다고 판단할 수 있다. 따라서 북한에 대해 섣불리 중국식 전망을 한다거나, 중국식 정책 처방을 하는 것은 북한 체제의 '가능성의 한계'를 지나치게 무시하는 것이다. 중국형 또는 베트남형 사회주의는 기본적으로 농민과 농업에 기반을 둔 분권적이고 느슨한 사회주의였다고 할 수 있다. 그리고 이러한 유형의 사회주의는 공업에 기초한 철저한 관료제적 사회주의 유형인 북한형 사회주의보다 탈사회주의적 변화 능력이 훨씬 컸다고 할 수 있다(박형중, 1997: 131~154). 따라서 북한은 가장 경제적으로 낙후되고 고립된 반면, 가장 개혁과 개방이 어려운 국가라는 특징을 가지고 있다. 특히 김정일의 선군정치(先軍政治)는 개혁·개방에 역행하는 것이며, 북한을 더욱 폐쇄적인 국가로 만들었다. 이는 결국 시장을 통한 계획경제의 대체를 더욱 어렵게 한다.

3. 사회주의 북한 공간구조의 형성 요인

1) 공간을 통한 사회주의 이념의 표현: 전시적 공간의 탄생

사회주의 국가는 공간을 통해 사회주의의 우월성을 선전하려고 하는데, 이러한 대표적인 예가 평양이다. 한국전쟁 당시 미군의 폭격으로 평양은 파괴되었다. 북한은 평양을 사회주의의 우월성을 선전하기 위한 공간으로 건설하기로 하고 계획에 착수했다(임형백, 2009b: 90).

북한은 전후 복구와 사회주의 건설 시기에 빠른 속도로 도시의 외형과 내실을 다지고, 그 뒤 주체사상에 입각해 자조적(自助的) 과시형 도시 개발을 지속하면서 '북한식 도시화'의 전형을 만들었다. 그러나 이미 1980년대 초부터 도시 건설은 침체 양상을 보이기 시작했다. 이를 만회하기 위해 평양, 신의주, 청진 등 대도시를 중심으로 신도시 건설에 적극 나섰지만, 평양을 제외한 나머지 지방 대도시들에서는 중앙의 지원 부족, 자재 및 인력 부족 등으로 신도시 건설을 계획대로 마무리하기 어려웠다. 그 결과, 생활 기반이 제대로 갖추어지지 못했던 남청진, 남신의주 등의 신도시에서는 경제난까지 겹치면서 주민들의 이주로 빈집이 속출했고, '죽음의 도시', '유령도시'로 전락하기도 했다(장세훈, 2004).

평양의 본격적인 도시 개발은 6·25 전쟁 이후 1950~1960년대 복구 사업의 일환으로 추진되었다. 그 당시 북한의 다른 지방 도시들은 동독, 헝가리, 불가리아 등 동유럽 국가들로부터 원조를 받아 복구 사업을 수행했다. 하지만 이와 대조적으로 평양에서는 전후의 복구 사업이 사회주의 건설 사업의 명분에 따라 김일성에 의해 강력하게 추진되었다(서울시정개발연구원, 2007).

전쟁으로 완전히 파괴된 평양은 철거 부담이 없어 김일성의 계획을 실천에 옮기는 데 유리하게 작용했을 것이다(정희윤, 2009: 75). 김일성은 평양을 전시적 도시(wartime city)로 건설함으로써, 다른 도시들과 비교해 전형적이지 않을 뿐만 아니라 극동 지역에서도 일반적이지 않은 도시를 만들었다. 또 김일성이 평양이라고 불리는, 그가 창조한 꿈의 도시에서 세운 계획 중 하나는 도시의 인구를 제한하는 것이다. 남한의 서울 인구는 전체 인구의 1/4인 데 반해, 북한에서 평양의 인구는 약 300만 명으로 전체 인구의 1/8에 불과하다(헬렌, 2001: 155~157).[5]

앞의 <그림 6-4>에서 나타나듯이 북한은 강제 이주를 통해 평양의 인구 증가를 인위적으로 통제해왔고, 2010년에는 경제난 때문에 평양을 축소·개편했다. 즉, 출신 성분이 낮은 계층부터 강제적으로 평양 밖으로 이주시킴으로써 평양의 인구를 일정 수준으로 유지한 것이다. 이를 통해 평양을 체제에 우호적인 시민들로 채우고, 동시에 평양 시민에게는 더 많은 혜택을 부여함으로써 충성을 유도했다.

'주민 성분'은 출신 성분이라 부르기도 하는데, 현대 북한의 계층제도 및 그 계급을 가리키는 말이다. 계급 차별 사회로 구성된 북한의 주민은 그 출신에 따라 '3대 계층, 51개 분류'로 구분되고 있다. 3대 계층은 '핵심 계층', '동요 계층', '적대 계층'으로 나뉘며, 51개 분류란 각 층 내의 분류를 의미한다(위키백과).

북한의 인구를 시·도별로 비교하면, 북한에는 수도인 평양을 제외하고 100만 명 이상의 도시가 없다. 9개의 도(道) 가운데 자강도와 양강도, 그리고 강원도 등 산악 지역에 위치한 도의 인구가 상대적으로 적다. 북한의 도

---

5 2003년 기준 평양특별시의 인구는 308~310만 명에 달할 것으로 추산되며(이상준 외, 2005), 북한에서 평양은 인구 100만 명 이상의 유일한 도시이다(이승일, 2009: 18).

〈표 9-1〉 북한의 3대 계층, 51개 분류

3대 계층	51개 분류	비고
핵심 계층	노동자, 고농, 빈농, 사무원, 노동당원, 혁명 유족, 애국 열사 유족, 피살자 가족, 전사자 가족, 후방 가족 등 12개로 분류	· 특권 계급으로 수많은 혜택을 누린다.
동요 계층	중소 상인, 수공업자, 소공장주, 하층 접객업자, 중산층 접객업자, 무소속, 월남자 가족, 중농, 민족자본가, 중국 귀환민, 일본 귀환민, 안일·불화·방탕한 사람, 접대부 및 미신 숭배자, 유학자 및 지방 유아, 경제 사범 등 18개로 분류	· 직장에서 승진에 한계가 있다. · 표면상으로는 직장에서 공적을 올리면 승진의 한계도 완화된다고 간주된다.
적대 계층	8월 15일 이후의 노동자, 부농, 지주, 친일·친미주의자, 반동 관료, 천도교파 당원, 입북자, 개신교·불교·천주교 신자, 탈당자, 철학자, 적(敵) 기관 복무자, 체포자·투옥자 가족, 간첩 관계자, 반당·반혁명 종파 분자, 처단자 가족, 출옥자·정치범, 민주당원, 자본가 등 21개로 분류	· 본인의 능력·소행과 관계없이 차별적 대우의 대상으로 간주되어 진학을 할 수 없는 것은 물론이고, 탄갱 지구로 강제 이주까지 당하기도 한다.

자료: 위키백과.

시 분포에 대해 살펴보면 산간 지방을 제외하고는 각 도별로 비교적 고르게 분포하고 있다. 이는 행정적으로 지역 간 균형개발을 추구하기 위한 전략의 일환으로, 지방 소도시 육성에 따른 결과로 보인다. 그러나 서해 연안 도시 벨트의 중심 도시인 평양과 남포를 비롯한 평안남·북도의 인구구성을 볼 때 이 지역에 북한 전체 인구의 절반가량이 집중되어 있다(이승일, 2009: 19~21).

또 북한의 도시계획에서는 '사상교양의 장'으로서의 도시 역할이 강조되고 있다. 이 때문에 도시의 중심부에는 상업 용도의 건물보다는 대규모 혁명 사적지를 배치시키고 있는데, 이러한 현상은 수도인 평양뿐만 아니라 지방 도시에도 보편적으로 적용되어, 거의 모든 도시의 도심에 혁명 사적지와 광장이 위치하고 있다(이상준·이영아, 1998).

2) 공간에 대한 이념적 판단: 도시의 억제

(1) 마르크스와 엥겔스의 유산

기술과 경제의 발전을 수반한 도시는 진보를 의미하게 되었지만, 이렇게 성장한 도시는 대부분 공업도시였고 도시의 성장과 더불어 모순을 드러내기 시작했다(임형백·이성우, 2003a: 23). 19세기의 사회 이론 분야에서 이 현상은 마르크스, 엥겔스(F. Engels, 1820~1895), 퇴니에스(F. Tönnies), 지멜(G. Simmel), 뒤르켐(E. Durkheim)과 같은 많은 이론가들의 저술을 생산하게 만든 배경이 되었다(Hansen and Chorney, 1990: 1). 뒤르켐(Durkheim, 1964)은 도시에서 밀도 증가와 분업의 진전이 이루어지는 과정 자체가 전통적인 사회관계나 제도의 해체에 따른 경쟁적이고 일탈적인 개인주의를 팽배시키며, 그 결과 도시적 병리가 만연하게 된다고 보았다.

마르크스가 주장한 평등사회 건설은 구체적으로 공간의 평등, 국토의 균형, 도농의 격차 해소 등과 같은 계획적 이데올로기로 변화되어 레닌(V. I. U. Lenin, 1870~1924), 스탈린(I. V. Stalin, 1879~1953)에 이르기까지 강력하게 추진되었다(Fuchs and Demko, 1979: 305). 그리고 엥겔스는 "도시와 농촌의 차이를 없애는 것은 비단 그것이 가능할뿐더러, 공업 생산과 농업 생산을 균형 있게 발전시키기 위해서도 필수적인 사항이다"라고 했으며, 이는 마르크스에 의해서도 똑같이 주장되었다(Valenti, 1960: 48~54).

엥겔스는 한 걸음 더 나아가 도시와 농촌의 차이를 없애는 구체적인 방법을 제시하고 있다. 그는 전국에 소재하고 있는 소도시들에 공업과 농업을 고루 배치하면 도농의 격차가 해소될 것이라고 생각했고, 그렇게 되면 농촌은 농민계급을 그들이 당면하고 있는 악조건으로부터 해방시켜 도시노동자로 전환시킬 수 있다고 보았다. 엥겔스는 이 길만이 결국 대도시화를 방지하고 도시의 슬럼화를 없앨 수 있는 길이라고 강조했다. 그리고 농

촌 주민들의 생활수준도 이것을 통해 개선될 수 있다고 보았다(김원, 1998: 216).[6]

엥겔스의 이런 인식은 독일의 특수한 상황의 과잉 일반화(overgeneralization)에서 연유한다. 이후 20세기 초 마르크스주의의 근대화를 이끈 핵심적 인물들인 레닌, 룩셈부르크(Rosa Luxemburg, 1871~1919), 트로츠키(Leon Trotsky, 1879~1940) 등의 저작들은 대체로 불균등발전의 시각에서 농촌과 도시, 집적되는 중심부와 분산되는 주변부 간의 통합적이고 공시적인 적대 관계라는 시각을 유지하고 있다(소자, 1997: 46~47).

마르크스와 엥겔스가 주창한 도농 통합 정주 이론도 레닌에 의해 당 강령으로 채택되었고(김원, 1998: 66), 이에 대한 찬반 논의는 1928~1931년에 소련이 이상적인 사회주의 '소련 도시'를 건설하는 데 주요한 쟁점이 되었다(Cook, 1978: 354~363). 이후 중국에서는 1957년 정풍운동 때 하방운동(下方運動)[7]이 시작되었다.

한편 도시 중심적 사회주의 이념을 가진 레닌에 비해 마오쩌둥(毛澤東)은 농촌 중심적 사회주의 이념을 지녔다(Kirkby, 1985: 5). 마오쩌둥은 농촌 중심 운동을 통해 도시를 포위한다는 이른바 '이농촌포위성시(以農村包圍城市) 전략'을 주장했다(임길진·이만형, 1990: 27~28). 이들은 한결같이 농촌을 도시와 대립되는 지역이자, 도시에 의해 수탈되는 지역으로 인식했다. 그러나 이들의 연구가 대부분 20세기를 전후한 유럽에 국한되어 있어 후대 학자들

---

6 엥겔스가 '소도시 육성론'을 분명하게 주장한 데 반해 마르크스는 애매모호한 주장을 했다고 하여 마르크스에 대한 비판이 없지 아니하다(김원, 1998: 216).
7 원래 중국에서 공산당원 또는 공무원들의 관료화를 방지하기 위해 이들을 일정 기간 동안 농촌이나 공장에 보내어 노동에 종사하게 한 운동이다. 또는 도시에서 학교를 졸업한 젊은이들을 변경 지방에 정착시킴으로써 화이트칼라와 블루칼라의 장벽을 없애고 농촌의 근대화를 도모했다.

에게 주목을 받지 못했다(임형백·이성우, 2004: 43).[8]

(2) 마르크스와 엥겔스의 유산의 공간적 적용

국가 지상주의의 계획 이념하에서는 개개인의 가치가 중요하지 않다. 개인보다 집단, 그리고 집단보다 국가로 가치의 우위성이 올라간다. 그래서 자유주의 도시계획에서 주장하는 개인(주민, 소비자, 이용자)의 효용 가치 극대화가 시장경제를 통해 실현될 수 있다고 믿는 이념이 여기에서는 부정되고, 노동자 개인의 이익보다 집단 이익이 더 우선시되며, 그것을 통해 개인의 이익이 실현된다고 믿는다(최병선, 1989: 10~11). 이처럼 공간에 사상적·정치적 이념을 투영하는 것은 사회주의 국가의 특징이다. 이러한 접근은 사회주의 국가가 자본주의 국가와 다른 공간구조를 형성하도록 한다.

자본주의 사회의 병폐가 대규모 산업도시에서 기인한다는 도시관은 마르크스와 엥겔스의 견해를 그대로 수용한 것이다. 사회주의 국가에서는 도시 규모를 일정 수준 이하로 억제하기 위해 대도시권 주위에 위성도시를 건설했다. 도시 규모가 일정 수준을 넘어서면 외부 불경제에 따른 폐해가 과도하게 발생하고 도시 관리 비용이 증가하며, 확대된 통근 거리와 익명성의 증가는 사회주의 공동체의 장인 커뮤니티의 형성을 저해한다는 것이다. 이런 이념이 공간적으로 가장 잘 구현된 것이 밀류틴(N. A. Milyutin)의 선형도시(linear city)이다. 즉, 도시의 대표적 공공재인 이동의 접근성을 균등하게 배분하고, 도시 규모가 과도하게 성장하지 못하도록 하는 사회

---

8 마르크스와 엥겔스는 도시가 자본주의 논리를 반영할 뿐만 아니라, 도시화가 사회주의로 이행하는 데 필요한 전제 조건이자 발전 방향이라고 보았다. 대도시에서 모순된 계급 대립이 더 첨예화되어 엥겔스가 주장하는 계급투쟁과 사회주의 혁명이 용이하다고 생각했기 때문이다. 이것이 대도시에 대한 마르크스와 엥겔스의 양면성을 노출시킨 이론의 한계이기도 하다(김원, 1998: 32).

주의 도시의 모델인 것이다(김기호, 2008: 167).

선형도시에서는 주택과 서비스 시설이 공업 지대와 평행하게 배치되어 모든 근로자들이 직장까지 이동하는 데 동일한 시간이 소비되도록 배려되었다. 또 직주근접을 고려하되 공해로부터의 안전을 위해 주택과 공장 사이에 위생 녹지대를 배치했으며, 바람의 방향을 고려하여 주거와 공장의 위치를 결정했다. 이런 구상은 실제로 1920년대 말 스탈린그라드(Stalingrad) 계획[9]에 적용된 바 있다(김기호, 2008: 168).

사회주의적 도시화에서는 자본주의 대도시가 낳은 폐해를 반면교사로 삼아 도농 간, 도시 간 균형발전을 도시 개발의 모토로 삼아왔다. 이는 낙후·소외 지역에 신도시를 건설해서 대도시 인구를 분산시키고, 대도시로의 과도한 인구 유입을 차단하기 위해 거주 이전을 강력하게 제한하는 조치들로 이어졌다. 북한도 예외가 아니어서 지역 간 균형개발 및 이동 규제 방침을 일관되게 견지해왔다(장세훈, 2006: 202).

사회주의 이념에서는 자본주의 도시의 문제점이 자본가들의 물질적 이기심을 충족시키기 위한 무분별한 도시 성장에 있다고 판단하고, 도시의 성장을 계획적으로 규제·억제하는 방식으로 도시의 적정 규모를 유지하려고 노력했다(정희윤, 2009: 92). 사회주의 도시계획의 이론적 측면에서 도농의 균형발전, 도시 규모의 성장 억제, 자족계획단 구성 등 옛 소련의 도시계획 이론은 동유럽 및 사회주의 중국과 북한의 도시계획의 기초적 이론으로, 향후 북한의 유일사상(주체사상)에 기반을 둔 도시계획의 이론적 토대를 형성했다(김기호, 2008: 235).

북한의 국토 개발 철학도 사회주의 국가를 건설하는 데 최우선을 두고

---

9 볼가 강을 따라 평행하게 철도, 간선도로, 공업 지대, 주거 지대(극장, 공공기관, 학교 포함), 여가 지대(운동장 포함), 농업 지대 등 6개의 시가 지대를 설정했다.

있다. 따라서 국토계획의 이상도 사회주의 건설에 두고 기존의 자본주의적 잔재를 없애는 것과 그것의 파행성을 바로잡는 데 있다는 인식에서 출발하고 있다. 일제강점기의 식민지적 파생성의 해소라는 과제를 안고 출범한 북한 정권이 제1차로 착수한 과업이 토지개혁이다(김원, 1998: 211).

북한의 국토관리사상 가운데 주목할 만한 것은 도시와 농촌을 균형적으로 개발한다는 전략이다. 김일성은 일찍이 자본주의와 식민지적 잔재가 뿌리 깊은 북한 사회를 사회주의 국가로 건설하기 위해서는 국토 공간상에서 양분되어 있는 도시와 농촌의 대립 관계를 근본적으로 해결해야 한다고 보았다(김원, 1998: 215). 이런 인식의 연장선상에서 김일성은 1964년 「우리나라 사회주의 농촌문제에 관한 테제」를 발표해 도농 균형론과 상호 의존론을 주장함으로써 북한 국토 개발의 기본 이론을 제시했다(김일성, 1964: 466~499).[10]

이처럼 도농의 격차를 없애고 국토를 균형 있게 발전시킨다는 것은 사회주의 국가 건설에서 '이데올로기화'된 사항이다. 이것을 달성해야 자본주의가 가진 대도시의 슬럼화, 농촌 황폐화와 같은 만성적인 모순을 극복하고 이상적인 사회주의 사회를 건설할 수 있다고 믿었다(김원, 1998: 215).

하지만 북한에서도 자본주의 경제체제하의 국가들과 마찬가지로 지역 불평등은 큰 차이를 보인다. 경제적으로 어려운 시기에도 평양시는 평균적으로 보아 타 지역에 비해 형편이 나았다. 북한의 지역 격차는 대도시와 농촌 간의 격차라기보다 평양과 기타 지역 간의 격차라고 봐야 할 것이다(이승훈·홍두승, 2007: 104~105).

북한이 협동농장 제도를 도입한 근본적인 목적은 두 가지로 요약할 수

---

10 남한에서는 1970년대에 이미 도시와 농촌의 격차, 즉 지역불균형발전이 대두되었다.

있다. 첫째, 주민을 농업 협동체의 일원으로 묶어둠으로써 집단화된 상태에서 주민 이동을 통제하려는 데 있으며, 둘째, 그와 관련하여 농촌의 인구 정착을 유도하면서 도시로의 인구 유출 및 이농을 방지하려는 데 있다. 농촌인구 유출로 도시가 팽창하면 자본주의적 도시 병폐가 재생된다고 보기 때문이며, 주민 통제를 통한 체제 유지적 수단으로서도 큰 효과를 가지기 때문이다(김원, 1998: 213~214).

3) 공간에 대한 정치적 판단

북한 도시의 근본적인 문제점으로 정치적·군사적 판단에 의한 비효율적 토지 이용, 단핵 공간구조와 분산적 토지 이용에 따른 비합리적 대중교통 이용, 신분 계층에 따른 도시 간·도시 내 주거 환경의 불균형, 정치적 요인에 따른 도시 공간구조의 왜곡 등을 들 수 있다. 이 중에서 무엇보다 큰 문제는 사회주의 체제에 의해 도시 공간 이용의 효율성보다는 주체건축사상의 실현과 같은 정치적 이념이 강조되고 있다는 점인데, 그로 인해 대도시 토지를 집약적으로 이용하기보다는 조방적(extensive)으로 이용하는 결과를 초래했다. 더 나아가 북한의 도시는 단핵 공간구조로 구성되어 있으면서 자급자족의 분산형 생활권을 추구하고 있는데, 이는 정치적 이유로 인한 조방적 토지 이용과 함께 대중교통을 비효율적으로 이용하는 원인이 되고 있다(이승일, 2009: 43).

북한이 정권 수립과 동시에 채택한 국가 전략은 사회주의 국가들이 전통적으로 추구하는 중공업 중심의 자본 축적 전략과 자립경제 정책이라고 할 수 있다. 그리고 북한 경제체제의 또 다른 특징은 '군사적' 관점에서 경제활동을 계획화·조직화한 것으로 볼 수 있으며, 군사노선이 지향하는 목표를 달성하기 위해 군사 정책 및 전략적 관점에서 경제가 운용되었다(강

<표 9-2> 북한 도시의 특성별 분류

구분			공업 중심 도시		교육, 행정, 기타 서비스 중심 도시
			중공업 중심 도시	경공업 중심 도시	
도시 규모 (명)	대도시	60만 이상	남포, 함흥, 청진		평양
		45~60만 미만	순천		
	중소 도시	30~45만 미만	단천	개성, 개천, 신의주, 사리원, 원산	
		15~30만 미만	안주, 구성, 정주, 희천, 나진·선봉, 김책, 해주	강계, 혜산, 신포	
		15만 미만	덕천, 만포, 회령, 송림	문천	
도시 입지	내륙 도시		안주, 구성, 정주, 회천, 김책, 순천, 단천, 덕천, 만포, 회령, 송림	개성, 개천, 사리원, 강계, 혜산	평양, 평성
	해안 도시		남포, 함흥, 청진, 해주, 나진·선봉	신의주, 원산, 신포, 문천	

자료: 이상준(2001: 103).

성종, 2004: 33).

북한의 산업단지는 크게 해안 산업단지와 내륙 산업단지로 구분되는데, 해안 산업단지는 서해안의 평양, 신의주와 동해안의 청진, 김책, 함흥, 원산 등에 소재하며, 내륙 산업단지는 강계, 안주, 박천 등에 소재한다(안정근, 2009: 157).

북한은 군(郡)을 도농 균형발전의 공간적 거점으로 육성하라는 김일성의 교시와 이론적 근거에 따라, 군을 기본 단위로 해서 중소 규모의 지방 공업을 육성했다. 지방 공업화 이론의 기조는 농민들을 자연의 종속물로부터 벗어나 자연을 극복하게 함으로써 농촌의 식민지적·봉건적 질곡에서 해방시킨다는 것이다. 그리하여 그들은 지방 공업화를 통해 '농촌의 도시화'라는 새로운 인간 정주 공간을 형성하여 궁극적으로는 그들이 주장하는 도농 통합 및 균형발전을 달성한다고 보고 있다(김원, 1998: 218).

이러한 국가 전략은 경제성의 원칙에 의해 산업이 입지하지 못하게 만들어, 자본주의 국가와는 다른 공간구조를 형성하게 한다. 또 경제성장 정책에서도 경공업에서부터 산업화를 시작하는 불균형성장론에 배치된다. 이러한 중공업 중심의 자본 축적 전략은 연계 효과를 왜곡시켜 산업의 유기적 연계를 저해한다. 따라서 북한이 본격적으로 경제체제 개혁을 추진할 경우, 현재 북한 도시들 가운데 중공업 중심의 경제구조를 갖고 있는 내륙 지역 공업도시들에서는 산업구조의 전환 과정에서 불가피하게 발생하는 실업과 같은 경제구조 전환에 따른 부작용이 나타날 것으로 예상된다(이상준, 2001: 115~116).

4) 공간에 대한 군사적 판단

북한이 이토록 지방 공업 육성을 농촌에 강조한 도농 통합적 이데올로기의 기저에는 안보상의 이유도 있다. 김일성은 1960년 10월 '경제건설과 국방건설을 촉진하는 노동자 대표자 회의'에서 유사시에는 중공업 제품, 소비 물자, 농산물을 끊임없이 공급할 수 있는 국방상의 이익을 국토 균형발전에 고려하지 않으면 안 된다고 전제하고, 농촌을 기반으로 하는 지방 공업을 육성해야 할 국방상의 이유를 강조했다(김원, 1998: 219 재인용).

이와 같이 군에 지방 공업을 개발함으로써 북한은 군을 당과 국가의 말단 지도 단위로 삼아 정치적 거점이자 지방 경제발전의 종합적 단위로서 육성하려고 했다. 그것의 적정 목표는 한 개의 군에 평균 20개 정도의 협동농장, 15만 정보의 경지, 농업에 봉사하는 국영기업, 평균 10개의 지방 공업과 기업소, 1~2개의 중앙 공업소 등을 조성해 '지역 거점'을 만드는 것이다(김양손, 1964: 7). 이러한 산업의 인위적 분산은 집적의 경제와 범위의 경제(economies of scope) 형성을 방해한다.

5) 북한식 사회주의[11] 도시계획

프리엘(Thomas Flierl)은 사회주의 도시 개발의 특징을 전체성, 중심성, 지배성 등으로 설명한 바 있는데(Häußermann, 1996: 11), 사회의 요구가 우선시되는 토지 이용이 사회주의 시절 토지 이용의 가장 커다란 특징이었고, 사회주의적 이념이 토지 이용의 주요 기준이 되었다(이상준, 2001: 13). 북한에서 도시계획의 정의는 '도시 영역 안에서 건설될 거주지와 공장, 녹지 등을 상호 연계 속에서 계획·배치하는 것'을 의미한다. 도시계획은 인민경제발전계획과 국토건설계획에 의거하여 작성되며, 계획 기간에 따라 '총계획 → 세부 계획 → 순차 및 연차 건설계획 → 구획 설계'의 차례로 구성된다(김원, 1998: 239).

북한은 사회주의 도시계획의 공통적인 특징에 덧붙여 다음의 네 가지 기본 개념을 따른다(김현수, 1994). 첫째, 철저한 지역균형개발을 달성한다는 전제하에서 ① 공장, 기업소는 원료 산지 및 소비지에 근접, ② 전 국토를 구성하는 각 지역 간의 균형적 발전, ③ 도시와 농촌 간의 문화적 격차 해소, ④ 자연환경 보호, ⑤ 중공업 시설 우선 건설에 의한 혁명무력역량 강화의 원칙을 고수하고 있다.

둘째, 경제성장 원칙으로 마르크스가 상정했던 자본주의의 발전에 뒤이은 사회주의의 도래와는 달리, 20세기의 사회주의 국가들은 대부분 봉건제도의 말기나 자본주의 진입 초기에 사회주의화되었기 때문에 지역 간 균형개발이라는 이념적 목표의 달성보다는 제한된 자원을 효율적으로 활용하여 생산량을 늘려야 한다는 현실적 필요에 대한 부응이 시급한 과제

---

11 일반적으로 사회주의 체제는 마르크스·레닌주의의 보편적 원칙과 자국의 현실적 상황을 고려해 새로운 이데올로기를 재생산해왔다(신일철, 1987: 262~263).

였다.[12] 이러한 이유 때문에 북한의 지역개발 및 도시 성장도 총량적 성장 중심의 계획경제가 추진됨에 따라 개발 여건이 좋은 항구도시와 교통 요충지, 그리고 일제하의 공업도시 지역이 먼저 개발되었고, 양강도, 자강도 등의 내륙 지역은 크게 낙후되었다. 특히 중앙계획총국의 계획 주도로 산업화가 추진되면서 평양이 북한 최대의 중심 도시로 성장했으며, 남포, 평성, 송림 등의 평양 부근 도시가 발전하게 되었다.

셋째, 군비 강화가 북한의 가장 중요한 정책 목표였으며, 경제 건설도 군비 증강 문제와 관련하여 추진되었다. 북한이 중공업 우선 정책을 고수하는 것도 바로 군비 강화 목적 때문이었으며, 도시 개발 역시 중공업 발전이 손쉬운 지역이 우선시되었다. 군사적 고려에 의해 산업을 배치할 경우 자원의 운영상 비경제적이고 비효율적인데도 불구하고 내륙 오지에 생산 시설이 건설되기도 하고 각 지역별로 공업 시설이나 상품 생산 시설을 분산시키게 된다. 즉, 군사력을 강화시켜야 한다는 요구가 다른 어떠한 요구보다도 우선하게 되는 것이다.

넷째, 김일성의 현지교시로서 김일성에 대한 우상화·신격화가 적극적으로 추진되고, 이어 김정일에 대한 우상화가 진행되는 등 김일성·김정일 부자에게 절대 권력이 집중됨에 따라 북한의 도시계획도 개인적인 판단에

---

12 독일 라인 주 태생인 마르크스는 1849년 이후 런던으로 거처를 옮기고 사망할 때까지 런던에 머물면서 집필을 했다. 당시 유럽에서는 영국을 선두로 한 산업혁명 과정에서 노동자계급이 출현했으나, 그들의 생활은 비참했다. 이것이 마르크스가 집필할 당시의 시대 상황이었고, 따라서 마르크스에게 혁명의 주체는 도시 노동자였다. 마르크스가 사망한 후, 그의 사상은 한쪽은 카우츠키(K. Kautsky, 1854~1938)를 거쳐 독일 사회민주당으로 이어졌다. 그리고 또 다른 한쪽은 레닌을 거쳐 러시아의 마르크스·레닌주의로 이어졌다. 이후 전체 국민의 80%가 소작농이었던 후진 농업국인 러시아에서 1917년 11월 7일(율리우스력 10월 25일) 러시아 혁명이 일어났다(임형백, 2009b: 93; 2010a: 273).

근거한 일방적 지시에 따라 이루어지는 경우가 많았다. 1970년대 이후부터는 김일성이 전국 주요 도시를 직접 시찰하면서 도시 종합계획의 필요성을 역설하고 도시 개발계획을 지시하기 시작했다. 이러한 이른바 '현지교시'는 김정일에 이르러 더욱 빈번해졌다. 김일성의 '현지지도'에 의해 추진된 북한의 도시는 평양, 원산, 청진, 해주, 남포, 함흥 등이다.

4. 사회주의 북한 공간구조의 자본주의 공간구조로의 변화 요인

1) 개혁·개방 전략의 모색

북한의 개혁·개방은 언제, 어떤 방식으로 진행될 것인가? 북한 경제 정책 변화의 수준에 대한 입장은 크게 세 가지가 있다. 첫째, 북한이 이미 개혁·개방의 길에 들어섰다는 입장, 둘째, 현재의 북한 체제와 개혁·개방은 양립 불가능하다는 입장, 셋째, 현재의 정책 변화 수준이 개혁·개방에 미치지는 못하지만, 점차적으로 개혁·개방의 길로 나아갈 것이라는 입장이 그것이다. 개혁·개방이란 무엇을 의미하는가? 개방을 넓은 의미, 즉 사회의 개방까지를 포함하는 개념으로 사용하는 사람들도 있지만, 대체로 개방은 대외 경제 관계의 확대나 대외 자본의 유치 등을 의미한다. 이에 비해 경제 개혁은 다양한 의미로 사용되고 있는데, 경제에서 관료적 조정체계를 약화시키고 시장 지향적 조정 형태를 강화하는 것으로 요약할 수 있다(김연철, 2002: 195).

1960년대 중반 북한 경제는 계속 침체되어 1966년에는 결국 마이너스 성장을 경험했다. 한국전쟁 이후 최대의 경제 위기였다. 게다가 베트남 전쟁

〈표 9-3〉 개혁·개방의 개념 규정

구분	항목	내용
개혁	① 투자 우선순위 조정	중공업 우선에서 농업, 소비재, 서비스 우선으로 조정
	② 경제주체 확대	국영 부문 우선에서 사적 부문 확대(소유권 제도 변화)
	③ 경제 운영체계 변화	계획 우선에서 시장 메커니즘 확대(경제 관리, 자원 배분, 유인 체계의 변화)
개방	① 무역 정책의 분권화	하부 기관의 권한 부여
	② 수출 확대	수출 부문 우선 투자
	③ 외자 유치	차관 도입, 특구 정책, 합작·외자 기업 유치, 보상무역·가공무역 확대

자료: 김연철(2002: 196).

의 확대, 한일 국교 정상화 추진, 국제 공산주의 운동의 분열, 중국과의 갈등 등으로 1966년 당시 북한의 외교적 고립은 더욱 심화되고 정치적·군사적 위기의식도 고조되었다. 1966년 북한은 정치적·경제적·군사적으로 최악의 위기 상황에 처해 있었던 것이다. 이러한 상황 속에서 북한은 1966년 10월 5일 조선노동당 제2차 대표자회를 개최하고 위기에 대한 대응책을 모색했다. 여기서 가장 중요한 대책으로 제시된 것이 바로 '경제-국방 병진 노선'이었다(이태섭, 2009: 200).

1965년 북한은 '계획의 일원화·세부화' 방침을 통해 시장 조정을 말소하고, 관료적 조정을 전면화하는 조치를 실행했다(Kornai, 1992). 이런 북한이 대외 개방 전략을 모색하게 된 배경에는 무엇보다도 1980년대 이후 심화된 경제난이 있었다. 갈수록 더해가는 경제난을 해결하기 위해 북한 스스로 외국 자본과 기술을 도입할 수밖에 없는 상황이 도래했고, 그 결과 대외 개방을 통한 외자 유치 전략이 불가피했다(김성철 외, 2001: 170). 기존 연구에 따르면, 그동안 추진된 북한의 경제 개방은 보는 시각에 따라 다르지만 일반적으로 <표 9-4>와 같이 크게 4기로 구분할 수 있다(이기석 외, 2001).

〈표 9-4〉 북한의 경제 개방

시기	특징
제1기	1970년대 초반부터 1980년대 중반까지, 대외 자본 및 플랜트(industrial plant) 도입기
제2기	합영법 제정(1984년) 후부터 1990년대 초반까지, 제도적 장치가 마련된 외국 기업의 투자 유치 도입기
제3기	1990년대 초부터 남북 정상회담 전까지, 경제특구 개발(나진·선봉 등)의 제한적 도입기
제4기	남북 정상회담(2000년) 이후부터 현재까지, 적극적인 개방 의지 표출기

자료: 이기석 외(2001) 참고.

북한 경제의 한계는 내부 지향적 발전 전략에서 찾을 수 있다. 북한의 내부 지향적 발전 전략은 자력갱생의 기반 구축과, 이를 위해 외국의 선진 기술을 도입하여 주체경제를 건설하는 것이다. 이는 북한식 '수입 대체 전략'이라 할 수 있으며, 수입 대체 정책을 추진하기 위해 북한은 1970년대 초반 서방 국가들로부터의 대규모 차관 도입을 통해 경제발전에 필요한 새로운 기술과 설비를 수입하는 등 대외 경제 활동을 강화했다(김성철, 2001: 170). 하지만 이것은 세계 분업체제 안에서 경쟁력 있는 수출 산업을 육성함으로써 경제발전을 도모하는 '수출 지향적' 발전 전략이 아니었다(강성종, 2004: 64). 즉, 1970년대 초반 당시 북한의 경제 개방 정책은 선진 자본주의 국가들과 무역을 급속히 확대하는 형태로 추진되었으며, 그 목적은 무엇보다도 현대적인 기계 설비와 기술을 도입하려는 데 있었다. 즉, '수입 주도형 성장(import-led growth) 전략'[13]이 경제 개방 정책에 결부되어 있었던 것이다(최신림, 2002: 245). 수출 지향적 발전 전략을 채택할 경우, 운송·물류 면에서 유리한 곳에 산업이 입지를 하게 된다. 그러나 북한의 '수입 대체

---

13 중앙집권적 계획경제에는 새로운 기술의 도입 및 전파를 막는 내부적인 메커니즘이 존재하며, 이 때문에 경제 전반에 걸친 개혁이 수반되지 않는 한 '수입 주도형 성장 전략'은 성공하기 어렵다(Berliner, 1976).

전략' 또는 '수입 주도형 성장 전략'은 입지 면에서 '경제성의 원칙'이 제대로 반영되지 않았다.

1980년대에 이르러 북한에서는 공장과 기업이 많이 증가했으며 공장, 기업들 간의 생산적 연계도 매우 복잡해졌다. 1960년에서 1980년 사이에 북한의 고정자본 규모는 무려 10여 배가 늘었으며, 새로운 공장과 기업이 계속 건설되어 조업을 개시했다. 제2차 7개년 계획(1978~1984) 기간에만 1만 7,785개의 현대적인 공장과 직장이 새로 조업했다(이재기·서정익, 2007: 109).

북한에서 원가, 가격, 이윤, 수익성과 같은 가치 범주는 여전히 경제 관리를 합리화하기 위한 '보조 수단'으로 이용되고 있다는 사실에 유의할 필요가 있다(리상우, 1999). 북한에서 경제 관리를 합리화하기 위한 기본 수단은 계획 범주이며, 가치 범주는 계획 범주에 종속되어 있다. 다시 말해 북한에서 실리주의 원칙이란 계획경제의 틀 안에서 원가, 가격, 이윤, 수익성 등과 같은 가치 범주를 좀 더 적극적으로 활용하여 최대한 실리를 보장하는 것을 의미한다. 북한에서는 "계획적인 기준이 곧 실리를 따지는 기준"이다(리창승, 2000: 11). 이 같은 계획 우위의 실리 추구는 자기 단위의 이익보다 국가적 이익을 더 많이 보장할 것을 요구하는 것이다(리경재, 2000: 57).

북한에서 1993년 제3차 7개년 계획이 실패로 끝난 후 계획경제는 이미 좌초된 상태이다(후루타 히로시, 2007: 217). 그렇지만 현 북한 체제는 아직 (2002년 초)까지도 다른 사회주의 국가에서의 탈스탈린화 이전의 정치 및 경제제체를 유지하고 있다. 이러한 북한의 변화에는 크게 보아 두 가지 가능성이 존재한다. 먼저 앞으로 상당 기간 현 스탈린주의적 체제를 유지한 채로 지속하다가 어느 시점에서 붕괴한다는 것이다. 두 번째 가능성은 어렵고 시간이 걸리겠지만, 점진적으로 '개혁과 변화'의 과정을 밟는 것이다. 북한과 같은 체제에서 '개혁'이란 정치적으로는 탈스탈린화 과제를 완수한 이후 탈전체주의 체제로 진입하는 것이며, 경제적으로는 현재의 부분

〈표 9-5〉 계획과 시장의 결합 관계 비교 틀

	계획체계의 해체 과정	시장체계의 대체 과정
계획과 시장의 결합 양태 비교 내용	· 국가의 발전 전략 · 국가의 통치구조 변화 · 경제 건설 노선 · 개혁의 주요 정책	· 개혁 정책의 성과 · 시장의 확대·발전 과정 · 생산-판매 메커니즘 · 가격 형성 메커니즘 · 자본-임노동 관계 형성

자료: 박희진(2009: 42).

개혁체제의 분권화를 겪은 뒤, 계획경제와 시장기구가 공존하는 사회주의 상품경제를 거쳐, 시장기구가 주도적 지위를 차지하는 사회주의 시장경제로 진화하는 것이다(박형중, 2002: 175~176).

이러한 상황에서 공업화가 진행될 경우 공업 생산에 유리한 여건을 가진 지역의 경제성장이 예상되는데, 특히 원료 반입과 생산품 수출에 유리한 입지 조건을 가진 도시들로 노동력과 투자가 집중될 가능성이 높다. 반면에 공업국가 상태에서 시장화·사유화·국제화가 진행되는 경우에는 첨단산업이나 서비스업의 성장에 유리한 조건을 가진 지역들로 노동력과 투자가 집중될 가능성이 높다. 결국 시장화·사유화·국제화에 따른 산업구조의 변화는 국토 공간적 측면에서 성장 지역과 침체 지역이라는 공간적 분화를 더 분명하게 만들 가능성이 높은 것이다(이상준, 2001: 11). 그러나 북한은 이러한 시장을 통한 계획체계의 대체가 제대로 나타나지 않고 있다.

2) 경제특구의 개발

1990년대 중반에 들어서는 자본주의 시장에 적응해야 한다는 논리를 강화하고 있다. 이는 완전한 평등과 호혜의 원칙에서 유무상통하던 사회주의 시장은 없어지고 고율 이윤 추구의 경제법칙이 작용하는 자본주의 시장만이 존재하기 때문이라고 한다. 현재 북한이 생산하는 제품은 품질이 낮고, 세계시장에서 요구하는 품질 수준을 충족하지 못하고 있다. 이를 극복하려면 북한이 외자도입과 직접투자를 통해 경쟁력 있는 상품을 생산할 수 있어야 한다. 동시에 북한은 현재와 같은 자급자족의 폐쇄적 입장에서 수출 지향적 발전 전략으로 전환하는 것이 필요하다(이재기·서정익, 2007).

종합시장 거래 소비재의 60%가 중국에서 수입한 물자인데, 모든 탈북자들은 중국산 소비재를 북한 내 개인 수공업자의 제품보다 더 고급품으로 평가하고 있다. 유통 경로가 상거래의 수익성을 허용하는 종합시장과 임대 점포로 바뀐 이후, 중국 상인들이 평양에 대거 진출하면서 중국 상품의 북한 시장 점유율은 좀처럼 낮아지지 않을 전망이다. 북한은 주민들이 고철과 수산물을 수집해 벌어들인 외화로 중국산 소비재를 수입하여 사다 쓰는 시장으로 전락하고 만 것이다(이승훈·홍두승, 2007: 70~71).

원래 북한에서는 소비재의 현금 거래는 허용되지만, 생산재는 엄격히 금지되어왔다. 현금 거래가 확산되면 상품 유통량과 가치 총액이 괴리되어 정확한 계획이 불가능해지기 때문이다. 따라서 북한은 생산재의 현금 거래를 막는다는 차원에서 2002년 7·1 조치를 통해 '사회주의 물자 교류 시장 (국가의 중재하에 기업 간 필요 자재를 물물교환하는 시스템)'을 도입했지만, 현금 거래는 중단되지 않고 오히려 확산되었다(임수호, 2008: 142). 경제특구의 개발은 이러한 시스템에 대한 거대한 도전이다.

체제 전환 국면에서 사회주의적 도시화의 길을 포기하고, 그 대안으로 자본주의적 도시화 노선을 선택하고 있다. 그렇지만 어떻게 자본주의적 도시화로 나갈 것인가를 둘러싸고 노선 갈등이 제기되고 있는데, 크게 보아 국가 주도형 봉쇄 도시(enclave city) 건설 노선과 시장 중심적 자유방임 도시(laissez-faire city) 건설 노선으로 나누어볼 수 있다(장세훈, 2006: 192).

먼저 국가 주도형 봉쇄 도시 건설 노선은 국가가 도시화를 주도하는 사

〈표 9-6〉 체제 전환기 도시화 경로의 특성 비교

	국가 주도형 봉쇄 도시 건설 경로	시장 중심적 자유방임 도시 건설 경로
도시화의 주체	행위자(국가)	구조(시장)
도시화의 속도	완만한 도시화	급속한 도시화
도시화의 형태	국지적 봉쇄 도시	전면적 자유방임 도시
도시화의 효과	지역 간 차등화(이중 국가)	도시 내 차등화(이중 도시)

자료: 장세훈(2006: 194).

회주의적 도시화의 외형을 그대로 간직하고 있지만, 형평성의 원리를 사실상 폐기하고 자유경쟁의 시장 원리를 도입하는 것이다. 즉, 계획경제 체제의 문제로 인해 개혁·개방이 요구되는 상황에서 그 파급 효과가 무분별하게 확산되지 않도록 하기 위해 강력한 국가가 특정 지역을 선별해서 국지적인 개혁·개방을 실험하는 방식이다(권율, 1993; 김종범, 2000; 이상직·박기성, 2003; Gaubatz, 1995; Tang, 1997; Zhu, 1999).

시장 중심적 자유방임 도시 건설 노선은 사회주의적 도시화의 특성을 모두 상실한 채 자본주의적 도시화의 길을 그대로 답습하는 경로를 가리킨다. 동독을 위시한 동유럽 사회주의 국가들은 걷잡을 수 없이 빠른 속도로 사회주의 체제가 무너진 탓에, 개혁·개방 프로그램을 마련하거나 이를 실행할 정치적 역량이나 시간적 여유가 없었다(장세훈, 2006: 193).

북한에서 비교적 진전을 보이고 있는 부분이 대외 개방이라고 할 수 있다(강성종, 2004: 204). 북한은 1991년 12월 28일 정무원 결정 제47호에 의거하여 나진·선봉 지역을 '자유경제무역지구'로 설정하고 각종 외자유치관리법을 정비·제정했다(채미옥, 2009: 331). 이어서 북한 당국은 1998년 9월 헌법을 개정하면서 '특수경제지대'라는 용어를 사용했는데, 기존의 나진·선봉 이외에 타 지역에도 대외 개방 지대를 설립할 가능성을 시사한 데 따른 후속 조치로 외국인 투자 관련 법규를 개정했다고 할 수 있다(이재기·서정익,

<표 9-7> 경제체제 개혁이 가져올 도시적 변화

사회주의 체제의 국가 경제	주요 변동 요소	시장경제 체제의 국가 경제	도시 발전의 변화 요인	도시 발전 측면의 구체적 변화
계획 가격, 단일 임금	시장화: 가격, 거래의 자유화	시장 가격, 노동시장 기능 활성화	수요 변화: 거래 및 시장의 활성화가 이동성 증가를 가져옴	도시 간, 도시 내 이동성 증가
국가 소유 체제	소유의 사유화	소유구조 다양화	수요 변화: 민간 기업의 증가와 부동산 시장의 활성화	업무 및 상업 용지, 주거 용지 개발 수요 증가
폐쇄적 대외무역	국제화: 대외무역, 투자의 자유화	국가 경제의 대외개방 확대 교역 및 외국인 투자 증가	접근성: 국제적 교통·통신의 발달	도시교통 인프라 개발 수요 증가
공업 중심의 단순한 산업구조	산업구조 다양화	서비스 중심의 산업구조	새로운 노동력 유입	· 도시의 총량적 성장(도시 기업, 인구의 증가) · 상업 서비스 중심 도시의 성장 · 기존 공업도시의 구조 개편

자료: 이상준(2001: 15).

2007: 181~182). 북한은 1991년에 지정된 북한 최초의 경제자유무역지대인 나선시에 2009년 12월 남북 합작 기업의 진출을 처음 승인했고, 나선시는 2010년 초에 '특별시'로 승격되었다. 차후 대외 개방 지대의 증가와 이 지역의 GRDP 증가는 북한 공간구조에 변화를 가져올 수 있다.

김석철(2012: 23)은 "북한이 선택할 수 있는 최고의 전략은 러시아·중국과의 접경지대이며 지정학적으로 가장 경쟁력이 뛰어난 두만강 하구에 다국적 도시를 만들고 경제 기적을 이루어 북한 전역으로 확대하는 방안"이라고 했다. 그러나 북한은 대외적으로는 기술 도입의 경로가 엄격히 통제되어 있고, 내부적으로는 기술혁신의 유인 시스템이 결여되어 있다(최신림, 2002: 242). 북한은 좀 더 개방의 방향으로 나아갈 것이다. 그러나 그 개방은 매우 조심스럽고 느린 개방일 것이며, 북한이 '원하는 만큼'이라는 식의 '북한식 개방'일 것이다(조동호, 2000). 북한의 경제 개방은 중국과도 차이가 있다. 특히 북한은 경제개혁에서 중국식 실용주의 노선을 추구하기도 쉽지 않다. 따라서 섣불리 북한이 중국식 개혁·개방을 추구할 것으로 오판해서는 안 된다.

레닌의 엘리트 노선이 농촌과 대중에 대한 일정한 불신감을 보여주며 위로부터의 지도에 강조점을 두었다면, 마오쩌둥의 대중 노선은 도시와 지식인(intelligentsia)에 대한 일정한 불신감을 보여주며 밑으로부터의 대중운동에 강조점을 두었다. 반면 북한의 군중 노선은 위로부터의 지도를 우위에 두고 여기에 밑으로부터의 대중운동을 결합시키는 것이었다. 일종의 절충주의인 것이다. 마오쩌둥과 달리 북한의 사상개조운동과 대중운동에는 결코 대중의 자발성이 허용되지 않았으며, 경제 건설과의 분리·대립도 허용되지 않았다(장달중, 1993: 8).

5. 북한 공간구조의 사회주의 공간구조로의 회귀 요인

1) 김정일의 선군정치: 실용주의 개혁 노선의 배격[14]

북한 체제는 1990년대 들어 전례 없는 '체제 위기'에 직면했다. 북한 체제의 위기를 심화시킨 본질은 무엇인가? 첫째, 사회주의권의 붕괴와 세계

---

14 김정일이 선군정치를 들고 나온 이유에는 무엇보다 위기 상황에서 있을 수 있는 군의 독립적 행보를 차단하려는 고려가 있었다. 북한 지도부가 군을 중시하는 동시에 군을 장악할 수 있는 가장 효과적인 방법이 선군정치였던 것이다. 정치적 권력은 총구로부터 나오지만 군이 정치적 통제를 벗어날 때 가장 위협적인 적대 세력이라는 것을 잘 알고 있었다(장달중, 2004: 53~54).·

체제 차원에서 탈냉전이 가시화되었다. 즉, 사회주의 동맹의 상실로 북한의 대외 고립이 심화되었다. 둘째, 북한의 구조화된 경제난과 식량난이 체제 위기를 가중시켰는데, 특히 식량난은 반자본주의 의식의 성장과 함께 사회주의 체제의 기본 틀이 와해될 수 있는 조짐으로 나아갔다. 이는 당·국가 체제의 통치 기반을 약화시키는 것을 뜻한다(강성종, 2004: 79). 1980년대 말 1,000달러에 달했던 1인당 국민소득이 1990년대 중반 500~600달러 수준으로 급락한 것으로 유엔통계국은 추정하고 있다. 북한 체제의 정치적·군사적·경제적 안정성을 제공했던 사회주의권의 붕괴는 냉전체제의 해소와 시장경제의 전 세계적 확산이라는 차원에서 북한에게는 실로 엄청난 충격이었다(강성종, 2004: 83).

북한은 김정일 체제의 출범과 함께 21세기 새로운 국가 설계도로 '강성대국'[15]을 제시했다. 1998년 이후 사회적으로 확산되고 있는 '강성대국'의 구조와 내용은 '사상강국, 정치강국, 경제강국'을 말한다(강성종, 2004: 100). 북한은 김정일의 선군정치를 통해 실용주의적 개혁 노선을 배격하고 체제 위기를 극복해가면서 1998년 이후 그동안 이완된 북한식 사회주의 체제를 복원·재강화하는 방향으로 정책, 제도, 리더십 등 기존의 체제를 새롭게 재정비해 나갔다(이태섭, 2009: 343).

강성대국을 제시한 이후 북한은 기존의 사회주의 계획경제와 자립경제를 복원·재강화하는 방향으로 정책을 재정비했다(고유환, 1988: 126). 우선 경제 정책에서 중요한 변화가 있었는데, 특히 기존의 '혁명적 경제 전략'에서 '혁명적 경제 정책'으로 전환한 것이 그렇다. 강성대국 건설하에서 경제 정

---

15 1991년 소연방의 붕괴에 의해 북한이 석유 쇼크에 빠지자 김정일은 군을 장악하고 장병을 우선적으로 먹여 살림으로써 권력을 유지하려고 했으며, 새로운 허구적 사상교화를 시작했다. 1995년 3월 30일자 《로동신문》에서 강성대국이란 교화용 표어가 처음으로 등장한다(후루타 히로시, 2007).

책의 변화는 거의 불가피한 것이었다. '사회주의 강성대국 건설의 전투적 가치'로 제시된 혁명적 경제 정책은 중공업 우선 전략이었다. 이는 경공업과 주민 생활 문제가 정책의 우선순위에서 다시 밀려났다는 것을 의미한다. 혁명적 경제 정책의 기본 원칙은 자립경제를 우선시하는 바탕 위에서 주민 생활 문제를 해결해가는 것이다(김희남, 1998: 7). 이러한 북한의 혁명적 경제 정책은 경제구조 개편을 추구한 혁명적 경제 전략과 달리, 중공업 중심의 전통적인 북한식 경제 토대와 경제구조를 그대로 살리는 방향에서 경제발전을 추구하는 전략이었다(박송봉, 2000).[16]

선군정치하에서 군은 경제발전을 위한 사회적·경제적 기능까지 포괄하고 있는바, 북한의 설명에 따르면 군은 사회주의 건설에서도 주력군의 지위와 역할을 한다. 먼저 북한에서 군은 경제 건설에 대한 직접적인 참가자, 적극적인 지원자로서 중요한 사회적·경제적 기능을 수행하고 있다. 하지만 이것은 이미 1970년대부터 본격화되었는데, 1970년대부터 각종 경제 건설 현장에 군이 동원되었던 것이다(이태섭, 2009: 335). 그러나 1990년대 중반 이후 김정일의 선군정치하에서 군은 이전과는 전혀 다른 사회적·경제적 역할을 부여받고 있는데, 경제 건설의 주력군으로서 군의 주도적이며 선도적인 역할을 통해 경제 건설의 전반을 적극적으로 고무하고 견인해가는 것이다(박광수, 2000: 18).

이렇듯 북한은 김정일의 선군정치를 통해 1990년대 후반 이후 체제를 어느 정도 재정비했다. 그리고 그 바탕 위에서 마침내 지난 2002년에 경제관리를 합리화하기 위한 더욱 획기적인 조치를 취하게 되는데, '7·1 경제관

---

16 이에 대해 조민철(1997)은 북한의 자립경제는 세계 다국적기업이 이식하는 수출산업에 기대를 걸지 않으며 자본주의 세계경제의 국제화와 상호 의존성에 명줄을 걸고 있는 살림살이와 결코 인연이 없다고 주장하며, 자립경제를 포기하는 것은 곧 사회주의를 포기하는 것이라고 강조했다(이태섭, 2009: 345).

리개선조치'[17]가 바로 그것이다. 물론 이것은 1990년대 후반 이후 북한이 추구해온 경제 관리 합리화 조치의 연장선상에 있으면서 더 발전된 것이 었다. 즉, 그것은 사회주의적 원칙을 철저히 고수하면서 여기에 실리주의 원칙을 최대한 결합시킨다는 방침에 기초한 것이었으며, 가치 범주와 물질적 자극의 강화 등 1990년대 초·중반의 정책 갈등에서 나타난 실용주의적 개혁 노선의 합리적 핵심을 최대한 수용해보려 한 것으로 평가된다(이태섭, 2009: 369).

그러나 계획과 시장의 공존은 하나의 균형점에서 오래 머물기가 힘들다. 계획은 시장을 끊임없이 통제하려고 하며, 시장은 계획의 경직성에서 끊임없이 이탈하려고 한다. 일련의 과정을 통해 계획은 점점 더 희석되며, 경제는 점점 더 시장사회주의적(시장계획) 색채를 강화시켜 나가게 된다(임수호, 2008: 26~27).

2) 화폐개혁

원래 북한에서 기업은 생산물에 대한 처분권이 없다. 소비재의 경우는 모두 국영 상점으로 가야 하고, 생산재의 경우도 중앙자재상사가 관리하는 자재 공급 시스템으로 넘겨져야 한다. 그러나 1990년대 중반 이후 기업들이 생산물의 일부를 불법적으로 내다 파는 현상이 발생하기 시작했다. 7·1조치 이후 북한 경제의 가장 중요한 변화 중 하나는 시장 메커니즘이 공식 경제 내부로 수용되었다는 점이다(임수호, 2008).

---

17 2000년대 들어 북한의 배급 시스템이 붕괴하고 정부의 권위마저 추락하자, 암시장이 식량 배급 시스템을 대체하기 시작했다. 북한 정부는 이 같은 시장의 압력에 굴복하여 '7·1 경제관리개선조치'를 통해 공식적으로 개인의 상거래를 일부 허용하고, 기업의 독립채산제(khozraschyot)를 도입했다.

<표 9-8> 북한의 계획 통제 시스템 강화 노력

시기	내용
2007년 10월	불법 상거래 단속
2009년 6월	북한 최대 비공식 시장인 평성시장 폐쇄
2009년 7월	북한 대동강맥주 TV 광고 금지
2009년 12월	100 대 1 비율로 화폐개혁, 1인당 10~15만 원 한도만 교환

주: 북한 돈 10만 원은 북한에서 4인 가족이 두 달 정도 생활할 수 있는 금액이다. 10만 원을 시장 암달러
상에게 바꾸면 35~40달러 정도 된다. 우리 돈으로는 약 3만 3,000원이다.
자료: ≪매일경제≫, 2009.12.3.

더 큰 문제는 이 과정에서 경제적 부를 축적한 북한 주민들이 더 이상
북한 정부를 두려워하지 않고, 무엇보다 북한 체제를 불신하기 시작했다
는 점이다. 결국 북한은 2002년 '7·1 경제관리개선조치' 이후 시장경제의
출현에 대해 두려움을 나타냈다. '7·1 경제관리개선조치' 이후 북한에는 현
대식 시설을 갖춘 상설 시장이 30여 곳이나 생겨났다. 특히 평성시장은 남
북 400m, 동서 200m의 규모이다. 이후 시장경제의 출현에 두려움을 느낀
북한은 평성시장을 강제로 폐쇄하고, '150일 전투'라는 주민 동원 운동을
통해 시장경제 출현을 억제했다.

특히 2009년 12월 1일부터 북한은 기존 화폐 100원을 새 화폐 1원으로
바꾸는 리디노미네이션(re-denomination)을 통한 화폐개혁(currency reform)을 전
격적으로 단행했다. 북한의 화폐개혁은 1992년 이후 17년 만의 일이다. 북
한은 정권 수립 이후 1992년까지 화폐개혁(화폐 교환 포함)을 다섯 차례 단
행했는데, 모두 체제 변혁기나 체제 단속을 강화할 필요가 있을 때에 실시
한 것이다.

화폐개혁으로 교환 가능한 액수를 제한함으로써 화폐의 저장 기능이 크
게 손상되었다. 결과적으로 북한 주민들이 대체 지불 수단으로 중국의 위
안화를 사용하기 시작하면 북한 경제의 중국 의존이 가속화될 위험도 있

〈표 9-9〉 과거 북한의 화폐개혁

	1차(1947년)	2차(1959년)	3차(1979년)	4차(1992년)	5차(2009년)
교환 비율	1 : 1	100 : 1	1 : 1	1 : 1	100 : 1
교환 기간	12월 6~12일	2월 13~17일	4월 7~12일	7월 15~20일	11월 30일~12월 6일
교환 한도	없음	없음	없음	가구당 399원	1인당 5만 원, 가구당 20만 원
근거	북조선 인민위원회 법령 30호	내각 결정 11호	중앙인민위원회 정령	중앙인민위원회 정령	최고인민회의 정령
주요 목적	· 일제강점기 발행 화폐를 조선중앙은행 발행 화폐로 교환 · 1949년 이후 새 화폐만 통용	· 한국전쟁으로 인한 인플레이션 해소 · 경제개발을 위한 재원 확보	· 유휴 화폐 유통	· 원활한 화폐 유통 · 화폐제도 공고화	· 인플레이션 해소 · 정부 재정 강화 · 계획경제 체제로 복귀

자료: ≪조선일보≫, 2009.12.2, 2009.12.8.

다. 그럼에도 불구하고 북한 주민들이 시장의 상업성을 인식함에 따라 북한에서도 시장경제의 초기 형태(또는 자본주의의 맹아)는 출현한 것으로 판단된다.

"북한이라는 고립된 국가사회주의 국가의 '개혁'이 좌절된다면 북한의 경제는 과도한 인플레이션에 휘말려 국가 붕괴라는 최악의 사태도 예상할 수 있다"라는 주장(강상중, 2007: 119)도 있다. 그러나 역으로 가장 폐쇄적인 국가라는 북한의 특성이 북한의 체제 유지에 기여할 수도 있다. 북한의 폐쇄성이 국제사회의 변화의 도입을 차단하고, 북한 주민들이 체제의 혁명적 변화보다는 체제 내에서 안주하면서 작은 이익을 추구할 수도 있기 때문이다.

6. 사회주의 북한 공간구조의 자본주의 공간구조로의 변화 전망

1) 정치 논리에 따른 인위적 공간구조의 유지: 시장화 및 공간구조 개편의 한계

북한에서는 1973년 3월 21일 세금제도가 완전히 폐지되었다. 사회주의에서 오랜 사회 유물인 세금제도를 완전히 폐지하는 것은 합법칙적이라고 북한은 말하고 있다(이재기·서정익, 2007: 136). 또 북한 당국은 이중 경제구조를 공식 제도의 틀로 편입시키려 했고, 국민경제에 대한 이중 구조 전략을 제도화하기 시작했다. 북한에서 시장에 대한 단속은 어제오늘의 일이 아니다. 경제 위기를 거치면서 암시장이 창궐하는 상황에서 북한 당국은 종종 시장에 대한 단속을 펴왔다. 물론 시장에 대한 단속에 한계가 있었기 때문에 단속과 묵인의 반복이었다. 개인의 현금 소유에 대한 제한 조치도 내려졌다. 2007년 5월부터 모든 개인은 1억 원(북한 돈) 이상 소유하지 못하도록 지침을 내렸고, 1억 원 이상의 소유자는 당국에 무조건 신고하도록 했다. 1억 원 이상의 액수는 국가가 대신 보관해주는데, 만약 정확한 액수를 신고하지 않거나 은닉하는 자는 즉시 전액을 몰수하기로 했다(양문수, 2009: 307~315).

북한에도 우리나라의 은행과 같은 '저축소'가 있지만, 연 금리가 3%에 불과하다. 더구나 정부가 저축한 재산을 몰수할 가능성도 높기 때문에 주민들은 현금을 집에 보관한다. 이러한 '화폐퇴장' 현상으로 중앙은행은 화폐를 더 발행해야 했고, 시중에 통화량이 늘면서 인플레이션이 발생했다.

개인 투자 활동에 대한 제한 조치도 취해졌다. 각 기관이나 기업소 명의로 개인들이 식당과 목욕탕 같은 서비스업이나 버스, 어선 등에 투자·운영하던 사실상의 개인 기업 및 개인 투자 활동을 제한시킨 것이다. 그동안 각 기관, 기업소들은 자력갱생을 이유로 개인들의 투자를 받아들여 무역 및 장사를 할 수 있도록 명의를 빌려주고, 그 대신 일정한 소득을 벌어들였다 (양문수, 2009: 315).

2) 왜곡된 시장구조로 인한 비효율적 공간구조 유지: 사회 문제의 대두

양문수(2009)는 북한 시장화의 특성을 다음과 같이 정리했다. 첫째, 북한의 시장화는 개혁의 대내외 정치적 조건의 미성숙이라는 조건하에서 진행되고 있다.

둘째, 현 단계 북한의 시장화는 국내적인 개혁의 압력이 중요한 요인이다. 여기에서 핵심적인 요소는 암시장의 창궐과 이것의 경제적·사회적 파급 효과이다. 북한은 공식 경제가 사실상 붕괴된 상태에서 비공식 부문이 급팽창했고, 적어도 주민 생활과 관련된 소비재 주문에서는 비공식 경제가 공식 경제를 보완한 것이 아니라 대체했다.

셋째, 북한의 시장화는 방임적 시장화, 자력갱생적 시장화이다. 시장화는 기업과 가계 등 말단 경제주체들의 자력갱생적 차원에서 추진되고 있다. 기업과 개인에게 자율성을 부여하고 시장경제적 활동을 용인하되, 국가는 기업과 개인의 생산에 필요한 노동, 자본, 원자재 등 일체의 자원을 공급해주지 않겠다는 것이다.[18]

---

18 북한 당국이 지향하는 것은 관리 가능한 시장화이다(양문수, 2009: 325). 체제 유지를 위해 자본주의 풍조의 도입은 막고 외부의 지원만 챙기겠다는 이른바 '모기장식 개방'이다.

넷째, 북한의 시장화는 대외 의존도 심화를 수반하고 있다. 특히 이명박 정부의 대북 강경 정책은 남한과 북한의 경제협력을 줄였는데, 이러한 공백을 중국이 채우고 있다. 현재에 이르러 북한에 대한 최대 투자국은 중국이다. 더구나 중국은 북한의 체제 유지를 지지하면서 북한의 자원과 경제적인 이익 추구에 집중하는 반면, 북한의 경제의 자생력 강화에는 기여하지 않는다. 이는 중국에 대한 북한 경제의 의존도 심화라는 악순환을 가져온다.

다섯째, 북한에서 시장(소비재 시장)의 발달은, 상대적이기는 하지만, 생산보다는 유통의 발달에 기인한다. 즉, 북한에서 시장의 발달은 뚜렷한 생산력 증대를 수반하지 않는 것이 특징이다.[19]

북한은 경제 위기로 인해 국민경제라는 범주가 사실상 실종된 상태이다. 거시경제의 재생산구조와 순환구조는 파괴되었다고 해도 과언이 아니다. 국민경제는 통일성을 확보하지 못한 채 분절화·파편화되었다. 국민경제는 크게 계획 부문과 시장 부문으로 분화되었다. 좀 더 구체적으로는 엘리트 경제(당 경제), 군수 경제, 내각 경제, 주민 경제(비공식 경제)[20] 등 네 개부문으로 분화되었다(양문수, 2009: 306~307).

가장 주목해야 할 것은 바로 노동시장이다. 왜냐하면 시장경제, 자본주의 경제의 핵심적 요소 중 하나가 바로 임노동 관계이기 때문이다. 북한에서도 임노동 관계가 초보적인 형태로 나타나고 있다. 이러한 임노동 관계

---

19 이러한 점에서 보면 북한의 (소비재) 시장 발달은 중국의 경험과 뚜렷이 구별된다 (양문수, 2009: 325).

20 종합시장이 등장한 이후 비공식 경제(2차 경제)는 공식 부문으로 편입되었다. 그런데 양문수(2009)는 이 부문이 주로 시장경제적 요소가 지배하는 영역으로서 특히 일반 주민들의 생활과 밀접하게 관련이 있다는 점을 근거로, '주민 경제'라고 부른다.

는 아직까지는 대부분 비공식적인 영역에서 나타나고 있지만, 일부는 합법과 불법의 경계가 모호한 경우도 있다(양문수, 2009: 321).

최근 북한은 평양을 비롯한 대도시로 농촌인구가 날로 유입되고 있다. 특히 평양·남포 간과 평양·사리원 간은 이미 대도시권화되어 주택, 직장, 생활 편익 시설 등이 부족하다. 그래서 주민의 쾌적성·안전성·편리성을 위한 각종 공공시설뿐만 아니라 양호한 생활 편익 시설 공급을 통해 도시 문제를 해결해야 하는 것이 당면 과제로 부상하고 있다(안정근, 2009: 140).

북한이 지속적인 경제성장을 달성하고, 그들이 말하는 '강성대국'을 실현하기 위해서는 개혁·개방의 추진이 불가피하다. 그러나 북한의 입장에서 이보다 우선하는 것은 체제 유지에 대한 보장이다. 따라서 북한의 개혁·개방은 체제 유지와 관련되는 대내외 정치·경제 환경이 변화함에 따라 굴절되는 형태를 취할 수밖에 없다(최신림, 2002: 245).

3) 합리적 공간구조로의 개편의 한계

북한은 시장화의 한계로 인해 공간구조 개편에 한계를 가질 수밖에 없다. 특히 입지론에 기초한 공간구조 개편이 극히 제한적이기 때문에 공간의 합리적 이용도 매우 제한적이다.

자립적 민족경제의 추구가 북한의 산업구조를 더욱 왜곡하고 산업 경쟁력을 약화시키는 결과를 가져온다는 것은 두말할 나위도 없다. 더욱 문제가 되는 것은 자력갱생의 논리가 국민경제 수준에서뿐만 아니라, 군 단위의 지역 수준, 개별 산업 및 기업 수준에서도 관철되고 있다는 사실이다. 즉, 북한의 산업에서 지역 간, 부문 간 연계가 불충분하여 경제 전체적으로 막대한 중복 투자가 이루어지고 있으며, 개별 생산 단위가 구비하고 있는 공정이 너무 많고 전문화의 정도가 대단히 낮다는 등의 문제가 이로부

〈표 9-10〉 국가 집단별 근대화 수준, 공산주의 지배, 공산주의 이후 체제의 상응성

	동독, 체코	폴란드, 헝가리	러시아, 불가리아, 루마니아, 알바니아 등
근대화 수준	· 높음	· 중간	· 낮음
사회 및 개인의 자율성의 발전 정도	· 국가와 사회의 분리 · 전통 공동체 해체 · 개인과 사회집단의 자유와 자율성 발전	· 중간 수준	· 국가와 사회의 미분리 · 전통 공동체는 구성원을 구속 · 개인과 사회집단의 자율성 미발전
공산주의 지배와의 상응성	· 전체주의적 지배는 사회적 발전 수준과 충돌	· 중간 수준	· 전체주의적 지배는 사회적 발전 수준과 크게 모순되지 않음
공산주의 시기 국가와 사회 관계	· 강력한 억압을 통한 안정 · 시민적·개인적 권리 의식이 잠재적으로 강함	· 전체주의적 지배와 사회 간의 끊임없는 갈등	· 전체주의적 지배와 사회 구조의 상대적 조화
공산당의 통치 방식	· 사회에 대해 비타협적 · 탈전체주의 진행 도중에 동결	· 사회에 대해 타협과 양보 · 탈전체주의가 가장 진척	· 사회에 비타협적 · 탈전체주의의 미발전
공산주의 이후 체제	· 서방형 시장경제 + 민주주의 체제 곧바로 성립	· 불안정한 시장경제 + 민주주의	· 마피아 경제 + 권위주의 체제 성립

자료: 박형중(2002: 170).

터 발생하고 있는 것이다(최신림, 2002: 241).

개혁의 여부, 속도와 성공에 관련된 문제는 단순히 국가 지도자 집단의 개혁 의지에 관한 문제만으로 축소되지 않는다. 그것은 기존 체제 자체의 성격과 관련된 문제로, 기존 체제가 얼마나 개혁에 대한 적응 및 변화 능력을 가지고 있느냐 하는 문제와도 연관되어 있다(노디아, 1996). <표 9-10>에서 나타나듯이, 국가 집단별 역사적 발전 배경과 근대화 수준의 차이는 공산당 집권 시의 국가·사회 관계 및 공산당의 통치 방식에 큰 영향을 미쳤다. 또 공산주의 체제의 단계별 변화 수준과 양태, 공산주의 이탈 경로, 탈공산주의 이후에 성립했던 사회체제 등에서의 차이에 많은 영향을 주었다(박형중, 2001: 27~49).

이러한 점에서 볼 때 북한 사회주의 체제는 시장 지향 개혁에 대한 준비가 그 어떤 체제보다도 부족하다고 할 수 있다. 사회주의 경제체제 전환에 대한 일반적 결론 중 하나는 완전하고 철저한 사회주의 체제일수록 변화와 개혁이 어렵다는 것이다(Pei, 1994: 135). 더구나 북한의 '가능성의 한계'를 돌파할 만한 '정책적·전략적 현명함'과 자원 동원 능력이 북한 자체에는 결여되어 있다(박형중, 2002: 182).

10
한반도의 통일

The Reunification of North and South Korea

1. 통일의 가정

임형백은 반도국인 한국의 특성을 논하면서 대륙과 해양이 만나는 지정학적 위치의 중요성을 강조한다. 또 우리 민족에게 통일은 반드시 달성해야 할 숙원이라고 주장되어왔고, 세계화 흐름 속에서 글로벌 경쟁에서 살아남기 위한 국가 경쟁력의 중요성에 대한 강조는 수없이 되풀이되어왔다고 했다. 하지만 이 같은 국가적 어젠다가 궁극적으로 일관되게 하나의 지향점을 향해 정책에 반영되어왔는가에 대해서는 의문을 제기했다. 그는 국토 공간구조와 관련하여 남북통일 이후에 대비해서는, 한반도종단철도와 대륙횡단철도를 연결하고 3면의 바다를 이용해서, 철도와 해운이 연계된 대륙 진출을 위한 경쟁력 있는 글로벌 국토 공간을 형성하는 것이 필요하다고 주장했다(≪동아일보≫, 2012.10.20; ≪조선일보≫, 2012.11.3~4).

남북통일의 명확한 시기를 예측할 수는 없다. 임형백(2005b)은 북한의 평균 연령을 고려해 혁명 3세대가 정권을 장악하는 2020년경에 남북통일이 이루어질 것으로 예상했다. 혁명 2세대가 노령으로 2선으로 물러나고, 동유럽의 붕괴를 지켜보았으며 전쟁 경험이 없고 해외 유학 경험을 통해 세계정세에 대한 합리적 판단을 가진 혁명 3세대가 정권을 장악하는 2020년 경을 통일이 가능한 시기로 본 것이다. 한편 NIC(National Intelligence Council, 2008)는 한국이 2025년 통일 또는 느슨한 형태의 연방제 국가가 될 것으로 예상했다.

2011년 김정일이 사망하고 김정은이 3대째 권력을 세습하면서, 통일은 김정은 체제의 안정과도 연결되어 있다. 한편 혁명 3세대는 사고가 유연하며 더 실리주의적일 것으로 판단된다. 또 북한의 계속되는 경제난과 남한과의 격차 심화는 결국 북한을 개방과 개혁의 흐름 속에 동참시킬 것이며, 현재와 같은 폐쇄적인 체제의 유지는 점점 더 어려워질 것이다. 그리고 궁극적으로는 남한이 현재의 자유민주주의 체제를 유지하면서 북한을 흡수하는 방법으로 통일이 이루어져야 할 것이다.

북한은 20~30대 때 겪은 시대적 배경을 중심으로 '혁명 세대'를 규정해왔다. 혁명 1세대는 김일성과 함께 빨치산 투쟁을 한 세대, 2세대는 6·25 전쟁과 전후 복구를 겪은 세대, 3세대는 1970년대 '3대 혁명소조운동(三大革命小組運動)'을 주도한 세대, 4세대는 1990년대 고난의 행군을 겪은 세대이다. 김정은 시대의 개막과 함께 이제 북한에는 5세대가 등장했다. 북한은 1~4세대와 달리 5세대를 지칭하는 용어를 공식적으로 발표하지 않았지만, 이들은 장마당 세대라고 지칭할 수 있는 특징을 갖고 있다. 국가의 배급망이 붕괴된 후 태어나 고난의 행군 시절에 부모들이 국가가 아닌 장마당에 전적으로 의지해 먹여 살린 세대이다. 장마당 세대의 성향은 어느 세대보다 영악한 '배금주의', '이기주의', 조직 생활과 통제를 우습게 아는 '반항성'으로 특징지을 수 있다. 장마당 세대는 최근 급격히 확산된 한류의 가장 큰 전파자이기도 하다. 장마당 세대의 등장은 북한 체제에 커다란 정치적·사회적 변혁을 몰고 올 것으로 전망된다(≪동아일보≫, 2011.12.24).

<표 10-1> 북한의 세대 구분과 비교

북한의 혁명 세대	1세대 (항일 빨치산 세대)	2세대 (천리마 또는 낙동강 세대)	3세대 (3대 혁명 세대)	4세대 (고난의 행군 세대)	5세대 (장마당 세대)
출생 시기	1910~1930	1930~1950	1950~1970	1970~1990	1990~
규정 (20~30대 활동기)	· 김일성과 함께 빨치산(partizan) 활동	· 6·25 전쟁 참전 · 전후 천리마 운 동 주도	· 김정일 등장 후 1970년대 · 3대 혁명소조운 동 주도	· 1990년대 고난 의 행군 시기를 겪음	· 고난의 행군 시 기에 발육 장애 를 겪거나 출생 한 세대
특징	· 정규교육 받지 못함 · 사상성 강함 · 죽을 때까지 특 혜 누림	· 정규교육 받지 못함 · 사회주의 이념 에 투철 · 시장경제에 적 응하지 못하고 말년에 고생	· 정규교육 받음 · 성장기에 물질 적 혜택 누림 · 시장경제 적응 에 애로	· 집중적 세뇌 교 육 받음 · 국가의 혜택을 경험한 마지막 세대 · 시장경제에 빠 르게 적응	· 세뇌 교육 먹히 지 않음 · 국가의 혜택을 누려본 적 없음 · 시장경제를 체 득한 세대
현재의 사회직 지위	· 대다수 사망	· 북한 고위 지도 부 대다수	· 북한 중견 간부 층, 은퇴 앞둠	· 북한 사회를 이 끄는 핵심 세대	· 중(고등)학교나 대학 졸업하고 사회 진출 시작
통치자	김일성	김일성	김일성·김정일	김정일	김정은

자료: ≪동아일보≫, 2011.12.24.

그렇다면 2020년경 남북통일이 이루어진다는 전제하에서 몇 가지 사항을 고려해보자.

2. 경기 북부의 개발

흔히 경기도는 서울과 더불어 수도권으로 불린다. 경기도는 다른 광역자치단체와 비교하여 경제적 여건이 상당히 양호하다. 일례로 2005년 전국에서 새로 만들어진 일자리는 30만 8,000개였고, 이 중에서 경기도가 17만 3,000개로 전국 일자리 창출의 57%를 차지했다. 어느 지역으로 인구가 유

〈그림 10-1〉 경기도의 도시 지역과 농촌 지역

자료: 임형백(2006: 38).

입되는 가장 큰 원인이 직업 요인임을 고려할 때, 대한민국에서 경기도로의 인구 유입은 당연한 결과이다(임형백, 2005b: 202).

그러나 경기도는 남부 지역과 북부 지역에 위치한 자치단체 간 경제적 격차가 매우 크고 산업적 분포 또한 상이하다. 경기 북부 지역 31개 시·군의 면적은 4,285km^{2}로, 경기도의 전체 면적 10,183km^{2}의 42%를 차지한다. 하지만 인구는 2003년 기준으로 약 266만 8,000명이며, 이는 도 전체 인구

〈표 10-2〉 경기도 내 군사시설 보호구역 현황 (단위: km²)

	행정구역(a)	군사시설 보호구역(b)	보호구역 비율(b/a)
경기도	10,190.02	2,435.31	23.9
경기 북부 지역	4,574.80	2,343.20	51.0

자료: 김동성(2004: 39).

약 1,062만 8,000명의 25.1%에 불과한 것이다. 2010년에는 310만 7,716명
으로, 도 전체 인구 896만 4,168명의 35%로 증가했다.

대한민국을 기준으로 할 때는 수도권과 지방의 불균형발전이 문제이다.
하지만 수도권도 들여다보면 경기도 북부와 경기도 남부 간에 지역불균형
발전이 존재하는 것이다. 또 서울을 중심으로 지리적으로도 분리되어 있
다. 이러한 지리적 이유를 들어 일부 정치권에서는 경기도를 경기남도와
경기북도로 분리하자는 의견도 제시되었다. 하지만 현재 상태에서 이러한
주장은 경기도 북부의 여건을 고려할 때 현실성을 무시한 일부 정치인들
의 이기주의적 주장으로 판단된다.

그러나 통일이 이루어지면 상황은 달라진다. 통일은 경기 북부와 경기
도 접경지대에 대한 개발 수요를 증가시킬 것이다. 또 경기도 북부 지역의
51%는 군사 보호구역이다. 통일된 이후에는 이 군사시설의 대부분이 압록
강과 두만강 지역으로 이전되고, 군사시설 보호구역을 활용한 다양한 개
발이 이루어질 것이다.

특히 한국에서 도시를 개발하고 공장을 입지시킬 때 토지 가격이 가장
큰 부담인 것을 고려할 때, 수도권인 경기도 북부 지역의 군사시설 보호구
역 해제와 이를 통한 저렴한 토지 공급은 대한민국의 다른 지역에서는 가
능하지 않은 커다란 이점이다. 이미 인구가 밀집되고 개발 가능지가 없는
지역에 비해, 경기도 북부의 이러한 지역은 편리함과 쾌적함이 공존하는
계획된 공간으로 개발할 수 있다.

동시에 경기도 북부 개발은 휴전선 비무장지대와의 연계성을 고려해야 하며, 환경을 보전하는 친환경 개발로 진행되어야 할 것이다. 경기도 북부와 비무장지대에 대한 난개발과 투기는 절대적으로 지양되어야 한다. 통일이 이루어지고 경기도 북부 지역에 사회간접자본이 확충되고 인구가 증가하고 경제적 여건이 향상된 이후에는, 경기도를 경기남도와 경기북도로 분할하는 것도 고려할 수 있다.

3. 북한의 활용

통일이 가져올 직접적인 효과로 거론되는 것이 북한의 자연 자원과 노동력이다. 통일은 남한의 저출산으로 인한 인구문제를 해결하고, 특히 부족한 노동력을 공급할 수 있는 여건을 마련할 수 있다(임형백, 2005b: 201). 앞에서 언급했듯이, 현재 남한에서는 저출산이 사회적 문제로 부각되고 있다. 그러나 저출산은 당장 사회적 문제가 되는 것이 아니라 20~30년 후 신규 노동력이 부족할 때 문제가 되는 것이다. 따라서 2020년경에 통일이 이루어진다면 현재 남한의 저출산은 크게 문제될 것이 없다.

급진적 통일이 이뤄졌을 때 북한 지역 주민 161~365만 명이 남한으로 이동할 것으로 추정된다. 현재 남북한의 국민소득 격차를 보수적으로 추계하더라도 20배에 달하고, 이것이 북한 주민이 남쪽으로 이동하도록 이끄는 가장 큰 요인이다. 북한에서 남한으로 이동한 주민은 교육이나 문화의 차이 때문에 미숙련·단순 노무직에 종사할 가능성이 크다. 이런 점을 감안할 때 남한 내 사업장에 추가로 필요한 인원을 북한 주민으로 충당하고 비전문 외국 인력을 북한 주민으로 대체하는 것이 필요하다. 북한 주민이 이들 일자리 30~70%를 채운다면 47만 명을 채용할 수 있고, 1인당 부양

〈표 10-3〉 인구 정책 유형

인구 정책	조정 정책	인구 성장 억제 정책	가족계획 사업, 해외 이주 정책
		인구 분산 정책	인구 재배치 사업
		인구 자질 향상정책	보건 사업, 인력 개발 사업
	대응 정책	식량, 고용, 교육, 교통, 보건, 의료, 에너지 등 사회적·경제적 정책	

자료: 한주성(2007: 484).

〈표 10-4〉 2025년 남북한의 인구 전망

	남한	북한
2010년	4,487만여 명	2,419만여 명
2025년	4,910만여 명	2,590만여 명
총계	7,500만여 명	

자료: 통계청(2010); ≪동아일보≫, 2010.12.27.

가족이 2~3명이라고 보면 86~222만 명을 부양하는 효과가 있다. 대규모 인구 이동으로 노동시장에 예상되는 혼란에 응할 방안이 마련되어야 한다. 아울러 독일의 경험에 비춰볼 때 과도한 임금 상승이 북한 지역 산업의 채산성을 악화시켜 산업 재건에 부정적인 영향을 줄 수 있다는 점이 고려되어야 하고, 근로자의 생산성에 기반을 둔 점진적인 임금 조정이 필요하다 (한국경영자총협회, 2012).

남한과 북한의 노동시장 분화도 필연적일 것으로 예상된다. 우선 통일 이후 자본주의 체제에서 생존할 만한 북한의 기업은 극소수일 것이다. 통일 독일도 낙후된 동독의 기반 시설에 투입된 비용보다 동독인들에 대한 교육과 자본주의 체제 적응을 위한 지원 비용이 더 많이 들었다.

더군다나 현재 북한 어린이들의 경우 영양 결핍으로 인한 두뇌 성장의 저하가 장기적으로 노동생산성 면에서 하나의 제약 요인으로 작용할 것이

〈표 10-5〉 북한의 시·도별 민간인 수(1987년)와 인구수(1990년)　(단위: 1,000명, %)

시 · 도	민간인 수	구성비	인구수	구성비
평양특별시	2,355	12.2	3,288	15.1
남포직할시	715	3.7	790	3.6
개성직할시	331	1.7	379	1.7
평안남도	2,653	13.7	2,814	13.0
평안북도	2,408	12.4	2,489	11.5
자강도	1,156	6.0	1,201	5.5
황해남도	1,914	9.9	2,023	9.3
황해북도	1,409	7.3	1,612	9.4
강원도	1,227	6.3	1,549	7.1
함경남도	2,547	13.2	2,845	13.1
함경북도	2,003	10.4	2,055	9.5
양강도	628	3.2	664	3.1
계	19,346	100.0	21,720	100.0

자료: Eberstadt and Banister(1992), 국토통일원(1991: 26), 한주성(2007: 109) 재인용.

다. 여기에다 자본주의 체제에 익숙하지 못하기 때문에 생산성도 떨어질 것이다. 현재 개성공단에 근무하는 북한 근로자의 생산성은 남한 근로자의 60~70% 정도로 추정된다. 따라서 통일 이후에 일정 기간 동안은 남한과 비교하여 노동시장의 차별화는 불가피할 것이며, 이들을 통해 제조업과 3D 업종의 노동력 부족 현상을 일정 정도 해결할 것으로 기대된다(임형백, 2005b: 201). 이러한 3D 업종의 고용을 북한 지역의 인구가 담당하게 될 것이며, 대규모 인구 이동이 이루어질 것이다. 하지만 통일 이후 북한의 인구 이동을 어떻게 효과적으로 관리하고, 중국의 농민공과 같은 도시 빈민을 양산하지 않도록 하는 것이 정책적 부담이다.

한편 2010년 10월 26일 통계청과 국제기구의 통계자료에 따르면, 남한과 북한을 합한 한반도 인구가 2025년 7,500만여 명에서 정점을 이룬 뒤 급격히 감소하여 2050년에는 7,000만 명 아래로 떨어질 것으로 전망되었다. 특히 남한은 2018년 4,934만여 명을 정점으로 인구가 줄어들기 시작해 2020년대 들어 한반도 인구 증가를 둔화시킬 주요인이 될 것으로 예상된다(≪동아일보≫, 2010.12.27).

북한은 1984년 합영법을 제정하여 외자도입 방법을 차관 도입에서 직접 투자로 전환했다. 그러나 합영법은 조총련계 위주의 사업 시행으로 서구 자본이 제대로 유입되지 않아 실패했다. 이어서 북한은 1991년 나진·선봉 지역을 자유경제무역지대(free economic trade zone)로 선포하면서 이 지역을 동북아시아의 국제 화물 중계 기지, 수출 가공 기지, 국제 관광 기지로 육성한다는 개발 목표를 발표했다. 북한은 나진·선봉 지역의 개발 목표를 달성하기 위해 항만을 중심으로 한 각종 인프라 정비와 9개 공단 건설을 위해 인프라와 공업 분야의 프로젝트에 대해 총 69억 89,000만 달러에 달하는 외자를 도입하겠다는 구상을 밝혔다. 하지만 남한을 포함한 서방 자본의 유치가 이루어지지 않아 나진·선봉 계획도 실패했다. 나진·선봉 지대의 외자 유치 실적이 당초 기대와 달리 소규모이고 부진했던 이유로는 아시아 외환 위기와 같은 대외적 요인도 있지만, 더 근본적인 요인은 북한 경제의 대내적 결함에 있다. 북한 경제의 대내적 결함은 사회간접자본 시설의 낙후, 협소한 내수 시장과 수출 시장 육성에 대한 불확실성, 내부 자원의 빈곤과 채무 불이행에 따른 최악의 국제 신용도와 국제 금융기구 미가입 등이다. 그리고 비경제적 요인은 계획경제 체제의 경직성에 따른 경제 관리의 비효율성, 제한적·폐쇄적 개방체제, 불안정한 대외 관계 및 예측 불가능한 정치 상황, 남북한의 대치 상태로 인한 높은 국가 위험도, 투자 보장 장치의 미흡 등과 함께 분쟁 발생 시 자의적 해석으로 인한 높은 손실 우려, 노무 관리의 경직성과 미숙한 행정력 등이다(조영기, 2008: 155~156).

<표 10-6> 북한의 특구 유형

구분	내용	지역
무역 중심형	· 일반적인 자유무역 지역 형태로 지리적 이점, 물류 인프라 등을 활용한 국가 간 교역 기능을 위한 지역	나진·선봉, 신의주*
생산 중심형	· 가장 보편적인 유형으로서 저렴한 생산 비용 및 세제상 혜택 등을 이점으로 기업의 생산거점을 유치하는 지역 · 산업의 종류나 공간적 범위 등에 따라 세분	개성
관광 중심형	· 기존의 관광 자원을 토대로 세계적인 관광지로 개발하기 위해 관광산업에 필요한 각종 시설을 유치하는 지역	금강산

* 북한의 경제특구 추진 목표에 따르면, 신의주 특구의 경우 국제적 금융, 무역, 공업, 상업, 첨단 과학, 오락, 관광 지구를 포괄하는 다기능 복합형 특구로 상정하고 있다. 그러나 북한의 현실을 고려해볼 때 단기적으로는 무역 중심의 교역 활성을 위한 특구로 시작하여 발전 정도에 맞게 점진적으로 북한이 목표로 상정한 다기능 복합형 특구로 나아가는 것이 성공 가능성을 더욱 높일 수 있다(임강택·임성훈, 2006: 535).

자료: 임강택·임성훈(2006: 499).

경제특구(special economic zone)라는 용어는 1979년 중국이 대외 경제 개방 정책의 일환으로 동남부 연해 4개 지역에 적극적인 시장경제 체제를 도입하고 대외 개방을 추진하면서 사용했다. 그러나 경제특구는 이제 중국뿐만 아니라 다수의 국가에서 법적·제도적으로 국내의 타 지역과 구분하여 생산, 무역, 조세상의 특별한 대우가 부여되는 자유무역지대, 국제투자자유지역, 수출자유지역 또는 수출가공구 등과 같은 지역을 총칭하는 것으로 보편화되었다. 경제특구는 국제자유도시로도 지칭되는데, 네 가지 형태(생산 중심형 국제자유도시, 국제교역 중심형 국제자유도시, 역외금융센터형 국제자유도시, 복합형 국제도시)로 구분할 수 있다. 이 중에서 국제교역 중심형에는 자유무역지대, 수출자유지역, 통과무역지대, 중계무역지대 등이 있다. 여기서 자유무역지대(free trade zone/area)란 국가가 외국 무역에 관해 관세, 무역환 관리, 수출입 물량 제한 등의 간섭을 하지 않고 자유로이 방임하는 무역 구역을 말하고, 수출자유지역(export free zone/area)이란 외국인의 투자를 유치하여 수출을 진흥하려는 목적에서 정부가 면세 등의 혜택을 주는,

〈표 10-7〉 북한 경제특구의 개별적 특성

		개성	신의주	금강산	나진 · 선봉
위치		황남(동남부)	평북(북동부)	강원(동남부)	함북(북동부)
면적		66km^2	132km^2	약 100km^2	746km^2
특구 지정일		2002.11	2002.9	2002.11	1991.12
특구 개념		공업단지	특별행정구	관광특구	경제무역지대
특구 설립 목적		공업, 무역, 상업, 금융, 관광지 개발	금융, 무역, 상업, 공업, 첨단 과학, 오락, 관광 지구 개발	국제 관광지	무역 및 중계 수송, 수출 가공, 금융, 서비스
자치권	범위	독자적 지도·관리	입법, 행정, 사법	독자적 지도·관리	행정
	입법	-	입법의회	-	-
	사법	-	구재판소, 지구재판소	-	-
	행정	지도 및 관리 기관	행정부(장관)	지도 및 관리 기관	지대 당국
토지	소유 주체	국가	국가	국가	국가
	개발 주체	개발업자	행정구	개발업자	지대 당국
	임차 기간	50년	50년	-	-
사용 화폐		외화	외화	외화	북한원
기업 소득세		14% (장려 분야 10%)	미정 (혜택 부여 예정)	면세	14%
비자 여부		무비자, 출입증명서 필요	비자 발급	무비자, 출입증명서 필요	무비자, 초청장 필요

자료: 주성환·조영기(2003: 314).

주로 해안 지역에 위치한 특정 지역을 의미한다. 수출가공지역(export pro-cessing zone)은 1970년대부터 공업화를 지향하는 아시아와 중남미의 개발도상국에서 다국적기업(multinational corporations: MNCs)을 유치, 수출 진흥을 위해 하부 구조와 우대 세제를 갖추어 다국적기업이 조립·재수출하도록 원료와 부품의 무관세 수입을 인정하는 지역을 의미한다(이재기·서정익, 2007: 264~265).

개성공단 조성 사업은 2000년 8월 공단 건설에 관한 합의서(아태·민경련-

〈표 10-8〉 개성공단 사업 규모 및 기대 효과

구분	면적		업체 수	고용 인원	연간 생산액 (억 달러)	사업 기간
	(만 평)	(km²)				
제1단계	100	3	150	20,000	20	사업 착수 후 1~2년
제2단계	300	10	450	60,000	60	사업 착수 후 2~5년
제3단계	450	15	600	80,000	120	사업 착수 후 5~9년
합계	850	28	1,200	160,000	200	

자료: 이재기·서정익(2007: 219) 재인용.

현대아산) 체결로 시작되어, 2002년 11월 북한이 '개성공업지구' 지정 및 관련 법을 제정했고, 2003년 6월 착공식을 거행했다(이재기·서정익, 2007: 218). 폴라니(K. Polanyi, 1944)는 경제 부문은 독자적으로 작동하는 것이 아니라 여타 사회제도와 맞물린 상태로 작동한다는 이른바 '배태(embeddedness) 이론'을 주창했다. 공산주의 경제체제의 북한이 통일 이후 남한식의 자본주의 경제체제에 적응하는 데에는 상당한 어려움이 뒤따르고 엄청난 비용이 요구될 것이다. 통일 독일의 경우에도, 40년간 지속되었던 동독의 계획경제 자체의 구조적인 취약점들이 쉽게 청산되지 않은 채 독일 경제성장의 발목을 잡아왔다. 무엇보다 본질적인 문제는 동독 지역 기업의 경제 생산성이 서독에 비해 80% 수준(2010년)으로 아직도 낮다는 사실이다. 특히 생산 분야나 부가가치 창조 분야의 산업 비중이 서독 기업보다 현저히 낮은 실정이다(김동명, 2010: 250). 현재 개성공단에 근무하는 북한 근로자의 생산성은 남한 근로자의 60~70% 정도로 추정된다. 따라서 통일 이후에 일정 기간 동안은 남한과 비교하여 노동시장의 차별화가 불가피할 것이다. 한편 김연철(2007: 197)은 개성공단에서 북한 노동자의 생산성이 1년 3~4개월 만에 남한의 80%에 도달했다고 보았다.

4. 두만강 유역의 개발

1) 동북아의 국지적 경제협력 장소

국경이나 경계를 넘어 이루어지던 물물교환이나 무역은 인류의 역사만큼 오래되었다. 현대적 의미의 인접국 간 초국경적 협력과 교류는 1960년대 중반 미국과 멕시코의 접경 지역에서 이루어진 경제협력으로부터 시작되었다. 이 같은 교류가 1980년대에는 홍콩-선전(深圳)의 남중국 지역, 싱가포르-말레이시아의 조호르(Johore)-인도네시아의 리아우(Riau)를 잇는 동남아 성장 삼각주 지역을 중심으로 이루어졌고, 1990년을 전후로 유럽의 사회주의 체제가 와해되면서 동서 유럽의 접경 지역과 EU 국가 내에서 광범위하게 진행되고 있다. 이러한 추세는 냉전 시대 이데올로기가 첨예하게 대립되어왔던 동북아에도 영향을 미쳐 새롭게 지역경제 공동체를 실현하려는 움직임으로 나타났다. 1990년대 초 유엔개발계획(United Nations Development Programme, 이하 UNDP)이 주도한 두만강 유역 개발계획이나 한반도·중국·러시아의 철도망을 연결하려는 유라시아횡단철도 연계망 계획이 대표적인 사례이다(이옥희, 2011: 14).

변화의 조짐이 나타나기 시작한 것은 UNDP가 주도한 '두만강 지역 개발계획(Tuman River Area Development Plan: TRADP)'이 가시화된 이후이다. 이 계획은 냉전기 동안 침체되어 있던 동북아의 발전을 위해 두만강 연안의 북한·중국·러시아를 주축으로 한국과 몽골 등 주변국들이 참여하는 다국간 협력 개발이다. 동북아의 지리적 중심에 위치한 두만강 하류 지역을 세계적 수준의 관광·금융·무역 및 제조 가공업의 중심이자 해운 수송의 거점으로 발전시켜 동북아 지역 경제협력의 발판으로 삼는다는 것이다(이옥희, 2011: 244).[1]

〈그림 10-2〉 국경 및 접경 지역의 유형과 진화

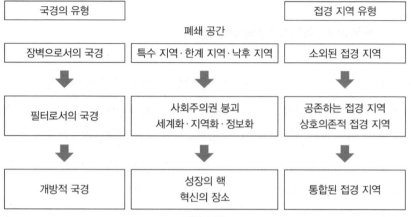

자료: 남종우(2005: 7~11), 홍면기(2006: 25) 재인용.

이러한 동북아의 국지적 경제협력의 가능성은 여러 학자들이 제시한 바
가 있으며, 지리적 범위는 황해권, 동해권, 두만강 지역, 한일 해협권 등을
중심으로 논의되어왔다(손병해, 1992; 김화섭, 1996; 오용석, 1995; 김창남·천인
호, 2000; 김원배, 2001; 齊藤優, 1998; 小川雄平, 2004; UNDP, 1995; Ogawa, 1998).
그러나 두만강 지역 개발은 UNDP의 개발계획 발표를 계기로 1990년대 초
에 붐을 이루었으나 이 지역의 국제 협력 여건이 미성숙한 상황, 경제 기초
의 취약성 등 때문에 1990년대 중반 이후 저조 상태에 빠져들기 시작했다

---

1 두만강 지역을 중심으로 한 다국 간 협력 개발안은 1990년에 중국 창춘에서 개
    최된 '동북아 경제발전 국제회의'에서 중국 측이 처음 제기한 것으로 알려져 있
    다. 그러나 원래 이 구상은 1980년대 일본이 언급한 '환동해 경제권'에서 비롯된
    것으로, 이 제안 역시 경제발전 수준이 다른 동해 연안 국가들이 상호 보완성을
    바탕으로 경제 교류와 합작을 통해 동북아 경제권을 형성한다는 것이다(손춘일,
    2010).

(리종림, 2002: 129).

한편 현재 북한 체제의 폐쇄성과 국제사회에서의 고립으로 인해 북한이 경제적·정치적으로 중국에 의존하다 보니, 중국은 북한에 가장 자유롭게 접근할 수 있는 국가일 뿐만 아니라 경제적 이익도 가져가고 있다. 또 현실적으로 북한에 가장 큰 영향력을 행사할 수 있는 국가이기도 하다. 그러나 남북통일 이후에는 북한이 더 이상 폐쇄적인 공간으로 남을 수 없으며, 동북아시아에서 미개발된 경제적 요충지로 등장할 수 있다.

동북아에 위치한 두만강 지역은 유리한 지정학적 위치, 편리한 교통 여건 및 풍부한 자원으로 주변국들이 다국적으로 협력하여 개발하는 데 유리한 여건을 마련했다. 그리하여 1980년대 중반 중국학자들의 적극적인 제의하에 UNDP의 두만강 지역 개발 참여를 이끌어냈으며, UNDP가 1991년에 두만강 지역 개발계획을 국제사회에 선포함으로써 두만강 지역 개발은 주변국 정부 당국의 인정을 받아 동북아 지역의 첫 다국적 협력 항목으로 부상하게 되었다. 1992년 2월 27~28일 UNDP에서 주최한 두만강 지역 개발 정부 간 협의회 제1차 회의가 서울에서 개최된 이래 2001년 4월 5~6일 홍콩에서 개최된 제5차 회의까지 모두 다섯 차례 정부 간 협의회가 진행되었으며, 지난 10년간 UNDP에서 모두 800만 달러를 투입하여 두만강 지역 개발 항목의 해당 활동, 해당 국제 협력에 관한 협상과 조인 및 해당 기관의 운영을 지원했다(리종림, 2002: 118~119).

북한은 1991년 12월에 두만강 하류의 나진·선봉 지역을 자유경제무역구로 정하고 청진, 나진, 선봉 등 3개 항구를 개방 항구로 지정했다. 북한에서 자유경제무역구 및 개방 항구를 지정하기는 이것이 처음이다. 이는 북한이 두만강 지역 개발과 접경 지역 협력에 참여하려는 적극적인 태도이다(리종림, 2002: 212).

한편 2009년 11월 중국 정부가 두만강 지역 개발계획을 국가 전략 산업

〈표 10-9〉 두만강 지역의 외국인 직접투자 추이　　　　　　　　　　(단위: 100만 달러)

	1985~1993	1994	1995	1996	1997	1998	합계
중국 옌볜 지역	42	61	78	134	95	47	457
나진·선봉 지대	1	1	4	31	26	25	88
러시아 연해 지방	141	2	53	93	95	56	440
합계	184	64	135	258	216	128	985

자료: UNDP(2002.2), 李燦雨(2000) 재인용.

으로 지정한 반면, 북한은 11월 UNDP 주관의 두만강 지역 개발계획에서 갑자기 탈퇴했다. 이후에 북한이 중국에 나선특별시의 나진항을 개방한다는 사실이 발표된 것으로 보아, 북한이 나진항의 전략적 가치를 높이고 중국의 바닷길을 북한의 통제하에 있는 나진항으로 제한하려는 의도로 분석된다.

통일 이후 한국은 서울에서 경기 동북부, 강원도를 거쳐 나진항으로 연결되는 개발축을 형성할 것이고, 나진은 중요한 교역 지구가 될 것이다. 특히 나진항은 한국, 중국, 러시아의 접경지대이면서 태평양과 한반도, 유라시아 대륙을 연결하는 지리적 요충지이기 때문에, 한국과 중국, 러시아의 해상 화물 처리를 담당하는 동북아 물류 중심항으로 성장할 가능성이 높다(임형백, 2007b: 324).

한편 김석철(2012: 23)은 "두만강 하구는 시베리아의 에너지와 중국 동북 3성의 중공업과 농·축산업의 물류가 얽혀 있는 지정학적 고난도 지역이다. 나진·선봉 경제특구가 있지만 이는 러시아, 일본과는 상관없는 북한과 중국만의 항만이어서 다국적 항만 역할을 하지 못할뿐더러 북한 경제에 미치는 효과가 극히 제한적일 수밖에 없다. 북한이 선택할 수 있는 최고의 전략은 러시아·중국과의 접경지대이며 지정학적으로 가장 경쟁력이 뛰어난 두만강 하구에 다국적 도시를 만들고 경제 기적을 이루어 북한 전역으로 확대하는 방안"이라고 말했다.

2) 북한에 대한 중국의 이해관계

2003년부터 2009년까지 북한의 대외무역에서 중국이 차지하는 비중은 평균 42.1%였고, 한국이 차지하는 비중은 29.2%였다. 그러나 남북 관계가 소원해지면서 북·중 무역의 비중이 갈수록 확대되어 2007년부터 2009년까지 북한의 대외무역에서 중국이 차지하는 비중은 42.7%에서 52.6%로 늘어난 반면, 한국은 같은 기간 38.9%에서 33%로 감소했다. 이와 같은 추세는 더욱 강화되고 있다. 더구나 북한의 외국인 직접투자액에서 중국의 비중은 2003년 0.7%에서 2008년에는 무려 94.1%로 급증했다. 이렇게 북한 시장에서 거래되는 원자재와 설비는 거의 중국산이 점유하는 등 북한의 생산과 소비 시스템에서 중국이 핵심 역할을 함에 따라 북한의 이른바 '자립적 민족경제'가 붕괴 상황에 이르고 있다(임형백, 2012b: 179).

중국 경제를 바라보는 시각은 중국이 강조하는 정치적 구호에 지나치게 의존하기보다는 현실적 모습과 변모 양상에 관심을 기울여야 한다(임반석, 1999: 447). 특히 중국은 소련이 해체됨에 따라 자본주의 국가들에 포위되는 형국에서 이른바 '화평연변(和平演變)'의 방어 전략으로서 북한을 완충지대로 남겨두려는 전략적 입장을 취하게 되었다. 이와 동시에 개혁·개방에 따라 실리를 중시하는 양면성을 대북 정책에서 보여왔다(박정동·오강수, 1998: 103).

1990년대 들어와 북한의 대외무역에서 일어난 가장 큰 변화는 과거 최대 무역 상대국이었던 소련의 역할이 급격히 감소하면서 중국이 북한 최대의 무역 파트너로 부상하게 된 것이다. 또 북·중 경제 관계에서 나타나는 특징 중 하나는 변경무역이 상당히 중요한 기능을 담당하고 있다는 점이다.[2] 그럼에도 불구하고 북·중 경제 관계는 중국의 대북 지원을 제외한다면 사실상 중국 동북부 지역과 북한의 경제 관계가 대부분을 차지하고 있다(최수영, 2001).

북한은 여전히 사회주의 경제체제를 고수하고 있지만 나진·선봉 지대를 경제특구로 지정하는 등 제한적인 개방에 나서고 있다. 이러한 변화는 동북아 사회주의 국가들이 한국 및 일본과의 경제협력을 확대하는 계기로 작용해왔다. 따라서 동북아 경제는 사회주의권과 자본주의권으로 나뉘어 있던 분할 구조에서 벗어나 역내 국가들이 모두 참여하는 구조로 바뀌게 되었다. 가장 커다란 변화는 중국 및 소련의 시장경제 지향과 한국의 북방 정책이 맞물린 것이다. 또 동북아 경제협력의 전제 조건 중 하나는 러시아와 몽골의 체제 전환 과정에서의 문제 해결 및 북한의 폐쇄주의가 개방주의로 나아가는 것이다(최수영, 2001: 5~8).

도시 개발 측면에서 시장화의 영향은 전반적인 소득수준의 향상에 따른 개발 수요의 양적 증가 및 질적 다양화, 토지 사용권의 시장 거래와 주택의 상품화에 따른 도시 개발 수요 증가 등을 통해 파악할 수 있다. 이 가운데 가장 핵심적인 사항은 '토지와 주택의 시장화(land and housing marketization)'라 할 수 있다(이상준, 2001: 54).

그러나 아직 동북아 경제협력은 한·중·일 3국의 주도로 이들 3국의 쌍무적 경제 관계 확대가 주종을 이루고 있다. 동북아에서의 다자간 경제협력의 시금석이라 할 수 있는 UNDP 주관의 두만강 지역 개발계획에는 러시아와 북한도 동참하고 있지만, 이들 국가는 동북아 경제협력에 소극적이다.

---

2 변경무역은 보따리 무역과 밀 무역을 포함하는 민간 차원의 무역, 즉 협의의 변경무역과 중국이 국경 지역의 경제발전을 추진하기 위해 변경 정부에 부여하는 변경무역관리법규와 우대 정책에 따라 정의되는 광의의 변경무역으로 구분할 수 있다(최수영, 2001: 32).

두만강 지역 개발계획이 자국에 유리한 방향으로 추진되기를 희망하는 동북아 각국의 다양한 이해관계 절충 등의 어려움 때문이다(최수영, 2001: 11).

지금도 북한은 군수산업 발전을 위해 중공업 우선 정책을 펴고 있다. 그러나 실제 산업구조는 농·림·어업과 광공업에 집중되어 있다. 2006년 농·림·어업과 광공업은 북한 GDP의 33.5%를 차지했다. 더구나 북한은 전기 발전설비가 부족하고 항만, 철도, 도로 시설이 노후하여 중공업 발전에 어려움을 겪고 있으며, 투자 여력마저 갈수록 저하되고 있다. 현재에도 낙후한 산업구조 때문에 중국에 대한 북한의 예속화가 진행되고 있다. 2005년 중국은 북한에 1,473만 달러를 투자해 전체 투자액의 43.7%를 차지했고, 북한과 17억 달러를 교역해 남한을 제외한 북한 전체 교역량의 56.7%를 차지했다. 이와 같은 교역 규모는 2006년 남한과 북한의 교역 규모인 13억 5,000만 달러보다 큰 것이다(임형백, 2007b: 329). 이처럼 중국 경제에 대한 북한 경제의 예속은 북한의 공간구조가 중국의 영향을 받을 가능성을 시사한다.

러시아는 17세기 전반 미하일 로마노프(Mikhail Romanov) 통치 시기에 태평양 연안에 다다랐다. 이후 청나라와 맺은 1858년 아이훈(愛琿) 조약을 통해 헤이룽 강 이북의 영유권을 승인받았다. 1860년 베이징 조약을 통해서는 우수리 강의 동쪽 연해주(러시아 행정구역으로는 프리모르스키 주)를 할양받았다. 연해주 지역은 당시 청나라의 지배력이 매우 약했던 곳이었고, 러시아로서는 손쉽게 부동항 획득의 꿈을 이루었다. 만약 이때 청나라가 연해주를 지켰다면 오늘날 중국은 태평양으로 나올 수 있는 항구를 가질 수 있었을 것이다. 그러나 그러지 못했던 중국은 북한의 나진·선봉 지역을 통해 태평양으로 나오려 노력하고 있다. 즉, 중국은 북한에서 동해 출항권을 얻으려 하는 것이다.

중국은 1990년대 초반 두만강 지역 개발계획을 세울 당시부터 중국 동

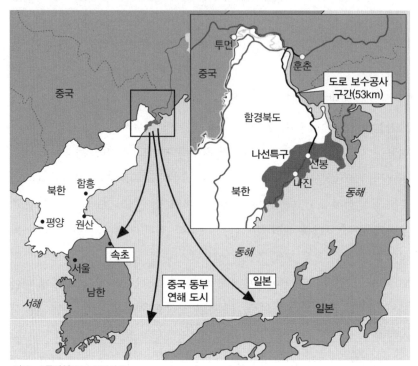

〈그림 10-3〉 훈춘-나선 보수공사 구간 및 장기 효과 전망

자료: ≪동아일보≫, 2011.6.10.

부 지역이 동해로 나가는 출구를 얻기 위해 나진항 사용권 확보에 공을 들여왔지만 번번이 실패했다. 그러나 2009년 북한은 중국에 나진항을 50년 동안 조차(기한 만료 후 자동 연장 조약으로 실질적으로 영구 할양)해주어 동해와 태평양으로의 출구를 내주었고 동해 어업권을 양도했다.

중국으로서도 대북 경협을 통해 북한에 대한 통제력을 과시할 수 있을 뿐만 아니라 나진·청진항을 통한 태평양 진출과 지하자원을 선점할 수 있기 때문에 대북 투자에 적극적이다. 중국 상무부에 따르면, 2010년 중국의 대북 직접투자는 1,214만 달러로 2009년보다 크게 늘어났다. 2003년부터 2010년까지 중국이 북한에 투자한 금액은 1억 1,044만 달러였다. 중국 측

<그림 10-4> 중국의 동해 출구 전략

자료: ≪중앙일보≫, 2012.9.11.

은 그동안 상사의 형태로 북한과 교류를 해왔지만 최근에는 대형 국영기업으로 전환되었으며, 대북한 투자액의 약 70%가 지하자원 개발 및 관련 인프라를 건설하는 분야에 집중되고 있다.

특히 2011년 5월 김정일 위원장의 중국 방문을 계기로 그해 6월 초 중국과 북한은 나진 특구와 압록강변의 황금평 개발 착공식을 거행했다. 북한은 중국과 공동으로 개발하기로 한 나선 경제무역지구와 황금평 경제 지역의 발전을 위해 중국인 투자자들에게 통신의 자유를 보장하고, 투자 자산의 보호를 인정하는 등 개혁·개방을 강력하게 요구하는 중국 측을 대폭 배려했다.

중국은 나진과 선봉에 이어 2012년 북한 청진항에 대한 운영권을 확보했다. 동해 출구를 확보해 한국, 일본, 러시아와의 4각 무역을 활성화하고 동북 지역 경제개발을 활발히 하기 위한 중국의 전략이다. 북한과 중국은 연간 물동량 최대 처리 능력이 700만 톤인 청진항 3·4호 부두를 30년간 공동으로 관리한다. 한편 중국이 동해 진출을 위해 북한의 나선(나진·선봉)항과 청진항에 대한 운영권을 속속 확보하고 있는 가운데, 포스코와 현대그룹이 지린(吉林, 길림) 성 훈춘(琿春)에 대규모 물류 센터를 세운다. 이는 중국의 동해 진출로 이후 전개될 동북아 경제권에 대비하기 위한 장기 포석이다(≪중앙일보≫, 2012.9.11).

5. 통일 비용

1) 물리적 통일 비용

남북한의 경제적 격차와 북한의 낙후된 경제·사회로 인한 통일 비용은 만만치 않을 것으로 예상된다. 통일 이후의 황홀감과 통일 비용을 부담해야 하는 현실은 다른 것이다. 독일은 통일 이후 20년간 2조 유로(약 3,060조 원)를 투입했다. 통일 당시 서독과 동독의 여건은 현재의 남한과 북한의 여건과는 비교할 수 없을 정도로 양호한 상태였다.

통일 당시 동독 인구는 서독 인구의 1/4 수준이었고, 경제력도 1/4 수준이었다. 더구나 당시 서독은 세계 최대의 채권국이었다. 반면 현재 북한의 인구는 남한의 1/2인 수준이고, 경제력은 남한의 1/46 수준으로 추산된다. 이러한 북한의 열악한 경제 상황 때문에 남한을 비롯한 주변 국가들이 북한의 급격한 붕괴를 걱정하는 역설이 발생하고 있다.

구체적인 항목을 살펴보면 <표 10-11>과 같다. 현재 북한의 경제적 상황을 고려할 때 통일 한국이 부담해야 할 비용은 독일보다 더 클 것으로 평가된다. 그러나 통일은 민족의 숙원이고 우리 세대에서 반드시 이루어야 할 민족적 과제이다. 따라서 철저한 준비와 효율적인 대처가 필요하다.

종전의 통일 비용 추정치[3]는 연간 최소 150억 달러에서 최대 1,000억 달러까지 다양하다. 평균 연간 500억 달러 수준이다. 반면 북한의 연간 경제 규모는 약 100~150억 달러 규모다. 사업에 소요되는 총예산은 모두 847조

---

3 통일 비용은 전문가에 따라 200~2,000조 원으로 전망되는 등 예측조차 힘들다. 이런 상황에서 국민에게 '언젠가는 통일이 되니 그날을 위해 지금부터 세금을 더 내라'는 식의 정책은 가능하지 않다. 타당한 통일 비용 산정과 국민의 동의를 거친 준비가 필요하다.

〈표 10-10〉 통일 당시 서독·동독 및 남한·북한의 인구 비율과 경제력 비율

	남한	북한	서독	동독
인구 비율	2	1	4	1
경제력 비율	46	1	4	1

〈표 10-11〉 남한과 북한의 비교(2010년 기준)

항목	남한	북한	비고
명목 국민총소득(GNI)	1조 146억 달러	260억 달러	39배 격차
1인당 국민총소득(GNI)	2만 759달러	1,074달러	19.3배 격차
무역 총액	8,916억 달러	42억 달러	212.3배 격차
발전 전력량	4,739억kW	237억kW	20배 격차
자동차 생산	427만 2,000대	4,000대	1,068배 격차
선박 보유	1,427만 톤	80만 톤	17.8배 격차
인구	4,941만 명	2,418만 명	남한은 남성 비율이 높음(성비 100.4) 북한은 여성 비율이 높음(성비 95.1)

자료: 통계청(2012).

〈표 10-12〉 사회간접자본을 위한 투자액

(단위: 억 달러)

분야	투자 대상 사업	내용	예상 투자액	비고
철도	경부선-경의선 연결 공사	단기: 휴전선 부근 연결	0.5	중국 화물 연결
		중·장기: 복선화 작업	5	
	경원선-동해안 연결 공사	단기: 휴전선 부근 연결	0.5	금강산 관광
		중·장기: 복선화	5	
도로	서울-평양-신의주 간 고속도로	서울-개성 미연결 구간 약 30km 연결 공사	1	
	원산-평양-남포 간 고속도로	원산-평양-남포 간 고속도로 보수공사, 컨테이너 화물차 이용 가능화	0.2	
항만	남포 컨테이너 하역 설비	40ft 컨테이너 하역 설비 지게차 등 운송 설비	0.2	남북협력기금 지원 시도
	나진항 접안 시설	나진항 4·5호 부두 신설	2.9	
	나진항 하역 설비	컨테이너 하역 설비 등	0.1	
통신	유선통신망 확충	전송 장비, 교환 장비	0.1	
	평양무선통신시스템	통신 라인 설치 CDMA 시설 기준	0.2 0.3	

자료: 한국경제연구원(2001).

<표 10-13> 통일 비용 연구 결과 (1)   (단위: US 달러)

연구 기관 및 연구자	발표 연도	시기(기간)	통일 비용 추산	추계 방법 및 기준
일본장기신용은행 종합연구소	1990	1990~2000	1,800~2,000억	북한의 경제 규모가 동독의 1/4이므로 독일 통일 비용의 1/4 소요(독일 통일 비용 기준)
박홍기 (정신문화연구원)	1991	1991~2001	900~3,500억	항목별 누계
안두순 (서울시립대학교)	1991	1990~2000	3,380억	북한 GNP를 남한의 50%로 끌어올리는 비용
니컬러스 에버슈타트 (Nicholas Eberstadt, 하버드 대학교)	1991	1991~2000	2,000~5,000억	독일 통일 비용 기준
도널드 맥도널드 (Donald S. Macdonald, 조지타운 대학교)	1991	1991~2001	1,700억	독일 통일 비용 기준
≪이코노미스트≫ (영국)	1992	2000~2010	1조 897억	북한의 노동생산성을 남한의 70% 수준으로 올리는 비용
≪타임≫(미국)	1992	-	3,000억	독일 통일 비용 기준
김기택 (통일기금조성위원회)	1992	1992~2005	4,000억	남북한 소득 격차 해소 비용
신창민(중앙대학교)	1992	2000~2012	1조 8,600억	남북한 소득 격차 해소 비용
배영진(KIEP)	1992	2000~2010 2010~2020	4,480억 7,621억	남북한 소득 격차 해소 비용
≪파 이스턴 이코노믹 리뷰≫	1992	2000~2010	3,000억	남한 GNP의 3~4%를 10년간 투자
유로아시안 비즈니스 컨설팅	1992	1993~2000	3,280억	북한의 1인당 GNP를 990달러(1993)에서 4,800~6,000달러(2000)까지 끌어올리는 비용
이영선(연세대학교)	1993	1990~2041	3,880~8,418억	1990년부터 지원을 시작하여 남북한 소득이 같아지는 시점에 통일(점진적 통일)

자료: 한국산업은행(2005: 316), 장형수(2009: 357) 재인용.

원으로 추산되며, 각 사업의 연평균 소요액은 66조 3,000억 원으로 추정된다. 또 고령화 사회로의 급속한 진행과 복지 수요의 급증을 고려할 때 이

〈표 10-14〉 통일 비용 연구 결과 (2)

연구 기관 및 연구자	발표 연도	시기(기간)	통일 비용 추산(US $)	추계 방법 및 기준
배득중(연세대학교)	1993	-	매년 125~175억	통일 비용 지불 의사에 관한 여론조사(1991.9)에 기초
곽윤태(덴버 대학교)	1993	10년간	5,259억~1조 2,272억	북한의 1인당 GNP를 1,000달러에서 7,000달러로 끌어올리는 비용
한국개발연구원	1993	2000~2010	3,722억(통일 정부) 2,855억(남한 정부)	독일식 흡수 통합 시 정부의 총재정 부담액
김도경(LG연구소)	1994	7~8년간	1,700억	제도 통합, 북한 지역 재건, 북한 주민 생활 향상 비용
유종열(경희대학교)	1994	7~8년간	654억	북한 경제의 자생력 회복(투자, 생계 보조, 외채 상환)
한국개발연구원	1994	2000~2010	9,800억~1조	남북 간 소득 격차 해소 비용
한국산업은행	1994	1994~2004	1조 5,463(100%) 8,050억(60%)	남북 간 소득 격차 해소 비용
통일연구원	1996	2000~2010	3,600억(외자 1,800억)	북한 주민 1인당 평균 소득을 남한의 60% 수준으로 향상, 항목별 누계
김덕영(국방대학원)	1996	10년간	2,700억(급속 통일) 1,300억(점진 통일)	정부 투자 비용
황의각(고려대학교)	1996	2000~2005	1조 2,040억	동일 생활수준 달성 비용
만프레드 베르너 (Manfred Werner)	1996	5년간	6,100억	독일식 경제 통합 기준, 통일 후 5년간 남한 경제가 북한에 지원할 금액
박태규 (한국개발연구원)	1997	1995~2005	초기 5년 남한 GNP의 8.67~11.29%, 후기 5년 남한 GNP의 7.47%	통일 이후 남한의 연평균 경제성장률 5%, 북한 임금 남한의 50%
고일동 (한국개발연구원)	1997	2001~2010	4,600억 (초기 5년 2,800억)	남한 정부의 순재정 부담액

자료: 한국산업은행(2005: 316), 장형수(2009: 358) 재인용.

에 대한 재정 수요도 상당할 것으로 예측된다. 이처럼 높은 재정 수요가 예정되어 있는 반면, 이를 부담할 수 있는 여력은 크지 않을 것으로 보인다(정정길 외, 2007: 277). 이외에 남북한의 통일 이후에는 북한 지역에 대한 막대한 비용 투입이 요구될 것이다. 낙후된 북한 철도의 현대화를 위해서만도

〈표 10-15〉 통일 비용 연구 결과 (3)

연구 기관 및 연구자	발표 연도	시기(기간)	통일 비용 추산(US $)	추계 방법 및 기준
한화경제연구원	1997	2010	865조 원	통일 당시 남북 경제력 23:1, 남한 정부의 재정 부담액
마커스 놀랜드 (Marcus Noland, 미국 국제경제연구소)	1997	2000~2025	4,150(1990년) 9,830(1995년) 2조 2,420억(2000년)	통일 후 25년간 북한 1인당 국민소득을 남한의 65% 수준으로 끌어올리는 비용
≪이코노미스트≫ (영국)	1997	2000~2010	2,400억	북한 경제 수준을 남한의 60%로 끌어올리는 비용
골드만삭스	2000	2000~2010 2005~2015	8,300억~2조 5,400억 1조 700억~3조 5,500억	북한의 노동생산성이 남한 노동생산성의 50~100%에 도달하는 데 소요되는 투자 비용
IMF	2002	20년간	421조 원	북한의 생활수준을 남한의 75%로 끌어올리기 위한 비용
피치 레이팅스 (Fitch Ratings)	2003	10~15년간	2,000~5,000억	소득 격차 해소, 복지, 교육 비용 증가분
이영선(연세대학교)	2003	10년간	240조 원	북한 주민의 1인당 국민소득을 남한의 60%까지 향상시키되, 필요 비용의 70%는 기업의 투자를 활용
신창민(중앙대학교)	2005	2010~2020	6,161억	북한 지역의 1인당 소득수준을 남한과 동일하게 끌어올림
미국 랜드 연구소	2005	4~5년간	500억~6,700억	통일 후 북한 주민의 소득을 두 배로 끌어올리는 데 드는 비용
삼성경제연구소	2005	10년간	446조 8,000억 원 99조 원	북한 주민들의 기초생활 보장 북한 경제 산업화 지원

자료: 한국산업은행(2005: 316), 장형수(2009: 359) 재인용.

28억 달러(3~4조 원)가 필요할 것으로 추산된다. 통일 비용은 <표 10-13>, <표 10-14>, <표 10-15>와 같이 추계 방법과 기준에 따라 천차만별이다.

OECD(2010.5.29)는 "남북 간 경제와 보건 부문의 격차는 궁극적으로 통일 비용을 급증시킬 수 있다"라며 "민간 부문 교역과 정부의 경제협력 전략이 격차를 줄이는 데 도움이 될 것"이라고 밝혔다. OECD에 따르면, 2008년 기준 북한의 인구는 남한의 절반에 약간 못 미치는 2,330만 명이지만 GDP와

1인당 GDP는 각각 남한의 2.7%(247억 달러)와 5.6%(1,060달러)에 그쳤다. 북한의 교역량은 남한의 0.4%인 38억 달러 수준이었고 전기, 철강, 시멘트, 비료 등의 생산량 같은 주요 산업 관련 지표도 남한의 2~15%에 불과했다. OECD는 보건 관련 지표에서도 남북한의 격차가 심각하다는 점을 강조했다. 특히 북한의 영아 사망률이 1993년 1,000명당 14.1명에서 2008년에는 19.3명으로 증가한 점을 지적했다.

2) 사회 통합 비용

통일 이후에 대비하여 물리적 기반뿐만 아니라 산업 기반과 사회 기반까지 고려한 국토 기반을 조성해야 한다. 이를 통해 남한 주민과 북한 주민의 이념적 사회 통합까지 목표로 해야 한다. 통일 이후에 북한 지역에 산업 기반과 사회 기반이 제대로 갖추어지지 않을 경우, 북한 주민은 남한 지역으로 대거 이동할 것이고, 이는 북한 주민의 상대적 박탈감과 북한 주민에 대한 남한 주민의 거부감으로 이어질 것이다.

독일의 경우를 보더라도, 통일 직전까지 1년이 채 안 되는 기간 중 무려 80만 명의 동독 주민이 서독으로 이주했다. 그 수가 폭발적으로 늘어나자 이주민들에 대한 서독 주민의 태도에도 변화가 나타났다. 장벽 개방 전에는 서독 주민 중 2/3 정도가 동독 이주민을 환영하는 분위기였으나, 1990년 1월 1/3 수준으로 줄었고, 1990년 4월에는 약 10%로 격감했다(김동명, 2010: 425~426).

독일은 분단 45년 만인 1990년 10월 3일에 통일되었다. 통일이 가시권으로 접어들자, 서독 정부의 준비 행보도 빨라지기 시작했다. 양쪽 재무장관은 1990년 5월 18일 '경제·화폐·사회연합(일명 국가조약)'에 서명했다. 이에 따라 동독은 1992년 7월 1일부로 서독 경제체제에 편입되어 서독 마르

〈표 10-16〉 서독과 동독 간 국가조약(1990년 7월 1일)

경제 통합	화폐 통합	사회 통합
· 동독에 사회적 시장경제 도입: 사유재산, 자유경쟁, 자유가격 형성, 사람·물자·자본의 자유 이동 · 서독 경제·노동 법규 수용 · 동독 공적 재정기관 재구축 · 동독 예산 균형을 위해 연방 재정 할당	· 동·서독 단일 통화 지역 구축 · DM: 공동 화폐 · 연방은행: 유일한 통화은행 · 화폐 교환: 1:1로 교환(연령에 따라 1인당 2000, 4000, 6000 마르크까지) · 기타 자본·부채: 2:1로 교환 · 임금·연금·집세: 1:1로 교환	· 동독에 4대 사회보장제도 도입: 연금·의료·실업·산재 · 동독 주민연금·실업보험: 연방정부 재정 지원 · 서독 노동법 적용: 단결의 자유, 임금 자율, 노동투쟁법, 해고 보호, 공동 의사 결정

자료: 김동명(2010: 116).

크(DM)화를 사용하게 되었다. 많은 전문가들은 열악한 동독 경제가 하루아침에 서독이나 국제시장에 대해 경쟁력을 보유할 수 없음을 예견했고, 신속한 통화 동맹은 동독의 낮은 생산성을 고려할 때 장차 동독 기업의 성장을 막는 요인이 될 것이라고 우려했다. 그럼에도 불구하고 동독의 임금, 연금, 집세의 경우 1:1의 비율로 교환되었다. 이로써 동독은 경제적 측면에서 서독에 완전히 편입되었다(김동명, 2010: 117~118).

흡수 통합을 전제로 할 경우 정치적 통합에서 몇 가지 사항을 유의해야 할 것이다. 가장 중요한 점은 기존의 방식 중 하나인 '독일식 흡수 통합'의 형태가 주는 시사점들을 상기해야 할 필요가 있다는 것이다. 실직으로 인한 인구 이동과 도시 공동화 현상에 대한 대책이 수립되어야 할 것이다. 독일의 경우 통일 이후 14년 동안 지속적으로 서독 지역으로의 인구 이동이 이루어지고 있다. 구서독 지역의 경우 초기 5년간 7~8%의 인구 증가가 발생했고, 이와는 반대로 구동독 지역(신연방주)의 경우 지속적인 인구 감소세를 보이고 있다. 예컨대 2005년 작센(Sachsen) 주의 경우, 25%인 4만여 주택이 빈집이며 이를 철거하는 예산도 매년 적지 않게 소요되고 있는 실정이다(진희관, 2009: 269).

1989년부터 1990년 상반기까지 동독 주민 약 58만 명이 서독으로 이주했다. 독일에서는 이 시기 이후 동서 간 인구 이동이 빠르게 안정화되었다. 이는 화폐 통합과 동독 지역에 대한 집중적인 공공 및 민간 투자 지원 덕분이었다. 하지만 이 경우에도 젊은 계층과 전문 기술인 계층의 서독 이주는 노동시장의 질적 저하로 이어져 동독 경제 재건에 커다란 제약 요소로 작용했다(이상준 외, 2000: 86~87).[4]

박영숙 외(2008)도 동일한 문제를 지적하고 있다. 북한 주민들이 남북한 통일이나 남한과의 교류 등을 원하게 되면 북한 지역에서 남쪽으로 향하는 강한 인구 이동 압력이 발생할 것이다.

1990년대 동독에서는 사회 환경의 변화가 일어났다. 이 시기에 동독 지역의 사회 이동성은 극히 높았다. 통일 이전에는 여러 해에 걸쳐 일어나던 변화가 단 1년 만에 벌어지기도 했다. 통일 후 불과 몇 년 만에 모든 사회적 지위(일자리와 직업, 직장에서의 위치)의 절반 이상이 교체되었다. 상당수가 직업적 위치를 상실하거나 일자리를 잃어 신분이 하락했다. 예를 들어 1993년에 신분 상승은 23%, 신분 하락은 77%였다. 하락한 사람들 중에는 전통적 환경 출신의 노동자와 회사원이 많았다(호프만, 2010).

"과거에 동독이 상품을 수출하던 동유럽의 주요 시장이 급속하게 무너졌다. 동독 제품은 독일 국내에서도 더 이상 팔리지 않게 되었다. 낮은 품질의 제품이 갖는 저가의 이점이 사라졌기 때문이었다. 결국 1990년 동독 경제는 엄청난 경쟁 압박에 직면하게 된다. 얼마 지나지 않아 산업 생산의 70%가 축소되었으며, 많은 기업이 영업을 중단하거나 엄청난 규모의 구조

---

4 구동독 지역에서 극우 인종주의가 세력을 얻는 동안에도, 통일 직후 한동안 동독 여성 중에서 동독 남성을 배우자로 선택한 경우보다 주독 흑인 병사를 배우자로 선택한 경우가 더 많았을 정도로, 젊은 계층의 구동독 이탈이 심각했다.

조정을 단행하지 않을 수 없었다"(BMVBW; 2005: 2).

노동시장의 변화야말로 통독 후 구동독 지역 주민 대부분이 공통적으로 직면한 가장 핵심적인 문제 중 하나였다. '의사적(擬似的) 노동력 결핍'이 나타날 정도로 기술혁신보다는 단순 투입량의 극대화를 통한 산출량의 극대화를 추구하던 경제체제의 문제는 노동시장의 조건을 규정하는 결정적 요인이었다. 즉, '실업'이 존재하지 않는 '사회주의 경제체제'의 동독 기업에서는 생산의 효율성 문제보다는 과잉 노동력이 유지되고 있었다. 그 결과, 통독 직후 노동시장으로부터의 대량 이탈이 발생해 취업률이 급격히 떨어지는 것을 확인할 수 있다(임홍배 외, 2011: 105).

동독 지역 최대의 사회 환경인 전통적 노동자 환경의 산업 토대가 붕괴했다. 전통적 생활환경에 있는 사람들은 상당한 사회적 자원과 네트워크를 갖추어서 구조적 하락을 소화할 수 있었으나, 숙련노동자 환경에서는 더 이상 '후계자'가 없었다(Hofmann, 1993).

1990년대 중반에 들어서면서 빠른 시일 내에 서독인과 같은 복지를 누릴 수 있을 것으로 믿었던 동독 주민들의 희망은 점차 사라졌고, 2등 국민으로 전락한 '우리'라는 동질감이 점점 커져갔다. 이 무렵 동독 주민들은 자신들의 의견이 정치권에 충분히 반영되지 않았다고 인식하며 체제 변화에 따른 그들의 불안과 불만을 대변하고 해결해줄 수 있는 정치 세력을 찾기 시작했다(김동명, 2010: 429).

독일 정부는 구동독 지역이 가지고 있는 취약점을 개선하기 위해 많은 노력을 기울여왔다. 헬무트 콜(Helmut Kohl) 정부가 구동독 지역 문제와 관련하여 자본의 유입을 촉진하기 위한 조건 창출을 위해 세제 혜택과 같은 제도적 개입에 치중했다면, 1998년 말에 집권한 게르하르트 슈뢰더(Gerhard Schröder) 정부는 산업 입지 강화를 위한 지역혁신 정책 등에 직접 개입하는 방식을 택했다(임홍배 외, 2011: 125). 이렇듯 독일 정부는 구동독 지역에 대한 막대한 재정 투자와 사회보장제도 적용으로 구동독 주민들의 사회적·경제적 통합에 힘써 왔다. 그 결과, 통일 후 20년 가까이 흐르면서 상당한 정도의 긍정적인 평가를 받아왔다. 그리고 2008년 구동독 근로자들의 단체협약상의 임금 수준은 구서독 수준의 96.8%에 이르렀다(임홍배 외, 2011: 169~170).

그러나 비록 80%가 넘던 1990년대 초의 통계와 비교할 때 20% 정도가 줄어들기는 했지만, 아직도 동독 주민의 약 2/3는 자신들이 서독 주민들에게서 2등 국민으로 취급받고 있다고 인식한다. 이는 지도상의 국경은 사라졌으나, 독일 국민의 머릿속에는 여전히 두 개의 국가가 '장벽(Mauer in den Köpfen)'으로 분단되어 있음을 보여주는 것이다. 동독 주민 중 일부는 전제주의적 강요에서 해방되었다고 느끼기는커녕, 오히려 서독의 경제력과 정치적 수단에 의해 점령당하거나 식민지가 되었다고 인식하기도 한다. 동독 주민의 3/4은 과거 동독 시절이 지금보다 훨씬 단합이 잘되었고, 사람들과의 관계도 인간적이었다고 느낀다(김동명, 2010: 446).

북한의 고위 관료(당, 정, 군), 사상적 엘리트, 정보기관 요원 등 수백만 명에 이르는 대상을 어떻게 통합할지가 문제이다. 예컨대 구동독의 정보요원(Stasi)[5]의 경우 100% 실업자로 전락했고, 약 9만 명에 이르는 요원들은 택시 기사 등을 하며 어렵게 생계를 유지하고 있다. 또 대학 교수는 전원 사표 제출 후 일부가 재임용되었으며, 재임용되지 못한 이들 중 적지 않은 사람들의 인생 말로는 대단히 비참한 사례로 나타나고 있다. 이런 문제를 양산하게 될 경우 사회 불안 요인이 증가할 뿐 아니라 복지 비용의 과다 산출이 불가피하다는 점을 유념해야 할 것이다(진희관, 2009: 268).

남한과 북한의 격차는 점점 커지고 있다. 향후 통일 비용을 줄이려면 북

---

5 구동독의 국가공안국(Ministerium für Staatssicherheit)을 가리킨다.

한의 개혁·개방을 통한 경협과 투자 유치로 경제성장을 도모해야 한다. 나아가 경제성장을 통해 북한 주민들이 사회주의의 허구를 인식하고, 자본주의적 시각과 마인드를 가질 수 있도록 해서 사상(思想)의 격차도 줄여가야 한다.

신창민(2009)은 통일 비용을 줄이는 정책으로 다섯 가지를 제시했다. 첫째, 통일 후 남북 간 소득 조정 기간(북한 주민의 소득을 남한 수준으로 높이는 기간)이 끝날 때까지는 남북 지역을 경제 분야에 한해 분리해서 관리해야 한다. 북한을 '특별경제구역'으로 정하고 노동력의 이동을 막는 방안이다. 둘째, 통일 후 군사비 지출을 GDP의 1% 수준으로 해도 무방하도록 주변 강대국들과 우호적인 국제 환경을 조성해야 한다. 셋째, 국제적인 협조 아래 북한 지역에 투입되는 물자는 남한에서 생산된 것으로 충당하는 '바이 코리아(Buy Korea)' 정책을 시행해야 한다. 넷째, 북한 지역의 토지 국유화 형태는 계속 유지하고, 남한 주민이 분단 전에 보유했던 모든 토지와 부동산 소유권은 실물로 반환하지 않고 현금으로 보상한다. 다섯째, 통일 전에 북한 지역 내 사회간접자본에 먼저 투자를 실시한다.

김근식(2011)은 편향되고 극단화된 진보·보수 양측의 소모적 입씨름은 그만두고 대북 포용의 기조를 유지하면서 변화된 환경에 맞는 포용의 진화를 고민하는 합리적 논의가 시작되어야 한다고 강조했다. 화해·협력의 남북 관계가 보수 정권인 노태우 정부에서 비롯되었음은 부인할 수 없는 역사적 진실이다. 문제는 보수가 수구적 반북에 의해 끌려다니고 진보 역시 관념적 친북에게 포획당하는 무기력증이다. 이제 보수도 화해·협력의 남북 관계, 즉 포용 기조의 정당성을 인정하고 진보 또한 북한 변화의 필요성과 평화로운 흡수 통일의 현실성을 인정해야 한다.

한편 남한은 향후 막대한 재정 수요를 눈앞에 두고 있다. 참여정부에서 추진된 사업들만 봐도 국가균형발전, 국방 개혁, 농어민 대책, 주한미군 재배치, 대북 경제협력, 세종시 등이 있다. 그뿐만 아니라 이명박 정부에서 추진된 4대강 정비, 보금자리주택 등에도 추가로 자금이 투입되어야 한다. 이외에 출산율 저하와 노령화로 인한 복지 비용의 증가도 재정 부담을 가중시키고 있다.

6. 남북통일로 인한 대한민국의 기대 효과

남북한 교역은 내국 간 거래로 북한의 대외무역 통계에는 포함시키지 않고 있기는 하나, 남북 교역액은 중국, 일본에 이어 세 번째로 큰 규모이며 2001년 북한 무역 총액의 17.7%에 해당하는 금액이다(강정모, 2003: 185).

통일 후 남한의 우수한 기술과 자본을 북한의 풍부한 인적 자원과 결합시킴으로써 시너지 효과를 가져올 수 있다. 현실적으로 공산주의 국가인 북한의 인구는 자본주의 정신이 결여되어 있고 시장 경쟁체제에 익숙하지 않기 때문에, 통일 후에 남한의 노동력과 북한의 노동력은 노동시장에서 분화될 것이다. 아마도 남한의 노동력이 화이트칼라와 관리직을 주도하고, 북한의 노동력이 블루칼라와 노무직을 주도하게 될 것이다. 이런 현상은 현재 80만 명 이상으로 추산되는 남한 내의 외국인 노동자를 대체하는 효과를 가져올 수 있다.

지금도 남한에서는 낮은 출산율과 3D 업종의 기피 현상 때문에 많은 노동력 부족 현상을 보이고 있다. 이 같은 현상은 특별한 사회적 여건의 변화가 없는 한 지속될 것으로 판단된다.

일반적으로 저출산은 '생산 연령 인구의 감소→ 경제활동 및 소비 시장의 위축→ 고용 환경의 악화→ 세금 증가 및 생활 기반의 악화→ 저출산의 심화'라는 악순환 구조를 만들어 경제의 규모를 감소시킨다고 주장된

<표 10-17> 한반도 통일로 인한 남북한의 이점

국가	이점
남한	북한의 인적 자원 활용(100만 명의 북한 군대, 저임금 노동력 확보)
북한	국가 총수입의 30% 정도에 해당되는 군비 지출 해소

<표 10-18> 중소기업 대북 진출 유망 분야

업종	단기	중·장기	고려 요인
섬유	· 아동복, 중저가 브랜드로 차별화 · 봉제에서 시작, 방직·방적으로 확대	· 고급 신사복, 숙녀복 등 고가 브랜드	· 중·장기적으로 기술자 상주 여부가 관건 · 위탁가공 생산 의류의 경쟁력 제고
신발·완구	· 중저가 제품부터 시작 (남한 내 생산 비중이 낮은 제품 중심)	· 고가 제품으로 확대	· 중·장기적으로 기술자 상주 여부가 관건
전기·전자	· 조립 공정부터 시작 · TV, 음향 기기 등 일부 가전 제품 · 전화기 등 일부 통신 장비	· VCR, 냉장고, 세탁기 등의 가전제품 · 시스템, 단말기 등 통신 장비 분야 · 전자 복합 공단	· 중·장기적으로 원자재·부자재의 북한 내 조달 비율 확대 여부가 관건
농업	· 비료, 농약, 소농기구 · 고부가가치 농산물의 재배 협력	· 합작 농장	

자료: 이재기·서정익(2007: 247).

다. 이러한 상황에서 통일은 저출산으로 인한 인구문제를 어느 정도 해결하고, 특히 부족한 노동력을 공급할 수 있는 여건을 마련할 수 있다(임형백, 2005b: 201).

통일 한국의 정치체제로 1국 2체제는 적합하지 않아 보인다. 홍콩을 되찾은 중국과 달리, 한국은 통일 정부하의 별도 체제(separate regional zones of jurisdiction)로 이루어지는 데 문제가 있다. 무엇보다 남한과 달리 북한이 이미 실패가 검증된 사회주의 체제를 가지고 있기 때문이다. 또 북한의 면적

〈표 10-19〉 남한의 미래 인구 전망

구분 \ 연도	단위	2000년	2005년	2010년	2020년
총인구 규모	천 명	47,225	49,123	50,618	52,358
인구 성장률	%	0.77	0.60	0.42	0.13
인구밀도	인/km²	476	495	510	528
인구구조	%	100.0	100.0	100.0	100.0
0~14세	%	21.6	21.2	19.9	17.2
15~64세	%	71.2	70.1	70.1	69.6
65세 이상	%	7.1	8.7	9.9	13.2
총부양비	%	40.4	42.5	42.6	43.6
유년 부양비	%	30.4	30.2	28.4	24.7
노년 부양비	%	10.0	12.3	14.2	18.9

자료: 통계청(2002).

〈표 10-20〉 북한 인구의 추이 (단위: 만 명)

	1946년 말	1949년 말	1953.12.1	1956.9.1	1960년 말	1993년*	2000년**
총인구	925.2	962.2	849.1	935.9	1,078.90	2,121.40	2,450.00

* 북한은 1994년 이후부터 먹고살기가 힘들어 사회 전반에 출산을 기피하는 풍조가 일어났다.
** Routledge(2002, 2003) 참고.
자료: 양문수(2000: 122).

과 규모가 이러한 체제를 사용하기에는 너무 크다. 따라서 가능한 한 빨리 남한과 같은 자본주의 체제로의 흡수를 추구하는 독일식 방법이 타당하다.

7. 남북통일로 인한 주변국의 기대 효과

동독과 서독의 통일 과정에서 보았듯이, 남한과 북한의 통일에는 주변 국의 이해관계와 견제 심리도 연결되어 있다. 독일도 통일 과정에서 전범 국가로서의 이미지를 제거하고, 주변국의 평화와 안전에 기여하겠다는 것

〈표 10-21〉 한반도 통일로 인한 주변국의 이점

국가	이점
일본	· 북한의 미사일, 핵무기 등 안보 위협에서 탈피
러시아	· 한반도종단철도와 시베리아횡단철도의 연결로 인한 경제적 이익 · 에너지 파이프의 연결을 통한 경제적 이익 · 세계 매장량의 5%를 차지하는 천연가스의 한국 수출 · 연해주 개발을 통한 중국의 연해주와 동북아시아에 대한 영향력 견제
중국	· 북한 난민 걱정에서 탈피 · 대북 경제 지원의 탈피를 통한 경제적 부담 경감
국제사회	· 대북한 투자를 통한 경제적 효과

을 보여주기 위해서 노력했다. 한국의 주변 국가도 한반도 통일에 따른 자국의 이해관계를 저울질할 것이고, 한반도의 통일을 견제·방해하는 심리도 가지고 있을 것이다. 통일 이후에 한국은 지정학적으로 중국을 압박할수도 있다. 즉, 한국이 몽골, 베트남, 인도와 연합하거나, 미국, 일본과 밀접한 관계를 맺으면서 중국을 압박한다면, 이는 중국에 심각한 위협이 될 수도 있다. 지금도 북한에 대한 중국의 입장은 명확하지 않다. 지금처럼 북한을 지원하는 비용을 감수하면서까지 북한을 유지시키는 것을 원하는지, 남한 주도의 통일 이후에 새로운 차원의 협력을 원하는지에 대한 입장이 명확하지 않다.

따라서 한국은 전통적인 우방인 미국과의 관계를 유지하면서 중국과도 멀어지지 않는 것이 중요하다. 또 한국도 정치적으로는 민주적이고 경제적으로는 교역을 중시하는 국가라는 점을 보여줄 필요가 있다. 특히 한국의 통일이 주변국의 안전에 도움이 된다는 점을 보여줄 필요가 있다. 역사적인 배경 때문에 한국, 일본, 중국의 3국은 서로를 경계하고 견제하려고 한다. 특히 한국의 통일과 가장 밀접한 이해관계를 가지고 있으면서 한국의 통일을 경계의 눈초리로 바라보는 국가는 중국, 그다음은 일본일 것이다.

1) 중국

중국의 한반도 정책은 전통적으로 '북한 완충 지대론'에 근거하고 있다. 이는 북한을 통해 미국을 비롯한 해양 세력을 막는다는 지정학적 논리이다. 실제로 중국에게는 현재의 한반도 분단 상황이 나쁘지 않다. 북한이라는 존재가 있어 남한에 대해 유리한 입장을 점하는 경우가 많다. 또 북한이 자본주의 체제와 중국이라는 사회주의 체제 사이의 완충 지대 역할도 하고 있다. 이에 따라 중국은 한반도 분단 상태의 안정적 관리가 국익에 부합한다고 여기면서 북한을 지원해왔다.

한편으로는 북한의 갑작스러운 붕괴로 인한 북한 난민의 중국 유입, 북한을 지원해서 생기는 경제적 손실 등의 부담도 가지고 있다. 따라서 한국은 한반도의 분단 유지가 중국의 국익에 부합되지 않는다는 것을 인식시키는 작업이 필요하다. 대통령 직속 자문기관인 민주평화통일자문회의는 2010년 『한반도 통일이 주변 4국에 주는 영향과 이익』이란 보고서를 작성했다. 이 보고서의 '한반도 현상 유지가 중국 국익에 부합한다는 주장의 문제점'이라는 항목에서는 북한 체제 유지가 중국의 국가적 이익에 부합하지 않는 열 가지 이유를 제시했다.

첫째, '북한의 비핵화 의지'와 관련해서 중국에 대한 의심이 고조된다. 북한이 핵무기 개발을 계속하고 국제사회와 대치하는 상황이 장기화되면 점차 북한이 중국의 '전략적 자산'에서 '전략적 부담'으로 작용할 것이다. 중국이 핵무기를 개발하는 북한 정권의 안보를 위해 경제 및 전략 물자의 지원을 지속할 경우 국제사회는 중국을 의심할 수밖에 없다.

둘째, 북한을 대신하여 외교 갈등의 악역을 수행하게 된다. 북한은 탈북자 문제, 미사일 발사, 핵실험, 6자 회담 보이콧 등으로 중국을 외교적으로 난처하게 만들고, 미국을 비롯한 주변국과 갈등을 빚게 하는 악역을 중국에 강요하고 있다.

셋째, 중국의 국익을 위해 타민족의 갈등을 이용하는 비도적적 국가로 인식된다. 자국의 이익을 위해 타국의 국토 분단, 민족 내부 갈등을 이용하여 어부지리를 취하겠다는 것은 비도덕적일 뿐만 아니라 책임 있는 대국으로서 취할 태도가 아니라는 비판이 제기될 수 있다.[6]

넷째, 중국의 평화적 발전 논리가 타격을 받는다. 중국의 부상이 세계와 주변 국가에 위협이 될 것이라는 '중국 위협론'이 제기되는 상황에서 앞의 셋째와 같은 논리가 확산되는 것은 주변국의 의심만 가중시키고 중국의 부상이 타국에 위협이 되지 않는다는 '평화적 발전' 논리도 허구임을 드러

---

6 2006년 11월 중국 중앙 방송의 경제 채널(CCTV-2)은 12부작 다큐멘터리 <대국굴기(大國崛起)>를 방영했다. 이 프로그램은 15세기 포르투갈과 스페인에서부터 네덜란드, 영국, 프랑스, 독일, 일본, 러시아, 미국의 순서로 근대사의 강국들이 어떤 과정을 거쳐 출현했는지를 탐구하는 내용으로 구성되어 있다(위키백과). 원래 중국 공산당 핵심 지도부의 집체학습 내용을 근거로 제작된 것이다. 12부 결론(大道行思)에서 영원한 강대국은 없으며, 강대국이 되려면 '하드 파워'와 함께 '소프트 파워'가 뒷받침되어야 한다고 결론짓고 있다. 이는 ① 경제성장이라는 하드 파워를 따라가지 못하는 중국의 빈약한 소프트 파워로 인한 국제사회에서의 리더십 부재, 국제사회의 경계의 눈초리에 대한 대응 모색과 ② 중국 지도부의 국가 비전을 중국 인민들과 공유하기 위한 노력이다. 이와 같은 이유로 중앙 방송에서 방송되었는데도, 이념을 배제하면서 객관적인 시각으로 문제를 제기하고 있다(임형백, 2012b: 162). 중국은 개발원조위원회(Development Assistance Committee: DAC) 회원국도 아니고 중국의 대(對)아프리카 ODA는 2005년부터 시작되었지만, 규모는 한국의 약 180배이다. 더구나 정부 청사, 종합 운동장, 도로 등을 건설하는 물량 공세가 단기간에 결정되어 이루어지기도 한다. 한국이 물량 공세로 대적할 수는 없다. 하지만 반발도 만만치 않다. 왜냐하면 중국은 자원 외교에 치중하고, 원조액의 상당수를 현물(중국 제품)로 지급하며, 중국 노동자를 동반하고 이들이 현지에 잔류하며, 부실 공사가 많기 때문이다. 현지에 인민해방군까지 동반하는가 하면, 다르푸르(Darfur)에서는 인종 청소를 저지른 수단 정부에 무기와 탄약까지 판매했다. 현재 수단의 유전 자원을 보유하고 있는 중국은 수단 정부의 가장 큰 자금줄이다(임형백, 2012d: 142).

낸다.

다섯째, 북한을 계속 비호할 경우 한미 동맹만 강화된다. 천안함 사건에서 보듯이 중국이 한국의 이해를 무시하고 북한을 비호하는 상황이 계속된다면 한국도 한미 동맹 강화 이외에는 선택의 여지가 없다. 북한의 도발 행위는 한·미·일 공조체제를 공고하게 만들고 미·일의 대중 견제를 강화하는 결과를 가져온다.

여섯째, 중국이 통일을 방해한다는 반감이 북한 내부에서도 나타난다. 한반도 통일은 역사적 필연이기 때문에 중국이 시대착오적인 북한 정권을 계속 지지한다면 한국 국민뿐만 아니라 각성한 북한 주민들마저 중국에 대한 반감이 커질 것이다.

일곱째, 북한의 핵이 중국의 분리·독립 세력에 유출될 우려가 있다. 북한의 핵무기 보유와 확산은 한·미·일뿐만 아니라 중국 안보에도 심각한 위협이 된다. 만약 북한 핵무기가 잘못하여 신장이나 티베트의 분리·독립주의 세력의 손으로 들어갈 경우 상상하기 어려운 결과를 초래할 수 있다.

여덟째, 타이완과의 통일을 막는 분열 세력이 득세한다. 하나의 중국과 타이완 통일을 추구하는 중국이 '한반도 분단과 두 개의 한국이 중국의 국익에 유리하다'고 선언한다면 같은 이유로 중국 내부 혼란과 양안(兩岸) 분열 고취 세력에게 힘을 실어주는 결과가 된다.

아홉째, 대량 탈북 시에는 동북 3성의 관할이 어려워진다. 북한은 외부 문명 세계와 스스로 단절하여 국제적 고립을 선택했다. 선군정치하에서 민생이 도탄에 빠지고 대량 탈북 사태가 발생하고 있다. 이런 폐쇄적인 북한 때문에 중국의 동북 3성은 섬과 같은 내륙 지역으로 전락한다.

열째, '밑 빠진 독' 원조에 중국 내부의 반발이 발생한다. 중국 내에도 농업, 실업, 빈곤 문제가 산적한 마당에 밑 빠진 독에 물 붓기 식 대북 원조에 대해 중국 국민도 반대하기 시작한다. 중국에서도 한민족은 본래 자주 정신과 민족의식이 강해 (중국의) 분단 정책은 장기적으로 성공할 수 없다는 주장이 제기된다.

2) 일본

일본은 중국의 부상으로 인한 아시아의 주도권 상실을 두려워할 것이고, 동시에 통일 한국이 가져올 득과 실을 따질 것이다. 특히 근대 이후 아시아에서 최강국이라고 자부해온 일본의 추락은 아시아에서의 주도권 상실을 더욱 두려워하게 만들었다. 나아가 경제 침체는 일본 우익의 입지를 강화시킬 것이다. 그렇기에 일본이 경제 분야에서 상실해가는 주도권을 다시 군사력 분야에서 찾으려는 무모한 시도를 할 가능성도 배제할 수 없다.

한반도의 평화통일은 일본의 안보적 이해에도 부합된다. 만약 한반도에서 평화통일이 이룩된다면 한국과 일본은 각각 미국과 동맹 관계를 유지할 것이고, 이 지역의 평화와 안정을 위해 한일 양국에 미군이 계속 주둔해주도록 요청할 것이다. 평화통일 과정에서 창출된 새로운 경제적 기회들은 일본의 이해에도 부합될 것이다(아머코스트, 2000: 55).

한편 통일 한국이 중국과 일본 사이에서 중립 외교를 취하면서 이득을 취한다면 일본은 입지가 좁아진다. 특히 이미 중국이 세계 제2위의 경제 대국이 된 상황에서 한국마저 더 강대해진다면 일본은 아시아에서 그 위상이 격하되고 섬나라라는 지리적 약점이 더 부각될 수 있다.

11

동북아시아의 공간구조 변화와 한반도

|

The Spatial Structure Changes of Northeast Asia and Korea

1. 동북아시아의 성장

동아시아(남한, 일본, 타이완, 홍콩, 싱가포르, 중국, 인도네시아, 필리핀)는 서구적 방식(western ways)과 아시아적 관습 및 전통(asian practices and traditions)을 결합시켜 가장 성공적으로 발전한 지역이다(Wiarda, 1997: 10~11). 일부 학자들은 모든 것을 종합적으로 고려할 때 동아시아의 발달은 서구보다 성공적이었다고 평가하기도 한다. 이러한 이유로 냉전 이후에는 서구의 모델보다 우수한 대안으로서 아시아 모델(asian model)이 주장되기도 했다. 또 국가가 경제를 직접 관리하지는 않지만, 강력한 국가가 발전과 관련이 있다는 것이 가장 유력한 가설이다. 그러나 단 하나의 아시아 모델은 존재하지 않는다(Moody Jr., 1997).

서울에서 3시간 비행 거리에 있는 인구 100만 이상 도시로 43개가 있는데, 이는 잠재적 항공 수요가 매우 크다는 것을 말해준다. 이미 인천공항은 동북아 최대의 공항으로 자리를 잡았고, 2000년 대한항공의 화물 수송량은 63억 5,700만FTK(= 수송 중량 × 수송 거리)로 세계 제2위를 차지하고 있

〈표 11-1〉아시아 모델

	아시아 국가		서구 국가
아시아 국가가 공유한 공통점	문화적	>	경제적 정치적
아시아 가치	집산주의(collectivism)	상호 모순	개인주의(individualism)
비고	· 단 하나의 아시아 모델은 존재하지 않는다. · 아시아 각국은 상이한 발전 경로를 갖고 있다. · 집산주의는 개인주의의 대안으로서는 지나치게 광범위한 어휘이다. · 유교는 운영 기풍(operating ethos)을 이해하는 데 도움이 된다. · 고등교육을 받은 아시아인들은 유교를 시대에 뒤떨어진 것으로 여기는 경향이 있다. · 아시아 모델은 비록 지배적인 근대화 패러다임의 대안을 제시하지는 못했지만, 진정한 인간 성취와 무시할 수 없는 가치를 반영하고 있다.		

자료: Moody Jr.(1997: 39~41) 참고.

〈표 11-2〉대륙별 인구 분포(2005년) (단위: 100만 명, %)

대륙 및 지역	인구수	구성비
아시아	3,905	60.4
유럽	728	11.3
아프리카	906	14.0
북아메리카	331	5.1
남아메리카	561	8.7
오세아니아	33	0.5
계	6,465	100.0

자료: 財團法人 矢野恒太紀念會(2005: 26).

다(남덕우, 2003: 27).

아시아의 경우, 대륙에 위치한 나라가 바다와 접한 '현관' 지역을 가지고 있으면 주로 그 주변에 산업과 소비 시장이 집중되는 경향이 있다(야마다 아쓰시, 2007: 172~173). 중국 동부 해안과 한반도, 그리고 일본열도를 포함하면 인구 6억 명의 경제 공동체가 탄생한다.

<표 11-3> 동북아 3국의 경제성장률

구분	한국	중국	일본	동북아 평균	세계 평균
1970~1979년	8.8	5.6	4.6	7.6	3.9
1980~1989년	9.0	10.0	3.9	7.6	3.0
1990~2000년	5.2	10.0	1.0	5.0	2.3

자료: Standard & Poor's DRI(2000).

<표 11-4> 동북아 경제권의 수출 비중 전망 (단위: %)

세계 전체		1980	1990	2000	2006~2020
아시아	아시아 전체	18.2	22.7	29.4	29.7
	동북아	10.8	13.8	17.1	18.3
NAFTA		18.5	16.6	20.1	19.1
EU		44.0	44.0	36.6	38.7
기타		19.3	16.8	13.9	12.5

자료: DRI-WEFA(2002).

2011년 글로벌 경제 순위는 미국, 중국, 일본, 독일, 프랑스, 브라질, 영국, 이탈리아, 러시아, 인도이다. 2020년에는 미국, 중국, 일본, 러시아, 인도, 브라질, 독일, 영국, 프랑스, 이탈리아 순서로 재편될 것으로 예상된다(CEBR, 2011.12). 한국을 둘러싼 미국, 중국, 일본, 러시아가 4대 경제 대국이 되고, 특히 한국은 중국, 일본, 러시아와 지리적으로 근접하게 된다.

한반도의 중심권인 수도권은 서울을 중심으로 한 메갈로폴리스가 될 수밖에 없다. 서울·수도권은 황해 공동체에서의 경쟁 상대인 베이징·톈진과 샹하이·양쯔 델타의 각기 3,000만 인구의 경제권과 겨룰 수 있도록 규모와 콘텐츠를 새롭게 구축해야 한다(김석철, 2005: 100~101).

공간 정책은 이상적인 도시 위계뿐만 아니라 중심지와 그 배후지들 간의 이상적인 기능적 관계도 창출되는 방향으로 지향되어야 한다(고어,

〈표 11-5〉 공간 개발에서의 중요한 연계

유형	요소
물리적 연계	· 도로망 · 수계망 · 철도망 · 생태학적 상호 의존
경제적 연계	· 시장 유형 · 원자재 및 중간재의 흐름 · 자본 흐름 · 생산 연계: 전후방 및 수평 · 소비, 쇼핑 유형 · 소득의 흐름 · 부문별 및 지역 간 상품의 흐름 · 교차 연계
인구 이동적 연계	· 이주: 일시적, 영구적 · 구직을 위한 여행
기술적 연계	· 기술의 상호 의존 · 관개체계 · 전기통신체계
사회적 상호 연계	· 방문 행태 · 친족 행태 · 의례, 의식 및 종교적 활동 · 사회적 집단의 상호작용
서비스 전달체계	· 에너지 흐름 및 네트워크 · 신용 및 재정적인 네트워크 · 교육, 훈련 및 교육 연계 · 건강 서비스 전달체계 · 직업적·상업적·기술적 서비스 형태 · 수송 서비스 체계
정치적·행정적·조직적 연계	· 구조적 관계 · 정부 예산의 흐름 · 조직적인 상호 의존 · 권위·승인·감독 형태 · 재판 관할구역 간의 취급 형태 · 정치적 의사결정 고리

자료: Rondinelli and Ruddle(1978), 고어(1997: 196) 재인용.

1997: 94).[1] 이럴 때 수도권으로의 집중을 부정할 것이 아니라 메갈로폴리스의 특성을 적절히 활용하고 문제점을 해결하는 방향으로 나아가야 한다. 이는 곧 수도권을 확대함으로써 농촌을 포용하고 외곽 도시들을 포괄하는 방식이다. 확대된 수도권이 과대도시(hyperpolis)로 변하지 않게 하려면 거대도시와 주변 도시, 그리고 농촌이 역할을 분담하는 재편이 이루어져야 한다. 메갈로폴리스에는 강력한 핵이 있지만, 거기에 흡수되기보다는 강력한 구심력에서부터 분리되는 스핀오프(spin-off) 정책을 펴는 것이 필요하다(김석철, 2005: 101).

2. 중국의 성장

1) 중국의 성장과 공간 변화

중국의 1949년 도시인구 비율은 10.6%였고, 개혁·개방이 시작된 1979년에도 18%에 불과했다. 그러나 2012년 1월에 도시인구(6억 9,079만 명)가 중국 전체 인구에서 차지하는 비중은 51.27%로, 50%를 넘어섰다(中國 國家統計局, 2012). 중국의 도시화는 영국, 미국은 물론이고 일본보다 훨씬 빠른 속도로 진행되고 있다. 2030년에는 도시인구가 10억 명을 넘고 비중은 70% 이상이 될 것으로 전망된다.[2]

---

1 공간 정책들은 공간구조와 공간체계의 조정을 통해서, 또는 '개발'이 이루어지는 공간 환경을 변화시킴으로써 그러한 정책 목적을 달성하려고 시도한다. 그러한 정책들을 추구하는 지역계획가들은 한 국가 내 도시들의 외부 환경 형성이란 견지에서, 그리고 교통망의 견지에서 물리적 기반 시설의 공간적 배분의 변화를 시도하고 있다(고어, 1997: 264).

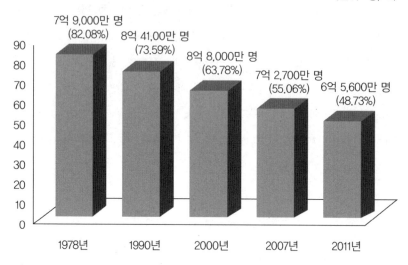

〈그림 11-1〉 중국의 농촌인구와 비율

(단위: 명, %)

자료: 中國 國家統計局(2012).

중국이 한국의 최대 교역 국가로 부상함과 동시에 세계시장에서 한국을
위협하는 경쟁자로 부상하고 있다. 다음의 <그림 11-2>에서 환황해 경제
권을 살펴보자. 한국의 최대 교역 국가로 부상하고 있는 중국을 살펴보면,
황해 반대편에 위치한 중국에는 빈하이 경제특구, 푸둥 경제특구, 다롄 경
제기술개발구, 친황다오 경제기술개발구, 옌타이 경제기술개발구, 칭다오
경제기술개발구, 롄윈강 경제기술개발구, 난퉁 경제기술개발구, 닝보 경제
기술개발구, 원저우 경제기술개발구가 위치하고 있다. 발해만 안쪽에 있는

---

2 중국의 도시화는 환경오염, 주택 문제, 교통 문제, 도시 빈민, 도시와 농촌 간의
   소득 격차, 농민공 등 다양한 문제를 수반하고 있다. 그동안 중국은 경제성장이
   수반한 이러한 사회 문제에 대해 침묵으로 일관했으나, 최근 들어 이에 대한 불
   만 표출이 강해지고 있다. 2011년 광저우(廣州) 시 바이윈(白雲) 구 왕강(望崗) 촌
   의 시위는 이러한 불만 표출의 대표적인 사례이다.

〈표 11-6〉 중국 3개 경제특구

특구	상하이 푸둥	톈진 빈하이	선전
설립 시기	1990년	2006년	1980년
특구 면적	533km^2	2,270km^2	396km^2
상주인구	약 270만 명	약 170만 명	약 870만 명
총생산액 추이	2007년 402억 8,821만 달러 2008년 461억 4,831만 달러 2009년 586억 1,569만 달러	2007년 346억 3,039만 달러 2008년 454억 4,167만 달러 2009년 550억 8,081만 달러	2007년 991억 1,502만 달러 2008년 1,143억 6,784만 달러 2009년 1,201억 5,015만 달러
기타	· 중국 최초의 종합 개혁구 · 6개 지역별로 역할을 달리해 개발 중이며 최근 국제 금융 허브로 도약 중	· 경제기술개발구로 출발해 2006년 종합개혁시험구로 지정	· 중국 최초의 경제특구 · 제조업 중심의 수출 가공 지역으로 출발

빈하이 경제특구만 하더라도 면적이 2,270km^{2}으로 상하이의 4배, 서울의 3.8배, 인천경제자유구역의 10배 크기에 해당한다. 따라서 국내 산업거점은 장기적으로는 서해안으로 이동할 것이다. 이미 자동차, 철강, 조선, 첨단 산업의 일부는 서해안으로 이동하고 있다(임형백, 2008b: 562).

다음의 <그림 11-2>에서 나타나듯이, 중국의 인구는 대부분 한국과 마주 보고 있는 중국 동부, 즉 황해 연안에 집중되어 있다. 또 뒤의 <그림 11-4>에서 볼 수 있듯이, 중국에서 55개 소수민족이 차지하는 비중은 10% 미만이지만, 55개 소수민족의 거주지가 차지하는 면적은 중국 영토의 60%를 넘는다. 중국에게 소수민족의 분리·독립은 국가의 존망과 직결되는 심각한 위기이며, 중국의 소수민족 문제는 구소련과는 전혀 다른 차원의 문제이다.

중국 서부에는 전체 수자원의 75%, 천연가스의 58%, 석탄의 30%가 매장되어 있다. 중국은 11차 5개년(2006~2010) 규획(規劃)에서 서부 지역개발을 위한 인프라 건설에 집중할 계획을 밝혔다. 이를 통해 경제적으로는 상대적으로 낙후된 서부 지역 경제를 육성하고, 동시에 자원을 효율적으로

〈그림 11-2〉 환황해 경제권

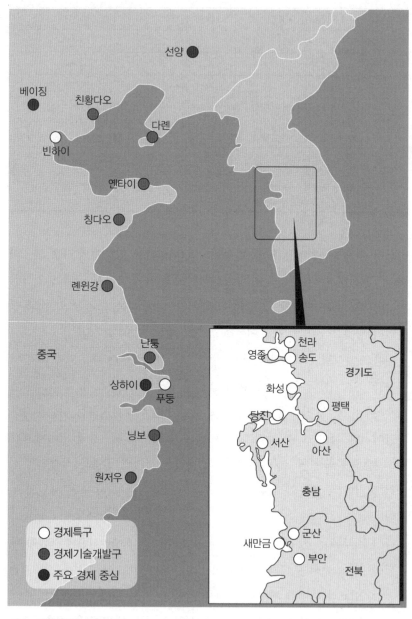

자료: ≪매일경제≫, 2008.1.14.

〈표 11-7〉 중국의 서부 대개발 개요

기간		· 2000~2050년
개발 대상		중국 서부 · 6개 성: 쓰촨(四川), 구이저우(貴州), 윈난(雲南), 산시(陝西), 간쑤(甘肅), 칭하이(靑海) · 3개 자치구: 시짱(西藏), 닝샤(寧夏), 신장(新疆) · 1개 직할시: 충칭(重慶)
		· 네이멍구(內蒙古), 광시(廣西) 자치구
면적		· 690만km²(중국 면적의 72%) · 인구는 3억 5,600만 명(중국 인구의 29%) · GDP 비중은 중국 전체의 18%
자원 매장량		· 수자원의 82% · 천연가스의 86% · 석탄의 36%
사업 분야	인프라 건설	· 도로·철도, 가스관, 발전설비 등 사회간접자본 · 서부 대개발의 핵심 사업
	환경 보전	· 민둥산의 밭에 풀과 나무를 심는 퇴경환림(退耕還林)
	산업구조 조정	· 국유 기업 개혁
	인재 육성	· 동부 인재들의 서부로의 이동을 위한 각종 혜택 · 서부에 학교, 연구소 등 교육 시설 확충
	개혁·개방 확대	· 서부로의 투자 유치를 위한 각종 혜택
기타		· 2000년부터 2005년까지 계획, 다음 15년간 기반 공사, 이후 35년간 본격 개발 · 국가 재정의 70%, 차관의 80% 투입 계획

자료: 중앙일보 특별취재팀(2002: 122~123) 참고·재정리.

활용하려는 것이다. 그리고 정치적으로는 한족의 이주를 통한 소수민족의 동화를 유도해 소수민족의 분리·독립운동을 차단하려는 것이다.

중국인들이 서부 대역사(大役事)라 부르는 서부 대개발의 주요한 사업은, ① 서부에 매장된 천연가스를 동부 연안 지역에 수송하는 서기동수(西氣東輸), ② 남쪽의 물을 끌어 수량이 부족한 북쪽 지역에 대는 남수북조(南水北調), ③ 세계 최대 수력발전소인 서부의 샨샤댐에서 생산할 전기를 동부로 보내는 서전동송(西電東送) 등이다.

이 같은 상황에서 한국은 우리와 인접한 중국이라는 국가를 고려하지 않을 수 없다. 현재 아시아에는 5~6개의 초광역권이 존재한다. 일본의 도쿄가 선두이고, 서울, 상하이, 베이징, 홍콩, 싱가포르가 경합하고 있다. 13억 인구의 중국과 세계 제2의 경제 대국 일본이 한국과 동등한 경제 공동체를 이루는 일은 실현하기 어렵다. 한국은 중국 인구의 1/30에 불과하고 일본 경제의 1/6 수준이기 때문이다. 중국이 성장을 계속하면 2020년 이후 세계는 미국과 중국이라는 두 초강대국의 대결로 치닫게 될 것이고, 그러한 미래는 미국도 중국도 원하지 않는다(김석철, 2005: 46).

한반도 공간 전략은 중국 동부 해안 도시군과 동북 3성, 한반도, 일본열도 서남해안 도시군이 이루는 황해 공동체를 전제로 한반도를 재조직하는 방향이 되어야 한다. 황해 공동체는 국가를 초월한 도시 경제권역들이 이루는 공동체이므로, 이를 전제로 한 공간 전략은 한반도의 경제권역을 어떻게 분할·조정하느냐에서부터 시작될 것이다(김석철, 2005: 98).

현재 한국은 정부가 지정한 경제자유구역의 제반 여건도 충분히 갖추어지지 않은 상황이다. 경제자유구역은 정치적 고려가 아닌 경제적 타당성과 국가의 장기적 비전을 고려해 지정되어야 한다. 또 이렇게 지정된 경제자유구역에 대해서는 충분한 제도적 지원을 해야 한다. 경제자유구역을 지정만 해놓고 세계에서 경쟁력을 가질 수 있을 정도의 제도적 지원이 이루어지지 않는다면 큰 의미가 없다. 전 지구적 무한 경쟁체제에 편입되어 있는 한국 경제는 어느 '특정 지역'에서만 기업 활동이 자유로운 개념 체계로는 충분하지 않다. 세계화는 말보다는 경제적 영토 확장에서 이루어진다.

2) 중국의 영토 분쟁

제2차 세계대전 이후의 국제 갈등에는 영토 분쟁이 큰 몫을 차지해왔다.

영국 일간지 ≪파이낸셜 타임스≫는 2011년 4월 27일 아시아의 대표 분쟁 지역 일곱 곳을 꼽으면서 '중국의 부상'이 분쟁 격화의 첫 번째 요인이라고 지적했다. ≪파이낸셜 타임스≫가 꼽은 분쟁 지역 중 중국이 관련된 곳은 남중국해, 센카쿠(尖閣, 중국명 釣魚島), 카슈미르(Kashmir), 타이완, 아루나찰 프라데시(Arunachal Pradesh) 등이다. 중국은 자신들이 이른바 '핵심 국익(core national interest)'으로 규정한 사항에 대해 비타협적인 태도를 유지하고 있다.

(1) 남중국해

남중국해의 갈등 구도는 복잡하다. ≪파이낸셜 타임스≫는 "중국 학자들은 남중국해를 중국의 핵심 국익이 걸린 지역으로 간주한다"라고 전했다(≪한국일보≫, 2011.4.27).

시사(西沙, 파라셀(Paracel)) 군도에는 중국, 베트남, 타이완의 이해관계가 얽혀 있다. 1956년 프랑스가 파라셀에서 철수한 후 이곳에 대한 영유권을 넘겨받은 남베트남과 중국 간의 영유권 분쟁이 시작되었다. 1974년 중국과 남베트남은 시사 군도에서 시사 해전(파라셀 해전)을 벌였다.

난사(南沙) 군도는 남중국해의 남쪽 지점, 즉 필리핀 팔라완(Palawan)의 서쪽으로 약 150마일, 말레이시아 사바(Sabah)의 북쪽으로 약 200마일, 중국 하이난(海南)의 남쪽으로 약 600마일, 타이완의 남서쪽으로 약 750마일, 베트남의 동쪽으로 약 280마일에 위치해 있다. 240여 개의 섬들로 구성되어 있으며, 총면적은 한반도의 세 배가 넘는 약 80만km²에 이른다. 이 중 면적이 0.1km²가 넘는 것은 고작 7개 섬들뿐이며, 나머지는 암초, 산호초 등으로 이루어져 있는 매우 작은 섬들이다(Parrenas, 1993: 13~37).

난사 군도에는 중국, 베트남(베트남식 명칭은 쯔엉사 군도), 타이완, 필리핀 (필리핀식 명칭은 스프래틀리(Spratly) 군도)), 말레이시아, 브루나이의 이해관계가 얽혀 있다. 난사 군도는 베트남(27개), 필리핀(7개), 말레이시아(3개), 인도네시아(2개), 브루나이(1개), 중국(9개) 등이 부분적으로 실효 지배를 하고 있다. 그러나 중국은 남중국해의 여러 군도 중에서 가장 규모가 큰 난사 군도 전체를 자국의 영토라고 주장하고 있다. 1988년에는 중국과 베트남이 난사 츠과쟈오(赤瓜礁) 해전을 벌인 바 있다

난사 군도는 경제적·전략적 요충지일 뿐만 아니라 석유와 천연가스가 풍부하여 각국의 이해관계가 첨예하게 대립하고 있다. 중국 국토자원부의 통계에 따르면, 남중국해의 석유 매장량은 230~300억 톤(중국 전체 매장량의 1/3)이다. 중국이 2007년부터 이 지역 관할권을 강화하면서 논란이 커졌다. 2007년에는 중국의 해경 경비정이 호찌민 시 동쪽으로 350km 떨어진 난사 군도 해역에서 작업 중인 베트남 어선에 발포를 하는 사건도 있었다(이주하, 2008: 19). 2011년 중국은 난사 군도 주변에 새로운 구조물을 설치하는 등 강경 대응하고 있다. 그런가 하면 2012년 베트남은 분쟁지를 자국 땅으로 표시한 중국인 111명의 여권에 '무효' 직인을 날인했다.

(2) 센카쿠

센카쿠 열도는 일본 오키나와에서 서남쪽으로 약 400km, 중국에서 동쪽으로 약 350km, 타이완에서 북동쪽으로 약 190km 떨어진 동중국해상에 위치하고 있다(박광섭, 2006: 90). 다섯 개의 무인도와 세 개의 암초로 구성된 군도로 총면적은 6.3km^{2}이며, 타이완과 류큐(琉球) 제도 사이에 있다.

1895년 청일전쟁 와중에 일본 제국은 이 군도를 무주지(無主地)라며 일방적으로 일본 영토로 편입시켰다. 제2차 세계대전이 끝나고 미국은 이 군도를 미국이 위임통치하는 오키나와의 관할 안에 두었고, 1972년 오키나와 반환 이후 일본이 실효 지배를 하고 있다. 그러나 중국뿐만 아니라 타이완도 영유권을 주장하고 있어서 분쟁이 끊이지 않고 있다(위키백과). 센카쿠

열도 수역에는 석유가 대량으로 매장되어 있는 것으로 추정된다.

중국 외교부는 해양 권익 보호체제를 강화했다(사토 마사루, 2012: 242). 또 2011년 9월 중국 어선이 일본 순시선을 들이받은 뒤 선장이 구속되자, 중국은 일본에 희토류(rare-earth metals) 수출을 중단하는 강경책을 사용하여 외교전에서 일방적으로 승리했다. 타이완의 경우 1949년 국공내전 끝에 국민당이 도망가자 중국은 여러 차례 위협을 가했고, 1958년엔 진먼도(金門島) 포격전도 있었다. 또 미국이 타이완을 지원하면서 미국과 중국의 대리전 양상이 나타나기도 했다.

(3) 카슈미르

카슈미르 지역은 인도의 북부와 파키스탄의 북동부, 그리고 중국의 서부와 경계를 이루고 있는데, 면적은 22만여km^{2}로 한반도 넓이와 비슷하다. 인도, 파키스탄, 중국 세 나라의 접경 지역인 카슈미르의 경우 1947년 영국의 식민 지배가 끝나면서 분쟁이 시작되었다. 1948년 7월 인도령(Jammu and Kashmir)과 파키스탄령(Azad Kashmir)으로 양분된 이래 인도와 파키스탄 사이에 두 차례나 전쟁이 벌어졌다.

중국과 인도 사이의 대립도 심각하다. 1965년 9월 중국의 개입으로 인도-파키스탄 전쟁은 더욱 복잡한 양상으로 전개되었다. 이미 두 차례(1959년과 1962년) 인도와 국경 충돌을 벌인 바 있는 중국이 파키스탄 측을 지지하면서 중국-인도 접경 지역에서 인도군의 철수를 요구했기 때문이다. 인도 북동부의 시킴(Sikkim)과 중국의 티베트 접경에서 인도-중국 간 교전이 발생하기도 했다.

(4) 타이완

중국과 타이완의 분쟁은 1911년 신해혁명 계승자로서의 중화민국(국민당)과 1949년 중국을 대표하는 중화인민공화국(공산당) 간의 체제 정통성 문제 및 경제, 외교, 문화, 군사를 포괄하는 전 분야적 대립이다. 1945년 8월 일본의 항복 이후 1946년 7월 공산당과 국민당 간의 내전에서 국민당이 패배한 후 타이완으로 망명했다. 장제스(蔣介石)와 장징궈(蔣經國) 총통 집권 시 (1949~1988)에는 본토 수복 및 통일이 국시로 정해졌다. 1991년 이후 타이완은 본토 수복의 포기를 선언했으나, 중국은 타이완을 자국의 1개 성으로 간주하여 국제적 지위를 인정하지 않고 있다.

한편 타이완에는 인구의 15%를 차지하는 중국 본토에서 온 이주민과 인구의 85%를 차지하는 타이완 원주민 사이에 지리적 격리(regional segregation)가 존재한다. 외성인이라 불리는 이주민은 주로 북쪽에 거주하고, 본성인이라 불리는 타이완 원주민은 주로 남쪽에 거주하는데, 이들 외성인과 본성인은 서로 다른 민족이기 때문에 화합이 쉽지 않다.[3] 외성인은 적산(敵産, 일제의 재산)을 독점하여 적은 수에도 불구하고 정치적 영향력을 키워왔다. 이런 이유로 타이완에서는 지역 갈등 대신 '성적(省籍) 갈등'이라는 표현이 사용되며, 본성인에게 중국은 점령자들이 한때 살았던 외국일 뿐이다.

타이완 문제의 향방은 중국 내부뿐만 아니라 한반도를 비롯한 동북아의 장래에 심각한 영향을 주는 요인으로 작용할 것이다. 타이완 독립 문제를 둘러싸고 양안 간의 갈등이 격화되고, 이러한 갈등이 중국과 타이완의 전쟁으로 비화된다면, 기본적으로 이것을 자국의 문제로 규정하고 있는 중국과 타이완에 지대한 전략적 이해관계를 가지고 있는 미국·일본이 격렬하게 충돌할 가능성을 배제할 수 없다(홍면기, 2006: 55).

---

3 유럽에서 이러한 대표적인 예가 영국이다. 영국도 이주민인 게르만족 계열의 앵글족과 색슨족이 평야 지대인 잉글랜드를 차지하고, 이전에 거주하던 켈트족은 스코틀랜드와 웨일스, 아일랜드로 쫓겨났다.

(5) 아루나찰 프라데시

중국과 인도는 1962년 인도 동북부 지역의 악사이친〔Aksai Chin, 중국명은 짱난(藏南)〕 국경 분쟁을 시작으로 크고 작은 영토 분쟁을 끊임없이 계속해 왔다. 특히 티베트 망명정부를 인도가 보호해주고 있어 정치적·외교적 관계도 불편하다.

두 나라의 국경 분쟁은 1950년대 말 악사이친에 대해 양국이 영유권을 주장하면서 촉발되었다. 여기에다 1959년 티베트 라싸(拉薩)에서 발생한 분리·독립 시위를 인도가 지원하고, 티베트의 정신적 지도자인 달라이 라마에게 은신처를 제공한 것으로 알려지면서 더욱더 악화되었다. 그러던 중 1962년 악사이친에서의 국지전은 1개월 만에 중국의 일방적인 승리로 끝났다. 이후 인도는 이곳에 약 2만 명의 병력을 배치해놓았고, 중국도 이에 대응하고 있다.

인도는 중국이 실효 지배를 하고 있는 악사이친 지역 중 약 4만km^{2}가 자국 영토라고 주장한다. 인도는 자국의 최대 적인 파키스탄의 동맹국이자 무기 공급책인 중국을 경계하고 있고, 중국은 인도가 티베트 유민 12만 명의 체류를 허용하고 있다면서 반발하고 있다(≪중앙일보≫, 2012.11.26).

현재 영토 분쟁이 진행 중인 지역은 아루나찰 프라데시이다. 아루나찰 프라데시 주는 인도의 행정구역 가운데 하나로, 면적은 8만 3,743km^{2}이며, 인구는 96만 5,000명(1994년 기준), 주도는 이타나가르(Itanagar)이다. 영어와 힌디어를 공용어로 사용한다(위키백과).

영국 식민지 시절이었던 1914년 인도는 영국을 등에 업고 '맥마흔 라인 (McMahon Line)'을 국경선으로 획정하면서 아루나찰 프라데시 주를 인도 영토로 편입시켰다. 타왕(Tawang)은 아루나찰 프라데시 주에 속한 지역으로, 부탄과 중국(티베트), 인도의 국경이 만나는 곳이다. 인도는 1914년 인도를 식민 지배한 영국이 티베트의 자치를 인정해주는 대가로 타왕을 받아낸

<그림 11-3> 아시아 역대 주요 영토 분쟁 지역

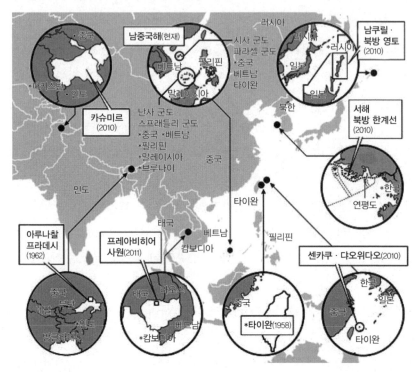

주: *는 실효 지배 중인 국가를 가리키며, 괄호 안은 최근의 갈등 시점이다.
자료: ≪한국일보≫, 2011.4.27 재인용.

것이므로 인도 영토라고 주장한다.

반면 중국은 타왕이 한때 티베트의 일부였기 때문에 당연히 중국에 속한다고 주장한다. 중국은 타왕을 남티베트[중국명은 난짱(南藏)]라고 주장해 왔고, 중국군이 1986년 말부터 타왕에서 북동쪽으로 68km 떨어진 지역의 28km²가량의 땅을 26년째 불법으로 점령하고 있다. 2011년 8월에는 중국이 티베트와 인도 아루나찰 프라데시 주 접경 지역에 있는 성벽을 파괴하는 사건도 있었다.

〈표 11-8〉 중국과 각국의 견제 및 협력

국가		내용
러시아	협력	· 러시아는 중국과 군사적 협력을 통해 미국 견제 · 중국은 러시아의 에너지 요구
	견제	· 중국의 중앙아시아 진출로 러시아와의 갈등 잠복 · 러시아는 최근 일본과 해상 군사훈련을 통해 중국 견제
아프리카*	협력	· 중국은 대규모 차관 공여 · 아프리카는 에너지 제공
	견제	· 카다피(리비아), 무바라크(이집트) 등 중국 우호 세력 몰락 · 중국의 아프리카 공정 가속화에 따른 반발과 경계 확산 · 경기 침체로 영국과 미국 등이 원조를 줄이면서, 이를 대체하는 중국에 대해 간접적 견제
일본	견제	· 중국의 군사력 강화 및 아시아 내 경제 패권 확보 시도에 따른 경계 · 방위백서에 가상의 적으로 중국을 상정
몽골	협력	· 몽골 대외무역의 절대 부분을 중국에 치중
	견제	· 중국의 부속국으로의 전락을 막기 위해 중국인 입국 제한 · 달라이 라마의 방문을 허용해 중국을 자극 · 칭기즈칸을 중국의 역사로 왜곡하면서 역사 분쟁**
라오스, 캄보디아, 미얀마	협력	· 중국과의 대외무역 확대 추세 · 아직 중국의 대(對)동남아 국가 내 발언권은 크지 않음
북한	협력	· 중국에 경제 의존
베트남, 필리핀	견제	· 난사 군도 영해권 분쟁 격화 · 노골적 반중 정책
인도	견제	· 미국과 손잡고 중국의 경제 및 군사 팽창 방어 · 중국의 인도양 진출 시도 및 파키스탄 지원에 강력 대항 · 중국과 국경 분쟁
오스트레 일리아	견제	· 미국의 맹방으로서 대(對)중국 포위 전략에 협조 · 오스트레일리아 북부 다윈(Darwin)에 미군 주둔 허용
파키스탄	협력	· 중국을 끌어들여 인도 견제

* 앞에서 언급했듯이, 중국은 자원 외교에 치중하면서 특히 중동과 북아프리카의 민주화 격변기에 독재자의 편에 선 결과, 국제 무대의 존경이라는 소프트 파워를 잃었다. 인종 청소를 저지른 수단 정부에 무기와 탄약을 판매하고, 그 대가로 원유 채굴권을 획득했다. 이 때문에 중국은 자국의 이익을 위해 다른 나라의 민주화를 방해하고 불행을 이용한다는 오명까지 얻었다.

** 과거 고구려의 영토와 몽골의 영토는 오늘날 중국의 영토가 되었다. 그렇다고 과거의 고구려인이나 몽골인까지 중국인이라고 주장할 수는 없으며, 역사도 마찬가지이다(임형백, 2010e: 13). 이는 지식인까지 정치에 동원된 환부역조(換父易祖)일 뿐이다.

자료: ≪동아일보≫, 2011.11.19.

3) 아시아 국가의 중국 견제

아시아에서 베트남과 필리핀은 노골적인 반중국 정책을 표방하고 있고, 라오스, 캄보디아, 미얀마[4] 등 3개국 정도만이 친중국으로 분류된다. 그러나 미얀마도 최근 힐러리 클린턴 미국 국무장관의 방문 이후 미국 쪽으로 기울고 있다. 앞에서 이야기했듯이, 특히 중국은 2011년 센카쿠 열도를 두고 일본과 대립했을 때 희토류를 무기로 일방적 승리를 거두었는데, 이것은 중국의 하드 파워를 입증한 한편으로, 중국에 대한 국제사회의 경계의 눈초리를 강화하는 계기도 되었다(좀 더 자세한 내용은 앞의 <표 11-8> 참조).

3. 한국과 중국의 영토 분쟁[5]

1) 중화사상의 붕괴

문명화된 세계로서의 중국이 지향하는 이상형은 통일된 '하나'의 중국이다. 고문헌은 하(夏) 왕조(기원전 2000~기원전 1600),[6] 상(商) 왕조(기원전 1600~

---

4 유엔인권보장이사회에서 장제스 정부는 미얀마의 유엔 가입을 지지했다. 그런데 1949년 10월 1일 베이징에 공산당 정권이 들어서자 미얀마는 이를 승인했다. 미얀마는 비공산국가로서는 중공을 승인한 최초의 국가였다(마이어, 1994: 157~158).
5 이 부분은 임형백(2012b)의 일부분을 수정·요약한 것이다.
6 하 왕조는 아직도 신화 속의 국가로 간주된다(드벤-프랑포르, 2000: 53). 중국은 하 왕조 이전을 실재 역사로 만들고, 여기에서 오늘날의 중국인뿐만 아니라 북방 유목민이 모두 갈라져 나왔다고 왜곡함으로써, 현재 중국 영토 내의 소수민족도 모두 동일한 조상을 가진 중화 민족이라고 주장한다. 그 전초 단계로서 고구

기원전 1046),[7] 주(周) 왕조(기원전 1046~기원전 256)를 언급하면서 그 주변국에 대해서는 전혀 전하는 바가 없다. 그 기록에 따를 때 이 세 왕조는 중국의 선사 시대 말기와 문명 시대 초기를 나타낸다. 결국 전승 사료에 따르면, 청동기 시대는 문명 세계의 요람이라는 황하 유역에 자리 잡은 이 세 왕조로 요약된다. 1928년 이후 수차례에 걸쳐 진행된 안양(安陽)의 발굴 작업은 이 세 왕조의 중심에 있던 안양이 문명의 근원지라는 이상적인 시각을 더욱 확신시켜주었다(드벤-프랑포르, 2000: 53).

한때는 이 세 왕조가 전 왕조를 계승한 것으로 인식되었으나, 현재는 이 세 왕조가 시기와 영토 면에서 서로 중복되는 것으로 이해되고 있다(Roberts, 2006: 4). 더구나 한족의 전신인 화하족(華夏族)도 동일한 혈연 부락으로부터 기원하지 않았다. 화하족은 춘추 시대에 하족(夏族)·상족(商族)·주족(周族)의 세 부족 후예들이 서로 융합하는 과정에서 탄생한 하나의 혼혈 민족이다. 이들은 자신들을 '제하(諸夏)'라 칭하고, 다른 부락이나 부락군(部落群)과 구별했다(류제헌, 1999: 180). 황하의 풍부한 물을 이용해 문명을 이룩해가면서 점차 주변의 야만국들을 흡수해갔던 중원(中原)[8]은 오랜 세월 동안 중국의

려사를 왜곡하는 것이지, 고구려사 왜곡이 궁극적 지향점은 결코 아니다.

7 역사적으로 실재했다고 간주되는 중국 최초의 왕조이다. 주나라를 비롯한 다른 나라에서 '은(殷)'이라는 이름으로 불렀으므로 '은'이라는 이름이 더 잘 알려져 있다. 스스로의 나라 이름을 칭할 때는 은나라를 세운 부족 이름인 '상(商)'이라는 이름을 더 많이 사용했기 때문에 학계에서는 '상'이라는 이름으로 통일해 부르고 있다. 19세기 말까지 전설상의 왕조로만 다루었으나, 20세기 초에 은허가 발굴되고 고고학적 증거들이 나타나 실재하는 왕조였음이 인정되었다(위키백과).

8 원래는 현재의 허난(河南) 성을 중심으로 산둥(山東) 성 서부, 산시(陝西) 성 동부에 걸친 황허(黃河) 강 중·하류 유역을 가리키며, 한족(중국인)의 발원지로 간주된다. 이후 한족의 세력이 남쪽의 양쯔(揚子) 강 유역 일대와 서쪽으로까지 넓어지면서, 중원의 의미도 허난 성을 중심으로 화북평원(華北平原)까지 포괄하는 것으로 확장되었다.

중심지였고, 상나라의 갑골문자가 발굴된 허난 성 안양 현이 바로 그 상징이었다(드벤-프랑포르, 2000: 34).[9]

한편 고고학 현장에서 중국과 외국의 협력을 전면 금지했던 1950년의 법이 고고학 발전을 위해서 마침내 폐지되었다. 이후로 답사 지역의 범위도 넓어져 중원 너머까지 확장되었다. 그래서 이전 같으면 변방 지역, 변방 민족으로 소외당했을 소수민족과 그들 주변 지역도 연구 대상이 되었다. 때때로 이런 변방에서 중앙의 유적들보다 훨씬 더 오래된 유적이 발견되기도 했는데, 중국이 세계의 중심이라는 중화사상(中華思想)에서 유래한 이상적 중국 문명의 이미지가 이처럼 변방에서 발견된 유적의 현실 앞에서 무너져 내리지 않을 수 없었다(드벤-프랑포르, 2000: 35).

기존의 세계 4대 문명은 이집트 문명, 인더스 문명, 메소포타미아 문명, 그리고 황하 문명이었다. 동양권에는 황하 문명만이 발견되었고, 따라서 중국은 모든 문명은 중원에서 나왔다는 '일원일체역사관'을 정설로 주장해 왔다. 그러나 중국인(한족)으로 규정할 수 있는 민족이 형성되기 시작한 것은 고작해야 기원전 2000년 전반의 일이다. 한족의 출현은 황허 강 하류의 황토 평야라는 아주 협소한 공간에서 이루어졌고, 여러 개의 민족·언어 집단에 속하는 비균질적 그룹들로 구성되었다(리샤르 외, 2004: 314). 결국 중국인(한족)은 중원에서 탄생한 화하족이라는 혼혈 민족에 인종적으로 끊임없이 다른 민족이 융화된 거대한 문화 변용(acculturation)의 결과이다.

중국은 다른 문명보다 약 1,000년이나 시기적으로 뒤진다는 콤플렉스를 극복하기 위해, 다른 고대 문명보다 더 오래된 문명을 찾아 헤맸다. 그러

---

9 주쟌룽(朱建榮) 일본 도요가쿠엔(東洋學院) 대학 교수는 "수천 년의 역사에서 중국의 동서남북에는 중국보다 우월한 고도의 문명이 존재하지 않았다. 따라서 중국은 자국의 역사 속에서 미래에 대한 교훈과 힌트를 찾아야 한다"라고까지 주장했다(朱建榮, 2005).

다가 1980년대에 요하(遼河, 랴오허) 문명을 발견했는데, 이때 요하 문명이 이집트 문명, 인더스 문명, 메소포타미아 문명 등 다른 문명보다 1,000여 년 앞섰다는 점에서 환호했다.

예로부터 한족은 만리장성을 '북방 한계선'으로 하여 야만인이라고 여겨온 북방 민족들과는 분명한 경계를 두었다. 그런데 1980년대에 들어서면서 장성 밖 요하 지역에서 중원 문화보다 시기적으로 앞서고 발달된 신석기 문화가 속속 확인되었다. 특히 기원전 3500년까지 올라가고 대규모 적석총·제단·여신묘(女神廟)가 확인되어 '초기 국가 단계'에 진입했다고 보이는 홍산문화(紅山文化) 우하량(牛河梁) 유적지의 발견은 중화인민공화국으로서는 충격이었다(우실하, 2008: 15).

변방으로 여겼던 북방 유목민의 발원지에서 중국의 황하 문명보다 더 오래된 문명이 발견된 것이다. 즉, 세계의 중심이라고 자부하던 한족보다 북방의 유목민이 더 오래된 역사를 가지고 있었던 것이다. 다만 유목민의 특성상 기록을 남기지 않아 후세에 알려지지 않았던 것이, 한족의 역사를 확장하려는 한족의 노력에 의해 발견되는 아이러니한 상황이 된 것이다. 가장 오래된 용의 형상으로는 신석기 시대인 기원전 6000년경 요하성 사해 유적에서 발굴된 길이 19.7m, 폭 2m의 용 모양 돌무더기가 꼽힌다(≪동아일보≫, 2012.1.1).

이 요하 문명[10]의 발견으로 중화사상은 몰락했다. 이후 중국은 국가가

---

10 요하 지역에서는 갑골문의 초기 형태도 발굴되었다. 또 우하량 근처에서 발견된 100m의 거대한 적석총은 이집트의 계단식 피라미드보다 시기적으로 앞선다. 한족이 오랑캐라 부르며 멸시해온 소수민족이 한족보다 더 오래된 문명을 가지고 있고, 한자도 한족의 발명품이 아닌 소수민족의 발명품이라는 결론이 도출된다. 이제는 세계 4대 문명에 황하 문명만을 채택하지도 않는다. 중국은 요하 문명이 현재는 중국의 소수민족이 된 북방 유목민(내몽골, 만주족, 조선족 등)의 민족의식을 일깨우고 독립의 요구로 이어지는 것을 두려워했다. 그리하여 '통일적 다민

주도하여 역사 왜곡에 나섰다. '동북공정(東北工程)'은 중국의 국가적 역사 왜곡의 중간 단계이고, 동북공정의 기초 연구 중 하나가 고구려사를 비롯한 한국 고대사[11]의 왜곡이다.

중화인민공화국에서 진행하고 있는 '하상주단대공정 → 중화문명탐원공정 → 동북공정 → 요하 문명론'으로 이어지는 역사 관련 공정들은 단순한 역사 공정이 아니다. 이 공정들은 '현재 중화인민공화국 영토 안에 있는 모든 민족들은 고대로부터 모두 중국인이고 그들의 역사는 중화인민공화국의 역사'라는 '통일적 다민족국가론'을 바탕으로 '대(大)중화주의'를 건설하기 위한 국가 전략의 일부분이다(우실하, 2007). 중국의 전통적인 역사관인 화이관(華夷觀)에서는 한족의 전신인 화하족과 오랑캐(동이, 서융, 남만, 북적)라는 역사 인식을 지녀왔다. 그런데 한족의 문명(황하 문명)보다 더 오래된 문명(요하 문명)이 그들이 오랑캐라 멸시하던 동이족의 발상지에서 발견되었으니, 더 이상 동이족을 오랑캐라고 할 수 없게 되었다. 그리하여 역사를 왜곡하기 시작한 것이다.

왜곡되는 역사의 방향은, 화하족을 화(華)족과 하(夏)족으로 분리해 앙소문화(仰韶文化) 지역만을 화족으로, 산둥 반도 인근의 동이족 지역과 그 남부의 묘만족 지역을 묶어서 하족으로, 요동과 요서를 포함한 지역을 황제(黃帝)족으로 왜곡하여, 동양 상고사의 종족을 세 개로 분류하는 것이다. 요하 일대는 황제의 땅이고, 북방의 모든 소수민족은 황제와 그 손자뻘인 고양씨 전욱(顓頊)과 고신씨 제곡(帝嚳)의 후예라는 주장이다.[12] 이는 동아시아 상

족국가론'이라는 역사 왜곡을 시작했으며, 그 과정 중 하나가 '동북공정'이다.

11 이희진(2008)은 한국 고대사에 대한 왜곡이 국내 학계에서 더 심하다고 했다. 이에 대해서는 이희진(2008) 참조.

12 중국 신화 속의 삼황(三皇)은 복희씨(伏羲氏)·여와씨(女媧氏)·신농씨(神農氏), 또는 천황씨(天皇氏)·지황씨(地皇氏)·인황씨(人皇氏)로 기록되어 있으며, 여와씨 대신

고사 전체를 왜곡하는 것이다.

그러나 『한서(漢書)』를 써서 사마천(司馬遷)과 더불어 중국 역사 서술의 쌍벽을 이룬 반고(班固)도 황제나 전욱의 일에 대해서는 분명히 말할 수 없다고 밝힌 바 있다. 그리고 황제라는 이름은 중국에서 가장 오래된 책이라는 『시경(詩經)』이나 『상서(尙書)』에도 등장하지 않는다. 따라서 주나라 때까지는 황제라는 이름이 아예 없었던 것이 아닌가 추측된다. 그의 이름이 전국 시대에 주로 등장하는 것으로 볼 때 황제는 전국 시대를 주름잡았던 오행 사상의 영향으로 '만들어진' 인물이라는 설이 설득력 있다(김선자, 2007: 41~43).

이후 사마천[13]은 『사기(史記)』의 「오제본기(五帝本紀)」에서 이전의 문헌에 등장하는 신화 자료들을 선택하면서 등장인물에 약간의 변형을 가한다. 황제나 요, 순 등과 관련된 신비롭고 괴이한 이야기들은 모두 삭제하거나 인간적인 특징으로 살짝 바꾼 것이다. 사마천은 이전의 문헌들을 적절하게 종합해 황제 이야기의 신화적 요소를 최대한 배제하고 있다. 「오제본기」에서는 마침내 황제 가문의 완벽한 계보가 만들어진다. 사마천이 삼황을 버리고 오제를 택한 첫 번째 이유는 물론 삼황에 대한 자료가 아무리 봐도 명확하지 않았기 때문이다. 또 흉노(匈奴)와의 전쟁을 통해 영역 확장을 도모했던 무제(武帝, 기원전 156~기원전 87) 시대의 관점에서 본다면 치우, 염제와

축융(祝融) 또는 수인(燧人)으로 기록한 문헌도 있다. 오제(五帝)는 황제(皇帝), 전욱(顓頊), 제곡(帝嚳), 제요(帝堯), 제순(帝舜)을 말한다(김희영, 2006: 13~14).

13 사마천은 무제 시대의 대학자 동중서(董仲舒)에게 『춘추공양전(春秋公羊傳)』을 배웠는데, 이 『춘추공양전』은 대일통(大一統)과 정통 사관의 시작이라고 일컬어지는 문헌이다. 사마천은 당시를 풍미하던 '사관 문화'의 영향에서 벗어나지 못했고, 황제를 역대 제왕들의 계보 맨 위에 올려놓음으로써 2,000년이 지난 지금까지도 학자들을 '신고(信古)'의 늪에 빠지게 하는, 의도하지 않은 실수를 저질렀다(김선자, 2007: 76, 89).

의 전쟁을 통해 대통일을 이룬 카리스마를 지닌 황제가 한나라 대통일 왕조의 이상에 딱 들어맞는 인물이었던 것이다(김선자, 2007: 61, 68, 69).

'300년' 동안 사람들의 존경을 받으며 사방을 다스린 황제, 야만의 시대에서 문명의 시대로 도약하게 한 발명자, 우·하·상·주의 공동 시조라는 새로운 황제의 캐릭터는 전국 시대와 진한 시대 사이에 '발명'되고 '상상'된 것이다. 따라서 중국 근대 지식인들이 황제를 중화 민족의 '시조'로 본 것은 전국 시대 말과 한 대 초기에 주류 계층에서 이미 형성된 관점으로 보인다(김선자, 2007: 62).

한편 여진족의 금나라 사람들은 황제를 본체만체했다. 『금사(金史)』(권17), 『열전(列傳 45)』의 「장행신(張行信)」 편을 보면, 상서성에서 이런 상주를 올린다. "금나라 왕조의 조상이 고신씨이니 황제의 후손입니다. 옛날 한 왕조는 도당(陶唐)을, 당 왕조는 노자를 조상으로 삼아 사당을 세웠습니다. 우리 왕조가 생긴 지 어느새 백 년인데 아직 황제의 사당을 세우지 않으니 한·당에 부끄럽지 않은지요!" 그러자 태자소부였던 장행신이 반박하며 이렇게 말한다. "『시조실록(始祖實錄)』에 따르면 본족은 고려[14]에서 왔다고 한다. 고신씨한테서 나왔다는 설 같은 것은 들어보지도 못했다." 물론 금나라 황제도 그의 말에 동의했다. 『몽골비사(蒙古秘史)』 등의 기록을 보면 중원으로 들어왔던 몽골족 역시 자신들의 기원을 황제와 연결시키지 않았다. 티베트의 장족은 말할 것도 없고, 위구르나 회족이 황제를 자신들의 조상으로 칭했다고 알려진 바도 없다(김선자, 2007: 85~86).

---

14 고구려(高句麗, 기원전 37~기원후 668)는 만주와 한반도 북부를 700여 년 동안
   지배했던 국가이다. 장수왕 이후 정식 국호를 고려(高麗)로 변경했으나, 왕건이
   건국한 고려와 혼동되기 때문에 후대 사람들이 쉽게 구분할 수 있도록 고구려로
   불리고 있다(위키백과). 조선이 중화사상에 빠져 있는 동안 오히려 청나라를 건
   국한 만주족은 우리와의 관계를 강조했다. 이에 대해서는 임형백(2012h) 참조.

2) 소수민족의 분리·독립

중국은 인구의 다수(91.52%)를 차지하는 한족과 나머지(8.48%)를 차지하는 55개 소수민족으로 구성되어 있다. 인구가 가장 많은 한족은 전국 각지에 분포해 있으면서도 대부분이 동부 지역에 집중되어 있다. 각 소수민족은 국토 총면적의 50~60%를 차지하는 넓은 지역에 분포되어 있으면서도 주로 서남, 서북, 동북 지역의 산지, 그리고 국경 지역에 집중되어 있다. 중국의 여러 민족은 일정한 지역에 상대적으로 집중되어 있는 동시에, 집중 지역이 넓게 분포되어 기타 민족과 섞여 살고 있다. 예를 들면, 한족은 동부에 상대적으로 집중되어 있으면서도 전국 각지에 거의 분포되어 50여 개 소수민족과 섞여 살고 있다. 소수민족의 분포를 살펴보면 상대적인 집거(集居) 지역이 있는 동시에 전국의 거의 모든 지역에 산거(散居)해 있다. 전국의 97.3%에 달하는 현과 시에는 적어도 두 개 이상의 민족이 함께 살고 있다(전송림 외, 2001: 55~56).

인구는 적지만 소수민족이 사는 지역은 중국 전체 면적의 64%에 이르며, 이 지역에는 막대한 지하자원이 매장되어 있다. 소수민족들은 중국 중앙 세력의 팽창과 수축에 따라 독립적인 지위를 누리거나 예속되어왔다. 중국 공산당은 건국 이후 소수민족 지역에 군대를 보내 강제로 병합했다. 중국에서 소수민족의 대규모 시위가 발생한 주요 지역은 31개 성·시·자치구 가운데 면적이 1, 2, 3위인 신장 위구르 자치구, 시짱 자치구(티베트), 네이멍구 등 세 곳이다(≪동아일보≫, 2011.6.1).

'55'라는 숫자는 중국 정부가 인정한 숫자이다. 중화인민공화국 정부가 '민족 식별 공작'에 착수한 당초에는 400개가 넘는 민족명이 등기되었다고 하니(1953년), 민족 또는 민족 집단이 몇 개인지는 아무도 단언할 수 없다. 중국 내에 소수민족이 55개가 있다기보다는 중국의 중앙정부가 당장은 그

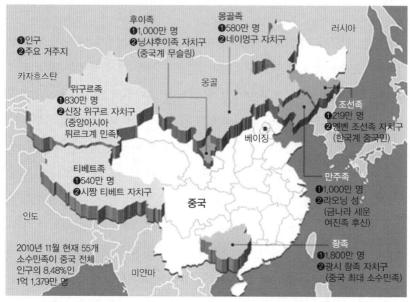

〈그림 11-4〉 중국의 주요 소수민족

자료: ≪동아일보≫, 2011.6.1.

렇게 판단한다고 보는 것이 옳다(21세기연구회, 2012: 147).

이외에도 과계(跨界)민족의 문제가 있다. 과계민족은 국경을 사이에 두고 서로 다른 국가에 거주하고 있는 동일 민족을 말한다. 현재 중국에는 20여 개의 과계민족이 있는데, 이들은 대부분 동북, 서북과 서남의 변강 지역에 분포되어 있다. 과계민족은 중국 국내 정치의 청우계(晴雨計)이기도 하다. 중국 정치가 잘되어 사회가 안정되고 대중의 생활이 풍족하면 과계민족이 라 할지라도 중국에 충성을 다하며 생활할 것이다. 그러나 중국의 정치가 안정되지 못하고 경제발전이 하강선을 걷고 있을 때 과계민족은 해당 국가에 잘 넘어간다(정신철, 2000: 111~113).

그런데 요하 문명을 그들이 동이족이라고 비웃던 북방 유목민, 즉 오늘날 한국, 만주, 일본의 선조들이 만들었다는 것이 드러나면서 긴장하기 시작했다. 중국은 한국의 통일 이후 만주 지역을 놓고 한국과 다툴지도 모를 영토 분쟁과 역사 분쟁을 두려워한다.[15]

청 대 초기까지 만주족 통치자들은 한족과 몽골족의 관계를 단절시키고 만주족의 발상지인 동북 지방 고유의 면모를 보전하기 위해 한족이 북쪽 변방으로 이주하는 것을 원천적으로 봉쇄하려고 했다. 즉, 서북 지방과 화북평원은 변장(邊墻), 동북 지방은 유조변(柳條邊, 버드나무를 새끼줄로 묶어 세운 한 줄의 경계선)을 경계로 하여 그 북쪽으로 한족이 넘어가서 경작하는 것을 금지했다. 그러나 청 대에 지금의 내몽골 자치구와 동북 지방으로 진출해 황무지를 개간하는 한족 인구가 날이 갈수록 증가하자, 이러한 추세를 저지할 방법이 없었다. 이에 밀린 청은 강희(康熙) 36년(1697)에 한족이 변장을 넘어 내몽골의 조지(租地, 빌린 토지)에 와서 개간하고 경작하는 것을 허가했다(류제헌, 1999: 137~138).

중국의 민족주의자들은 만주족을 중국 현대화의 걸림돌로 여겼지만, 민족국가 중국에서는 이상적인 국경선 개념을 18세기 청 제국의 최대 팽창점에서 도출해냈다. 다른 민족주의(민족국가)들처럼 중국 민족주의(민족국가)도 그들이 부정하던 과거 위에서 건설되었다. 만주족(청) 통치자들과 이후

---

15 이와 관련한 연구들이 후진타오(胡錦濤)를 비롯한 중국 최고 지도부의 승인·비준과 재정적 지원 아래 추진되고 있다. 이런 점에 비추어볼 때 동북공정은 단순한 학문적 연구를 넘어선, 한국과의 국경·영토 문제를 둘러싼 분쟁에 대비하고 조선족의 동요를 사전에 차단하기 위해 진행되는 정치·문화 전략이다. 동북공정은 한반도 장래를 염두에 둔 고도의 정치적·군사적 전략의 성격이 매우 강하다(홍면기, 2006: 60~62). 이제는 조선족 학자까지 참여하고 있다. 2006년 9월 10일과 11일 지린 성 옌볜(延邊, 연변) 조선족 자치주 옌지(延吉, 연길) 시에서 열린 '2006 고구려 문제 학술 토론회'에서 조선족 박찬규(朴燦奎) 교수는 "고구려사를 다루는 문제는 다민족국가인 중국의 단결을 유지하는 데 중차대한 문제이며, …… 변방 지역의 평온을 유지하는 데 중국의 생사존망이 달려 있다"라고 주장했다.

의 한족(현대 중국) 통치자들은 엄청난 비용에도 불구하고 일관되게 신장의 통치권을 지키려 한다(퍼듀, 2012: 28, 52).

3) 동북공정

중앙 유라시아는 국가들의 경계와 일치해본 적이 없다. 단지 몽골의 짧은 지배 기간에 하나의 제국 통치자 아래로 통합되었을 뿐이다. 1991년까지 중국, 몽골, 러시아 또는 소련이 커다란 부분을 차지했고, 나머지 지역에 이란, 아프가니스탄, 그리고 오스만 제국이 있었다. 오늘날은 여덟 개의 독립국가(이전에 소련에 속했던 다섯 개의 중앙아시아 공화국, 러시아, 몽골, 중국)가 대부분의 지역을 차지하고 있다. 오랫동안 중앙 유라시아의 가장 공통적인 경험은 분열이었다. 소련과 중국의 양극 체제는 단지 잠깐이었음이 드러났다. 가장 넓게 정의하면, 중앙 유라시아는 서쪽으로는 우크라이나 초원에서 동쪽으로는 태평양 연안까지, 북쪽으로는 시베리아 삼림의 남부 가장자리에서 남쪽으로는 티베트 고원까지 이른다. 그러나 이 모든 경계는 매우 모호해서 끊임없이 논란을 불러왔다(퍼듀, 2012: 47).

이러한 이유로 중국은 '통일적 다민족국가론'이란 허구 이론[16]을 만들어 내고 <표 11-9>와 같이 역사 공정을 시작했다. 동북공정 이전에 이미 다른 역사 왜곡이 시작되었고 일부는 완료되었다. '동북공정'[17]의 설계자로

---

16 '통일적 다민족국가론'에 대한 세계 학계의 비판에 관해서는 김선자(2007) 참조.
17 헌원(軒轅)은 최초의 한족(漢族) 국가를 건설했다는 황제(黃帝)의 이름이다. 그러나 학계에서는 그를 신화적 인물로 본다(김정현, 2009: 108). 더구나 황제 시대는 전설 시대이고, 문자가 없으므로 성(姓)이 없었으며, 모계 씨족사회였다. 따라서 당시 인물들의 실존성과 부계 혈통을 파악하는 것은 불가능하다(위키백과). 그런데 1990년대 이후 중국의 학계는 국가의 개입 아래 한족 중심의 민족주의적 영향으로 황제 신화를 국조 신화로 여기면서, 황제나 치우(蚩尤)를 역사적 실존 인

〈표 11-9〉 중국의 주요 역사 공정

역사 공정	내용
서북공정 (西北工程)	· 2002년 시작 · 신장 위구르 자치구 · 1755년 청나라 건륭제(乾隆帝) 때 중국의 영토로 편입된 지역 · 중국의 영토가 된 지 불과 250년 정도 · 이후 중국으로의 편입과 독립을 반복 · 1949년 중국 인민해방군이 우루무치(Wulumuqi)에 진주하면서 실질적인 중국령이 됨 · 위구르족의 분리·독립 움직임이 강하며, 50여 개의 분리·독립운동 단체가 활동*
서남공정 (西南工程)	· 1986년 · 티베트 자치구(시짱 자치구) · 당시 최고 실력자 덩샤오핑(鄧小平)이 직접 지시 · 작업은 중국 사회과학원 산하 중국장학연구중심(中國藏學硏究中心)이 주도 · 풍부한 자연 자원 · 양질의 우라늄 매장 지역 · 고원 지대로서 군사적 전략 가치 높음 · 티베트 독립으로 인한 '독립 도미노'의 사전 방지
하상주단대공정 (夏商周斷代工程)	· 1996년 5월 16일~2000년 9월 15일 · 중국의 역사를 최대 1만 년 이상으로 확장하려는 것 · 존속 연대가 불명확한 하·상·주의 설립과 멸망 연대를 확정하기 위한 국가 기획
중화문명탐원공정 (中華文明探源工程)	· 2003년 6월 정식 개시 · 신화와 전설 시대로 알려진 '3황 5제'의 시대까지를 중국의 역사에 편입하여, 중국의 역사를 1만 년 이전으로 왜곡하는 것 · 이를 통해 중화 문명을 이집트나 수메르 문명보다 오래된 '세계 최고(最古)의 문명'으로 만들려는 것
동북공정 (東北工程)	· 2002년 초부터 2004년 초까지, 2007년 이후 지금까지 변강사지연구중심(邊疆史地硏究中心)에서 실시 · 정식 명칭은 동북변강역사여현상계열연구공정(東北邊疆歷史與現狀系列硏究工程) · 중화인민공화국 정부의 공식적인 정책에 의한 국책 사업 · 북한 붕괴 후 북한에 대한 영유권을 주장하기 위한 사전 포석 · 만주 지역에 대한 영유권을 확실히 하기 위한 작업 · 한국 통일 이후 간도의 영유권과 연계 · 요하 문명의 발견으로 무너진 중화주의의 대체 · 고구려사, 발해사 왜곡은 동북공정을 위한 기초 연구

* 중국인들은 위구르족을 회흘(回紇)이라고 불렀고, 이들이 이슬람교를 믿었기 때문에 이슬람교가 동양권에서는 회교라는 이름으로 불리게 되었다.
자료: 임형백(2012b: 166) 수정·보완.

물로 구축하는 작업을 진행하고 있다(김선자, 2007; 김종미, 2007).

불리는 마다정(馬大正)은 신장 위구르 지역의 중국사 편입(서북공정)을 끝낸 뒤 동북공정에 투입된 속칭 '국경 공정 전문가'이다.

한국 관광객의 중국 방문과 한국에서의 고구려 열기가 중국의 동북공정을 가져왔다는 것은 순진한 논리이다. 중국의 역사 왜곡은 그 뿌리가 더 오래되었다(임형백, 2012b: 168). 한국과 관계가 있는 동북공정은 고구려사의 왜곡을 넘어 궁극적으로 요하 문명을 향하고 있다.

중국의 4대 역사 공정은 지정학적 요충지를 중심으로 분포해 있다(홍면기, 2006: 126). <표 11-9>에서 나타나듯이, 이는 단순한 역사 왜곡이 아니고 영토 문제 및 중국의 패권주의와 결부되어 있음을 보여준다. 최근에는 만리장성까지 왜곡했다. 그러나 만리장성은 중국이나 서구의 통념과 달리 수천 년 역사를 지닌 것이 아니다. 16세기에 이르러서야 명 왕조가 하나로 거의 이어진 방벽을 건설한 것이다(Waldron, 1990). 만리장성은 여러 세기 동안 초원을 정주 세계와 분리하려는 목표를 가지고 있었고, 동시에 중국의 변경 정책에 영감을 주었다(퍼듀, 2012: 71). 그런데 만리장성은 밖에서 유목민이 들어오지 못하게 하기 위한 것이 아니라 중국인들을 안에다 묶어두기 위한 것이었다. 즉, "유목 부족의 땅과 정주민의 땅을 영원히 구분하기 위한 시도였다"(Lattimore, 1962).

원래 조(趙)나라와 그와 인접한 국가들이 흉노[18]로부터 자신들을 방어하기 위해 북쪽 국경에 초보적인 요새를 짓기 시작했는데, 이를 토대로 진시

---

18 현재 학술계에서 인정하는 흉노의 조상은 상 대의 귀방(鬼方)과 주 대의 험윤(獫 狁)이다. 기원전 4세기경, 전국 시대에 이르러서야 흉노의 이름이 중국의 역사에 등장하기 시작한다(장진퀘이, 2010: 49, 79). 이는 중국 북방에서 처음 유목국가를 건설한 제국의 명칭이지, 단일민족이나 부족의 명칭은 아니다. 기원전 3세기 후반, 월지(月氏)를 공략하고 동호를 패망시키면서, 북방의 패자로 등장했다(그루세, 1998: 87).

황제(秦始皇帝, 기원전 259~기원전 210)가 연결시켜 축조한 것이 만리장성이 되었다(그루세, 1998: 63). 기원전 214년, 중국을 통일한 진시황제는 제후국의 장성을 연결시키기 시작해 10년에 걸쳐 만리장성을 구축했다(김종래, 2008: 36~37; 사와다 이사오, 2007: 30). 역사 기록에 따르면 진시황은 여산릉(驪山陵)의 조영 공사에 75만 명, 영남 개발에 50만 명, 만리장성 공사에 30만 명, 전국의 도로 공사와 비대해진 공공건물에 따른 잡역(雜役) 등을 합해 300만 명에 달하는 인원을 무상 노역에 동원했다 한다(김구진·김희영, 1985: 261). 그 후 한나라 역시 흉노족을 막기 위해 장성을 더 쌓아 연장했으며, 명 대에 이르러서는 몽골의 재침입을 대비하여 확장·강화했다. 그 시기를 전후로 해 200여 년간 장성을 열여덟 번 재건축했고, 지금 남아 있는 장성의 대부분은 명 대에 만들어진 것이다(김종래, 2008: 36~37; 사와다 이사오, 2007: 30).

중국 학계에서도 만리장성의 동쪽 끝은 명나라 때 세워진 베이징 인근의 허베이(河北) 성 산해관(山海關)[19]이라는 것이 정설이었다. 그런데 중국은 2006년 국무원 명의로 '장성 보호 조례'를 제정하면서 만리장성에 대한 본

---

19 한나라 때는 '임유관'으로 불렸고, 수나라 제1대 황제 문제(文帝) 양견(楊堅)의 오만한 국서에 반발하여 기원후 598년 고구려 영양왕(嬰陽王) 때의 장군 강이식(姜以式)이 선제공격했던 임유관 전투의 배경지이다. 산해관은 명나라가 여진족(만주족)을 방어하기 위한 요충지였다. 중국인들은 산해관을 만리장성의 동쪽 끝에서 만날 수 있는 최초의 관문이라는 의미로 '천하제일관'이라고도 불렀다. 그리고 이곳을 통과하여 중원으로 향하는 것을 '입관'한다고 했으며, (한족의 입장에서) 산해관 외부의 동북 지역을 '관외' 또는 '관동'이라고 불렀다. 명나라 말 오삼계(吳三桂)가 50만 대군을 이끌고 만주족의 침입을 여러 차례 막아내어 명나라를 지켜낸 곳이다. 이후 오삼계가 명나라를 배신하고 산해관을 만주족에게 열어줌으로써, 만주족이 명나라를 멸망시키고 청나라를 세우게 되었다. 이런 이유로 오삼계는 오늘날 중국에서 대표적인 매국노로 지탄받고 있다. 그런데 이제 와서 중국이 산해관이 만리장성의 동쪽 끝이 아니라고 주장한다면, '왜 천하제일관이라는 명칭을 붙였는지? 왜 오삼계를 매국노로 지탄하는지?'에 대한 이유부터 설명해야 할 것이다.

자료: ≪국민일보≫, 2012.6.6.

격적인 보호와 연구 작업에 착수했다. 이후 중국 정부와 학계는 끊임없이 만리장성을 동서로 확장하는 데 주력했다. 2009년 중국은 랴오닝(遼寧) 성 단둥(丹東)의 박작성(고구려의 성)이 만리장성의 일부로 확인되었다면서 만리장성 길이가 기존까지 알려진 것보다 2,500km 더 늘어난 8,851.8km라고 주장했다. 그 뒤에도 중국은 고구려 발원지인 백두산 근처 지린 성 통화(通化) 현에서 진한 시대의 것으로 추정되는 만리장성 유적이 발굴되었다고 발표했다.

급기야 2012년 6월 5일 중국 국가문물국(한국의 문화재청에 해당)은 만리장성이 중국의 가장 서쪽인 신장 위구르 자치구에서 시작해 칭하이 성, 간쑤 성, 닝샤후이주(寧夏回族) 자치구, 산시(陝西) 성, 허난 성, 산시(山西) 성, 네이멍구 자치구, 허베이 성, 베이징 시, 톈진 시, 랴오닝 성, 지린 성을 거쳐 동쪽 끝 헤이룽장(黑龍江) 성까지 15개 성·시·자치구에서 발견되었다고 밝혔다.[20] 이에 따라 만리장성의 동쪽 끝은 고구려와 발해가 있던 지린·헤이

---

20 중국 국가문물국의 문건에 의하면, 중국은 '장성보호공정(長城保護工程)'으로 명

〈그림 11-6〉 만리장성의 길이에 대한 이전 발표와 변경 내용

── 명대 문헌에 따라 알려진 만리장성
── 중국이 주장하는 연장된 만리장성

몽골

신장 위구르 자치구   간쑤 성
자위관
칭하이 성
간쑤 성
중국
네이멍구 자치구
베이징 시
톈진 시
후베이 성
산시 성
허베이 성
산둥 성
라오닝 성
헤이룽장 성
하얼빈 시
지린 성
산하이관
한국

자료: ≪동아일보≫, 2012.6.7.

룽장 성까지, 서쪽 끝은 신장 위구르 자치구까지 연장되었다. 중국은 2009
년 4월에 발표했던 길이 8,851.8km의 만리장성을 2만 1,196.18km로 늘린
것이다.

이는 중국의 북부 모든 지역에 만리장성이 존재했다는 주장이다. 이처
럼 고구려와 명나라의 유적까지 끌어들여 만리장성의 길이를 늘이는 것은,
고구려·발해, 서역의 역사를 중국 역사에 편입시키기 위한 것이다. 즉, 역
사 왜곡을 통해 오늘날 티베트족과 위구르족, 조선족 등 소수민족이 거주
하는 중국의 서부와 동부(만주와 동북부)가 고대부터 중국의 역사였다는 억
지 논리를 펴기 위한 것이다. 중국 정부가 나서서 만리장성의 길이를 3년
만에 두 배로 늘린 것인데, 이러한 중국의 상식 이하의 행동은 국제사회에
서 중국이 경제성장에 걸맞은 대우를 받지 못하고, 인접 국가들로부터 끊
임없는 경계의 대상이 되는 이유이다.

───────────

명한 장성 프로젝트를 2015년까지 마무리하기로 한 것으로 드러났고, 6월 5일에
발표된 내용은 이 프로젝트의 일부분인 것으로 드러났다(≪세계일보≫, 2012.6.14).

이에 대해 단국대 이종수 교수는 "요서 지방은 장성 유적을 알 수 있지만, 요동은 확인할 수 없다. 중국이 주장하는 장무, 개원 일대 장성 유적은 대부분 추론이지 실제 발굴 조사로 확인된 예가 전무하다"라고 했다. 또 "이번 장성 길이 발표는 2002년에 추진된 동북공정과 연구 주체와 내용이 다르다. 고구려, 발해사의 중국사 편입이 쉽지 않자 한족의 영토 범위를 넓히는 것으로 (중국 학계가 연구 방향을) 전환한 것 같다"라고도 했다(≪한국일보≫, 2012.6.12).

이외에도 중국의 장성 유적 왜곡이 허구라는 것은 쉽게 증명될 수 있다. 첫째, 5호 16국 중 제일 먼저 국가를 세운 흉노의 유연(劉淵)은 흉노의 추장 묵특선우(冒頓單于, 기원전 209~기원전 174)의 자손이었다. 묵특선우가 한의 고조(高祖) 유방(劉邦)과 화친하여 형제의 의를 맺은 것을 계기로 성을 유씨라 칭했다(김희영, 1986a: 185). 그런데 유연이 304년 왕으로 칭하면서 한을 세운 이래, 136년 동안 북방 유목민들은 10여 개의 국가를 세워 남부의 중국 전통 정권과 대치했다(이희수, 1993: 65). 이후에도 오히려 북방 유목 민족들이 만리장성 이남에 국가를 세우고, 한족의 왕조를 양쯔 강 이남으로 밀어내었다.

둘째, 만리장성의 동쪽을 보자. 중국이 새로 발견했다고 주장하는 만리장성의 동쪽에는 오히려 631~646년에 고구려가 당의 침입을 막기 위해 고구려의 서쪽 변경인 요동 지방에 쌓은 '천리장성(千里長城)'의 일부가 포함되어 있다. 그런데 고구려와 수·당 간의 전쟁은 70년간이나 지속되었으며, 수나라가 이 전쟁에서 패배하여 왕조가 멸망하는 데까지 이르렀다는 것은 중국인들도 잘 알고 있다. 이 전쟁은 고구려의 대륙 정책과 수·당의 세계 정책이 정면으로 충돌하면서 빚어진 동아시아의 국제전이었다. 더구나 여기에는 고구려와 수·당뿐만 아니라 일본과 돌궐까지 참여한 동아시아의 국제 전쟁이었다. 그리고 수·당과 고구려가 중앙정권과 지방정권의 관계가 아니라 국가와 국가의 관계라는 것을 잘 보여주는 것이 바로 천리장성이다. 천리장성이 고구려와 당나라를 갈라놓은 국경선인 것이다. 어떻게 중앙정권과 지방정권 사이에 이런 국경선이 존재할 수 있겠는가?(최광식, 2004: 24~25).

게다가 수나라는 3대 39년 만에 멸망했고, 당나라도 20대 290년 만에 멸망했다. 반면 고구려는 기원전 1세기에 건국되어 기원후 668년까지 700년 이상을 존속했다. 그런데 중국은 고구려를 당의 지방정권이라고 주장하는 것이다. 290년간 존속한 나라가 700년 이상을 존속한 나라를 지방정권으로 가지고 있었다는 것은 터무니없는 주장이다.

셋째, 만리장성의 서쪽을 보자. 앞에서 말했듯이, 중앙 유라시아는 국가들의 경계와 일치해본 적이 없다. 단지 몽골의 짧은 지배 기간에 하나의 제국 통치자 아래로 통합되었을 뿐이다(퍼듀, 2012: 46).[21] 신장 위구르 자치구에서 '신장(新疆)'은 '새로운 강역' 또는 '새 변경'이라는 말이며, 1884년 건륭제에 의해 명명되었다(우실하, 2007: 48; 퍼듀, 2012: 61). 신장은 18세기 청의 통치 아래로 들어온 수많은 지역 가운데 하나일 뿐이다. 1683년에서 1760년까지 신장, 타이완, 서남의 성들, 몽골, 코코노르(靑海), 티베트가 모두 항구적으로 획득한 영토가 되었다. 신장은 19세기 말이 되어서야 청 제국의 한 성(省)이 되었다(퍼듀, 2012: 420). 즉, 19세기에 들어서 이민족 정복 왕조인 청에 의해 처음 오늘날의 중국 영토에 편입되었던 것이다.[22]

---

21 피터 퍼듀(Peter C. Perdue)의 저서 『중국의 서진(西進): 청(淸)의 중앙유라시아 정복사(China Marches West: The Qing Conquest of Central Eurasia)』는 2005년 미국에서 출간되면서 학계의 논란을 일으켰다. 기존의 한족(漢族) 중심의 역사 서술 대신 변경(또는 비한족)을 중심에 두고 중국사를 서술했기 때문이다.
22 오늘날 중국의 영토는 마지막 이민족 정복 왕조인 청나라 때 확장시켜놓은 국경선이다.

한족이 기존의 만리장성의 이북을 지배한 시기조차 없다고 봐도 무방하다. 따라서 만리장성의 왜곡을 통해 중국의 영토를 늘리려는 시도는 중국이라는 국가가 앞장서서 벌이는 국가적 차원의 거짓말에 불과하다.

4) 동북공정의 허구

중국의 동북공정도 출발점일 뿐 궁극적으로는 요하 문명을 향하고 있다. 중국에서 소수민족이 자신들이 중국 민족보다 더 오래된 역사를 가지고 있다는 민족의식을 자각하고 이것이 민주화의 요구와 결합된다면 독립운동으로 이어질 수 있다. 중국의 다민족국가론과 동북공정은 이러한 현실적 위협에 대한 중국의 사전 준비적 성격을 가지고 있을 수도 있다.

그러나 우리는 오히려 중국에게 한반도의 통일이 북한과의 불편한 관계를 단절함과 동시에 중국의 내부 문제에 치중할 수 있는 기회라는 점을 인식시킬 필요가 있다. 특히 북한에 대한 불필요한 간섭은 중국에게 득보다 실이 많다는 것을 알려야 한다. 또 중국이 자국의 이익을 위해 다른 민족의 불행을 이용한다면 세계 무대에서 중국의 위상만 저하될 것임을 인식시켜야 한다.

5) 간도

한국이란 통일 국가의 탄생은 북한과 중국의 국경에 사는 200만 조선족의 민족의식을 자극하게 된다. 조선족의 독립 의식이 높아지면 티베트나 위구르 등 다른 소수민족의 독립운동에도 영향을 미칠 가능성이 커지며, 이것은 중국 공산당의 '핵심적 이익'과 직결되는 문제가 된다(사토 마사루, 2012: 219).

지금의 북한과 중국 간 국경선은 1962년 김일성과 저우언라이(周恩來)가 체결한 '조·중 변계(朝·中 邊界) 조약'의 규정에 근거하여 1964년 구체화된 '조·중 국경선에 관한 의정서'에 따라 확정되었다(이옥희, 2011: 96). 따라서 중국은 동북공정을 통해 한국의 통일 이후에 대비하여 간도의 영유권을 주장하고, 나아가 북한이 붕괴되면 군대를 주둔시키거나 지방정권을 세우는 등의 영향력을 행사하려는 것이다. 중국은 이를 통해 미국과의 협상에 유리한 고지를 확보할 수도 있고, 북한에 대해 미국, 러시아, 중국의 공동 관리가 아니라 중국 단독 관리를 주장할 것이다. 중국은 백두산 행정관리 권까지 옌볜 조선족 자치주에서 지린 성으로 바꾸는가 하면, 중국 10대 명산에 백두산을 선정하고 2008년 유엔교육과학문화기구(UNESCO)에 세계자연유산 등재를 추진했다. 그러나 백두산의 세계자연유산 등재는 중국이 백두산의 자연을 심각하게 훼손하여 실패했다.

간도(間島)는 간도(墾島), 간토(墾土), 한토(閑土), 알동(斡東) 등으로도 불렸다. 간도는 개간한 땅을 뜻하며, 알동은 조선 태조의 4대조인 목조(穆祖)의 근거지로 널리 알려져 있다. 일설에 따르면, '알동(斡東) → 간동(幹東) → 간도(間島)'로 변화된 것이라 한다(이성환, 2004: 3~4).

조선족이 오늘날 옌볜 지역의 대부분을 일컫는 간도[23] 지역에 거주하기 시작한 것은 매우 오랜 역사를 가지고 있다. 그러나 현재의 조선족 거주지가 본격적으로 형성된 것은 약 130여 년을 거슬러 올라갈 따름이다(崔昌來·陳通河·朱成華, 1989: 771).

원래 간도는 두만강 북쪽뿐만 아니라, 압록강 너머의 북쪽 만주 일대를 가리킨다. 그것을 다시 세분해서 두만강 이북 지역을 동간도(또는 북간도)라고 하고, 압록강 대안 일대를 서간도라 했다. 여기서 서간도·동간도라고

---

23 현재의 옌볜 지역 중에서 돈화(敦化)가 제외된다(한상복·권태환, 1993: 25).

하는 것은 백두산을 중심으로 동쪽과 서쪽을 나눈 것이며, 북간도는 한반도의 북쪽이라는 의미에서 붙여진 말이다. 덧붙여 두만강 이북의 노야령(老爺嶺) 산맥까지를 동간도라 하고, 노야(老爺) 산맥 북쪽의 송화강과 흑룡강까지를 북간도라 하는 경우도 있다. 일반적으로는 한민족이 서간도보다 북간도에 집중적으로 이주해 살기 시작하면서 북간도를 그냥 간도라 부르게 되었으며, 압록강 이북 지역은 서간도라 부르고 있다(이성환, 2004: 4).[24]

실제 간도의 구획은 정확히 어디까지라고 확정할 수는 없으니, 1909년 '간도협약'이 체결될 즈음에는 일본의 간도 파출소가 관할하는 범위(한반도 면적의 약 1/10로, 경상북도 정도의 크기)까지를 가리키는 말이었다. 간도는 고구려와 발해가 중국과 대치하면서 민족의 기상을 떨치던 곳이다. 지금까지의 연구로는 본래 이곳에 오래전부터 사람이 살지 않았고, 어느 나라의 영토인지도 분명하지 않지만, 우리 민족이 처음으로 개간해서 살기 시작한 땅이 분명하다. 간도가 간토(墾土)나 간도(墾島)로 불린 이유가 이 때문이다(이성환, 2004: 5).

1902년 조선 정부도 "간도는 분명 우리 영토이며 토지를 장량(丈量)하여 세율을 정해 조세를 징수한다"라는 목적으로 그해 5월 20일 이범윤을 간도에 파견했다. 이후 1909년 간도협약으로 지금은 중국의 옌벤 조선족 자치주가 되어 있다. 조선의 외교권을 장악한 일본이 중국과 간도협약을 체결하여 간도를 중국에 넘겨주었기 때문이다. 간도협약 체결 100년이 되는 2009년을 직전으로 하여 이 조약이 무효라는 주장이 본격적으로 나오기 시작했다.[25] 물론 간도협약이 무효화된다고 해서 간도가 곧바로 한국의 영토

---

24 예로부터 중국엔 간도라는 지명이 없고, 옌지(연길)라고 불렀다(이성환, 2004: 4).
25 국제법 또는 국제관례상 100년을 넘기면 영유권 주장을 할 수 없다는 '100년 시효설'에 근거를 두고 있다. 그러나 100년 시효설에 관해서는 국제법적으로 확립된 이론이나 원칙이 없다(이성환, 2004: 7).

가 되는 것은 아니다. 간도협약 이전의 상태에서 한중 간에 영유권을 새로 확정해야 하기 때문이다(이성환, 2004: 5, 39).

6) 조선족의 정체성

1952년 옌볜 자치주가 성립된 이래로 조선족은 중국의 국가적 지배하에 종속되어왔다. 중국 공산당은 옌볜 자치주에 한족과 친중국적 조선족들을 고위 관리에 등용하고, 1957년에는 중국 거주 조선인들에 대한 이중국적 제도를 철폐함으로써 조선족의 중국화를 도모했다(Lee, 2001: 109~110). 중국 정부는 지역 분리주의와 소수 종족주의에 반대하는 대대적인 캠페인을 벌이면서 '한족이 중국 민족성의 몸체'이기에 한족에게서 모든 것을 배워 '중화 민족'의 자부심을 가질 것을 전파했고, 이로써 한족 중심의 중화 민족주의를 전면에 내세웠다(Lee, 2001: 113).

이것이 극단화하여 소수 종족에 대한 공격 형태로 나타난 것이 문화대혁명의 한 측면이었다. 중국 공산당의 개혁으로 토지를 분배받았던 옌볜 조선족에게는 중국 국가에 대한 감사의 정서와 함께 문화대혁명에서 겪었던 국가의 종족 차별과 탄압에 대한 두려움의 정서가 공존해왔다(권태환, 2005).

조선족은 개혁·개방 이전 각 시기에 중국 특유의 정치운동, 즉 1950년대의 '반우파운동'과 '반지역민족주의운동', 1960년대의 '문화대혁명' 가운데서 엄중한 박해와 막대한 손실을 받았다. 그럼에도 불구하고 조선족은 민족의 강한 생명력과 적응력으로 중국 땅에서 삶의 터전을 튼튼히 닦았다. 그리고 민족의 미래를 위해 모두 열심히 일하고 노력했기 때문에 중국에서 역사가 길지 않은 이주 민족이지만 중국 각 민족 가운데서 우수 민족과 모범 민족으로 부상했다. 정치적 면에서 조선족은 민족의 자치 권리를 향유하고 자치 지역을 세웠다. 1952년에 지린 성 옌볜 조선족 자치주(당시 중국 조선족 인구의 49.7% 차지)를 세우고, 1958년에는 지린 성 장백 조선족 자치현을 건립했으며 조선족이 집결된 농촌에는 조선 민족향(民族鄕)을 세 웠다(정신철, 2000: 59).

일반적으로 중국에서 기타 민족이 한족 문화에 잘 적응하면 정치적 혜택을 더 많이 받았고, 또 무난히 보냈다. 반대로 한족 문화에 적극적으로 동조하지 않는 민족에게는 좋은 기회가 주어지지 않는다(정신철, 2000: 106). 그러나 중국의 조선족은 여러 가지 민족적 전통과 관습을 그대로 유지하고 있는 것으로 정평이 나 있다. 조선족 자신들도 이러한 전통과 관습을 조선족의 가장 중요한 자산으로 생각하고 있다(한상복·권태환, 1993: 201).

경제생활에서 조선족은 '북방의 유일한 벼 재배 민족'으로 불릴 정도로 동북 지역 수전농사의 주체였다. 조선족 농민의 대부분은 전통적인 벼 재배를 했기 때문에 개혁·개방 이전까지는 보통 주위의 기타 민족 농민들보다 농업 수입이나 생활수준이 높아 그들의 부러움을 샀다. 그리고 옌볜 조선족 자치주의 경제발전도 중국 기타 민족 자치 지역보다 상대적으로 앞섰다(정신철, 2000: 131).

반면 조선족 사회의 탈농업화와 도시화는 중국 내 어느 민족보다 빨랐으니 이에 따른 문제점도 적지 않게 노출되었다. 조선족 농촌인구의 대량적인 도시 진출은 조선족 집결 지역의 인구를 감소시키고 민족 인구가 분산되는 결과를 가져왔다. 또 이것은 조선족 농촌이 과거에 담당해온 문화의 보존 기능과 민족 교육의 현장이 줄어들고 동질성이 약화되는 문제를 불러왔다(정신철, 2000: 11). 조선족의 지위 의식도 원인이다. 조선족 농촌의 부모들은 자식이 공부를 잘하면 그 자식이 농촌에서 농사를 지으면서 살기를 바라지 않는다. 오히려 도시에 나가 출세하기를 바란다. 또 출세 때문에 지식을 가능한 한 많이 교육시키려고 한다(한상복·권태환, 1993: 116).

근대국가는 기본적으로 민족의 분포와 영토를 일치시키는 민족국가로

〈표 11-10〉 조선족 대학 신입생에 대한 정체성 설문조사(2010년 조사, 180명 대상)

문항	답변	비율(%)
중국, 한국, 북한은 조선족에게 어떤 의미를 가지는가?	중국은 조국, 한국과 북한은 고국	25.3
	중국은 조국, 한국과 북한은 이웃 나라	70.9
	중국, 한국, 북한은 모두 조국	3.8
다른 민족이 조선족을 비난하는 경우 당신의 태도는?	매우 격분한다	98.5
	아무렇지도 않다	0.7
	잘 모르겠다	0.8
한국과 북한의 발전에 대한 당신의 태도는?	관심이 많다	58.6
	나와는 상관없다	33.4
	잘 모르겠다	8.0
TV 시청 시 보통 어느 나라의 프로그램을 가장 즐겨 보는가?	한국 프로그램을 더 많이 보는 편이다	27.3
	중국 프로그램을 더 많이 보는 편이다	8.1
	한국 프로그램만 본다	58.4
	중국 프로그램만 본다	6.3

자료: 박금해(2012), 최우길(2012: 20) 재인용.

출발했다. 그러나 이는 하나의 이념형(ideal type)일 뿐, 실제로는 국경선과 민족의 분포가 일치하지 않는 경우가 많다. 그렇기 때문에 근대 국제체제에서 민족과 영토는 매우 민감하게 작용하면서 민족 문제 또는 국경 분쟁의 요소가 되기도 한다. 또 민족의 역사 궤적과 현재의 영토가 일치하지 않을 때에도 종종 영토 문제를 발생시킨다. 이 모든 문제가 복합적으로 나타난 곳이 한국과 중국 사이의 간도 영유권 문제이다. 중국이 동북공정을 통해 고구려와 발해의 역사를 자국의 역사로 만들고, 다민족국가론을 주창하면서 간도의 조선족들에게 중국의 국민임을 강조하는 이유도 여기에 있다(이성환, 2004: 93~94).

우리는 조선족에 대해 차별적 태도를 취하면서도 막연한 동포애를 느끼는 이율배반적인 태도를 가지고 있다. 즉, 조선족에 대해 차별적 태도를 취하면서도 혈연적 공통성에 기초한 민족의식을 느끼고 있다. 그러나 민족에 대한 개념 규정과 인식은 국가에 따라 차이가 있다. 2010년 조선족 대학 신입생에 대한 정체성 조사는 조선족에 대한 우리의 이율배반적인 인식과 태도에 대한 반성과 성찰을 요구하고 있다.

한국에서도, 그리고 중국에서도 '민족'이라는 범주는 조선족에게 항상 불확실한 관념의 대상이거나 자신들의 정체성을 굴절시키는 현실의 실체였다(강진웅, 2012: 131). 옌볜 조선족에게 국가적 정체성은 넘어설 수 없는 현실의 대범주였고, 1992년 한중 수교 이전까지 옌볜 자치주는 중국 중앙정부와 지린 성 정부의 통제하에서 정치적 자율성뿐만 아니라 경제적 지위의 측면에서도 상당한 제약을 받았다(Olivier, 1992). 한중 수교 이후에도 한족 인구의 유입, 자치주 고위 관리의 한족화[26] 및 중앙정부의 권위 측면에서 옌볜 조선족은 정치적 자율성에서 계속 제한되었지만, 그 대신에 경제적인 영역에서 자신들의 자율성과 이에 따른 정체성의 자원을 확보하게 되었다. 중국 국가로부터 분리·독립하기 위해 강한 정치적 종족성을 드러내고 있는 티베트와 같은 종족 자치주와 달리, 옌볜 조선족은 중국의 국가 정체성을 수용하면서 자신들의 경제적 자율성을 확보해왔다(Shipper, 2010). 그럼에도 불구하고 이주 노동을 통한 옌볜 자치주의 경제성장과 함께 인접한 한국과의 관계로 인해 옌볜 조선족은 국가로부터 늘 통제와 감시의 대상이 되어왔다(강진웅, 2012: 118).

그동안 옌볜 조선족의 종족 정체성에 대한 한국 학계에서의 논의는 많이 다루어졌지만 조선족 학계의 논의는 그리 주목받지 못했다. 그러나 한

---

26 1952년 옌볜 자치주 출범 당시에 74.2%였던 조선족 간부의 비율이 2010년에는 44.1%로 감소한 것으로 드러났다. 옌볜 자치주의 조선족 인구 비율도 62%에서 36.5%로 감소했다(연합뉴스, 2011.11.30).

국 학계 못지않게 최근 조선족 학계에서도 저술과 인터넷을 통해 옌볜 사회를 중심으로 한 중국 조선족의 정체성에 대한 뜨거운 논쟁이 있어왔다 (강진웅, 2012: 113).

이른바 '조-황 논쟁'(김호웅, 2010)이라 불리는 것이 그것이다. 대표적으로 옌볜 대학 교수 조성일(2009)은 "조선족을 중국 공민이며 중화 민족의 구성원으로서 조선반도의 국민과 동일선상에 있는 조선 민족"이라고 정의하고, 따라서 옌볜 조선족을 중심으로 한 중국 조선족은 정체성의 측면에서 이중성을 갖고 있다고 주장한 바 있다. 다시 말해서 "중국은 다민족국가로서 중국의 각 민족을 총칭해서 중화 민족"이 되며, "이 개념 아래에 하위 개념으로 '족(族)'이라는 개념(다시 말하면 작은 민족)이 있고, 조선족은 이러한 작은 민족인 '족'에 대항된다"는 것이다(조성일, 2009).

이러한 조선족의 이중적 정체성에 대해 옌볜 자치주 정부 경제사회발전 고문이자 중앙민족대학 교수인 황유복(2009)은 "우리는 조선 민족 집단(族群)의 한 부분이며 중국 국적을 가진 소수민족의 일원"이고 "중국 공민은 국적과 관련된 개념이고 조선 민족이란 민족과 관련된 개념"이기 때문에 "조선족은 100% 조선족"일 뿐 이중성을 갖는 것은 아니라고 주장했다. 이들의 논쟁은 '두 개의 민족', 즉 중화 민족과 작은 민족으로서의 조선족의 이중성이 존재하느냐(조성일), 아니면 조선 민족 집단에서 벗어난 '중국의 소수민족'으로서 조선족의 개념을 정립해야 하느냐(황유복)의 문제인데, 초점은 국가와 민족의 범주를 같은 선상에서 보느냐, 아니면 상하위의 범주로 보느냐의 문제였다. 범주의 위치에 대한 차이를 제외하고는 양쪽 다 조선족의 정체성 측면에서 어떤 식으로든 이중적 측면이 있다는 것을 인정하고 있고, 논의에 전제된 사고 역시 제3의 정체성을 배경으로 하고 있다 (강진웅, 2012: 114).

4. 대륙횡단철도

타페와 고티어(Taaffe and Gauthier Jr., 1973)는 지역발전의 패턴이 식민지 체제의 경제하에서 경험했던 공간구조상의 변화와도 밀접히 연관되어 있다고 말했다. 식민지 이전의 자족적 경제가 지배하는 경제발전 단계에서는 아주 미약한 중심지 계층과 이들의 저급한 공간경제의 통합이란 정주구조(settlement structure)가 나타나고, 식민지 초기 단계에서는 식민지 경략에 유리한 항구도시가 대도시로 성장하며, 식민지 경제의 이중 구조가 심화되면서 이것은 종주적 정주구조를 더욱 강화시킨 결과를 가져왔다고 한다.

1876년의 개항은 도시 체계를 크게 변화시키는 계기가 되었으며, 한일합방(1910) 이후 1920년까지 한반도에 대한 일본의 초기 식민지 경략은 도시 발달과 밀접한 관계를 나타낸다. 이 시기에 부산, 인천, 남포, 원산, 대구 등의 신흥 도시(인구 2만 명 이상)가 새로 등장했으며, 전국에 8개의 인구 규모 2만 명 이상 도시가 주요 도시망을 형성했다. 개항 이후 1920년까지의 가장 두드러진 특색은 연안 항구도시의 발달이었다. 앞에서 말한 신흥 도시 중 대구를 제외한 네 개 도시가 모두 항만에 입지하고 있다는 사실이 이를 잘 말해준다. 더구나 이 기간에 함흥, 목포, 통영, 군산, 신의주, 송림, 청진 등의 항구는 인구 1~2만 명 규모의 도시를 형성·유지했는 데 반해, 상주, 의주, 충주 등 내륙에 위치한 도시는 오히려 인구가 감소했는데, 이는 이 시기에 우리나라 도시 체계의 공간조직 발달 양상이 항구를 주축으로 진행되었음을 잘 반영해주는 것이다(김인, 1991: 90).

한국의 공간구조 형성도 일제강점기의 영향에서 자유로울 수는 없다. 한국은 해방 이후 이러한 영향에서 벗어나 독자적인 공간구조를 형성해왔다고 판단된다. 다만 일제 식민지 시대에 형성된 'X자형 철도망'은 현재에도 그 기본 구조가 그대로 유지되고 있고, 이것이 공간구조 형성에 영향을 미친다고 볼 수 있다. 그리고 통일 이후에는 이 철도망이 대륙횡단철도와 연결됨으로써 한국의 공간구조 형성에 다시 커다란 영향을 미치는 변수로 등장할 것으로 판단된다.

일제강점기에 통합되었던 한반도와 만주 지역의 철도 네트워크는 일본의 패망, 중국의 내전, 한국전쟁을 거치면서 파괴되었고, 접경 지역의 국제교통로는 냉전기를 거치면서 노후화되고 기능도 축소되었다. 그러나 지금도 북한 접경 지역에는 북·중 간 3개, 북·러 간 1개 노선 등 4개의 국제철도가 지난다(이옥희, 2011: 142~143).

유엔아시아·태평양경제사회이사회(United Nations Economic and Social Council for Asia and the Pacific: UN ESCAP)는 동북아 지역의 급증한 생산력과 유럽 지역의 풍부한 구매력을 원활히 연결시켜 동북아 지역의 경제발전을 도모하고 나아가 평화를 정착시키기 위해 1985~1996년을 '아태 지역 교통·통신 발전 기간(Transport and Communications Decade for Asia and the Pacific)'으로 선언했고, 이 목표 달성을 위해 1992년 제48차 ESCAP 회의는 아시아고속도로계획(Asian Highway Project)과 아시아횡단철도계획(Trans-Asian Railways Project)으로 구성된 아시아 육상교통 기반 시설 개발계획(Asian Land Transport Infra-structure Development Project: ALTID Project)을 승인했다. 아시아횡단철도계획은 애초에 동남아·방글라데시-인디아-파키스탄-이란-터키를 연결하는 남부노선(Southern Corridor)만을 포함했지만, ALTID 계획하에서 중국·북한·몽골·카자흐스탄·러시아 연방으로 구성된 아시아 북부 지역의 긴장 완화, 중국의 급속한 경제성장, 북한과의 경제 교류 가능성 증가, 몽골·카자흐스탄·러시아 연방의 시장경제 체제 도입으로 인한 경제발전에 대한 기대 등으로 인해 북부 노선(Northern Corridor)을 포함하게 되었다(안병민, 2003: 297).

또 1996년 제52차 ESCAP 회의 중에 개최된 인프라 각료회의에서 42개국이 아시아횡단철도 구축을 위해 남북한 연결 철도를 복원하는 데 최우선적으로 노력한다는 결의안을 채택했으며, 북한도 암묵적으로 동의해 국제 무대에서 한반도종단철도 논의가 본격화되기 시작했다(안병민, 2003: 298). 국토 면적이 광활한 러시아 극동 지역과 중국 동북 3성, 그리고 산악 지대가 많아 도로 건설이 용이하지 않은 북한에서는 화물 운송 수단으로서 철도의 역할이 중요하다고 할 수 있다(정필수, 2003: 552).

한반도종단철도의 동해선은 블라디보스토크[27]에서 시베리아철도와 연결되는데, 북한·중국·러시아의 공동 사업이 검토되고 있는 두만강 개발을 염두에 둔 루트이다. 일본도 두만강을 기점으로 하는 유라시아 극동부의 개발 사업에 뜨거운 시선을 보내고 있다. 한반도종단철도와 시베리아철도의 노선은 모두가 항만과 철도를 연결시켜 내륙에 개발 효과를 파급시킬 것이다. 동해선은 시베리아 개발의 동맥으로서 러시아가 후원하고 있다(샛슨, 2007: 154). 이러한 이유로 러시아는 오래전부터 시베리아횡단철도를 북한과 남한까지 연결하는 철도 부문 협력에 대해 관심을 두고 이를 추진해 왔고(최수영, 2001: 46), 2011년 하산[28]역과 북한의 철도를 연결했다.

또 러시아 연해주의 인구는 2012년 기준으로 약 190만 명 정도이다. 이는 인접한 중국의 동북 3성 인구의 1/60에 불과한 수준이다. 한편 연해주에는 전 세계의 5%에 달하는 천연가스가 매장되어 있다. 러시아는 이 천연가스를 한국 등에 판매하고 싶어한다. 한편 중국이 동북 3성의 개발을 추진하고 인구가 유입되는 상황에서, 러시아는 연해주에 대한 중국의 영향력을 견제할 필요가 있고 이를 위해서라도 연해주 개발은 필요하다. 러시아는 연해주 개발에 210억 달러(약 24조 원)를 투입하고 있고, 2012년 9월

---

27 '동방을 지배하라'라는 의미를 가지고 있다.
28 하산(Khasan)은 연해주의 최남단에 위치한 하산스키(Khasansky) 군의 중심지이며, 푸틴(Vladimir Putin) 대통령이 국제자유무역지구로 개방하겠다고 선포한 곳이다.

〈그림 11-7〉 한반도 통일 이후 한반도종단철도와 대륙횡단철도 연결망

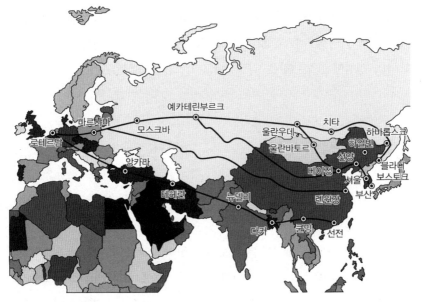

자료: 임형백(2007b: 316).

APEC를 개최했다.

배와 철도를 연계하는 것이 교통 연계의 꽃이다. 배와 철도는 에너지가 가장 적게 드는 녹색 교통망이다(김석철, 2012: 93). 북태평양으로의 진출이 차단되어 있는 중국에게도 하산은 중요한 요충지이다. 중국은 하산역 바로 위 국경선까지 철도를 개설해놓고 중국횡단철도와 하산역의 연결을 추진하고 있다.[29] 반면 러시아의 입장에서는 중국횡단철도와 하산역을 연결

---

29 이외에도 북한은 양강도 보천군 보천광산, 갑산군 문락평광산을 비롯한 10여 개 광산들의 중석, 몰리브덴, 마그네사이트, 철, 무연탄, 역청탄, 금, 은, 동 광물 채굴권을 중국에 넘겨주었다. 이에 따라 약 3,000조 원으로 추정되는 북한 광물 자원이 고스란히 중국에 넘어갈 것으로 우려된다. 또 '중국·조선 경협'이라는 미명하에 황금평과 나선 개발, 압록강과 두만강을 건너 북한 땅을 땀땀이 꿰매 내려

할 경우, 한반도의 통일 이후 한반도종단철도가 하산역으로 연결되더라도 시베리아횡단철도는 중국횡단철도와 경쟁해야 하는 상황이 만들어진다. 현재 러시아는 하산역과 북한을 철도로 연결해놓은 상태이지만, 중국횡단철도와의 연결에는 반대하는 입장이다.

5. 세계화와 한반도

한국에서 지구화는 신자유주의의 일부이거나, 그의 변종쯤으로 이해되는 경향이 많은 것 같다. 현재도 진행 중인 국가와 자본의 역할에 대한 오래된 논쟁은 제쳐두고, 문제는 지구화가 하나의 국민국가 또는 일정 지역에 거주하는 사람들의 의지와 바람과는 무관하게 또는 정반대로 그를 넘어서는 어떤 힘에 따라 추동되는 주로 경제적 과정으로 간주된다는 점이다. 지구화를 단순하게 경제적 과정에만 국한시키는 것보다는 자본·정보·노동력의 더욱 활발한 이동으로 정의하는 것이 더 포괄적이면서도 적당한 규정이기는 하다(남영호, 2010.11.22).

최근에는 신마르크스주의 도시사회학[30]자인 데이비드 하비의 건조환경론(built environment)과 프리드먼(J. Friedmann)과 사센(S. Sassen)의 글로벌 시티 이론을 모두 비판하면서 마이클 스미스(Michael P. Smith)가 초국적 도시 이론(transnational urbanism)이라는 다소 생소한 이론을 들고 나오기도 했다.

피터 홀과 울리히 파이퍼(Ulrich Pfeiffer)는 21세기에 들어 유사 이래 세계

가는 단둥-평양, 단둥-원산, 투먼-나선, 창바이-김책의 고속도로 건설 등 사회간접자본 개발에 따른 각종 이권을 음으로 양으로 팔아넘겼거나 넘기고 있는 중으로 파악된다.
30 신도시사회학에 대해서는 임형백(2005c: 49~77) 참조.

〈표 11-11〉 지구화 시대의 도시 이론

학자	데이비드 하비	존 프리드먼, 사스키아 사센	마이클 스미스
특징	포스트모던 도시 조건 고찰	글로벌 시티 이론	초국적 도시 이론
이론	· 비합리주의, 파편화, 유동적 인격의 발전을 20세기 후기 포스트모더니티의 지배적인 문화적 강령들로 수용 · 포스트모더니티를 모더니티의 급진적 단절로 보기보다는 자본주의적 발전의 최종단계, 즉 후기 자본주의의 문화적 논리로 재현 · 지구화를 자본의 일방적 논리의 귀결로 인식 · '건조환경론'을 통해 지구화를 자본 축적의 공간적 제한을 극복하는 방식으로, '시간에 의한 공간의 소멸'로 정의	· 세계 도시 형성은 공간적이며 계급적인 양극화를 초래 · 국제경제의 지구화를 바탕으로 자본이 국가 대신 소수의 글로벌 시티로 집중하고 있으며, 이에 따라 지구적 도시체제가 위계적으로 조직화되고 있음 · 지구적 경제 통제 능력을 구성하는 금융적이며 조직적인 '투입물들'의 생산은 국민국가에 영향을 미침 · 탈국가주의적 담론 수용	· 지구화를 자본의 일방적 논리의 귀결로 보는 견해에 반대 · 지구화를 자본의 일방적 주도와 거기에 국민국가가 순응하는 과정만으로 보지 않고, 행위자 중심적인 관점에서 풀뿌리 네트워크가 초국적으로 활발히 형성되고 재편되는 과정으로 해석 · 초국적 움직임에서 몇몇 세계적 대도시뿐만 아니라 도시 일반도 중심적인 역할을 차지한다는 견해 · 지역으로서의 도시는 자연적으로 이미 주어진 것이 아니라 행위자인 초국적 네트워크의 형성과 재형성에 따라 항상적으로 새롭게 구성 · 지역을 지구화라는 외부의 작용으로 피해를 입거나 저항하는 근거지로 보는 시각을 전통적인 공동체의 개념을 바탕으로 한 본질주의적 사고로 비판
비판	· 경제주의적 접근 · 젠더, 인종, 종교 등 각 부문에서 벌어지는 갈등과 저항을 지역적·부수적 현상으로 간과	· 경제 환원주의적 접근 · 역사적 행위자의 역할에 대한 분석 결여	· 초국적 네트워크를 모두 진보적인 것으로 간주 · 도시 배후에 존재하는 사람들, 이주와는 무관하지만 초국적 네트워크를 떠받치는 절대 다수의 사람들에 대한 분석 결여 · 다양한 저항들의 상호 관계에 대한 분석 결여
비고	공간에 대한 마르크스주의의 기능주의 해석	최근의 도시 이론 중 가장 큰 영향력 발휘	하비, 프리드먼, 사센의 이론을 모두 비판

의 도시 거주자들이 하나로 네트워크화된 지구의 부분을 구성하는 도시화가 진행될 것이라고 주장했다. 또 도시들은 세계적인 네트워크의 한 부분이고, 그 네트워크 안에서 정보와 재화가 몇백 킬로미터를 넘어서 교환되지만, 동시에 지역적 차원에서는 집적 경제의 법칙이 여전히 존재한다고 했다. 즉, 거대도시들은 가상 공간의 새로운 세계 안에 있으면서도 여전히 집적 이익이라는 고전적 경제법칙 아래 놓여 있다는 것이다. 나아가 이런 거대도시들이 주요한 국제 항공의 중심(global air hub)이 되고, 급부상하고 있는 대륙 간 고속철도망의 주요 결절점이 된다고 말했다(홀·파이퍼, 2005: 27~28).

이러한 이론들은 그 이론적 차이점에도 불구하고, 한 국가 내의 도시가 세계화의 영향에서 결코 자유롭지 못하며 오히려 직접적이든 간접적이든, 긍정적이든 부정적이든, 일방적이든 쌍방적이든 점점 더 서로 긴밀하게 연결되고 있음을 보여준다.

12

결론

|

Conclusions

1. 지역과 공간

전통적으로 사회과학 분야에서는 인구를 기준으로 '지역'을 '농촌'과 '도시'로 구분하는 것이 가장 일반적이다. 한국에서는 인구 5만 명을 기준으로, 농촌(군 지역)과 도시(시 지역)로 구분하는 방법이 오랫동안 사용되었다. 그러나 나라마다 여건에 차이가 있고, 따라서 농촌과 도시를 구분하는 인구의 기준도 다르다.

통상적으로 보면 유럽 대륙 국가보다는 영미권 국가에서 인구가 도시로 유입되는 경향이 강하고, 영미권 국가보다 한·중·일에서 인구가 도시로 유입되는 경향이 더 강하다. 따라서 도시를 구분하는 인구의 기준도 한·중·일이 영미권 국가보다 크고, 영미권 국가가 유럽 대륙 국가보다 큰 경향이 나타난다. 한편 현대사회에서는 교통과 통신의 발달, 인구 이동의 증가 등으로 '농촌'과 '도시'라는 이분법의 의미가 상실되고 있다.

'지역'은 지리적이므로 물리적이고 평면적인 성격이 강하다. 이 책에서 저자는 '지역'이라는 개념과 더불어 '공간'이라는 개념을 사용했다. 저자에게 공간은 물리적 공간이면서 사회적 공간이다. 즉, '지역'과 비교하여 입체적 성격을 가지며, 인간이 만든 다양한 건축물, 도로 등 유형의 것뿐만 아니라 제도, 가치 등 무형의 것이 더해진 곳이 공간이다.

소득의 변화에 따라 공간에 대한 개인의 수요도 변한다. 단적으로 소득이 늘어날수록 공간에 대한 개인의 수요는 증가한다. 각 가구도 좀 더 넓은 주택을 소유하기를 원하고, 개인도 자신의 독립된 공간을 갖고 싶어한다. 아울러 녹지와 여가 공간에 대한 수요도 증가한다. 따라서 인구 증가가 없더라도 소득이 늘어나면 공간에 대한 수요가 증가하고 주택에 대한 수요도 증가한다. 그리고 자신에게 효용이 더 높은 공간(공간 경쟁력이 있는 공간)으로 이주한다.

2. 공간 경쟁력

경제주체로서의 '인간'은 합리적인 개인으로 간주된다. 따라서 합리적인 개인으로서의 인간은 자신의 효용을 극대화하는 방향으로 재화와 서비스를 구매한다. 개인에게는 자신이 거주하는 주택뿐만 아니라 주택 이외의 정주 환경을 포함한 지역(공간)도 재화의 성격을 가진다. 따라서 개인은 자신이 거주할 지역(공간)을 선택할 때도 자신의 이익을 극대화하는 방향으로 한다. 그리고 이런 거주 지역(공간)을 고를 때 일반적으로 직업과 교육 환경이 가장 크게 영향을 미친다. (서울을 제외한) 경기도에서 통상 새로 생기는 직업의 50% 이상이 만들어지며, 서울의 교육 환경이 우수한 것은 익히 알려진 사실이다. 이러한 요인들은 개인적·가족적 요인과 결합되어 인구 이동에 영향을 미치고, 상호 상승 작용을 일으킨다.

따라서 각 지역(공간)에 대한 소비자로서의 개인의 선호도는 다르다. 합리적인 개인에게 이주(주거지 구매)는 제품 구매와 동일한 논리가 적용된다. (소비자가 선호하는) 경쟁력 있는 제품에 구매자가 모여들듯이, (거주자가 선호하는) 경쟁력 있는 지역(공간)에 인구가 유입되는 것이다. '공간 경쟁력'에 차이가 있고, 공간 경쟁력이 동등해져야 지역균형발전이 가능해진다. 이런 공간 경쟁력을 보여줄 수 있는 지표로 '인구 유입'과 '주간인구지수'를 사용할 수 있다.

개인은 자신의 이익을 극대화하는 방향으로 지역(공간)을 변화시키려 한다. 따라서 개인과 지역(공간)은 상호 상승 작용을 하게 된다. 1970~1980년대 한국의 실질임금은 약 2배가 늘어난 반면, 강남의 땅값은 약 200배가 올랐고 전국의 땅값은 약 15배가 증가했다. 이 같은 부동산 불패의 신화는 2007년까지 지속되었다. 그러다 보니 한국에서 주택과 주거 공간은 삶의 공간이기보다는 재산 증식의 수단이 되었고, 이는 한국의 지역(공간)에 부정적인 영향을 미쳤다.

지역(공간)은 합리적 경제주체인 인간의 행동에 큰 영향을 받을 뿐만 아니라 국가 정책에 의해서도 많이 영향을 받는다. 지역(공간)에는 시장과 정부가 큰 영향을 미친다. 따라서 동일한 지역(공간)이라도 어떠한 사람이 거주하느냐, 어떠한 정책이 실시되느냐에 따라 달라진다. 즉, 지역(공간)은 올바른 가치관을 가지고 합리적인 정책을 통해 바람직한 방향으로 변화시킬 수 있다. 그러므로 공간은 경제적 공간일 뿐만 아니라 사회적 공간이다. 또 공간은 유기체처럼 살아 움직인다. 공간에서는 끊임없이 변화가 일어나는데, 우리가 이를 인식하지 못하고 있을 뿐이다.

3. 공간구조

공간구조는 이런 공간에 인구 이동, 자본 유입, 기술 개발, 아이디어 창출, 혁신 등의 기능적 상관성(또는 동태적 연관성)을 가진 일련의 과정을 거쳐 형성된 유형·무형의 가변적 구조를 의미한다. 따라서 동일한 공간도 어떠한 출발점을 가지느냐에 따라 공간구조가 달라진다.

공간은 '자기 강화적 메커니즘'을 가지고 있다. 이는 마치 그림이 그려진 종이 위에 그림을 그리는 것이, 백지에 새로 그림을 그리는 것보다 어려운 것과 같다. 즉, 공간은 한번 잘못 만들어지면 다시 만들기가 처음부터 새로 만드는 것보다 어렵다. 저자는 이것을 '공간의 역습'이라고 표현했다. 따라서 공간은 장기적인 비전을 가지고 처음 만들 때 제대로 만들어야 한다.

이런 관점에서 볼 때 그동안 대형 국책 사업과 대규모 택지 개발을 통한 주택 공급에 치중한 결과, 한국 국토의 공간구조에는 바람직하지 않은 부분이 적잖이 존재하게 되었다. 개인의 이기심과 정부의 잘못된 정책이 결합된 결과이다. 김대중 정부부터 이명박 정부까지 그린벨트의 1/4이 사라졌다.

이것은 점진적으로 수정되어야 할 부분이다. 동시에 이러한 변화와 개선이 가능해지기 위해서는 주택과 부동산이 더 이상 재테크 수단이 되어서는 안 된다. 부동산 투기는 경제의 선순환 구조를 왜곡하고, 건전한 노동 의욕을 감소시키며, 사회적 불평등을 유발할 뿐만 아니라 공간구조를 왜곡시킨다.

4. 한국 공간구조의 현재

저자에게 '지역불균형발전'은 동전의 양면과 같다. '지역불균형발전'은 긍정적 측면과 부정적 측면을 동시에 가진다. 긍정적 측면의 일반적인 예가 집적의 경제(agglomeration economies)라면, 부정적 측면의 일반적인 예는 교통 혼잡 등으로 발생하는 도시 비경제(urban diseconomies)일 것이다. 여기에서 지역불균형발전은 그 자체로는 부정적인 현상이나, 그 형성 과정이 개인 또는 집단의 합리적 선택의 결과라는 점에 주목해야 한다. 즉, 개인과 집단의 합리적인 선택이 '지역불균형발전'이라는 부정적인 현상을 가져오는 것이다.

따라서 현재의 지역불균형발전에 대한 명확한 이해와 입장 정립이 필요하다. 무조건적인 지역균형발선은 가능하지도 않다. 지역균형발전을 추구하는 과정에서 현재 지역불균형발전의 원인에 대한 분석이 제대로 이루어져야 하고, 적절한 정책이 마련되어야 한다. 또 이러한 지역균형발전 정책이 시장의 질서를 왜곡해서는 안 된다. 공간 정책은 시장을 보완하는 것이어야지, 시장과 대립하는 것이어서는 안 된다.

이와 같은 관점에서 저자는 참여정부가 추진한 국가균형발전 정책의 대의명분에는 동의하지만 그 정책에 대해서는 여러 측면에서 비판하고 있다. 국론을 분열시키지 않으면서도 더 효과적인 정책을 추구할 수도 있었다. 하지만 국토 공간에 대해 장기적인 비전을 가지지 않은 채 극단적인 정치적 이념을 그대로 국토 공간에 적용했다.

특히 수도권과 지방을 대립 구도로만 이해하고, 수도권에 대한 규제를 통한 하향적 평준화를 추구했다. 그러나 경기도의 면적은 10,185.6km2로, 면적이 605.52km2인 서울보다 16.8배 정도 큰 이질적인 지역이다. 경기도 내에서도 지역불균형발전은 존재한다. 경기도의 지방자치단체 중에는 서울 인구밀도의 1/200에 불과한 곳도 있다. 지역균형발전은 지자체 간의 경쟁 관계를 회피하고 보완 관계를 강화하는 방향으로 추구해야 한다. 수도권 규제를 통해 지역 간 격차를 완화하는 하향적 평등을 추구하는 대신, 추격(catch-up) 효과와 수렴 가설(convergence hypothesis)을 추구하는 지역균형발전을 지향해야 한다.

이를 위해서는 낙후 지역에 대한 물리적 시설 건설보다 낙후 지역의 경쟁력 강화에 초점이 맞추어져야 한다. 하지만 참여정부는 수도권이라는 선진 지역에 대한 규제와 공공기관의 지방 이전에 전념한 나머지, 지방의 경쟁력 강화와 혁신 창조에는 실패했다. 물리적 기반 구축과 지리적 집적만으로는 혁신이 만들어지지 않는다. 그 결과, 참여정부의 국가균형발전 정책은 태생적으로 근시안적 시각과 비효율적 방법을 배태하고 있다.

특히 남북 협력과 통일을 강조한 참여정부가 수도를 옮기려 하고 결국 세종시(행정중심복합도시)를 건설한 것에 대해 강력하게 비판한다. 상식적으로 생각해봐도 남북통일을 전제로 했을 때 수도를 남쪽으로 이전하는 것은 납득하기 어렵다. 남북통일 이후에 서울과 평양을 활용하자는 주장이 제기되지 말란 법도 없다. 세종시 건설을 위한 비용뿐만 아니라 서울에 있는 중앙 청사와의 업무 협조 과정에서 발생하는 비용도 크다.

앞의 공간 경쟁력에서 언급했듯이, 세종시는 그만한 공간 경쟁력을 가지도록 만들어지지 못했다. 세종시로 이전한 부처에 대한 선호도가 줄어들고 있고, 우수한 인력이 이탈하고 있다. 세종시로 이전한 부처에 근무하는 공무원들의 상당수가 서울에서 출퇴근을 하고 있는 것이 현실이다. 더구나 본인의 의지와 상관없이 정치적으로 결정된 것이다. 이 때문에 발생하는 비용도 크다.

세종시는 이미 결정된 사항이기에 다시 번복하자고 주장할 생각은 없다. 그럼에도 불구하고 언급하는 것은 세종시를 정치적 선전 도구로 이용하는 것보다는, 세종시가 주변 지역에 파급 효과를 불러일으켜 실제로 지역균형발전에 기여하는 것이 중요하기 때문이다. 적어도 투입된 비용보다 큰 편익을 만들어야 한다. 장밋빛 미사여구와 대안 없는 비판이 아닌 지속적인 관심과 대안이 필요하다. 또 너무 앞서 가는 이야기일 수도 있지만, 향후 통일이 이루어진다면 세종시의 행정중심복합도시 기능에 대한 재고와 세종시의 다른 활용 방안이 제기될 수도 있다.

저자는 이명박 정부의 지역발전 정책에 대해서도 비판적이다. 비록 참여정부가 국가균형발전 정책에는 실패했지만, 공간에 대한 입장은 명확했다. 이명박 정부는 참여정부와 정치 이념이 극단적으로 대립하는 정부였고, 참여정부의 국가균형발전 정책에 대해서도 회의적이었다. 그렇지만 이미 돌이킬 수 없는 사업도 있고 정치적 지지를 고려하여, 참여정부의 국가균형발전을 지역발전으로 명칭을 바꾸고 소극적으로 이어갔다. 참여정부의 국가균형발전 정책이 실패했지만, 이명박 정부에 들어서도 지역균형발전을 반대하는 목소리를 내는 것은 금기시되었기 때문이다. 이러한 이유로 공간 정책에 대한 이명박 정부의 입장은 명확하지 않았다.

참여정부는 '국가균형발전특별법'을 제정하고 추진 기구로 '국가균형발전위원회'를 출범시켰다. 한편 이명박 정부는 2008년 국무회의에서 참여정부가 제정한 '국가균형발전특별법'을 '지역발전특별법'으로 개정하고, '국가균형발전위원회'를 '지역발전위원회'로 명칭을 변경했다. 그러나 국회에서 '국가균형발전특별법'을 그대로 존속시켜, '국가균형발전특별법'과 '지역발전위원회'라는 체제가 유지되었다. 이명박 정부는 참여정부의 국가균형발전 정책을 발전적으로 보완하되, 광역화·특성화·분권화·자율화라는 세기적 변화를 적극 수용한다고 밝혔다. 또 지역발전의 키워드를 '균형'에서 '발전'으로 바꾸었는데, 이는 산술적 평균보다는 성장과 균형이 함께 가는 정책이라고 강조했다. 그러나 정권 말기인 2014년에 이르러서야 '지역상생발전포럼'을 창립할 계획이라고 밝힌 데서 나타나듯이, 적어도 현재까지의 이명박 정부의 지역균형발전 정책은 실패라고 할 수 있다.

게다가 한반도 대운하라는 잘못된 정책을 들고 나왔다. 해운과 철도라는 효율적인 수송 수단이 있는데, 막대한 자금을 투입하고 국론까지 분열시키면서 운하를 추진하려 한 것은 이해하기 어렵다. 이명박 정부는 한반도 대운하를 추진하면서 독일의 예를 들었는데, 독일은 바다가 없는 내륙 국가이고 독일에서 운하는 식수로 사용되지 않는다. 운하는 해운이라는 수송 수단이 없을 때 선택하는 차선책일 뿐이다. 더구나 한국처럼 강수량이 여름에 집중되고 겨울에는 강이 어는 나라에서 운하는 타당하지 않다.

이후 이명박 정부는 한반도 대운하를 4대강 정비 사업으로 변형하여 추진했다. 그리고 4대강 정비 사업의 효과로 홍수 예방과 수질 개선을 강조하면서 울산의 태화강과 비교했다. 그러나 태화강은 오염원을 차단하고 보를 철거했지만, 4대강 정비 사업은 그와 반대로 오염원은 차단하지 않고 보를 건설한 것이다. 유속이 느려지는데 저수 용량이 늘어난다고 해서 수질 개선 효과를 가져오지는 못한다.

유사한 문제가 이미 청계천에서 나타났다. 충분한 시간을 가지고 자연 복원 방식을 택했으면 좋았을 것을, 오염 물질을 놓아둔 채 방수포로 덮고 인위적으로 수돗물을 공급하는 형태로 복원했다. 이 때문에 청계천은 하천이 아닌 거대한 인공 수로가 되어버렸고, 매년 관리비로 80~90억 원이 들어간다.

잘못된 정책과 그 변용(變容)의 결과는 역시 기대 이하였다. 참여정부의 국가균형발전 정책과 마찬가지로 이명박 정부의 지역발전 정책 역시 막대한 자금을 투입하고도 실패했다. 오랜 시간이 지나면 표면적으로는 가시적인 결과가 나타날 수도 있지만, 그것은 그동안 투입된 막대한 매몰 비용(sunken cost)은 망각되고 결과만 보이는 '착시 현상'에 불과할 것이다.

국토 공간은 정치 논리보다는 경제 논리로 바라봐야 한다. 두 정부를 거치면서 성장 잠재력이 있는 분야와 복지가 꼭 필요한 서민·취약 계층에 지원해야 할 재원을 고갈시켜, 서민들의 생활은 더 힘들어졌다. 김대중 정부가 출범할 당시 약 88조 원이었던 국가 부채가 지금은 약 900조 원에 이르렀다. 이제 새로 집권한 박근혜 정부가 '이념적으로 상반된 두 전 정부의 입장을 어떻게 승계할지? 동시에 실패한 두 전 정부의 공간(지역) 정책을 어떻게 반면교사로 삼을지? 대형 국책 사업과 대규모 택지 개발이 아닌 질적 성장을 어떻게 추구할지?'는 쉽지 않은 과제이다.

차별화를 위해 전 정권의 정책 중에서 받아들일 만한 것도 폐기하고, 무리하게 새로운 정책을 개발하는 것도 지양되어야 한다. 공간에 대한 정책의 효과는 단기간에 나타나지 않고, 각 부처가 정책의 일관성을 가지도록 하는 것이 중요하기 때문이다.

5. 한국 공간구조의 미래

제3차 국토종합개발계획(1992~1999)의 기본 목표 중 하나가 '통일에 대비한 기반 조성'이었고, 마찬가지로 제4차 국토종합계획(2000~2020)의 기본 목표 중 하나도 '민족이 화합하는 통일 국토'였다. 제4차 국토종합계획 수정계획(2006~ 2020)에서도 5대 목표 중 하나가 '통일 국토'이고, 추진 전략에 '동북아 시대의 국토 경영과 통일 기반 조성'이 포함되어 있다. 또 한반도종단철도, 중국횡단철도, 시베리아횡단철도를 연결시켜 남북한-동북아 연결 교통망을 구축하는 계획이 포함되어 있다. 그럼에도 불구하고 참여 정부가 세종시를 건설한 것은 이해하기 어렵다.

통일 이후 한반도와 동북아시아의 공간 변화는 '공간 혁명'이라 부를 만

할 것이다. 한반도, 중국, 러시아의 철도망을 연결하는 대륙횡단철도(유라시아횡단철도) 연계가 대표적인 사례이다. 게다가 대륙횡단철도에 동해라는 해운까지 결합된다. 일반적으로 해운과 철도는 가장 이상적이고 효율적인 운송 수단이다. 한국은 3면이 바다에 접해 있는 국가이다. 이런 점에서 볼 때 한반도 대운하는 더더욱 이해하기 어려운 정책이다.

통일 한국과 중국, 러시아 사이의 접경 지역의 중요성도 증가할 것이다. 1990년대 초 UNDP는 두만강 유역 개발계획을 주도했는데, 원래 이 구상은 1980년대 일본이 언급한 '환동해 경제권'에서 비롯되었다. 이후 중국이 1990년 중국 창춘에서 개최된 '동북아 경제발전 국제회의'에서 두만강 지역에 대한 '다국 간 협력 개발안'을 처음으로 제기했다.

한편 러시아는 17세기 전반에 태평양 연안에 다다랐다. 이후 1858년에 청나라와 맺은 아이훈 조약과 1860년 베이징 조약을 통해 연해주 지역으로 진출했다. 연해주는 당시 청나라의 지배력이 매우 약했던 곳이었고, 러시아는 손쉽게 부동항 획득의 꿈을 이루었다. 현대 중국의 국경선은 이민족의 통일 왕조였던 청나라 시대에 만들어진 것이다. 만약 이때 청나라가 연해주를 지켰다면 오늘날 중국은 태평양으로 나올 수 있는 항구를 가질 수 있었을 것이다.

그러나 그러지 못했던 중국은 북한의 나진·선봉 지역을 통해 태평양으로 나오려 하고 있다. 이미 중국은 나선항에 대해 50년간 운영권을 확보했고 청진항에 대해서도 30년간 운영권을 확보했다. 반면 중국 동북 3성 인구의 1/60에 불과한 연해주 인구를 가지고 있는 러시아는 중국을 견제하려 할 것이다. 따라서 한반도종단철도가 중국횡단철도와 연결되는 것을 방해하고, 한반도종단철도를 러시아횡단철도와 연결시키려 할 것이다. 그렇기에 통일 이후 동북아시아는 협력의 장소이자 경쟁의 장소가 될 것이다.

통일 이후 북한은 남한과의 경제 격차를 차츰 줄여나갈 것이며, 이 과정에서 북한의 경제개발에는 남한의 경제성장 경험이 활용될 것이다. 이를 통해 북한의 경제를 좀 더 빠른 시간 내에 남한의 경제와 유사한 수준에 도달하게 할 것이며, 남한과 북한 간에 산업의 공간적 분업과 협업이 이루어질 것이다.

남한과 비교하여 북한은 경제뿐만 아니라 공간(지역)도 낙후되어 있다. 경제와 마찬가지로 공간에서도 남한은 성장의 경험을 활용할 수 있을 것이다. 북한의 공간에 대해 단순히 낙후된 시설을 현대화하거나 공간의 양적 성장을 지원하는 방식은 지양되어야 할 것이다. 남한은 집약적 토지 이용이 이루어진 반면, 북한은 조방적 토지 이용이 이루어졌다. 인구가 희박하고 개발 가능지가 많은 북한의 공간을 활용하여, 남한의 혼잡을 감소시키고 지역균형발전을 추구해야 한다. 그러나 지역균형발전의 기준은 인구밀도가 아니라 삶의 질이어야 한다. 또 앞으로 개발되는 공간은 편리할 뿐만 아니라 쾌적한 공간이어야 한다.

공간은 변화를 수용할 수 있도록 가변적이고 유동적으로 만들 필요가 있다. 즉, 우리의 계획 의도를 반영하고 미래의 사회 변화를 수용할 수 있는 '구성적 공간'으로 만들 필요가 있다. 따라서 공간을 고정된 공간으로 만들어서는 안 된다. 고정된 공간은 죽은 공간이다. 살아 있는 공간이어야 한다. 남한이 도시 성장에서 겪은 경험을 통해 남한 도시와 북한 도시의 격차를 줄이고, 남한과 북한의 도시 간 유기적 연계를 확보해야 할 것이다. 무엇보다 북한의 낙후된 산업을 발달시킬 목표가 정해지면 이에 적합한 도시의 형태도 어느 정도 추측할 수 있다. 그리고 북한의 낙후된 산업 발달과 이에 맞추어 도시 형태를 미래의 어느 시점에 갖출지를 계획할 필요가 있다.

북한의 현재 경제 상황에 최적화되어 설계된 공간도 시간이 지나면 그렇지 못하게 된다. 소득 증가(경제성장)에 따라 공간에 대한 수요가 변하기 때문이다. 소득 증가는 자동차, 더 커다란 주택에 대한 수요를 증가시키며, 자동차의 증가는 필연적으로 도로와 주차 공간에 대한 수요를 증가시킨다. 이에 대한 고려도 필요하다.

지금은 강남이 극심한 교통 체증을 겪고 있지만, 강남이 만들어질 당시에는 현재처럼 지독한 교통 체증이 생길 만큼 차량이 증가할 것이라고는 상상하지 못했다. 제1차 국토종합개발계획(1972~1981)이 시작된 1972년 한국의 1인당 국민소득은 319달러에 지나지 않았다. 당시 한국은 GDP가 겨우 106억 달러였고, 이때에 이르러서야 남한의 경제 규모가 북한을 따라잡기 시작했다. 1973년 제2차 경제개발계획으로 중화학공업이 본격화되면서 외국과 기술제휴한 자동차가 출시되기 시작했다. 1975년에 국산 고유 모델 포니가 출시되었고, 1980년대 중반에 이르러서야 차량 등록 대수가 100만 대를 넘었다. 2012년 6월 기준으로 한국의 차량 등록 대수는 1,866만 대를 넘어섰다. 또 소득 증가는 주거 공간에 대한 개인의 사적 욕구를 강화시키고 개인의 독립된 공간에 대한 수요를 증가시킨다. 더 많은 수의 방을 갖춘 주택으로 이주하거나, 동일한 가구가 두 개 이상으로 분리되기도 한다. 따라서 인구가 변하지 않더라도 소득이 증가하면 주택의 크기뿐만 아니라 주택의 수요도 증가하는 현상이 나타난다. 남한의 성공 경험뿐만 아니라 실패 경험도 북한의 개발에는 중요한 교훈이다.

통일은 한국이 약 1억 명에 달하는 인구를 가지고 더 거대하고 안정적인 내수 시장을 가지게 됨을 의미한다. 또 현재 남한의 저출산 문제 해소에도 어느 정도 기여할 것이다. 한편 통일 이후에는 북한 주민의 인구 이동, 조선족의 법적 지위 등과 같은 새로운 정책 과제도 대두할 것이다.

이제는 한반도 내에서만 세계를 바라보지 말고, 한반도를 중심으로 세계 속의 한반도를 바라보고, 세계 속에서 경쟁력 있는 국토 공간을 만들어가야 할 것이다. 이러한 경쟁력 있는 공간을 창출함으로써 세계 무대에서 경제적 영토를 확장해야 할 것이다. 따라서 인구 성장, 대규모 토목공사, 대규모 택지 개발과 신도시 건설을 통한 주택 공급 등의 양적 성장 개념에서 탈피해야 한다. 또 지역이기주의와 포퓰리즘에서도 탈피해야 한다. 앞으로 공간은 개인의 재산 증식을 위한 개발보다는 국가 경쟁력 제고를 위한 개발에 초점을 맞추어야 하며, 후세에 물려줄 공동의 자산으로 인식하고 접근해야 할 것이다. 이제는 한국의 국토 공간 정책에서 통일뿐만 아니라 이러한 문제를 좀 더 깊이 있게 고민할 시점이 되었다.

참고문헌

강광하. 2000. 『경제개발 5개년 계획: 목표 및 집행의 평가』. 서울대학교출판부.

강상중. 2007. 「사라지지 않는 '아시아'의 심상지리를 넘어서」. 강상중 외 엮음, 이강민 옮김. 『공간: 아시아를 묻는다』. 한울.

강성종. 2004. 『북한의 강성대국 건설전략』. 한울.

강정모. 2003. 「북한 경제 현황과 경제 발전」. 강정모 외. 『신동북아경제론』. FKI미디어.

강진웅. 2012. 「디아스포라와 현대 연변조선족의 상상된 공동체: 종족의 사회적 구성과 재영토화」. ≪한국사회학≫, 46권 4호, 96~136쪽.

강현수 외. 2003. 「유럽연합의 지역정책 개관」. 유럽지역연구회 엮음. 『유럽의 지역발전정책』. 한울.

건설부. 1992. 『수도권 신도시 건설사업』.

경제기획원. 1976.6. 『제4차 경제개발 5개년 계획』.

_____. 1981. 『도시가계연보』.

고석찬. 2004. 『지역혁신 이론과 전략』. 대영문화사.

고슬링(David Gosling)·메이트런드(Barry Maitland). 1990. 『도시설계론』. 박철수 옮김. 태림문화사.

고어, 찰스(Charles Gore). 1997. 『현대지역이론과 정책』. 고영종·김재영·문경원·윤원근·이병기·임경수 옮김. 한울.

고영선·윤희숙·김광호. 2008. 『국가균형발전특별회계의 사업구조 및 제도개선방안』. 한국개발연구원.

고유환. 1988. 「북한의 권력구조 개편과 김정일 정권의 발전전략」. ≪국제정치논총≫, 38권 8호, 127~149쪽.

교육과학기술부. 2008.10. 「다문화가정 학생 교육지원 방안」. 교육과학기술부 발표 자료.

국가균형발전위원회. 2004. 『국가균형발전의 비전과 전략』. 동도원.

국토통일원. 1991. 『남북한 사회문화지표』.

국토해양부. 2009. 『지적통계』.

_____. 2011.1.27. 「신도시 개념 및 건설 현황」.

권용우. 2001. 『교외지역: 수도권 교외화의 이론과 실제』. 아카넷.

권율. 1993. 『베트남의 수출가공구 개발 정책과 현황』. 대외경제정책연구원.

권태환. 2005. 「사회적 환경과 정체성」. 권태환 편저. 『중국 조선족 사회의 변화: 1990년 이후를 중심으로』. 서울대학교출판부.

그루세, 르네(René Grousset). 1998. 『유라시아 유목제국사』. 김호동·유원수·정재훈 옮김. 사계절.

기든스, 앤서니(A. Giddens). 1998. 『사회구성론』. 황명주 외 옮김. 자작아카데미.

김경환. 1993. 「수도권 환경오염과 차량증가에 따른 사회비용분석」. ≪산업과 경영≫, 30권 1호, 199~223쪽.

김경환 외. 2002. 『미래지향적 수도권정책: 경제학적 접근』. 서강대학교출판부.

김경환·서승환. 2002. 『도시경제』. 홍문사.

_____. 2010. 『도시경제』, 제4판. 홍문사.

김경환·임상준. 2005. 『수도권 규제에 대한 재인식: 규제논리의 비판적 고찰과 정책 대안의 모색』. 한국경제연구원.

김광석. 1981. 「한국의 개발계획과 경제발전」. 서울대학교 경제연구소 엮음. 『한국에 있어서의 경제학연구의 발전과 과제』. 서울대학교 경제연구소.

김광호. 2008. 「지역개발정책의 목표와 전략 재정립」. 고영선 엮음. 『지역개발정책의 방향과 전략』. 한국개발연구원.

김구진·김희영 편저. 1985. 『이야기 중국사 1』. 청아출판사.

김근식. 2011. 『대북포용정책의 진화를 위하여』. 한울.

김기호. 2008. 「북한의 도시계획」. 김정욱 외. 『남북한 환경정책 비교연구 2』. 서울대학교출판부.

김남국. 2005. 「다문화 시대의 시민: 한국사회에 대한 시론」. ≪국제정치논총≫, 45권 4호, 97~121쪽.

김동명. 2010. 『독일 통일, 그리고 한반도의 선택: 스무 살 독일, 얼마만큼 컸나?』. 한울.

김동성. 2004. 『군사시설주변지역지원에 관한 법률제정연구』. 경기개발연구원.

김만재·최정민. 2006. 「저출산 고령화시대의 도시계획」. 대한국토·도시계획학회. ≪도시정보≫, 296호, 3~19쪽.

김병린 외. 2007. 『황해 항만산업 테크노폴리스를 열자』. 바이북스.

김병린 외 엮음. 2005. 『임시행정수도: 백지계획은 살아 있다』. 해토.

김병택. 2002. 『한국의 농업정책: 전개과정과 발전방향』. 한울.

김석철. 2005. 『희망의 한반도 프로젝트』. 창비.

_____. 2012. 『한반도 그랜드 디자인』. 창비.

김선자. 2007. 『만들어진 민족주의 황제신화』. 책세상.

김선배. 2004. 「혁신주도형 경제를 향한 한국형 혁신체제 구축방향」. ≪과학기술정책≫, 14권, 2~13쪽.

김성배. 2005. 「참여정부의 국가균형발전정책과 그 한계: 경제성장과 공간구조간의 관계를 중심으로」. ≪지역연구≫, 21권 3호, 115~141쪽.

김성철 외. 2001. 『북한의 경제전환 모형: 사회주의국가의 경험이 주는 함의』. 통일연구원.

김성태·장정호. 1997. 「한국 지역간 인구이동의 경제적 결정요인: 1970~1991」. ≪국제경제연구≫, 3권 2호, 175~198쪽.

김성회. 2011. 「한국의 이민·다문화 통합정책의 현황과 문제점」. 법무부 출입국·외국인정책본부 외국인정책과 이민정책 포럼 자료집, 13~49쪽.

김신복. 2010. 『발전기획론』, 수정증보판. 박영사.

김양손. 1964. 「사회주의 농촌건설에 있어서 문제점」. ≪근로자≫, 7호, 30~40쪽.

김연철. 2002. 「북한의 경제개혁 전략: 쿠바 사례의 적용가능성」. 김연철·박순성 엮음. 『북한경제개혁연구』. 후마니타스.

김영명. 2012. 「다문화 담론의 문제점」. 제17회 한글문화토론회 자료집, 3~21쪽.

김영모. 2003. 『새마을운동연구』. 고헌출판부.

김영하. 1995. 「신도시의 기능과 역할」. ≪대한건축학회지≫, 39권 1호, 23~26쪽.

김왕배. 2000. 『도시, 공간, 생활체계: 계급과 국가 권력의 텍스트 해석』. 한울.

김용운. 1987. 『한·일민족의 원형: 같은 씨에서 다른 꽃이 핀다』. 평민사.

김용웅·차미숙·강현수. 2009. 『신지역개발론』. 한울.

김원. 1998. 『사회주의 도시계획』. 보성각.

_____. 2004. 『도시행정론』, 신정판. 박영사.

김원배. 2001. 『환황해권 자유지역 연계망 구축의 전략과 방안』. 국토연구원.

김원섭. 2008. 「여성결혼이민자 문제와 한국의 다문화정책: '다문화가족지원법'의 한계와 개선방안」. ≪민족연구≫, 36호, 112~134쪽.

김윤태·설동훈. 2005. 「대만의 국제결혼 이민자 복지 정책」. ≪중소연구≫, 107호, 143~187쪽.

김의준. 2006. 「월터 아이자드의 지역학」. 국토연구원 엮음. 『현대 공간이론의 사상 가들』. 한울.

김의준·김홍석·최명섭·김상헌. 2010. 「우리나라 도시 및 지역 인구의 적정 규모 추정」. ≪도시행정학보≫, 23권 4호, 195~211쪽.

김인. 1986. 『현대인문지리학: 인간과 공간조직』. 법문사.

_____. 1991. 『도시지리학원론』. 법문사.

김인중 외. 2001. 『지식기반경제에서의 지역혁신체제 구축모형』. 산업연구원.

김인철. 2001. 『경제발전론』, 수정판. 박영사.

김일성. 1964. 『우리나라 사회주의 농촌문제에 관한 테제』. 조선로동당출판사.

김정연·권오혁. 2002. 「농촌중심지 정책방향과 추진과제」. 한국농촌경제연구원·지역 발전위원회 '국가농어촌정책의 추진 방향과 과제' 토론회 자료집, 101~119쪽.

김정현. 2009. 『우리겨레 성씨 이야기』. 지식산업사.

김정호·김배성·이용호. 2007. 『농업부문 비전 2030 중장기 지표 개발』. 한국농촌경 제연구원.

김종래. 2008. 『유목민 이야기』, 개정판. 꿈엔들.

김종미. 2007. 「중국문헌에 나타나는 '치우(蚩尤)'의 이중형상(1): 제국(帝國)의 희생 양, 치우(蚩尤)의 악마형상」. ≪중국어문학지≫, 25권, 205~231쪽.

김종범. 2000. 『중국도시의 이해』. 서울대학교출판부.

김종일. 2008. 「지역경제력 격차에 관한 연구」. 고영선 엮음. 『지역개발정책의 방향 과 전략』. 한국개발연구원.

김좌관. 2009.10. 한국환경영향평가학회 '4대강 사업과 영향 평가' 세미나 자료집.

김준우·이경상. 2006. 「지역발전정책 개발역량의 개념정의와 지수구성」. ≪한국사 회학≫, 40권 3호, 155~182쪽.

김창남·천인호. 2000. 『동북아 지역 해양도시간 경제협력모델 구상: 부산, 상하이, 후쿠오카 간의 경제협력을 중심으로』. 대외경제정책연구원.

김현수. 1994. 「북한의 도시계획에 관한 연구」. 서울대학교 대학원 박사학위논문.

김현호. 2012.3.29. "지역간 연계 활성화 별도 예산 필요하다." ≪서울신문≫.

김현호·오은주. 2007. 『어메니티를 활용한 지역발전 방안』. 한국지방행정연구원.

김형국. 1997. 『한국공간구조론』. 서울대학교출판부.

김혜순. 2009a. 「다문화정책의 주요 쟁점과 입법과제」. ≪국회도서관보≫, 46권 10호, 2~12쪽.

_____. 2009b.『이민자 사회통합정책의 현황 및 방향성 모색: 2009년도 외국인정책 시행 계획을 중심으로』. 법무부·한국사회학회 2009 연구용역과제 최종보고서.

_____. 2009c.「'정부 주도 다문화'의 명암: 시혜적 '다문화', 요원한 다문화사회」. 후기사회학대회 한일공동세션 '글로벌 시대의 사회적 소수자 연구' 자료집, 59~73쪽.

_____. 2011.「결혼이민자 다문화가족 사회통합정책」. 정기선 엮음.『한국 이민정책의 이해』. 백산서당.

김호웅. 2010.「중국조선족과 디아스포라」. 한국방송통신대학교 재외한인학회 포럼 발표문.

김홍배. 2011.『입지론: 공간구조와 시설입지』. 기문당.

김화섭. 1996.「동북아시아 지역경제통합에 관한 연구」. 영남대학교 대학원 무역학과 박사학위논문.

김희남. 1998.「위대한 령도자 김정일 동지의 현명한 령도하에 우리 인민이 누리고 있는 집단주의적 경제생활」. ≪경제연구≫, 4호, 40~50쪽.

김희영. 2006.『이야기 중국사 1』. 청아출판사.

김희영 편저. 1986a.『이야기 중국사 2』. 청아출판사.

_____. 1986b.『이야기 중국사 3』. 청아출판사.

남기범. 2003.「신행정 수도 건설과 지역 균형발전」. 한국지역학회 세미나 자료집, 45~60쪽.

남덕우. 2003.「동북아 경제중심지 건설의 기본구상」. 전경련 동북아허브TF팀 엮음.『동북아허브로 가자』. FKI미디어.

남영호. 2010.11.22. "초국적 도시이론 서평." ≪교수신문≫, 2010.11.22.

남종우. 2005.「개성공단을 통해 본 남북한 서부 접경지역의 월경적 협력에 관한 연구」. 서울대학교 대학원 석사학위논문.

노자와 히데키(野澤秀樹). 2010.「지리학에 있어서 공간의 사상사」. 미즈우치 도시오(水內俊雄) 엮음, 심정보 옮김.『공간의 정치지리』. 푸른길.

노춘희·김일태. 2000.『도시학개론』, 개정판. 형설출판사.

농림부. 1999.『한국농정 50년사』.

농촌진흥청. 1978.『농촌지도사업전개과정』.

대한국토·도시계획학회. 1991.『지역계획론』. 형설출판사.

_____. 2003.『도시계획론』, 제4정판. 보성각.

444

_____. 2007. 『도시설계: 이론편』. 보성각.

_____. 2009. 『국토·지역계획론』, 제3판. 보성각.

대한민국 정부. 2005. 『제4차 국토종합계획 수정계획(2006~2020)』.

드벤-프랑포르, 코린(Corinne Debaine-Francfort). 2000. 『고대 중국의 재발견』. 김주경 옮김. 시공사.

류제헌. 1999. 『중국역사지리』. 문학과지성사.

리경재. 2000. 「사회주의 경제 건설에서 계산의 역할」. ≪근로자≫, 2호, 22~33쪽.

리상우. 1999. 「상업의 최량성 규준과 그 리용」. ≪경제연구≫, 4호, 51~60쪽.

리샤르, 기(Guy Richard) 외. 2004. 『인류의 이민 2만 년사: 사람은 왜 옮겨 다니며 살았나』. 전혜정 옮김. 에디터.

리종림. 2002. 「두만강지역개발의 현 시점과 문제점」. ≪동북아론단≫, 2호, 115~138쪽.

리창승. 2000. 「경제적 손실을 없애는 것이 현시기 경제를 활성화하기 위한 중요한 요구」. ≪경제연구≫, 2호, 30~45쪽.

마이어, 밀톤 W.(Milton W. Meyer). 1994. 『동남아사 입문』, 제2판. 김기태 옮김. 한국외국어대학교출판부.

맥칸, 필립(Philip McCann). 2006. 『공간적 접근법을 이용한 도시 및 지역경제학』. 최병호·권오혁·김명수 옮김. 시그마프레스.

맨큐, 그레고리(N. Gregory Mankiw). 2005. 『맨큐의 경제학』, 3판. 김경환·김종석 옮김. 교보문고.

미래도시연구회. 2009. 『국토 및 지역개발을 위한 지역계획론』. 보성각.

미즈오카 후지오(水岡不二雄). 2010. 「공간, 영역, 건조환경」. 미즈우치 도시오(水内俊雄) 엮음, 심정보 옮김. 『공간의 정치지리』. 푸른길.

민주평화통일자문회의. 2010. 『한반도 통일이 주변 4국에 주는 영향과 이익』.

박경. 2003. 「유럽의 농촌지역정책과 LEADER 프로그램」. 유럽지역연구회 엮음. 『유럽의 지역발전정책』. 한울.

박광섭. 2006. 『세계화 시대 해외지역연구의 이해』. 대경.

박광수. 2000. 「총대 중시는 국사 중의 제일 국사」. ≪철학연구≫, 2호, 66~80쪽.

박금해. 2012. 「조선족중소학교 민족정체성교육의 새로운 접근과 대안모색」. ≪역사문화연구≫, 41호, 173~200쪽.

박기순. 2005. 『중장기 남북경협 추진을 위한 재원조달 방안』. 한국산업은행.

박서호. 2004. 「농촌계획」. 대한국토·도시계획학회. 『국토·지역계획론』, 전정판. 보성각.

박석삼. 2004. 『북한경제의 구조와 변화』. 한국은행.

박송봉. 2000. 「당의 혁명적 경제 정책은 사회주의 경제 강국 건설의 전투적 기치」. ≪근로자≫, 3호, 45~46쪽.

박승규. 2009. 『일상의 지리학: 인간과 공간의 관계를 묻다』. 책세상.

박시현·박대식·송미령·김정섭·박주영·이석주. 2006. 『농촌의 미래 모습, 농촌공간 2020』. 한국농촌공사·한국농촌경제연구원.

박양호·김창현. 2002. 『국토균형발전을 위한 중추기능의 공간적 재편방향』. 국토연구원.

박영숙·글렌(Jerome Glenn)·고든(Ted Gordon). 2008. 『유엔미래보고서: 미리 가본 2018년』. 교보문고.

박은진·김희정. 2008. 『비판적 사고』. 아카넷.

박재운·안세훈. 2012. 「4대강 살리기 사업의 정치경제학: 지역경제 파급효과를 중심으로」. 2012 경제학공동학술대회 한국경제통상학회 발표논문집, 41~65쪽.

박정동. 2003. 『중국과 북한의 비교: 개발경제론』. 서울대학교출판부.

박정동·오강수. 1998. 「대외경제관계: 최근 북한·중국 경제 관계의 현황과 특성」. ≪통일경제≫, 45호, 108~110쪽.

박종철 외. 2005. 『한국의 동북아시대 구상: 이론적 기초와 체계』. 오름.

박종화 외. 2004. 『지역개발론: 이론과 정책』, 제2개정판. 박영사.

박진도. 2002. 「국민의 정부 농정의 성과와 한계」. 사단법인 농정연구센터 제10회 연례 심포지엄 '국민의 정부, 농정의 평가와 차기 정부의 농정과제'.

박현수 외. 2007. 『한미 FTA 협상 타결과 한국 경제의 미래』. 삼성경제연구소.

박형중. 1997. 「구소련, 동유럽과 중국의 경제체제전환의 비교」. ≪유럽연구≫, 5권, 131~155쪽.

_____. 2001. 『북한의 변화 능력과 방향, 속도와 동태』. 통일연구원.

_____. 2002. 「북한 변화의 가능성과 한계: 소련·동유럽 국가와의 비교 사회주의」. 김연철·박순성 엮음. 『북한경제개혁연구』. 후마니타스.

박호균. 2001. 「농촌관광 활성화를 위한 어메니티 증진방안」. ≪농어촌과 환경≫, 11권 4호, 3~11쪽.

박희진. 2009. 『북한과 중국: 개혁·개방의 정치경제학』. 선인.

반장식. 2005. 「국가균형발전정책의 추진현황과 성과」. ≪국토≫, 290호, 6~13쪽.

법무부 출입국·외국인정책본부. 2009. 『국가경쟁력 강화를 위한 외국인력 유치정책 방향』. 법무부.

변형윤. 1983. 『분배의 경제학: 경제이론과 경제현실』. 한길사.

사공 용. 2002. 『WTO 체제하에서 농업정책』. 서강대학교출판부.

사와다 이사오(澤田勳). 2007. 『흉노』. 김숙경 옮김. 아이필드.

사토 마사루(佐藤賢). 2012. 『시진핑 시대의 중국』. 이혁재 옮김. 청림출판.

삼성경제연구소 엮음. 2010. 『지표로 본 한국의 선진화 수준』. 삼성경제연구소.

샛슨, 사스키어(S. Sassen). 2007. 「글로벌한 중심성의 행방: 인터시티 지리학의 편성」. 강상중 외 엮음, 이강민 옮김. 『공간: 아시아를 묻는다』. 한울.

서민철. 2005. 「지역 불균등과 공간적 정의」. 전종한 외. 『인문지리학의 시선』. 논형.

서울시정개발연구원. 2007. 『서울과 평양의 도시 간 교류 및 협력방안 연구』.

서정해. 2009. 「MCR(Mega-City Region) 경쟁력에 기반한 광역경제권 정책」. ≪지역 경제≫, 5권 3호, 25~42쪽.

세계보건기구(WHO). 2010. 『세계보건통계 2010』.

센, 아마르디이(A. Sen). 1999. 『불평등의 재검토』. 이상호·이덕재 옮김. 한울.

소자, 에드워드(E. Soja). 1997. 『공간과 비판사회이론』. 이무용 외 옮김. 시각과 언어.

손병해. 1992. 『동북아경제협력권 형성을 위한 선형자유무역지대 구상과 그 기대효 과』. 대외경제정책연구원.

손정원. 1998. 「지역 기술혁신체제 최적화 전략: 포스트포드주의 지역개발을 향하여」. 한국공간환경학회 엮음. 『현대 도시이론의 전환』. 한울.

손춘일. 2010. 「두만강개발과 북중 변경에서의 국제협력 문제: 20세기 30년대 일본 의 두만강개발 사례를 중심으로」. 동북아역사재단, 중국변강문제와 초국경 협력 자료집, 87~129쪽.

송미령·박시현·성주인·김광선·권인혜. 2009. 『지역발전정책 변화에 대응한 농어촌정 책 방향 설정 및 농어촌 서비스기준 도입 방안 연구』. 농림수산식품부.

송미령·이동필·김광선·최경은. 2010. 『국가 농어촌정책의 추진 전략과 과제』. 대통령 직속 지역발전위원회.

송미령·이동필·박주영·최양부·유학렬·조영재. 2008. 『시·군 기초생활권 정책 발전방 안 구상』. 한국농촌경제연구원.

송병락. 2006. 『한국경제의 길』. 박영사.

쇼트, 존 레니에(John Rennie Short). 2001. 『문화와 권력으로 본 도시탐구』. 이현욱·

이부귀 옮김. 한울.

스콧, 제임스(James C. Scott). 2010. 『국가처럼 보기: 왜 국가는 계획에 실패하는가』. 전상인 옮김. 에코리브르.

신경진. 2011. 「뜨거운 한·중 간 역사·문화 논쟁, 차갑게 바라보기」. 정재호 편저. 『중국을 고민하다』. 삼성경제연구소.

신일철. 1987. 『북한 주체철학의 비판적 분석』. 사회발전연구소.

신창민. 2009.9.1. 「분단관리에서 통일대비로」. 통일연구원 토론회 자료집.

싱, 나린다르(N. Singh). 1986. 『경제학과 환경위기』. 박덕제 옮김. 비봉출판사.

아머코스트, 마이클(Michael Armacost). 2000. 「한국과 주변국: 중국, 일본, 러시아」. 세계경제연구원 엮음. 『동북아시아포럼 2000』. 세계경제연구원.

안두순. 2009. 『혁신의 경제학』. 아카넷.

안병민. 2003. 「동북아시아 수송회랑 구축」. 전경련 동북아허브TF팀 엮음. 『동북아 허브로 가자』. FKI미디어.

안정근. 2009. 「북한의 주택 및 산업 현황과 과제」. 대한토목학회 편저. 『북한의 도시 및 지역개발』. 보성각.

안태환. 2000. 『도시의 이해』, 개정판. 대구대학교출판부.

야마다 아쓰시(山田厚史). 2007. 「도로·철도: 연결되는 아시아와 유럽」. 강상중 외 엮음, 이강민 옮김. 『공간: 아시아를 묻는다』. 한울.

양문수. 2000. 『북조선경제론』. 신산사.

_____. 2009. 「북한의 경제 체제 변화 전망」. 김연철 외. 『북한, 어디로 가는가?』. 플래닛미디어.

양문수·이남주. 2007. 「한반도경제 구상: 개방적 한반도경제권의 형성」. 한반도사회경제연구회. 『한반도경제론』. 창비.

언더우드, 릴리어스 호톤(L. H. Underwood). 2008. 『언더우드 부인의 조선 견문록』. 김철 옮김. 이숲.

엄한진. 2011. 『다문화사회론』. 소화.

여준호. 2009. 「일자리 증가가 지역 인구유입과 재정자립도에 미치는 영향 분석」. ≪농업경제연구≫, 50권 4호, 87~101쪽.

오경석. 2009. 「어떤 다문화주의인가: 다문화사회 논의에 관한 비판적 조망」. 오경석 외. 『한국에서의 다문화주의: 현실과 쟁점』. 한울.

오설리반, 아서(Arthur O'Sullivan). 2011. 『도시경제학』, 제7판. 이번송·홍성효·김성역

448

옮김. 박영사.

오세익·김수석·강창용. 2001. 『농업의 다원적 기능의 가치평가 연구』. 농림부.

오용석. 1995. 「동북아 경제협력의 물결모형」. ≪북방경제연구≫, 7호, 27~47쪽.

왕인근. 1995. 『농촌의 발전』. 서울대학교출판부.

우실하. 2007. 『동북공정 너머 요하문명론』. 소나무.

_____. 2008. 「요하문화권 연구의 어제와 오늘」. 국제교과서연구소 엮음. 『고대 동북아 연구: 어제와 오늘』. 백산자료원.

웰딩거(Roger Waldinger)·레이셜(Renee Reichl). 2009. 「이민자 제2세대의 오늘: 그들은 진보하는가, 혹은 낙오되는가?」. 마이클 픽스(Michael Fix) 엮음, 곽재석 옮김. 『다문화 사회 미국의 이민자 통합정책』. 한국학술정보.

유상오·김선희·반영운·전성군. 2007. 『농촌어메니티 개발에 관한 연구: 유형별 모형 및 사례 중심으로』. 대산농촌문화재단.

윤성도·이성우. 2007. 「행정중심복합도시 및 혁신도시 건설이 실업비용에 미치는 영향」. ≪지역연구≫, 23권 3호, 67~90쪽.

윤원근. 1999. 『한국농촌계획론』. 대학출판사.

_____. 2003. 『국토정책과 농촌계획: 일본과 한국의 농촌계획제도의 비교』. 보성각.

이규환. 2005. 『한국도시행정론: 이론과 실제』, 개정판. 법문사.

이글턴, 테리(Terry Eagleton). 2010. 『이론 이후』. 이재원 옮김. 길.

이기석·이옥희·이간용. 2001. 『북한 지리교육을 위한 초중등학교 교수·학습자료 개발 연구』. 국토연구원.

이대우. 2005. 「2020년 안보환경 전망」. 이상현 엮음. 『한국의 국가전략 2020: 외교·안보』. 세종연구소.

이민형. 2008. 「지역혁신과 자율책임예산관리체제」. 고영선 엮음. 『지역개발정책의 방향과 전략』. 한국개발연구원.

이번송·박현·이의섭. 1995. 「서울시 구별 교통혼잡비용의 추정」. ≪국토계획≫, 30권 6호, 203~218쪽.

이상준. 2001. 『체제전환국의 도시발전과 북한에 대한 시사점』. 국토연구원.

이상준·이영아. 1998. 『통일 이후 북한지역 도시공간구조의 개편 및 도시정책방향에 관한 연구』. 국토연구원.

이상준 외. 2000. 『통일 독일의 지역개발 경험과 북한의 지역개발 과제』. 국토연구원.

_____. 2005. 『북한의 국토개발 및 관리실태에 관한 조사·연구』. 국토연구원.

이상직·박기성. 2003. 『중국 경제특구의 성과와 성공요인』. 인천발전연구원.

이성복. 2000. 『도시행정론: 한국의 도시를 중심으로』, 제4판. 박영사.

이성우. 2004. 「지역혁신체계를 통한 농업발전방안 모색」. 2004 경기북부 지역혁신 워크숍 자료집, 59~81쪽.

_____. 2007. 「차기 정부의 지역개발정책방향: 시장계획적 균형발전정책」. 한국지역 개발학회·충북지역혁신연구회 공동 세미나 자료집, 7~18쪽.

이성우·권오상·이호철. 2003. 「농촌개발을 위한 역동적 지역사회개발모형 연구」. ≪농 촌사회≫, 13권 1호, 7~49쪽.

이성우·윤성도·박지영·민성희. 2006. 『공간계량모형응용』. 박영사.

이성우·임형백·최상호·최흥규·조중구·오승미·윤성도. 2003. 『신행정수도와 고속철도 사업이 수도권에 미치는 영향: GRDP와 인구분포변화를 중심으로』. 경기개 발연구원.

이성환. 2004. 『간도는 누구의 땅인가』. 살림.

이수훈. 2005. 「동북아시대 균형발전전략과 한반도 공간 구상」. 성경륭 외. 『동북아 시대의 한반도 공간구상과 균형발전전략』. 국가균형발전위원회.

이순태. 2007. 『다문화사회의 도래에 따른 외국인의 출입국 및 거주에 관한 법제연 구』. 한국법제연구원.

이승일. 2009. 「북한의 국토 및 도시공간구조 현황과 과제」. 대한토목학회 편저. 『북 한의 도시 및 지역개발』. 보성각.

이승훈·홍두승. 2007. 『북한의 사회경제적 변화: 비공식부문의 대두와 계층구조의 변화』. 서울대학교출판부.

이옥희. 2011. 『북·중 접경지역: 전환기 북·중 접경지역의 도시네트워크』. 푸른길.

이용일. 2007. 「이민과 다문화 사회로의 도전: 독일의 이민자 사회통합과 한국적 함 의」. ≪서양사론≫, 92호, 219~254쪽.

이원섭. 2006. 「제4차 국토종합계획 수정계획(2006~2020)의 기조와 추진전략」. 대한 국토·도시계획학회. ≪도시정보≫, 286호, 3~15쪽.

이은우. 1993. 「농촌·도시간 인구이동의 실태와 영향」. ≪노동경제논집≫, 16권, 107~129쪽.

이장원·홍우택. 2008. 「중국의 문화적 팽창주의: 동북아 질서에 대한 중국의 의도 분 석」. ≪국제정치논총≫, 48권 2호, 33~52쪽.

이장재. 1998. 「지방과학기술행정체제의 과제와 대응」. ≪과학기술정책≫, 8권 11호,

10~31쪽.

이재기·서정익. 2007. 『신북한경제론』. 신론사.

이재율. 2011. 『경제발전의 이해: 이론과 현실』. 문영사.

이정재·이성우·임형백·한이철·고금석·남수연·윤성도·경정아·김진회. 2008. 『농촌발전에 부응한 농촌사회개발 연구 강화전략』. 농촌진흥청 농촌자원개발연구소.

이정협 외. 2005. 『한국형 지역혁신체제의 모델과 전략 1: 지역혁신의 공간적 틀』. 과학기술정책연구원.

이종서·송병준. 2009. 『유럽연합 지역정책의 이해: 역사·이론·변화』. 높이깊이.

이주하. 2008. 「21세기 페르시아만: 난사군도 갈등수위 높아진다」. ≪독도연구저널≫, 창간호, 19쪽.

이준구. 2008. 「시장과 정부」. 김광억 엮음. 『세상읽기와 세상만들기: 사회과학의 이해』. 서울대학교출판부.

이태섭. 2009. 『북한의 경제위기와 체제변화』. 선인.

이희수. 1993. 『터키사』. 대한교과서주식회사.

이희진. 2008. 『식민사학과 한국고대사』. 소나무.

일본건축학회(日本建築学会). 2009. 『러번 디자인: 농촌과 도시의 공생』. 충남발전연구원 옮김. 푸른길.

임강택·임성훈. 2006. 「북한의 경제특구 개발 전략: 개성공업지구와 금강산관광특구를 중심으로」. 북한연구학회 엮음. 『북한의 경제』. 경인문화사.

임길진·이만형. 1990. 『사회주의 중국의 주택정책』. 나남.

임반석. 1999. 『중국 경제: 두 가지 기적과 딜레마』. 해남.

임수호. 2008. 『계획과 시장의 공존: 북한의 경제개혁과 체제변화 전망』. 삼성경제연구소.

임형백. 2002. 「어메니티를 이용한 농촌활성화 방향」. ≪한국농촌지도학회지≫, 9권 2호, 233~245쪽.

_____. 2004. 「농촌연구에 대한 농업경제학적 접근과 농촌사회학적 접근의 비교와 학제간 연구의 필요성」. ≪한국농업교육학회지≫, 36권 1호, 127~144쪽.

_____. 2005a. 「한국농촌계획의 전개와 농촌인구의 변화」. ≪농업교육과 인적자원개발≫, 37권 4호, 199~224쪽.

_____. 2005b. 「통일 이후에 대비한 안양시의 발전을 위한 시론」. ≪안양학논총≫, 5호, 195~209쪽.

_____. 2005c.「지역사회학」. 정지웅 외.『지역사회종합연구』. 교육과학사.

_____. 2006.「지역전략산업 선정의 과제: 혁신정책, 혁신의 성패요인, 전략산업선정을 위한 고려사항」. 수원 지역혁신발전 포럼 자료집, 27~49쪽.

_____. 2007a.「한국농촌의 국제결혼의 특징」. ≪농촌지도와 개발≫, 14권 2호, 471~491쪽.

_____. 2007b.「한반도종단철도와 대륙횡단철도에 의한 아시아 공간구조변화와 안양시의 대응전략」. ≪안양학논총≫, 7호, 313~334쪽.

_____. 2008a.「제17대 국회 경기도 정책(공약) 비교분석 및 제18대 총선 정책(공약) 제안」. 제18대 국회의원선거 매니페스토 경기도민 심포지엄 자료집, 57~90쪽.

_____. 2008b.「한국 농업인력육성의 방향 전환」. ≪농촌사회≫, 18권 2호, 207~240쪽.

_____. 2008c.「참여정부의 지역균형발전정책의 평가와 이명박정부의 과제」. 대구도시공사 창사20주년기념 학술심포지엄 자료집 II, 551~580쪽.

_____. 2009a.「공공기관의 지방이전에 대한 경제적 해석과 정치적 해석: 효율과 신뢰의 갈등」. 경기지역사회경제연구소 세미나 자료집, 11~33쪽.

_____. 2009b.「북한공간구조의 형성과 변화 전망: 북한내부요인과 통일 이후 경기도와의 관계를 중심으로」. ≪GRI 연구논총≫, 11권 3호(통권 40호), 85~112쪽.

_____. 2009c.「도시공간의 모더니즘과 포스트모더니즘」. ≪도시행정학보≫, 22권 3호, 41~62쪽.

_____. 2009d.「한국과 서구의 다문화사회의 차이와 정책 비교」. ≪다문화사회연구≫, 2권 1호, 161~185쪽.

_____. 2009e.「한국의 도시지역과 농촌지역 다문화사회의 차이와 정책 차별화 연구」. ≪한국지역개발학회지≫, 21권 1호, 51~74쪽.

_____. 2010a.「사회주의 북한 공간구조의 자본주의 공간구조로의 변화 전망: 북한 내부요인과 동북아공간구조 변화를 중심으로」. ≪한국정책연구≫, 10권 1호, 265~290쪽.

_____. 2010b.「도시범죄에 대한 도시계획적 인식과 대응」. ≪치안정책연구≫, 24권 2호, 55~83쪽.

_____. 2010c.「안양시의 도시 어메니티 개선 방향」. ≪안양학논총≫, 10호, 217~230쪽.

_____. 2010d.「농촌개발과 지역균형발전」. 김태명 외.『농촌활력론』. 서울대학교출판문화원.

_____. 2010e.「한국인의 정체성의 다문화적 요소: 역사-인류학적 해석」. ≪다문화

와 평화≫, 4권 2호, 10~43쪽.

_____. 2011a. 「새마을운동을 이용한 아시아 국제개발협력」. ≪아시아연구≫, 14권 2호, 111~139쪽.

_____. 2011b. 「새마을운동의 아프리카 공적개발원조(ODA) 적용 방향」. ≪한국지역 개발학회지≫, 23권 2호, 47~70쪽.

_____. 2011c. 「행정중심복합도시 건설에 대한 비판적 고찰과 제언」. ≪한국정책연 구≫, 11권 3호, 235~257쪽.

_____. 2011d. 「안양시의 공간경쟁력」. ≪안양학논총≫, 11호, 183~205쪽.

_____. 2011.8.22. 「강남부동산 신화의 탄생과 쇠퇴」. 네이버 부동산 칼럼, http://m.land. naver.com/news/readNews.nhn?source=column&bbsTpCd=NCA01&artclSeq=5300 &clmnstId=ex016.

_____. 2012a. 「경기도의 지역상생 전략」. 경기개발연구원(의정포럼) 지방의정세미 나 및 경인행정학회 춘계학술세미나 자료집, 31~60쪽.

_____. 2012b. 「중국의 패권주의와 對한반도 전략: 역사 분쟁, 영토 분쟁, 對북한투 자의 함의」. ≪한국정책연구≫, 12권 1호, 161~184쪽.

_____. 2012c. 「미국 이민정책 연구: 시기 구분과 특징」. ≪한국정책연구≫, 12권 2호, 273~290쪽.

_____. 2012d. 「새마을운동의 세계화와 공적개발원조 적용을 위한 과제」. ≪한국지 방자치연구≫, 14권 1호, 131~150쪽.

_____. 2012e. 「농촌 어메니티를 이용한 농촌경제활성화 정책 연구」. ≪지방행정연 구≫, 26권 3호, 3~25쪽.

_____. 2012f. 「한국의 다문화사회의 방향 모색」. 제17회 한글문화토론회 자료집, 22~47쪽.

_____. 2012g. 「유럽 다인종사회의 빛과 그림자: 영국, 프랑스, 독일의 경험과 갈등」. 한국학중앙연구원 한민족공동체연구소 / 한민족학회 공동학술대회 자료집, 13~34쪽.

_____. 2012h. 「한국인의 '민족' 개념 형성에서 중화사상의 수용과 변형」. ≪다문화 와 평화≫, 6권 1호, 111~145쪽.

임형백·김현중. 2011. 「행정중심복합도시 건설에 대한 비판적 고찰」. 한국지역개발 학회 추계종합학술대회 논문집, 51~76쪽.

임형백·소진광·임경수. 2012. 「지방자치단체 다문화정책의 방향설정과 지표 개발」.

≪한국지방자치학회보≫, 24권 1호, 77~95쪽.

임형백·이성우. 2003a. 「농촌사회에 대한 인식론적 고찰」. ≪농촌계획≫, 9권 4호, 19~34쪽.

_____. 2003b. 「농촌과 도시의 공존을 위한 인식론적 전환: 근대화론 비판」. ≪농촌사회≫, 13권 2호, 41~73쪽.

_____. 2004. 『농촌사회의 환경과 기능』. 서울대학교출판부.

임형백·이종만. 2007. 「한·미 자유무역협정에 대비한 한국농업정책의 방향 전환: 공적자금투입에서 경쟁력 강화로」. ≪농촌지도와 개발≫, 14권 1호, 29~57쪽.

임형백·조중구. 2004. 「한국과 EU의 농촌개발의 비교」. ≪농촌계획≫, 10권 2호, 25~34쪽.

임형백·최흥규. 2010. 「익산 국가식품클러스터의 세계 시장 개척 방향」. ≪한국자치행정학회보≫, 24권 2호, 325~346쪽.

임홍배·송태수·정병기. 2011. 『기초자료로 본 독일 통일 20년』. 서울대학교출판문화원.

장달중. 1993. 「북한의 정책 결정 구조와 과정」. ≪사회과학과 정책연구≫, 15권 2호, 3~23쪽.

_____. 2004. 「김정일 체제와 주체비전: 이데올로기, 당, 그리고 군중을 중심으로」. 장달중 외. 『김정일 체제의 북한: 정치, 외교, 경제, 사상』. 아연출판부.

장미혜·김혜영·정승화·김효정·조소영. 2008. 『다민족·다문화사회로의 이행을 위한 정책 패러다임 구축 II』. 한국여성정책연구원.

장세훈. 2004. 「북한 대도시의 도시화 과정: 청진, 신의주, 혜산의 공간구조 변화를 중심으로」. ≪사회와 역사≫, 56권, 260~308쪽.

_____. 2006. 「전환기 북한 도시화의 추이와 전망: 지방 대도시의 공간구조 변화를 중심으로」. ≪한국사회학≫, 40권 4호, 186~222쪽.

장재홍·김동수·박경·정준호. 2008. 『지역균형발전정책의 위상과 구조에 관한 국제비교 연구』. 산업연구원.

장진퀘이(張金奎). 2010. 『흉노 제국 이야기』. 남은숙 옮김. 아이필드.

장형수. 2009. 「북한 경제재건 비용 조달과 국제협력」. 김연철 외. 『북한, 어디로 가는가?』. 플래닛미디어.

전명진. 2005. 「해리 리처드슨의 도시 및 지역 경제이론」. 국토연구원 엮음. 『현대공간이론의 사상가들』. 한울.

전상인. 2009. 『아파트에 미치다: 현대한국의 주거사회학』. 이숲.

전송림·김석주·남영. 2001. 『중국산업지리』. 백산출판사.

전종한. 2005. 「장소와 경관을 새롭게 읽기」. 전종한 외. 『인문지리학의 시선』. 논형.

전철환·박경. 1986. 「경제개발과 정부주도 경제의 전개」. 박현채·한상진 외. 『해방 40년의 재인식 II』. 돌베개.

정규재. 2011. 「변형윤 ─ '대한민국은 안 된다'는 경제학자」. 김광동 외. 『억지와 위선』. 북마크.

정선양. 1999. 「지역혁신체제의 구축 방안」. ≪과학기술정책≫, 9권 3호, 79~98쪽.

정신철. 2000. 『중국 조선족: 그들의 미래는』. 신인간사.

정정길·김성수·김재훈·김찬동·하정봉. 2007. 『작은 정부론』. 부키.

정준호. 2008. 「영국의 지역정책」. 한국산업기술재단. 53~114쪽.

정준호 외. 2004. 『산업집적의 공간구조와 지역혁신 거버넌스』. 산업연구원.

정창영. 2000. 『경제발전론』, 제2판. 법문사.

정필수. 2003. 「동북아 물류체계 현황과 발전방안」. 강정모 외. 『신동북아경제론』. FKI미디어.

정희윤. 2009. 「북한의 수도, 평양의 어제, 오늘 그리고 내일」. 대한토목학회 편저. 『북한의 도시 및 지역개발』. 보성각.

제이코비, 테이머(Tamar Jacoby). 2009. 「미국 이민자 통합의 역사」. 마이클 픽스(Michael Fix) 엮음, 곽재석 옮김. 『다문화 사회 미국의 이민자 통합정책』. 한국학술정보.

제해성. 2011. 「총괄기획가가 바라 본 세종시」. ≪도시정보≫, 352호, 2~19쪽.

조동호. 2000. 「정상회담 이후 남북경협 전망」. ≪KDI 북한경제리뷰≫, 6월호, 3~10쪽.

조명래. 1994. 「'지구화'의 의미와 본질」. ≪공간과 사회≫, 4호, 32~78쪽.

_____. 2002. 『현대사회의 도시론』. 한울.

조민철. 1997. 「위대한 수령 김일성 동지께서 쌓아 올리신 자립 경제 건설의 력사적 공적과 그 영원한 생명력」. ≪경제연구≫, 2호, 7~18쪽.

조선은행 조사부. 1948. 『조선경제연보 I』.

조성일. 2009. "조선족과 조선족문화의 이중성 재론." http://koreancc.com/xxy.asp?idx=3897, 검색일: 2011.10.17.

조순재 외. 2004. 『주민참여계획모델에 의한 농촌어메니티 자원발굴 및 설계기술 현장적용 연구』. 농림부.

조영기. 2008. 「북한경제정책의 구도와 방향」. 북한경제포럼 엮음. 『북한경제와 남북한 경제협력』. 오름.

조용욱. 1992. 「제국주의와 제1차 세계대전」. 배영수 엮음. 『서양사강의』. 한울.

조재성. 1997. 「도농통합형 도시계획 모델을 위한 고찰」. ≪공간과 사회≫, 8호, 80~98쪽.

조정제·음성직·나종성. 1982. 「수도권 인구확산과 개발제한구역의 역할」. ≪국토계획≫, 17권 2호, 40~59쪽.

주성재. 2003. 「외국의 행정수도 및 공공기관 이전 사례와 시사점」. ≪지역연구≫, 19권 2호, 187~208쪽.

주성환·조영기. 2003. 『북한의 경제제도와 관리』. 무역경영사.

줄레조, 발레리(Valérie Gelézeau). 2007. 『아파트 공화국』. 길혜연 옮김. 후마니타스.

중앙일보 특별취재팀. 2002. 『니하오 중국경제』. 중앙M&B.

지역발전위원회. 2012. 『지역발전정책의 성과와 과제』. 지역발전위원회.

지종화·정명주·차창훈·김도경. 2009. 「다문화 정책 이론 확립을 위한 탐색적 연구」. ≪사회복지정책≫, 36권 2호, 471~501쪽.

진희관. 2009. 「북한의 변화와 정치적 통일」. 김연철 외. 『북한, 어디로 가는가?』. 플래닛미디어.

채미옥. 2009. 「북한의 토지 현황과 과제」. 대한토목학회 편저. 『북한의 도시 및 지역개발』. 보성각.

최광식. 2004. 『중국의 고구려사 왜곡』. 살림.

최민호. 1998. 『농촌지도론: 농촌사회교육적 접근』, 전정판. 서울대학교출판부.

최병선. 1989. 「사회주의국가의 도시계획: 이론과 실제」. ≪도시문제≫, 24권 9호, 6~17쪽.

최병선 외. 2004. 「공간계획 체계」. 대한국토·도시계획학회 편저. 『도시계획론』, 4정판. 보성각.

최상철. 2004. 『지금 왜 수도 이전인가』. 화산문화.

_____. 2005. 「추천사」. 김병린 외 엮음. 『임시행정수도: 백지계획은 살아 있다』. 해토.

_____. 2007. 「지역발전은 땅이 아니라 사람에 투자하는 것이다」. 박세일·나성린 외. 『선진화 혁명, 지금이 마지막 기회』. 한반도선진화재단.

최수영. 2001. 『남북경협 발전을 위한 동북아 활용방안』. 통일연구원.

최신림. 2002. 「북한의 경제개방과 산업정책」. 김연철·박순성 엮음. 『북한경제개혁연구』. 후마니타스.

최양부. 1987. 「농촌지역종합개발과 농촌지역계획」. 한국농촌경제연구원. 『농촌지역계획수립과 추진방안』. 한국농촌경제연구원.

_____. 2008.9. 기초생활권 정책검토자료 초고.

최양부·이정환. 1987. 『산업사회의 농촌발전전략』. 한국농촌경제연구원.

최양부·이정환·정철모·김향자. 1985. 『농촌지역 정주생활권 설정 및 유형화』. 한국농촌경제연구원.

최양부·정기환. 1984. 『마을종합개발의 계획적 접근』. 한국농촌경제연구원.

최영출·양덕순·최외출. 2007. 「지역균형발전의 주요 이슈분석과 정책적 시사점」. ≪도시행정학보≫, 20권 2호, 3~27쪽.

최우길. 2012. 「재외동포문제의 현황과 과제: 초국가적 환경에서의 한민족공동체와 관련하여」. 한민족공동체연구소 제8차 학술회의 발표논문집, 17~27쪽.

최지선. 2004. 「공공연구기관 산학연 협력의 공간적 특성 분석」. ≪기술혁신연구≫, 12권 3호, 179~204쪽.

최창현. 2005. 『복잡계로 바라본 조직관리』. 삼성경제연구소.

카스텔, 마누엘(Manuel Castells). 2001. 『정보도시: 정보기술의 정치경제학』. 최병두 옮김. 한울.

카스텔(Manuel Castells)·홀(Peter Hall). 2006. 『세계의 테크노폴』. 강현수·김륜희 옮김. 한울.

코트킨, 조엘(Joel Kotkin). 2007. 『도시의 역사』. 윤철희 옮김. 을유문화사.

통계청. 1998. 『1997년 인구이동특별조사 보고서』.

_____. 2001.12. 『남북한 경제사회상 비교』.

_____. 2002. 『시도별 장래인구추계』.

_____. 2005. 『시도별 장래인구추계』.

_____. 2010. 『시도별 장래인구추계』.

_____. 2011.9.22. 『2010 인구주택총조사 표본집계 결과(인구이동·통근·통학 부분)』.

_____. 2012.12.31. 『2012 북한의 주요 통계지표』.

파레냐스, 라셀 살라자르(Rhacel Salazar Parreñas). 2009. 『세계화의 하인들』. 문현아 옮김. 여성문화이론연구소.

퍼듀, 피터 C.(Peter C. Perdue). 2012. 『중국의 서진(西進): 청(淸)의 중앙유라시아 정복사』. 공원국 옮김. 길.

포터, 마이클(Michael Porter). 2001. 『경쟁론』. 김경묵·김연성 옮김. 세종연구원.

프리드먼, 존(J. Friedmann). 1991. 『공공분야에서의 계획론』. 원제무·서충원 옮김. 대광문화사.

프리드먼, 토머스(Thomas L. Friedman). 2003. 『렉서스와 올리브나무: 세계화는 덫인가, 새로운 기회인가?』. 신동욱 옮김. 창해.

_____. 2006. 『세계는 평평하다』. 김상철 외 옮김. 창해.

하비, 데이비드(David Harvey). 2010. 『신자유주의 세계화의 공간들』. 임동근·박훈태·박준 옮김. 문화과학사.

한국경영자총협회. 2012.1. 『통일 이후 노동시장 변화와 정책 과제』.

한국경제연구원. 2001.5. 『통일한국을 향한 북한의 산업지도』.

한국산업은행. 2005. 『중장기 남북경협 추진을 위한 재원조달 방안』.

한국은행. 2002.8. 『남북한 주요 경제지표』.

_____. 2006. 『산업구조의 중장기 전망과 시사점』.

_____. 2007. 『산업연관분석해설』.

한상복·권태환. 1993. 『중국 연변의 조선족: 사회의 구조와 변화』. 서울대학교출판부.

한상진. 1986. 「유신체제의 정치경제적 성격」. 박현채·한상진 외. 『해방 40년의 재인식 II』. 돌베개.

한석호 외. 2010. 『농촌·농가인구모형 개발연구』. 한국농촌경제연구원.

한승준 외. 2009. 『아시아국가의 다문화사회 형성과정과 정책추진체계 연구』. 한국여성정책연구원·한국정책학회.

한영혜. 2005. 『일본의 사회통합』. 미래전략연구원.

한주성. 2007. 『인구지리학』, 개정판. 한울.

핫토리 타미오(腹部民夫). 2006. 『개발의 경제사회학: 한국의 경제발전과 사회변동』. 유석춘·이사리 옮김. 전통과 현대.

헬렌, 루이즈 헌터(L. H. Helen). 2001. 『CIA 북한보고서』. 남성욱·김은영 옮김. 한송.

호소노 스케히로(細野助博). 2009. 『스마트 커뮤니티』. 권윤경 옮김. 아르케.

호프만, 미하엘(Michael Hofmann). 2010. 「사회주의 특권층: 상승과 변화의 체험」. 임혁백·이은정 엮음. 『한반도는 통일 독일이 될 수 있을까?』. 송정.

홀, 피터(Peter Hall). 2000. 『내일의 도시: 20세기 도시계획지성사』. 임창호 옮김. 한울.

홀(Peter Hall)·파이퍼(Ulrich Pfeiffer). 2005. 『미래의 도시: 21세기 도시의 과제 및 대응 전략』. 임창호·구자훈 옮김. 한울.

458

홍기원 외. 2006.『다문화정책의 방향과 문화적 지원 방안 연구』. 한국문화관광정책
　　　연구원.

홍면기. 2006.『영토적 상상력과 통일의 지정학』. 삼성경제연구소.

홍종호. 2008.5.24. "대운하를 왜." ≪조선일보≫.

홍종호·박창근·정민걸. 2011.3.28.「4대강 사업 유지관리비 추산」. 4대강운하반대교
　　　수모임 출범 3주년 기념세미나 보고서.

황명찬. 1985.『지역개발론』. 경영문화원.

황유복. 2009. "조선족 정체성에 대한 담론." www.ckywf.com/blog/read/huangyoufu/
　　　62956/0/0, 검색일: 2011.10.18.

황희연. 1997.「통합시의 지속가능한 농촌지역 토지이용 관리방향」. ≪공간과 사회≫,
　　　8호, 99~109쪽.

후루타 히로시(古田博司). 2007.「평양, '주체'를 지키기 위한 의지와 표상공간」. 강
　　　상중 외 엮음, 이강민 옮김.『공간: 아시아를 묻는다』. 한울.

21세기연구회(21世紀硏究会). 2012.『지도로 보는 세계민족의 역사』. 전경아 옮김. 이
　　　다미니어.

中國 國家統計局. 2012.『中國統計年鑑』.

中國大百科全書建築/園林/城市規劃編輯委員會. 1990.『中國大百科全書·建築園林城市規
　　　劃』. 中國大百科全書出版社.

渡辺利夫. 1982.『現代韓國經濟分析』. 勁草書房.

西川潤. 1993.『開發途上國の食料·人口問題と農業開發, 環境保全型農業と世界の經濟』.
　　　農文協.

李燦雨. 2000.「図們江地域の外国直接投資の現状と潜在的 投資分野」. 環日本海経済研
　　　究所. ERINA Report, Vol.34.

朱建榮. 2005.『胡錦濤 對日戰略本音』. 角川学芸出版.

牛鳴正. 1983.「都市財政の住民生活」. ≪都市問題≫, 第74卷 第5号, 3~19頁.

財團法人 矢野恒太紀念會. 2005.『世界國勢圖會』(2005/06年版).

崔昌來·陳通河·朱成華. 1989.「延邊人口與計劃生育簡論」. 隋喜林 外 編.『發展中的延邊』.
　　　延吉: 延邊人民出版社.

小川雄平. 2004.『東アジア 地中海の時代』. 明石書店.

齊藤優. 1998.「東北アジア 開發協力のニューパラダイム」. ≪世界經濟評論≫, 3月号,

38~44頁.

Adams, J., P. Robinson and A. Viror. 2003. *A new policy for the UK*. London: IPPR.

Alchian, A. A. and H. Demsetz. 1972. "Production, Information, Costs, and Economic Organization." *American Economic Review*, Vol.62, No.5, pp.777~795.

Alonso, W. 1968. "Urban and Regional Imbalances in Economic Development." *Economic Development and Cultural Change*, Vol.17, No.1, pp.1~14. Reprinted in J. Friedmann and W. Alonso(eds.). 1975. *Regional Policy: Readings in Theory and Applications*. Massachusetts: MIT Press.

_____. 1971. "The Economics of Urban Size." *Papers and Proceedings of the Regional Science Association*, Vol.26, pp.67~83.

_____. 1975a. "Industrial Location and Regional Policy in Economic Development." in J. Friedmann and W. Alonso(eds.). *Regional Policy: Readings in Theory and Applications*. Massachusetts: MIT Press.

_____. 1975b. "Location Theory." in J. Friedmann and W. Alonso(eds.). *Regional Policy: Readings in Theory and Applications*. Massachusetts: MIT Press.

Angotti, T. 1993. *Metropolis 2000: Planning, Poverty and Politics*. New York: Routledge.

Anselin, L. 1988. "Lagrange Multiplier Test Diagnostics for Spatial Dependency and Spatial Heterogeneity." *Geographical Analysis*, Vol.20, No.1, pp.1~17.

Appalraju, J. and M. Safier. 1976. "Growth Centres Strategies in Lessdeveloped Countries." in A. Gilbert(ed.). *Development Planning and Spatial Structure*. London: John Wiley.

Arrow, K. J. 1962. "The Economic Implications of Learning by Doing." *Review of Economic Studies*, Vol.29, pp.155~173.

_____. 1969. "The Organization of Economic Activity: Issues Pertinent to the Choice of Market versus Non-market Allocation." in *The Analysis and Evaluation of Public Expenditure: The PPB System*, Washington, D.C.: Joint Economic Committee, 91st Congress, pp.47~64.

Asheim, B. T. and A. Isaksen. 1997. "Localisation, Agglomeration and Innovation: Towards Regional Innovation Systems in Norway?" *European Planning Studies*, Vol.5, No.3, pp.299~330.

Asheim, B. T. and L. Coenen. 2004. "The Role of Regional Innovation Systems in a

460

Globlaising Economy: Comparing Knowledge Bases and Institutional Frameworks of Nordic Clusters." Paper to be presented at the DRUID Summer Conference 2004 on Industrial Dynamics, Innovation and Development, June 14~16, Elsinore, Denmark.

Barkin, D. 1972. "A Case Study of the Beneficiaries of Regional Development." *International Social Development Review*, Vol.4, pp.84~94.

Berliner, J. S. 1976. *The Innovation in Soviet Industry*. Cambridge, Mass.: MIT Press.

Berry, B. J. L. 1961. "City Size Distributions and Economic Development." *Economic Development and Cultural Change*, Vol.9, No.4, pp.573~588.

_____. 1968. "Interdependency of Spatial Structure and Spatial Behaviour: a General Field Theory Formulation." *Papers and Proceedings of the Regional Science Association*, Vol.21, pp.205~227.

_____. 1971. "City Size and Economic Development: Conceptual Synthesis and Policy Problems with Special Reference to South and Southeast Asia." in L. Jakobson and V. Prakash(eds.). *Urbanization and National Development*. London: Sage Publication.

_____. 1972. "Hierarchical Diffusion: The Basis of Developmental Filtering and Spread in a System of Growth Centers." in N. M. Hansen(ed.). *Growth Centers in Regional Economic Development*. New York: Free Press.

Berry, B. J. L. and E. Neils. 1969. "Location, Size, and Shape of Cities as Influenced by Environmental Factors: The Urban Environment Writ Large." in H. Perloff(ed.). *The Quality of the Urban Environment*. Baltimore: The Johns Hopkins Press.

Bertaud, A. and S. Malpezzi. 2003. "The Spatial Distribution of Population in 48 World Cities: Implications for Cities in Transition." Working Paper, The Center for Urban Land Research, University of Wisconsin.

BMVBW. 2005. *Jahresbericht der Bundesregierung zum Stand der Deutschen Einheit 2005*.

Borjas, G. J. 1996. *Labor Economics*. London: McGraw-Hill.

Boudeville, J. R. 1957. "Contribution à l'etude des pôles de croissance Brésiliennes: une industrie motrice, la sidérurgie du Minas Gerais." *Cahiers de l'I.S.E.A.*, F, 10.

_____. 1961. *Les Espaces Economiques*. Paris: Presses Universitaires de France.

_____. 1966. *Problems of Regional Economic Planning*. Edinburgh: Edinburgh University Press.

Brakman, S., H. Garretsen, J. Gorter, A. van der Horst and M. Schramm. 2005. "New

Economic Geography, Empirics, and Regional Policy." CPB Special Publication, No.56, CPB Netherlands Bureau for Economic Policy Analysis.

Broadbent, G. 1990. *Emerging Concepts in Urban Space Design.* New York: Van Nostrand Reinhold.

Burgess, E. 1925. "The Growth of the City: An Introduction to a Research Project." in R. Park, E. Burgess and R. McKenzie(eds.). *The City.* Chicago: The University of Chicago.

Canaleta, C. G., P. Arzoz and M. Garate. 2004. "Regional Economic Disparities and Decentralisation." *Urban Studies*, Vol.41, No.1, pp.55~72.

Castells, M. 1977. *The Urban Question: A Marxist Approach.* translated by A. Sheridan. London: Edward Arnold.

CEBR(The Centre for Economics and Business Research). 2011.12. World Economic League Table Report.

Challen, R. 2000. *Institutions, Transaction Costs and Environmental Policy: Institutional Reform for Water Resources.* Massachusetts: Edward Elgar Publishing Inc.

_____. 2001. "Non-Government Approaches to the Provision of Non-Commodity Agricultural Outputs: A Transaction-Cost Perspective." Paper Presented to OECD Workshop on Multifunctionality.

Chang, Sen-Dou. 1963. "Historical Trends of Chinese Urbanization." *Annals of the Association of American Geographers*, Vol.33, pp.109~117.

Chinitz, B. 1961. "Contrast in Agglomeration: New York and Pittsburgh." *American Economic Review*, Vol.51, pp.279~289.

_____. 1964. "City and Suburb." in B. Chinitz(ed.). *City and Suburb: The Economics of Metropolitan Growth.* New Jersey: Englewood-Cliffs.

Clark, C. 1938. *National Income and Outlays.* New York: Macmillan.

Commission of European Communities. 1997. *CAP 2000: Rural Development.* Brussels: DG VI.

Conroy, M. E. 1973. "Rejection of Growth Centre Strategy in Latin American Regional Development Planning." *Land Economics*, Vol.44, No.4, pp.371~380.

Cook, C. 1978. "Russian Response to the Garden City Idea." *Architectural Review*, Vol.183, pp.89~99.

462

Cooke, P. 1998. "Introduction: Origins of the concept." in H. Braczyk, P. Cooke and M. Heidenreich(eds.). *Regional Innovation System*. London: UCL Press.

Cornelius, W. A. and Takeyuki Tsuda. 2004. "Controlling Immigration: The Limits of Government Intervention." in W. A. Cornelius, Takeyuki Tsuda, P. L. Martin and J. F. Hollifield(eds.). *Controlling Immigration: A Global Perspective*, 2nd ed. Stanford University Press.

Dahrendorf, R. G. 1959. *Class Conflict in Industrial Society*. Palo Alto: Stanford University Press.

Darwent, D. F. 1969. "Growth Poles and Growth Centers in Regional Planning: A Review." *Environment and Planning*, Vol.1, No.1, pp.5~32. Reprinted in J. Friedmann and W. Alonso(eds.). 1975. *Regional Policy: Readings in Theory and Applications*. Massachusetts: MIT Press.

Doxiadis, C. A. 1968. *Ekistics*. London: Hutchinson & Co, Ltd.

DRI-WEFA. 2002. *World Outlook*.

Durkheim, E. 1964. *The Division of Labour in Society*. New York: Free Press.

Dziewonski, K. 1962. "Theoretical Problems in the Development of Economic Regions." *Papers and Proceedings of the Regional Science Association*, Vol.8, pp.43~54.

Eberstadt, N. and J. Banister. 1992. *The Population of North Korea*. Berkeley, CA.: Institute of East Asian Studies, Korea Research Book.

Economic Planning Board. 1961. *Monthly Economic Research*, Vol.6, No.3, pp.32~58.

Edquist, C. 1997. *Systems of Innovation: Technologies, Institutions and Organizations*. London: Pinter.

El Shakhs, S. 1965. "Development, Primacy and the Structure of City." Ph.D. Dissertation, Harvard University Press.

_____. 1972. "Development, Primacy, and Systems of Cities." *The Journal of Developing Areas*, Vol.7, No.1, pp.11~36.

Enyedi, G. 1996. "Urbanization under Socialism." in G. Andrusz, M. Harloe and Ivan Szelenyi(eds.). *Cities after Socialism: Urban and Regional Change and Conflict in Post-Socialist Societies*. Oxford: Blackwell.

Fairbank, J. K., E. O. Reischauer and A. M. Craig. 1990. *East Asia: Tradition and Transformation*. Massachusetts: Harvard University.

Faludi, A. 1973. *Planning Theory*. Oxford: Pergamon Press.

Fay, B. 1975. *Social Theory and Political Practice*. London: George Allen & Unwin.

Florida, R. 2002. *The Rise of The Creative Class*. New York: Basic Books.

French, R. 1995. *Plans, Pragmatism and People: The Legacy of Soviet Planning for Today's Cities*. London: University College London.

French, R. and F. Hamilton. 1981. *The Socialist City: Spatial Structure and Urban Policy*. New York: John Wiley & Sons.

Friedland, R. and D. Borden. 1994. "Nowhere: an Introduction to Space, Time and Modernity." in R. Friedland and D. Borden(eds.). *Nowhere: Space, Time and Modernity*. Berkeley: University of California Press.

Friedmann, J. 1955. *The Spatial Structure of Economic Development in the Tennessee Valley*. Chicago: University of Chicago.

_____. 1966. *Regional Development Policy: a Case Study of Venezuela*. Cambridge, Mass.: MIT Press.

_____. 1972. "A General Theory of Polarized Development." in N. M. Hansen(ed.). *Growth Centers in Regional Economic Development*. New York: Free Press.

_____. 1978. "The Role of Cities in National Development." in L. S. Bourne and J. W. Simmons(eds.). *Systems of Cities*. Oxford University Press.

_____. 1973. *Retracking America: A Theory of Transactive Planning, Garden City*. New York: Anchor Press.

_____. 1975. "The Spatial Organization of Power in the Development of Urban System Growth." in J. Friedmann and W. Alonso(eds.). *Regional Policy: Readings in Theory and Applications*. Massachusetts: MIT Press.

_____. 1986. "World City Hypothesis." *Development and Change*, Vol.4, pp.12~50.

_____. 1987. *Planning in the Public Domain: From Knowledge to Action*. New Jersey: Princeton University Press.

_____. 1993. "A Theory of Urban Decline: Economy, Demography and Political Elites." *Urban Studies*, Vol.30, No.6, pp.907~917.

Friedmann, J. and M. Douglass. 1978. "Agropolitan development: towards a new strategy for regional planning in Asia." in F. Lo and K. Salih(eds.). *Growth pole strategy and regional development policy: Asian experiences and alternative approaches*. Oxford: Pergamon

Press.

Friedmann, J. and W. Alonso. 1964. *Regional Development and Planning: A Reader*. Cambridge, Mass.: MIT Press.

Fuchs, R. J. and G. J. Demko. 1979. "Geographic Inequality Under Socialism." *Annals of the Association of American Geographers*, Vol.69, No.2, pp.304~318.

Fujita, M., P. Krugman and A. J. Venables. 2001. *The Spatial Economy: Cities, Regions, and International Trade*. Massachusetts: MIT Press.

Fulton, W., R. Pendall, M. Nguyen and A. Harrison. 2001. "Who Sprawls Most? How Growth Patterns Differ Across the U.S." The Brookings Institutions Survey Series.

Galpin, C. J. 1915. *The Social Anatomy of an Agricultural Community*. Agricultural Experiment Station of the University of Wisconsin, Research Bulletin, 34.

Gaubatz, P. 1995. "Urban Transformation in Post-mao China: Impacts of the Reform Era in China." in Deborah Davis et al.(eds.). *Urban Spaces in Contemporary China*. New York: Woodrow Wilson Center Press.

Gibb, J.(ed.). 1985. *Science Parks and Innovation Centers: Their Economic and Social Impact*. Amsterdam: Elsevier.

Gilbert, A. G. and D. E. Goodman. 1976. "Regional Income Disparities and Economic Development: a Critique." in A. G. Gilbert(ed.). *Development Planning and Spatial Structure*. London: John Wiley.

Goldstein, J. S. 2002. *International Relations*, Brief Edition. New York: Longman.

Gordon, I. R. and P. McCann. 2000. "Industrial Clusters: Complexes, Agglomeration and / or Social Networks." *Urban Studies*, Vol.37, No.3, pp.513~532.

Granovetter, M. 1973. "The Strength of Weak Ties." *American Journal of Sociology*, Vol.78, No.6, pp.1360~1380.

_____. 1985. "Economic Action and Social Structure." *American Journal of Sociology*, Vol.91, No.3, pp.481~510.

_____. 1991. "The Social Cohesion of Economic Institutions." in A. Etzoni and R. Lawrence(eds.). *Socio-Economics: Towards a New Synthesis*. New York: Armonk.

_____. 1992. "Problems of Explanations in Economic Sociology." in N. Nohria and R. Eccles(eds.). *Networks and Organizations: Firm and Action*. Mass.: Harvard Business School Press.

Hall, P. 1996. *Cities of Tomorrow: An Intellectual History of Urban Planning and Design on the Twentieth Century*, 3rd ed. New York: Blackwell Publishing.

Hall, P., H. Gracey, R. Drewett and R. Thomas. 1973. *The Containment of Urban England*. London: George Allen and Unwin.

Hansen, N. M. 1965. "Unbalanced growth and regional development." *Western Economic Journal*, Vol.4, No.1, pp.82~102.

Hansen, P. and H. Chorney. 1990. *City of Dreams: Social Theory and the Urban Experience*. Canada: ITP Nelson.

Hansson, E. W. 2005. "Innovation and regional co-operation." OECD Seminar on Employment, Economic Development and Local Governance in Lithuania, 3 March 2005.

Harris, J. and M. P. Todaro. 1970. "Migration, Unemployment and Development: A Two-Sector Analysis." *American Economic Review*, Vol.60, pp.126~142.

Harvey, D. 1985. *The Urbanization of Capital*. Oxford: The Johns Hopkins University Press.

Hassink, R. 1998. "Regional Innovation Policies: European Experiences and Concepts." ≪과학기술정책≫, 8권 9호, 23~40쪽.

Haughton, G. and C. Hunter. 1994. *Sustainable Cities*. London: Regional Studies Association.

Häußermann, H. 1996. "Von der Stadt im Sozialismus zur Stadt im Kapitalismus." in H. Häußermann and R. Neef(eds.). *Stadtentwicklung in Ostdeutschland*. Opladen: Westdeutscher Verlag.

Hayek, F. A. 1944. *The Road To Serfdom*. Chicago: The University of Chicago Press.

_____. 1960. *The Constitution of Liberty*. Chicago: Henry Regnery.

Henderson, J. V. 1974. "The Sizes and Types of Cities." *American Economic Review*, Vol.64, No.4, pp.640~656.

Hermansen, T. 1972. "Development Poles and Related Theories: a Synoptic Approach." in N. M. Hansen(ed.). *Growth Centers in Regional Economic Development*. New York: Free Press.

Higgins, B. and D. J. Savoie. 2009. *Regional Development Theories and Their Application*. New Jersey: Transaction Publishers.

Hirschman, A. O. 1958. *The Strategy of Economic Development*. New Haven: Yale University Press.

_____. 1975. "Interregional and International Transmission of Economic Growth." in J. Friedmann and W. Alonso(eds.). *Regional Policy: Readings in Theory and Applications.* Massachusetts: MIT Press.

Hodge, I. 2000. "Current Policy Instruments: Rationale, Strengths and Weaknesses." in OECD(ed.). *Valuing Rural Amenities: Territorial Economy.* Paris: OECD.

Hofmann, M. and D. Rink. 1993. "Die Auflösung der ostdeutschen Arbeitermilieus." *Aus Politik und Zeitgeschichte,* B 26-27.

Hofmann, R. 1993. "Die Auflösung der ostdeutschen Arbeitermilieus." *Aus Politik und Zeitgeschichte,* B 26-27.

Hoover, E. M. 1937. *Location Theory and the Shoe and Leather Industries.* Mass.: Harvard University Press.

_____. 1948. *The Location of Economic Activity.* New York: McGraw-Hill.

_____. 1975. *An Introduction to Regional Economics,* 2nd ed. New York: Alfred A. Knopf.

House of Commons. 2003. *Reduction Regional Disparities in Prosperity.* London: ODPM.

Housing Assistance Council. 1994. *Overcoming Exclusion in Rural Communities: NIMBY Case Studies.* Washington, DC: Housing Assistance Council.

Isard, W. 1956. *Location and Space Economy.* New York: John Wiley.

_____. 1960. *Methods of Regional Analysis: An Introduction to Regional Science.* New York: John Wiley.

_____. 2003. *History of Regional Science and the Regional Science Association International: the Beginnings and Earl History.* New York: Springer-Verlag.

Isard, W. and E. W. Schooler. 1959. "Industrial complex analysis: agglomeration, economics and regional development." *Journal of Regional Science,* Spring, pp.19~33.

Jacobs, J. 1969. *The Economy of Cities.* New York: Vintage.

Jefferson, M. 1939. "The law of the primate city." *Geographical Review,* Vol.29, No.2, pp.226~232.

Johnston, R. J. 1979. *Geography and Geographers: Anglo-American Human Geography since 1945.* London: Edward Arnold.

Jones, M. A. 1992. *American Immigration,* 2nd ed. Chicago: University of Chicago Press.

Kanemoto, Y., T. Ohkawara and T. Suzuki. 1996. "Agglomeration Economies and a Test for Optimal City Size in Japan." *Journal of the Japanese and International Economies,*

Vol.10, pp.379~398.

Kim, Y. W. 2001. "National Territorial Planning at the turn of the 21st century." *GeoJournal*, Vol.53, No.1, pp.5~15.

Kirkby, R. J. R. 1985. *Urbanization-China: Town Country Planning in a Developing Economy, 1949-2000 AD.* Columbia University.

Knapp, B. S., H. M. Rose and D. McCrae. 1989. *Challenge of the Human Environment.* London: Longman.

Komninos, N. 2002. *Intelligent Cities.* London & New York: Spon Press.

Kornai, J. 1992. *The Political Economy of Communism.* New Jersey: Princeton University Press.

Krugman, P. 1996. "Confronting the Mystery of Urban Hierarchy." *Journal of the Japanese and International Economies*, Vol.10, No.4, pp.399~418.

Kuznets, S. 1941. *National Income and Its Composition.* New York: National Bureau of Economic Research.

_____. 1955. "Economic Growth and Income Inequality." *American Economic Review*, Vol.49, pp.1~28.

Kymlicka, W.(ed.). 2005a. *The Rights of Minority Culture.* Oxford University Press.

_____. 2005b. *Multicultural Citizenship.* Oxford: Clarendon Press.

Kymlicka, W. and B. He(eds.). 2005. *Multiculturalism in Asia.* Oxford University Press.

Lash, S. 1992. "Berlin's Second Modernity." in P. L. Knox(ed.). *The Restless Urban Landscape.* New Jersey: Prentice-Hall.

Lasuen, J. R. 1969. "On Growth Poles." *Urban Studies*, Vol.6, No.2, pp.137~161.

_____. 1973. "Urbanization and Development: The Temporal Interaction between Geographical and Sectoral Clusters." *Urban Studies*, Vol.10, pp.163~188.

Lattimore, O. 1962. *Inner Asian Frontiers of China.* Boston: Beacon Press.

Lau, L. J. 1972. "Profit Function of Technologies with Multiple Inputs and Outputs." *The Review of Economics and Statistics*, Vol.54, No.3, pp.281~289.

Lebret, L. J. 1961. "Agglomérations et pôles de développement." *Cahiers d'Urbanisme*, Vol.33, pp.67~82.

Lee, E. S. 1970. "A theory of migration." in G. J. Demko, H. M. Rose and G. A. Schnell(eds.). *Population Geography: A Reader.* New York: McGraw-Hill Book Co.

Lee, Jean-young. 2001. "The Korean Minority in China: The Policy of the Chinese Communist

Party and the Question of Korean Identity." *The Review of Korean Studies*, Vol.4, No.2, pp.87~131.

Lee, S. W. and C. C. Roseman. 1997. "Independent and Linked Migrants: Determinants of African-American Interstate Migration, 1985-1990." *Growth and Change*, Vol.28, No.3, pp.309~334.

_____. 1999. "Migration Determinants and Employment Consequences of White and Black Families, 1985-1990." *Economic Geography*, Vol.75, pp.109~133.

Lee, S. W. and W. S. Zhee. 2001. "Independent and Linked Migration: Individual Returns of Employment Opportunity and Household Returns to Poverty for African American Interstate Migration." *Annals of Regional Science*, Vol.35, pp.605~635.

Lett, D. P. 1998. *In Pursuit of Status: The Making of South Korea's New Urban Middle Class*. Cambridge: Harvard University Press.

Lewis, A. W. 1954. "Economic development with unlimited supplies of labour." *The Manchester School*, Vol.22, Issue 2, pp.139~191.

Lim, H. B., K. S. Lim and H. S. Jung. 2006. "Regional Planning and Regional Innovation System in Korea: Critical Considerations for Success." 2006 Association of Cities of Vietnam & Korean Association for Local Government Studies 2nd International Joint Conference, pp.1~20.

List, F. 1841. *Das nationale System der politischen Ökonomie*. Stuttgart: Wunderlich.

Lloyd, P. E. and P. Dicken. 1972. *Location in Space: A Theoretical Approach to Economic Geography*. New York: Harper & Row Publishers.

Lo, F. and K. Salih(eds.). 1978. *Growth pole strategy and regional development policy: Asian experiences and alternative approaches*. Oxford: Pergamon Press.

Long, N. 1977. *An Introduction to the Sociology of Rural Development*. UK: Methuen & Co. Ltd.

Lösch, A. 1938. "The Nature of Economic Regions." *Southern Economic Journal*, Vol.5, No.1, pp.71~78.

_____. 1954. *The Economics of Location*. New Haven: Yale University Press.

Lucas, Jr., R. E. 1988. "On the Mechanics of Economic Development." *Journal of Monetary Economics*, Vol.22, No.1, pp.3~42.

Mackaye, B. 1928. *The New Exploration: A Philosophy of Regional Planning*. New York:

Harcourt, Brace and Company.

Marshall, A. 1920. *Principles of Economics*, 8th ed. London: Macmillan.

Martin, P. L. 2004. "The United States: The Continuing Immigration Debate." in W. A. Cornelius, Takeyuki Tsuda, P. L. Martin and J. F. Hollifield(eds.). *Controlling Immigration: A Global Perspective*, 2nd ed. Stanford University Press.

Matthews, R. C. O. 1986. "The Economics of Institutions and the Source of Growth." *The Economic Journal*, Vol.96, No.384, pp.903~918.

McConnell, C. R., S. L. Brue and D. A. Macpherson. 2003. *Contemporary Labor Economics*, 6th ed. New York: McGraw-Hill.

McCrone, G. 1969. *Regional Policy in Britain*. London: George Allen & Unwin.

Meadows, P. 1983. "Cities and Professionals." in Judith R. Blau, Mark La Gory and John Pipkin(eds.). *Professionals and Urban Form*. Albany, New York: State University of New York Press.

Mera, K. 1978. "The Changing Pattern of Population Distribution in Japan and Its Implication for Development Countries." in F. Lo and K. Salih(eds.). *Growth Pole Strategy and Regional Development Policy*. Oxford: Pergamon Press.

Mills, E. S. 1972. "Welfare Aspects of National or Politics?: Experience in Europe." *Urban Studies*, Vol.9, No.1, pp.117~124.

Misra, R. P., V. K. Sundaram and V. L. S. Prakasa Rao. 1974. *Regional Development Planning in India: a New Strategy*. Delhi: Viking.

Monck, C. P. and P. Quintas et al. 1988. *Science Parks and the Growth of High Technology Firms*. London: Croom Helm.

Moody, Jr., P. R. 1997. "East Asia: The Confucian Tradition and Modernization." in H. J. Wiarda(ed.). *Non-Western Theories of Development*. Orlando, FL: Harcourt Brace & Company.

Morrill, R. 1968. "Waves of Spatial Diffusion." *Journal of Regional Science*, Vol.8, No.1, pp.1~18.

Moses, L. N. 1958. "Location and the Theory of Production." *Quarterly Journal of Economics*, Vol.72, No.2, pp.259~272.

Murray, P. and Ivan Szelenyi. 1984. "The City in the Transition to Socialism." *International Journal of Urban and Regional Research*, Vol.8, No.10, pp.90~107.

470

Myrdal, G. 1957. *Economic Theory and Underdeveloped Regions*. London: DuckWorth.

_____. 1962. *An American Dilemma: The Negro Problem and Modern Democracy*. New York: Harper & Row.

Newman, O. 1973. *Defensible Space*. New York: Collier Books.

NIC(National Intelligence Council). 2008. "Global Trends 2025: A Transformed World." The National Intelligence Council's 2025 Project, www.dni.gov/nic/NIC_2025_project.html.

Nichols, V. 1969. "Growth Poles: an Evaluation of Their Propulsive Effect." *Environment and Planning*, Vol.1, pp.193~208.

Nodia, G. 1996. "How Different are Postcommunist Transition?" *Journal of Democracy*, Vol.7, No.1, pp.45~77.

North, D. C. 1955. "Location Theory and Regional Economic Growth." *Journal of Political Economy*, Vol.63, No.3, pp.243~258.

Nurkse, R. 1953. *Problems of Capital Formation in Underdeveloped Countries*. New York: Oxford University Press.

OECD. 1993. *The Contributions of Amenities to Rural Development: Scope of the Study, Rural Development Programme Document*. Paris: OECD.

_____. 1995a. *Niche Markets as a Rural Development Strategy*. Paris: OECD.

_____. 1995b. *Niche Market Development in Rural Areas: Workshops and Proceedings*. Paris: OECD.

_____. 1998. *Adjustment in OECD Agriculture: Reforming Farmland Policies*. Paris: OECD.

_____. 1999a. *Managing National Innovation Systems*. Paris: OECD.

_____. 1999b. *Boosting Innovation: The Cluster Approach*. Paris: OECD.

_____. 2001. *Multifunctionality: Towards an Analytical Framework*. Paris: OECD.

_____. 2005. *Regions at a Glance*. Paris: OECD.

_____. 2010.5.29. *OECD Economic Outlook*. Paris: OECD.

_____. 2010.6. *OECD Economic Surveys: Korea, June 2010*. Paris: OECD.

Ogawa, Yuhei. 1998. "The 'East Asian Mediterranean Economic Sphere' and Inter-city Cooperation." *The Asia-Pacific Center Journal of Asian-Pacific Studies*, Second Issue, pp.31~43.

Ohlin, B. 1933. *International and International Trade*. Cambridge, Mass.: Harvard University

Press.

Ohmae, K. 1995. *The End of the Nation State: The Rise of Regional Economies*. New York: Free Press.

Olivier, B. 1992. "Northeast China's Koreans and the Economic Challenge of the Post-Mao Era." *Journal of Korean Studies*, Vol.8, pp.165~198.

Olson, M. L. 1965. *The Logic of Collective Action: Public Goods and the Theory of Groups*. Mass.: Harvard University Press.

O'Brien, E. J. 1996. *Maintaining Global Coherence*. Paper presented at the International Congress of Psychology, Montreal, Canada.

O'Sullivan, A. 2007. *Urban Economics*, 6th ed. New York: McGraw-Hill.

Parr, J. B. 1973. "Growth Poles, Regional Development and Central Place Theory." *Papers and Proceedings of the Regional Science Association*, Vol.31, pp.172~212.

Parrenas, J. C. 1993. "Geopolitical Dimensions of the Spratly Islands Dispute." *Foreign Relations Journal*, Vol.8, No.1, pp.13~37.

Pei, M. 1994. *From Reform to Revolution: the Demise of Communism in China and the Soviet Union*. Cambridge: Harvard University Press.

Perroux, F. 1950. "Economic Space: Theory and Applications." *Quarterly Journal of Economics*, Vol.64, No.1, pp.89~104.

_____. 1955. "Note sur la notion de pôle de croissance." *Economie Appliguée*, Vol.8, pp.307~320.

_____. 1961. "La firme motrice dans la région et la région motrice." in Paul Harsin et al. *Théorie et politique de l'expansion régionale: actes du colloque international de l'institut de science économique de l'Université de Liège, 21-23 avril 1960*. Bruxelles: Librairie encyclopédique.

_____. 1968. "Les investissements multinationaux et l'analyse des pôles de développement et des pôles d'intégration." *Revue Tiers Monde*, Vol.9, No.34, pp.239~265.

Peterson, W. 1958. "A General Typology of Migration." *American Sociological Review*, Vol.23, No.3, pp.256~266.

Piper, N. and M. Roces. 2003. "Introduction: Marriage ad Migration in an Age of Globalization." in N. Piper and M. Roces(eds.). *Wife of Worker?: Asian Women and Migration*. Rowman & Littlefield Pub.

Plane, D. A. and P. A. Rogerson. 1994. *The Geographical Analysis of Population with Applications to Planning and Business*. New York: John Wiley and Sons.

Polanyi, K. 1944. *The Great Transformation: The Political and Economic Origin of Our Time*. Boston: Beacon Press.

Polenske, K. R. 1980. *The U.S. Multiregional Input-Output Accounts and Model*. Lexington, Massachusetts: Lexington Books.

Political and Economic Planning. 1963. "French Planning: Some Lessons for Britain." *Political and Economic Planning*, Vol.29, No.475.

Porter, M. 1990. *The Competitive Advantage of Nations*. New York: Free Press.

_____. 1998a. *On Competition*. Cambridge, Massachusetts: Harvard Business School Press.

_____. 1998b. "Clusters and the New Economics of Competition." *Harvard Business Review*, Vol.76, No.6, pp.77~90.

Portes, A. and R. G. Rumbaut. 2001. *Legacies: The Story of the Immigrant Second Generation*. Berkeley, California: University of California Press.

PRB(The Population Reference Bureau). 2006.8. *2006 World Population Data Sheet*.

Qutub, S. A. and H. W. Richardson. 1986. "The Costs of Urbanization: A Case Study of Pakistan." *Environment and Planning A*, Vol.18, pp.1089~1113.

Richardson, H. W. 1969. *Regional Economics: Location Theory, Urban Structure and Regional Change*. New York: Praeger.

_____. 1972. "Optimality in City Size, Systems of Cities and Policy: A Sceptics View." *Urban Studies*, Vol.9, No.1, pp.29~48.

_____. 1973. *The Economic of Urban Size*. Farnborough: Saxon House.

_____. 1976. "Growth Pole Spillovers: The Dynamics of Backwash and Spread." *Regional Studies*, Vol.10, pp.1~9.

_____. 1978. *Regional and Urban Economics*. Harmondsworth: Penguin.

_____. 1987. "The Costs of Urbanization: A Four-Country Comparison." *Economic Development and Cultural Change*, Vol.35, pp.561~580.

Richardson, H. W. and M. Richardson. 1974. "The Relevance of Growth Centre Strategies to Latin America." *Economic Geography*, Vol.51, pp.163~178.

Robert R. Nathan Associates. 1954. *An Economic Programme for Korean Reconstruction*. New York: United Nations Korean Reconstruction Agency(mimeo).

Robert, B. 1978. *Cities of Peasants: The Political Economy of Urbanization in the Third World*. London: Sage Publications.

Roberts, J. A. G. 2006. *A History of China*, 2nd ed. New York: Palgrave Macmillan.

Robinson, I.(ed.). 1972. *Decision-Making in Urban Planning*. Beverly Hills, California: Sage Publication.

Rodwin, L. 1963. "Choosing Regions for Development." in C. J. Friedrich and S. E. Harris(eds.). *Public Policy*. Cambridge: Harvard University Press.

Rogers, E. M. 1960. *Social Change in Rural Society*. Wisconsin: Appleton-Century-Crofts.

Romer, P. M. 1986. "Increasing Returns and Long-Run Growth." *The Journal of Political Economy*, Vol.94, No.5, pp.1002~1037.

_____. 1990. "Endogenous Technological Change." *Journal of Political Economy*, Vol.98, No.5, S71~S102.

_____. 1994. "The Origins of Endogenous Growth." *The Journal of Economic Perspectives*, Vol.8, No.1, pp.3~22.

Romero, V. C. 2009. *Everyday Law for Immigrants*. Paradigm Publishers.

Rondinelli, D. A. and K. Ruddle. 1978. *Urbanization and Rural Development: A Spatial Policy for Equitable Growth*. New York: Praeger.

Rosen, K. and M. Resnick. 1980. "The Size Distribution of Cities: An Examination of the Pareto Law and Primacy." *Journal of Urban Economics*, Vol.8, No.2, pp.165~186.

Rosenstein-Rodan, P. N. 1961. "Notes on the Theory of the Big Push." in H. S. Ellis(ed.). *Economic Development for Latin America*. London: Macmillan.

Routledge. 2002. *The Military Balance*. New York: Routledge.

_____. 2003. *The Military Balance*. New York: Routledge.

Sack, R. D. 1974. "The Spatial Separatist Theme in Geography." *Economic Geography*, Vol.50, pp.1~19.

_____. 1980. *Conceptions of Space in Social Thought: A Geographical Perspective*. London: Macmillan.

Schinz, A. 1989. *Cities in China*. Berlin: Gebruder Borntraeger.

Scitovsky, T. 1954. "Two concepts of external economies." *Canadian Geographer*, Vol.5, pp.55~79.

Scott, A. J. 1988. *New Industrial Space*. London: Pion.

_____. 2000. *Cultural Industry and the Cities*. New York: Wiley.

474

Shipper, A. W. 2010. "Politics of Citizenship and Transnational Gendered Migration in East and Southeast Asia." *Pacific Affairs*, Vol.83, No.1, pp.11~29.

Simmel, G. 1994. "The Metropolis and Mental Life." in K. Wolff(ed.). *The Sociology of George Simmel*. New York: Free Press.

Smith, T. 1981. "A Representational Framework for the Joint Analysis of Regional Welfare Inequalities and National Expenditure Priorities." *Journal of Regional Science*, Vol.21, No.2, pp.21~40.

Soja, E. W. 1985. "The spatiality of social life: towards a transformative retheorisation." in D. Gregory and J. Urry(eds.). *Social Relations and Spatial Structures*. New York: St Martin's Press.

Standard & Poor's DRI. 2000. *World Economic Outlook, Third Quarter*.

Stewart, J. Q. 1950. "The Development of Social Physics." *American Journal of Physics*, Vol.18, pp.239~253.

Stewart, J. Q. and W. Warntz. 1958. "Macrogeography and Social Science." *Geographical Review*, Vol.48, pp.167~184.

Stouffer, S. A. 1940. "Intervening Opportunities: A Theory Relating Mobility and Distance." *American Sociological Review*, Vol.5, pp.845~857.

Stöhr, W. and D. R. F. Taylor. 1981. *Development from Above and Below*. New York: John Wiley and Sons.

Stöhr, W. and F. Tödtling. 1977. "Spatial equity: some antitheses to current regional development doctrine." *Papers and Proceedings of the Regional Science Association*, Vol.38, pp.33~53.

Suh, S. H. 1991. "The Optimal Size Distribution of Cities." *Journal of Urban Economics*, Vol.30, No.2, pp.182~191.

Sundrum, R. M. 1983. *Development Economics: A Framework for Analysis and Policy*. London: John Wiley & Sons.

Taaffe, E. J. and H. L. Gauthier, Jr. 1973. *Geography of Transportation*. New Jersey: Prentice-Hall, Inc.

Tang, Wing-Shing. 1997. *Urbanisation in China: a Review of Its Causal Mechanism and Spatial Relations*. Oxford: Pergamon.

Thompson, W. R. 1965. *A Preface to Urban Economics*. Baltimore: The Johns Hopkins Press.

Tiebout, C. 1956. "A Pure Theory of Local Expenditures." *Journal of Political Economy*, Vol.64, No.5, pp.416~424.

Todaro, M. P. 2000. *Economic Development*, 7th ed. New York: Addison-Wesley.

Tödtling, F. and M. Trippl. 2005. "One size fits all?: towards a differentiated regional innovation policy approach." *Research Policy*, Vol.34, pp.1203~1219.

Townroe, P. M. 1979. "Employment Decentralization: Policy Instruments for Large Cities in Less Developed Countries." *Progress in Planning*, Vol.10, No.2, pp.85~154.

Ullman, E. L. 1957. *American Commodity Flow*. Seattle: University of Washington Press.

UN. 1998. *World urbanization prospects: The 1996 revisions*. New York: United Nations.

UNDP. 1995. "Tumen River Area Development Programme." Press Release, No.30.

_____. 2002.2. Tumen Secretariat, Tuman Update, Commission on Investment, Technology, and related Financial Issue 2.

Uzawa, H. 1965. "Optimal Technical Change in an Aggregative Model of Economic Growth." *International Economic Review*, Vol.6, No.1, pp.18~31.

Valenti, D. 1960. "On the Construction of Cities During Transition to Communism." *Problems of Economics*, Vol.3, No.5, pp.34~56.

Venables, A. J. 2005. "Regional disparities in regional blocs: theory and policy." Paper prepared for the Inter-American Development Bank project on 'Deeper integration of Mercosur; dealing with disparities'.

Vernon, R. 1960. *Metropolis 1985*. Mass.: Harvard University Press.

_____. 1966. "International Investment and International Trade in the Product Cycle." *Quarterly Journal of Economics*, Vol.80, No.2, pp.190~207.

Vogel, E. F. 1993. *The Four Little Dragons: The Spread of Industrializations in the East Asia*. Massachusetts: Harvard University Press.

Waldron, A. 1990. *The Great Wall of China: From History to Myth*. Cambridge: Cambridge University Press.

Weber, A. 1909. *Über den Standort der Industrien*. translated by C. J. Friedrich. 1929. *Alfred Weber's Theory of the Location of Industries*. Chicago: University of Chicago Press.

Weber, M. 1958. *The City*. Chicago: Free Press.

Wiarda, H. J. 1997. "Introduction: The Western Tradition and Its Export to the Non-West." in H. J. Wiarda(ed.). *Non-Western Theories of Development*. Orlando, FL: Harcourt

Brace & Company.

Will, R. E. 1962. "Scalar Economies and Urban Service Requirements." *Yale Economic Essay*, March 1962, New Haven: Yale University.

Williamson, J. G. 1965. "Regional Inequality and the Process of National Development: A Description of the Patterns." *Economic Development and Cultural Change*, Vol.13, No.4, pp.3~45.

Williamson, O. E. 1975. *Markets and Hierarchies*. New York: Free Press.

_____. 1985. *The Economic Institutions of Capitalism*. New York: The Free Press.

Winnick, L. 1966. "Place Prosperity vs. People Prosperity: Welfare Considerations in the Geographic Redistribution of Economic Activity." in *Essays in Urban Land Economics in Honor of the Sixty-Fifth Birthday of Leo Grebler*. Real Estate Research Program, UCLA.

Wolf, Jr., Charles. 1988. *Markets or Governments: Choosing between Imperfect Alternatives*. Cambridge, MA: MIT Press.

Zadeh, L. A. 1969. "Toward a Theory of Fuzzy Systems." Report No. ERL-69-2, Electronics Research Laboratory, University of California, Berkely.

Zheng, Xiao-Ping. 1998. "Measuring Optimal Population Distribution by Agglomeration Economies and Diseconomies: A Case Study of Tokyo." *Urban Studies*, Vol.35, No.1, pp.95~112.

_____. 2007. "Measurement of Optimal City Size in Japan: A Surplus Function Approach." *Urban Studies*, Vol.44, No.5, pp.939~951.

Zhu, Yu. 1999. *New Paths to Urbanization in China: Seeking More Balanced Patterns*. New York: Nova Science Pub.

Zipf, G. K. 1949. *Human Behaviour and the Principle of Least Effort*. Cambridge, Mass.: Addison-Wesley.

글쓴이 **임형백**(林馨佰)

성결대학교 지역사회과학부 교수
서울대학교 학사
서울대학교 대학원 석사, 박사
중앙인사위원회 출제위원 역임
경기도 지방공무원 임용시험 출제위원 역임
경기개발연구원 비상임 연구위원 역임
현 경실련 도시개혁센터 정책위원
현 한국도시행정학회 편집위원
현 한국지역개발학회 교재출판위원장
현 한국지방공기업학회 편집위원
현 한국아시아학회 편집위원장
한국농촌계획학회 우수논문상 수상(2004년)
성결대학교 연구실적 부분 최우수 교수 표창(2010, 2013년)

한울아카데미 1599

한국 국토 공간구조의 형성과 변화

ⓒ 임형백, 2013

글쓴이 • 임형백
펴낸이 • 김종수
펴낸곳 • 도서출판 한울
편집책임 • 조인순

초판 1쇄 인쇄 • 2013년 9월 15일
초판 1쇄 발행 • 2013년 9월 25일

주소 • 413-756 파주시 파주출판도시 광인사길 153(문발동 507-14) 한울시소빌딩 3층
전화 • 031-955-0655
팩스 • 031-955-0656
홈페이지 • www.hanulbooks.co.kr
등록 • 제406-2003-000051호

Printed in Korea.
ISBN 978-89-460-5599-5 93300 (양장)
ISBN 978-89-460-4761-7 9330 (학생판)

* 책값은 겉표지에 표시되어 있습니다.
* 이 책은 강의를 위한 학생판 교재를 따로 준비했습니다.
  강의 교재로 사용하실 때에는 본사로 연락해주십시오.